KB031078

풍수화

風水火

풍수화

원형사관으로 본
한·중·일 갈등의 돌파구

김용운 지음

맥스media

A.D. 663년 백강전투로 굳혀진 한반도 지정학은 19세기 이후 미국과 러시아의 개입으로 오늘날, 남북한·미·중·러·일이 관련된 6자 구도가 되었다. 이 책은 '대륙과 열도 사이에 낀 반도'의 구도를 넘어서 동북아 질서를 위한 새로운 길을 모색한다. 인류사를 원형사관의 관점에서 바라보며, 유목민과 농경민으로 분화되는 시점에서 시작하여 동양 삼국과 미국·러시아 문명의 형성 과정과 현대 상황까지 관통하며 분석한다.

한반도인은 세계에서 가장 축복받은 풍토와 방언 차가 없이 하나의 언어를 가졌다. 또한 풍류를 이상으로 삼고 스스로 신바람을 일으키며 인내천(人乃天)을 믿는 민족이다. 그동안 지정학의 주술에 걸려, 해양과 대륙 세력 사이에서 모진 시련을 당했으나 강한 생명력을 기르며 기어코 되살아나는 불사조가 되었다. 다른 나라들이 국토 팽창에 날뛸 때도 한국은 그 흐름을 외면하고 홍익인간의 철학을 고수해왔다.

중국은 황하문명의 도전과 응전 속에서 문화를 닦고 홍수와도 같이 국력을 불리고 있다. 역사적 사실과 세계사의 흐름을 보면, 중국의 불어난 국력은 항상 분열의 씨가 되었다. 따라서 앞으로 화이(華夷)주의의 등장은 허용되지 않을 것이다.

화산열도 일본은 거의 20년에 한 번씩 대지진과 쓰나미 등의 천재지변을 겪으며 불같이 급속히 국력을 상승시켜 왔고 또 그만큼 빠른 몰락의 역사를 겪었다. 세계가 일본의 군국주의와 대동아공영권의 악몽을 잊지 않고 있는 오늘날에도 일본은 '다시 한 번 일본'이란 구호를 외치며 복고주의의 궤도에 들어섰다.

민족은 시대마다 지상 목표를 갖는다. 한국은 통일, 중국은 굴기, 일본은 자존심 회복을 위해 저마다의 고유 원형에 따라 성취하는 노력을 기울이고 있다. 주변국의 원형을 파악하는 것은 곧 국가이성이며 생존의 길이다.

지구가 나날이 가까워 서로 많은 영향을 주고받는 글로벌 시대는 자국의 역사와 문화를 이웃 나라의 것과 같은 시야에 놓고 보는 새로운 시각을 요청한다. 1986년 냉전 붕괴 후 두 미국인 F. 후쿠야마와 S. 헌팅턴은 각각 『역사의 종말』과 『문명의 충돌』을 출간했다. 전자는 '진보', 후자는 '문명'을 키워드로 가까운 미래를 예상했다. 특히 후쿠야마는 소련의 붕괴를, 헌팅턴은 이슬람 세력과 미국의 충돌을 예언하여 세계적으로 주목받았다. 그러나 이들은 한결같이 내국 중심의 논리로 세계의 질적 변화, 다시 말해 '역사의 종언'을 넘어선 '지리의 종언'을 시야에 두지 않았다. 이제는 국제화·정보화 혁명의 급속한 진행으로 기존의 지정학적 의미가 뒤집히고, 한반도 통일의 가능성이 높아지고 있다. 원형사관은 이들 두 이론의 한계와 새로운 동북아의 돌파구인 셈이다.

우리가 가야 할 길은 한반도 비핵화와 영세중립 그리고 동북아 공동체가 연동되는 '황금의 삼위일체'임을 제시한다.

인류 생존을 위협하는 현대적 상황을 청산하고, 문화와 문명의 창조성을 높이는 길은 오직 인내천(人乃天)의 다원 세계를 형성하는 일이다.

이 책은 좁은 전문 분야만을 고수하는 한국 아카데미즘에 대한 작은 반란으로 비칠 수도 있다. 필자는 철학, 언어학, 수학사로 지적 편력을 즐겨 왔으나 한 번도 전공인 수학을 떠난 적은 없었으며 오히려 전문 바보를 대량생산하는 교육 풍토를 안타까워한다.

'뉴턴 과학'과 '마르크스 사관'의 관계는 '카오스이론'과 '원형사관'의 관계에 대비되어 수학사와 일반사 사이에 아무런 경계를 느끼지 못했다. 구조주의 수학을 통해 근대 언어학이 수학의 한 분야에 포함될 수 있음을 실감했으며, 언어에서 민족의 얼과 원형을 찾아 민족 차원의 정신 분석과 사유 방법을 발견했고, 언어가 역사 패턴의 기본 개념은 언어임을 인식했다.

현대 수학의 대문을 연 당대 최고의 수학자 D. 힐베르트의 금언을 마음에 새기고 있다.

"Mathematics knows no races or geographic boundaries, for mathematics, the cultural world is one country(수학은 민족, 국경을 모르며 문화 전체는 하나의 세계를 이룬다.)."

김용운

해방 70년, 한 · 중 · 일 관계학의 집대성

    문화·문명 비평가 김용운 박사가 쓴 『풍수화(風水火)_원형사관으로 본 한·중·일 갈등의 돌파구』는 한국과 중국, 일본의 현재를 조망하기 위해 고대부터 현재까지 각국의 역사와 문화가 발생한 '원류와 원형'을 밝혀 비교 분석한 책이다. 이를 통해 한·중·일 신삼국의 무의식 속에 뿌리 깊게 내재된 갈등의 구조를 밝혀내고 신동북아시대에 대한민국이 나아갈 길을 제시한 문명·문화 비평서다.

    원시사회에서 현대에 이르기까지 세계사의 흐름과 사상을 관통하며 한·중·일의 원형을 분석해낸 석학 김용운 박사는 "민족사의 초기 단계에서 형성된 민족의 성격이 원형이다."라고 규정하며, 이러한 원형이 민족 공동체의 미래와 운명을 결정한다고 보고 있다.

    이 책은 김용운 박사가 반세기 동안 연구한 한·중·일 관계학을 집대성한 저서이다. 한·중·일은 같은 동양권, 유교 문화권, 한자 문화권에 속하지만 내부를 들여다보면 서로가 놀랄 만큼 판이한 문화 양상을 지니고 있다.

    김용운 박사는 그 민족의 개성 즉 원형의 발원체를 한국의 바람(風)과 중국의 물(水), 일본의 불(火)에 비유하여 삼국의 과거와 현재를 조망한다. 중국은 만리장성을 넘어 들어오는 다른 모든 문명을 중화(中華)라는 바다에 녹여버리는 융합적 원형을 갖고 있다. 일본은 팔굉일우(八紘一宇) 정신으로 모든 침략과 정복을 정당화해왔다. 김용운 박사는 이런 상황에서 우리와 같은 원형을 지녔지만, 게릴라식 공산주의가 또 하나의 원형이 되고 있는 북한이 세계 정세에 큰 변수임을 지적하고 있다. 2015년 을미년은 우리에게 중요한 시기로서 해방 70년이면서 동시에 분단 70년의 해이다. 이제 한일 수교 50년을 맞아 한·중·일 삼국의 관계뿐만 아니라 세계사의 구조 속에 서 있는 우리의 위치를 조망해볼 때이다. 이 책은 격변하는 신동북아시대인 지금, 대륙 세력과 해양 세력이 맞부딪히는 한반도에서 한국이 지정학적 운명을 극복하고 동북아의 중심축으로서 미·일·러·중, 열강을 아우르면서 주도적인 견인차 역할을 할 수 있는 또 하나의 방향을 제시한다.

"역사는 연대와 고유명사만을 외우는 것이 아니라 그것을 움직이는 혼을 파악하는 것이다."라고 저자는 말한다. 철학과 수학뿐만 아니라 삼국의 언어로써 민족의 원형을 분석해낸 문화·문명 비평서는 지금까지 없었다. 책장을 넘기는 동안 반세기 이상 한·중·일 역학 관계를 연구해온 노학자의 열정과 탁월한 혜안을 지닌 소명 의식에 감탄할 따름이다.

이어령
중앙일보 고문, 초대 문화부 장관

철학과 수학을 품은 문명 비평가의 거대담론

『풍수화(風水火)_원형사관으로 본 한·중·일 갈등의 돌파구』는 한 땀 한 땀 배내옷 지어 귀한 자손에게 입히려는 지극한 어머니의 정성을 느끼게 하는 우리 시대의 성찰이요, 보물 창고다.

역사는 내 조상의 행적을 파악하는 것이요, 오늘의 내 삶을 규명하는 것이요, 미래를 향하는 발걸음 앞에 횃불이 되어주는 것이다. 더구나 예로부터 지정학적 이웃이지만 원친근공이라 하여 가까울수록 다투고 갈등의 고리를 얽혀놓은 주변 국가와의 상관관계를 분석하는 것은 지혜의 샘을 파는 것과 다름없다.

철학과 수학을 품고 문명 비평가답게 새로운 동북아의 길을 모색하려는 김용운 박사의 숙연한 원형사관은 우리 민족의 깃대종이요, 따끔한 회초리 같은 거대담론으로 다가왔다.

주변 국가를 모두 빨아들이는 블랙홀 같은 중국을 물(水)로, 외딴 섬에서 끊임없이 탈출을 시도하는 대륙 콤플렉스 탓에 침략의 운명을 벗어나지 못하는 일본을 불(火)로, 그 원형을 파악하고 바람의 원형을 지닌 한국을 풍(風)으로 빗대어 표현한 것으로만 보아도, 한·중·일 삼국의 원형을 한눈에 알아볼 수 있다.

이런 원형을 파악함으로써 한국의 생존 방식과 신삼국(新三國)시대의 역할을 제기하는 김용운 박사의 명쾌한 시선은 매우 신선한 문

10

화·문명 비평이 아닐 수 없다.

　한국은 해양과 대륙적 기질을 공유한 웅혼한 DNA를 가졌음에도 근세에 '질곡의 늪'을 겨우 헤쳐 나왔다. 중국의 통치 철학인 세상의 중심이 오직 중국이고 나머지는 변방이라는 중화사상과 중국은 위대하고 다는 다른 나라는 모두 어리석다는 화이사관에 담대하게 맞서는 한민족 고유의 굴신하지 않는 '선비 정신'도 다시 한 번 떠올리게 되었다.

　그럼에도 우리에게 남겨진 숙제는 결코 쉽지 않았다. 민족의 염원인 남북의 평화 통일에 앞서 동서 갈등이 반드시 해소되어야 하고 고질적인 양극화 문제를 해결해야만 한다. 그러기 위해서 석학 김용운 박사의 원형사관은 이 땅의 소중한 씨앗이 되어야 할 것이다.

　진귀한 보물을 땅에 묻으면 표식을 해두어야 한다. 그러나 좋은 씨앗은 표식을 하지 않아도 싹이 트고 꽃이 피고 열매를 맺어 세상에 드러나기 마련이다.

　김용운 박사의 원형사관은 이 땅에 참으로 당당한 씨앗을 뿌린 것이기에 두 손 모아 찬사를 보낸다.

김홍신
작가. 건국대학교 언론홍보대학원 석좌교수

세계사 전체 속에서 우리 역사를 바라보는
폭넓은 시각을 열어준다

김용운 박사는 수학자로 널리 알려져 있지만 실제로는 철학, 언어학, 역사학에서도 주목할 만한 많은 저술 활동을 해온 오늘날 한국을 대표하는 지성의 한 분이다. 특히 김용운 박사는 여러 분야의 핵심적인 과제들을 수학자답게 논리적으로 풀어가며 명쾌한 해답에 도달함으로써 기존의 통설을 뒤집는 독보적인 시각을 보여준 것으로 유명하다.

이번에 펴낸 그의 「풍수화(風水火)_원형사관으로 본 한·중·일 갈등의 돌파구」에서 김용운 박사는 그동안 우리의 역사를 한반도의 울타리에서 일어난 사건 사고사가 아니라 동아시아 역사 전체의 지평에서 바라보아야 한다는 주장을 다시 한 번 명확히 보여주고 있다.

대표적인 예로 663년 백제와 왜 연합군이 나당연합군과 일대 혈전을 벌인 백강전투의 실상을 상세히 기술하면서 이 전투의 결과가 가져온 동아시아 역사의 변화상을 소상하게 서술하고 있다.

백강전투를 이해하지 않고는 당시의 상황을 정확히 알 수도 없다. 백강전투는 대륙, 반도, 열도의 지정학이 펼쳐낸 숙명적 전쟁으로 이 전쟁을 전후하여 삼국 관계뿐만 아니라 각 민족의 심성도 크게 달라졌다. 일본은 이 전쟁 이후 고대국가로 나아가는 데 박차를 가하였던 고대사의 한 전환점이기도 했다.

저자는 그 변화 과정과 함께 불가분적인 구도를 살피는 일이 미래를 모색하는 길임을 역설하며 현재의 한·중·일 삼국 구도를 이해하여야 한다고 역설하고 있다. 이런 식으로 저자는 우리가 세계사 전체 속에서 우리 역사를 바라보는 폭넓은 시각을 활짝 열어준다.

뿐만 아니라 저자는 여기서 한 걸음 더 나아가 한·중·일 동양 삼국의 문화가 지닌 본질적 성격을 「풍수화」로서 요약하며 그 문화적 정체성을 탐구하고 있다. 이는 우리의 역사와 문화를 이웃 나라의 것과 같은 시야에서 놓고 비교하는 아주 건강하고 유력한 사고방식이다. 이런 시각은 오늘날 지구가 나날이 좁아지고 있는 글로벌 시대에 정말로 필요한 해석이고 해답이라고 하지 않을 수 없다.

유홍준
명지대학교 석좌교수. 전 문화재청장

신동북아의 미래를 예측하는 혜안을 담은 책

세계사의 중심이 태평양과 동북아로 기울고 있다. 국제사회의 흐름 속에서 세계 강국들은 새로운 질서를 구축하기 위해 다양한 방안을 찾고 있다. 역동적인 흐름에 부응하고, 더 나아가 미래를 예측하는 혜안을 지니기란 쉽지 않다. 지난 수십 년 동안 동북아시아의 경제와 문화는 어느 지역보다 빠르게 발전했고, 북미와 유럽에 버금가는 경제권으로 급부상했다.

이처럼 신동북아시아의 십자로에 위치한 곳이 한·중·일이고, 그 중심에 한국이 서 있다. "한국의 과제는 대륙과 열도 사이의 육교 역할 그리고 정신적, 사상적 교량의 역할을 하며 홍익인간의 정신을 널리 펼쳐 주변국이 존경하는 국가로 성장하는 것에 있음."을 저자는 이 책에서 역설하고 있다.

나는 평생 동안 '중용의 정신'을 강조하는 사람이다. 중용은 치우침 없는 가치 기준을 세워, 판단의 중심을 잡는 것이다. 이 시대의 석학 김용운 박사의 책 속에는 한·중·일 원형사관의 실제와 그 갈등의 치유 방법으로써 '홍익인간'의 평화와 공존의 정신을 제시한다. 김용운 박사의 놀라운 혜안 속에서 중용의 정신을 읽을 수 있다.

김상하
삼양그룹 회장

젊은이들이 많이 읽고 새 지평을 열어야

韓國과 中國, 日本은 地理的으로도 隣接해 있고 같은 漢字文化圈으로서 文化, 經濟 等 多方面에서 서로 交流해 왔다. 그렇게 세 나라는 서로 影響을 주고받으면서 때로는 親密하게, 때로는 疏遠하게 지내며 東北亞의 歷史를 함께 만들어왔다.

그러던 차에 이번에 三國의 原型에서 現在 東北亞 政勢의 解答을 찾은 金容雲 博士의 『風水火』를 보고 그 慧眼에 感歎할 수밖에 없었다.

이 册에는 東北亞 세 나라의 過去와 現在 그리고 未來를 위한 우리의 課題가 『風水火』에 모두 提示되어 있는데, 韓國은 바람, 中國은 물, 日本은 불에 빗댄 것은 탁월한 着想이라고 생각한다. 이 册을 젊은이들이 많이 읽고 東北亞의 새로운 地坪을 여는 데 所重한 가르침으로 活用할 수 있었으면 좋겠다.

金容雲 博士는 27年生 同甲내기라 그런지 이번 册이 더욱 반갑게 느껴진다. 그의 식지 않는 熱情과 높은 識見에 尊敬과 讚辭를 보내며 『風水火』가 韓中日, 三國이 發展的인 關係를 만들어 나가는 데 礎石이 되기를 바란다.

강신호
동아쏘시오그룹 회장

거인의 어깨 위에 올라 세계를 조망하자

16세기까지는 동양 문화가 지배했지만, 이후 20세기까지는 산업화로 불리는 서양의 물질문명이 세계 경제와 문화의 주도권을 잡았다. 그러나 앞으로 21세기는 세계 경제의 절반을 이끄는 한·중·일이 그 주역으로서 신동북아시대를 열어갈 것이다.

새로운 국제 질서 구축을 위해 세계는 지금 어디에 초점을 맞추고 있는가. 아시아 국가를 견제하는 미국과 급부상하고 있는 중국, 재기에 사활을 건 일본이 신동북아시대를 맞아 주도권을 거머쥐려는 보이지 않는 전쟁을 벌이고 있다. 고대로부터 현재에 이르기까지 한국은 중국과 일본 사이에 낀 작은 나라가 아니라, 주변 국가와 균형을 맞춰 놀라운 성장을 이끌어낸 저력을 지니고 있다. 그 힘은 어디서부터 발아한 것인가.

석학 김용운 박사가 쓴 이 책은 그 힘의 원천과 균형을 갈등 구조가 아닌 상생 구조로 보아야 함을 강조한다. 각 분야를 통섭한 문화·문명 비평가로서 방대한 자료를 바탕으로 쓴 인문학 서적이 마치 한 권의 소설을 읽는 듯 흥미롭게 전개된다. 우리는 이제 거인의 어깨 위에 올라 세계를 조망하는 기회를 이 책을 통해 얻게 될 것이다.

김재철
동원그룹 회장 · 전 한국무역협회 회장

뿌리 깊게 내재한 민족적 갈등을 풀어줄 열쇠

얼마 전 한·중·일 3개국 대학생들이 힘을 합쳐 공동 번영과 화합을 위해 머리를 맞댄 자리가 있었다. 끊임없는 영토 분쟁과 과거사 문제 등으로 한·중·일 3국의 관계가 복잡한 상황에서 젊은 세대로 하여금 화합과 공존의 실마리를 찾아보게 하자는 의도였다. 그 실타래를 어디서부터 풀어갈 수 있을까?

문화·문명 비평가인 김용운 박사는 "자국 중심의 편협하고 낡은 역사관에서 벗어나야 함을 강조"하며, "우리의 역사와 문화를 이웃 나라의 것과 같은 시야에서 놓고 보는 새로운 시각이 필요함"을 역설하고 있다. 한국이 동북아시대의 새로운 중심축이 되려면, 일본인의 시각에서 우리의 것을 들여다봐야 하고 중국인과 미국 및 러시아의 관점에서도 우리의 과거와 현재를 조망해야 한다. 이를 통해 평화롭게 융합하는 길을 택해야 한다.

김용운 박사의 책은 뿌리 깊게 내재한 민족이나 문화적 갈등을 풀어줄 열쇠로써 답답한 현실을 비춰주는 등대가 될 것이라 확신한다. 이 시대를 살아가는 중·장년층뿐만 아니라, 미래사회를 이끌어 갈 젊은 대학생들이 반드시 읽어야 할 책으로써 일독을 적극 권한다.

박삼구

금호아시아나그룹 회장

한·중·일 비교 연대표

년도	중	한	일	
B.C. 1500				
1300	은(殷)			
1100				
900	서주(西周)	진국(辰國) / 부여 고조선	조몬(繩文) 시대	
700				
500	동주(東周) / 춘추시대			
300	동주(東周) / 전국시대			고대
100	진(秦) / 전한(前漢)	낙랑군 / 마한 변한 진한	야요이(彌生) 시대	
A.D. 1	신(新)			
100	후한(後漢)			
300	위 촉 오 / 서진(西晉) / 동진 오호십육국	고구려 / 백제 가야 신라	고분(古墳) 시대 일본 고대국가 성립	
500	남북조시대			
	수(隨)		아스카(飛鳥)시대	
700	당(唐)	발해 통일신라	나라(奈良) 시대 / 헤이안(平安) 시대	
900	오대(五代)			
	북송(北宋)		다이라노마사카도 (平将門)의 난	율령
1100	남송(南宋) 금(金)	고려		제도 붕괴
1300	원(元)		가라쿠라(鎌倉)막부	중세
	명(明)		남북조시대 / 무로마치(室町)막부 / 전국(戦国) 시대 / 아즈치모모야마 시대	
1500		조선		근대
1700	청(淸)		에도(江戸)막부	
1900	중화민국	일제시대	명치유신(일본제국)	
1945	제2차세계대전 종료		미국 점령	현대
	중공수립 (1949)	대한민국 수립 (1948)	미·일평화조약 체결 (1951)	

역사는 연대와 고유명사만을

외우는 것이 아니라,

그것을 움직이는

1부 | 원형이 역사의 판도를 결정한다

3부 | 인류 문명의 기원

5부 | 한반도 평화와 세계

5장—한민족의 자기실현 · 523

01

원형이 역사의
판도를 결정한다

01

백강전투가
동북아에 끼친 영향

동방의 등불 한반도

1945년, 8·15 광복절날 태어난 할아버지는 70 평생 남한에 살면서 한 번도 북한 땅을 밟지 못했다. 어렴풋이 기억나는 어릴 적 유행가가 있다. '정든 고향 땅을 가고 싶지만 남북이 가로막혀 원한 삼천 리 꿈마다 너를 찾아 38선을 헤맨다.' 또 조선 말기에 태어난 할아버지는 젊은 시절에 '이 풍진 세월을 만났으니 너의 희망은 무엇이냐…'라는 가사의 노래를 불렀다. 그 할아버지의 할아버지 때는 러시아와 미국이 한반도를 넘보고 있었으며 그 기미를 감지한 한반도 분위기는 어수선했다. 이런 식으로 역사를 거슬러 올라가보면 한반도가 평안한 시절은 없었다. 아시아 최초로 노벨상을 수상한 인도의 시인 R. 타고르(R. Tagore)는 일본과 중국에 장기 체류하며 동북아의 역사에 깊은 관심을 보였다. 그는 한반도가 '동방의 등불'이라는 시를 지었다.

▌4세기 말 한반도

일찍이 아시아의 황금시기에 / 빛나던 등불의 하나인 코리아

그 등불 다시 한번 켜지는 날에 / 너는 동방의 밝은 빛이 되리라

타고르는 이 시를 통해 영국 식민지의 백성으로서 같은 처지에 놓인 조선인에게 단순히 용기를 주려고 했던 걸까, 아니면 실제로 한국이 아시아에서 주도적인 역할을 했던 걸까. 그렇다면 그 시기는 언제였을까.

A.D. 663년, 아! 백강전투

백강(동진강 하구)전투 이전 한반도인은 만주 일대에서 몽골까지 활약했고 바다에서는 중국 연안뿐만 아니라 일본열도까지 활동 무대를 넓혀 그 기상을 동북아 일대에 떨쳤다. 분명 타고르는 그 시기의 한반도를 노래했을 것이다.

요즘 한국은 자신의 진로를 스스로 결정하지 못하고 주변 국가인 미·중·러·일에 휘둘리고 있으며, 이들은 분단된 한반도를 두고 자신의 몫 찾기에 혈안이 되어 있다. 이 안타까운 현상은 663년 발생한 백강전투 이래 계속된 한반도의 숙명이었다.

백강전투를 이해하지 않고 현재의 한·중·일 삼국 구도를 이해하기는 어렵다. 백강전투는 대륙, 반도, 열도의 지정학이 빚어낸 숙명적 국제 전쟁으로, 이 전쟁을 전후하여 삼국 관계뿐만 아니라 각 민족의 심성도 크게 달라졌다. 그 변화 과정과 함께 불가분적인 삼국 관계의 구도를 밝히는 일이 대한민국의 미래를 모색하는 첫걸음이 될 것이다.

수·당을 위협한 고구려

한반도에 영향을 준 중국사의 패턴 중 하나는 중국 대륙의 통일이 곧 랴오둥반도(요동반도, 遼東半島) 진출로 이어진다는 점이다. 진시황은 북방 세력 연(燕)을 랴오둥반도로 몰아붙여 그곳을 기점으로 만리장성을 건설했다. 한무제(漢武帝)는 흉노를 서방으로 몰아낸 다음 랴오둥반도를 넘어 한반도에 낙랑군을 설치했다. 위(魏)의 사마중달 또한 남녘의 오(吳), 촉(蜀)을 압도하고 랴오둥반도로 진출해 공손(公孫)씨를 멸망시켰다. 따라서 역사 이래 한반도인은 중국의 변화에 민감할 수밖에 없었다.

주변이 이민족으로 둘러싸인 중국의 기본적인 내외 정책은 주변 국가와의 직접적인 전쟁을 피하고 가능한 외교적으로 해결하거나 그들의 내부를 분열시키는 '오랑캐로 오랑캐를 무찌르는 전략(以夷制夷)'이었다. 분할통치는 영국이 인도에게만 쓴 정책이 아니었다. 권력자는 책사, 국사를 존중했으며 전국시대에는 진, 한, 위, 조, 초, 연, 제(秦, 韓, 魏, 趙, 楚, 燕, 齊) 7국의 합종(合從), 또는 연횡(連衡) 등의 외교 정책을 구상하는 종횡가(縱橫家, 외교정책 수립자)들이 활약했다.

한(漢)이 멸망하자 중국은 위, 오, 촉의 삼국시대에서 남북조(오호십육국, 五胡十六國)로 분열되었다. 한반도 또한 고구려, 백제, 신라로 분열되어 저마다 유리하게 대륙 세력을 견제하고 이용하기 위해 적당한 나라와 연대의 길을 꾀했다. 고구려는 남북 양 왕조와 교류하면서 국제적 균형을 도모했다. 백제는 남조와 손을 잡았으며 신라는 반도의 한구석에서 이리저리 눈치를 살피고만 있었다.

고구려는 수(隋)에 무력으로만 대치한 것이 아니라 돌궐(突厥, 터키계 유목민)과 연대해 수(隋)를 견제하면서 되도록이면 전쟁을 피하려고 애썼다. 고구려 왕(영양왕, 嬰陽王)은 전쟁에서 승리하고도 수(隋)에 사절을 보내 스스로를 '랴오둥반도 분토(糞土, 더러운 영토)의 사람'이라 칭하고 군사적 대항에 몸을 낮춰 사죄하는 등 평화를 추구하는 강온 양면(強穩兩面) 작전을 구사했다.

고구려가 동북아의 최강국으로 부상한 시기에 장수왕의 영토는 동으로는 북간도 훈춘(琿春), 남으로는 아산만과 영일만(迎日湾)을 잇는 선 일대까지 확장되었다. 특히 광개토대왕은 남해안까지 진출했다. 북쪽으로는 원래의 영토 만주 중부를 포함하는 장춘(長春), 농안(農安)을 넘어 개원(開原) 지역까지 영토를 확장했다. 수(隋)는 통일 후 끊임없이 고구려를 노렸다. 그러나 고구려와 네 차례 벌인 전쟁에서 패하여 자멸하고 만다. 618년, 당(唐)이 수(隋)를 무너뜨린 뒤로는 그 뒤로 당과 고구려와의 긴장으로 이어졌다. 드디어 당(唐) 태종은 전 왕조 수(隋)의 복수를 내걸면서 고구려 정벌에 나섰으나 오히려 눈에 화살을 맞고 낙양으로 돌아가는 수모를 당한다.

중국 세력의 조선 침략은 한무제 이래 수륙양면(水陸兩面) 작전을 고수했다. 산둥반도(山東半島)에서 수군을 출발시켜 평양을 공격하고 육군은 랴오둥반도를 넘어 남하하는 식의 양면 공격이 일반적이었다. 그러나 랴오둥에서 정면으로 공격하는 작전이 실패를 거듭하자 중국 병사들 사이에서는 '랴오둥반도에서 죽지 마라.'는 가사의 염전(厭戰) 노래가 유행할 정도로 조선을 침략하는 것을 큰 부담으로 느꼈다.

당(唐)은 대국의 체면을 걸고 숙적 고구려를 멸망시킬 기회를 노렸다. 고구려 또한 번번이 수(隋)는 물론 당(唐) 대제국에 승리하면서도 항상 마지막 결전이라는 각오를 다졌다. 고구려는 한반도의 통일과 중원을 장악하는 대륙 제국을 꿈꾸고 있었다. 백제·신라는 고구려가 수(隋)와 싸우기를 바랐는데 한편, 고구려의 남하를 우려해서였다. 특히 백제는 수(隋)에 사절을 보내 고구려 공격에 가담할 것을 표명하기도 했다. 한편, 고구려는 백제와 신라가 싸우는 동안에 안심하고 수(隋), 당(唐) 등 대륙 세력과 전쟁을 벌였고, 랴오시(遼西)에 진출해 중국 세력의 기선을 제압하는 작전을 벌였다.

백제와 왜의 관계

고대 한반도는 대륙 남부로부터 온 벼농사민과 북으로부터 압록강을 건너오는 기마 유목민의 이동으로 서해안과 남부 지역에 인구가 밀집해 있었고, 중국 대륙 동해안과의 교역에 자극받아 일찍부터 국가가 수립되었다. 한반도 남부의 삼한(마한, 변한, 진한) 중 가장 강력한 나라는 마한이었고 그 세력을 흡수한 백제는 신라와 그 전신인 진한 가야를 지배하고 있었다(『후한서(後韓書)』, 「한전(韓傳)」).

백제와 왜의 관계가 짙은 안개에 가려진 것은 신라 출신 김부식이 편찬한 『삼국사기』부터였다. 『삼국사기』는 신라를 정통 국가로 삼아 백제를 비하하고 가능한 백제에 관한 사실을 기록하지 않고 때로는 왜곡했다. 『니혼쇼키(日本書紀, 일본에서 가장 오래된 역사책. 고대부터 697년까지의 전설, 신화, 사실(史實) 등을 편년체로 기록한 것으로, 720년에 완성하였다.)』 또한 백제 멸망 후 신생 일본국의 정통성을 내세우기 위해 왜와 백제의 관계를 왜곡시켰다. 결국 김부식 사관과 『니혼쇼키』 사관의 협공을 당한 백제는 역사 속에 보잘것없는 나라로만 남아 있어야 했다.

중국과 신라, 일본은 저마다 백제에 대한 호칭을 달리했다. 백제를 중국의 정사 『양서(梁書)』는 伯濟(백제), 『삼국사기』는 百濟(백제), 『니혼쇼키』는 '구다라(큰나라)'로 각각 다르게 불렀다. 또한 백강전투 이후 열도 내의 망명 백제인 거주 지역에서는 百濟를 일본식 한자음에 따라 햐쿠사이(ひゃくさい)라고 불렀다. 伯濟, 百濟, 구다라, 햐쿠사이 등 4개의 국명에는 국가 수립에서 멸망까지의 역사적 배경이 반영되어

있다. 따라서 4개의 국명에 대한 해명 없이는 백제사를 제대로 해석하기 어렵다.

백제에는 다음 4가지 이름이 있었다.

1. 온조(溫祚) 백제—백제(百濟)
2. 비류(沸流) 백제—백제(伯濟)
3. 일본의 초기, 분국 시대의 백제(百濟, 伯濟)는 '큰 나라'를 의미한다.
4. 백강전투 이후 일본으로 망명한 백제인에게는 열도가 더 이상 분국이 아니므로 과거의 백제는 '큰 나라'가 아닌 '백제(햐쿠사이)'일 수밖에 없었다.

『삼국사기(三國史記)』는 백제의 시조인 비류, 온조 형제가 고구려 땅에서 남하한 사실을 기록하고 있다. 동생 온조는 한강 연안, 즉 지금의 서울 풍납동과 하남시의 일대에서의 건국에 성공하고, 형 비류는 인천 근방 미추홀(彌鄒忽)에 건국했으나 국가 운영에 실패해 스스로의 무능을 부끄럽게 여겨 자살한 것으로 기록되어 있다. 그러나 압록강 변 집안(集安)에 있는 광개토대왕비에 의하면 백제는 백잔(百殘)과 이잔(利殘)으로 구별되어 있다. 백잔은 한성백제, 이잔은 구마나리(久麻那利, 공주)인 것이 분명하다(김용운,『천황이 된 백제의 왕자들』). 공주(公州) 근교 수촌리(水村里)의 고분에서 대검(大劍)이 출토되고, 수촌리가 미추홀의 이름과 일치하는 것은 우연이 아닌 것이다. '미추홀'의 '미추'는 일본어로 '물'을 의미하는 '미즈(みず, 水)'로 수촌(水村)과 미추홀(彌鄒忽)은 같은 이름이다. 이에 따르면 비류(沸流)는 자살하지 않고 인

천 미추홀에서 공주 수촌리 근처로 이동한 것으로 보인다.

百의 가라어(한자어가 아닌 한국 고유어)는 '온'이므로 온조(溫祚)의 한자 표기 百祚(백조)가 百濟(백제)로도 될 수 있고 '伯'은 형을 뜻하므로 형의 나라 비류백제(沸流百濟)가 된 것이라고 본다. 형의 나라이기에 伯濟로 구별한 것은 자연스러운 일이다. 『니혼쇼키』에는 천손의 두 자손이 비류와 온조처럼 각각 내륙과 해변에 형제국을 수립했다는 기록이 있다(「산행(山幸)·해행(海幸)」). 백제의 건국 설화 일부를 편입시킨 것이다.

한편, 일본열도에 거주하고 있는 백제인에게 백제는 큰 나라(kunnara = kudara)이며, 본국이다. 일본 각 지역에 구다래(久多來), 구태랑(久太良) 등 많은 지역 이름이 있는 것은 그곳이 백제인의 거주지였음을 나타내고 있다. 백제는 일본에게 큰 나라(kunnara)였고 지금도 그대로 百濟를 구다라로 읽는다. 분국 사람이 본국을 부를 때 사용하는 말인 것이다. 마치 미국인이 외국에서 본국을 지칭할 때 'stateside'라 하는 것과 같다.

▌**공주 수촌리에서 출토된 환두대도(環頭大刀)** 일본 큐슈의 에다 후나야마 고분에서 출토된 검과 비슷한 칼로, 이외에도 신발 관모 등도 출토되어 왜가 백제 문명의 영향을 받은 사실을 나타내고 있다.

의자왕의 동생 교기(翹岐)의 정체

백제에서 건너간 제2기 천왕가의 시조 오진(應神) 천왕 이후 왜 왕궁에는 항상 백제 왕자가 체류해 있었고 이들 중에는 귀국해서 왕위에 오른 사람도 있었다. 분국의 권위를 위해 본국 왕자의 존재가 필요했던 것이다. 일정 기간 일본에서 파견 근무를 한 왕자 또는 일본에서 태어난 왕자가 후일 백제에 돌아와 왕위에 오른 사례로는 동성왕과 무령왕 등이 있다.

특히 642년에 도일한 백제 의자왕(義慈王)의 동생 교기(翹岐)에 관한 기록은 상징적이다. 교기에 관한 기록은 『니혼쇼키』에만 있고 『삼국사기』나 중국 사서에는 없다. 교기는 사실상 여풍장(余豊璋)과 동일 인물로 그의 도일 전후 기록은 『니혼쇼키』에만 자세히 남아 있다. 그 내용은 왜국의 정치 상황의 변화에 따라 서로 엇갈리는 부분도 있어 의미심장하다. 백제 왕자들의 잦은 일본 방문은 왜 왕권의 권위를 보장하는 백제(큰 나라)와 분국 간의 정례적인 임무여서 양국 사이의 중요한 정책으로 보인다.

백제에 다녀온 (왜) 사신은 "지금 백제에 큰일이 났는데 국왕의 어머니가 돌아가시고 왕제 교기(여풍장)와 그의 누이동생 4명 등 높은 사람 40명이 섬으로 추방되었다."고 보고했다(『니혼쇼키』「고교쿠기(皇極紀)」).

『니혼쇼키』는 이 일이 있은 지 22일 후 교기가 종자를 데리고 왜국에서 왜왕과 만났다고 기록하고 있다. 『니혼쇼키』는 그 후의 행동을 다음과 같이 자세히 기록하고 있다.

아래의 표에서 4월 8일의 기록을 보면 교기의 신분을 알 수 있다. 『니혼쇼키』에는 의자왕의 동생 교기가 천황을 만났을 때의 직함이

왕자 교기(翹岐)의 일본에서의 역할

연도	기록
642년 2월	교기의 어머니, 누이, 여자 4명 등 모두 40명이 섬으로 추방되었다는 소식이 왔다. 규슈 감찰사가 조정에 급사(急使)를 보내 백제 왕제인 교기가 왔다는 것을 알렸다.
4월 8일	대사 교기가 종자를 거느리고 천황을 만났다(이때의 신분은 대사(大使)).
10일	소가대신(蘇我大臣)이 집에서 교기와 이야기를 나누었다. 소가대신이 좋은 말 1필, 철정 20개를 교기에게 바쳤다.
5월 5일	교기에게 사냥(狩獵)을 즐기게 했다.
21일	교기의 종자 1명이 죽었다.
22일	교기의 아이가 죽었다.
24일	교기가 처자를 거느리고 쿠다라오오이노미야(百濟大井宮)로 이사한다.
7월 22일	조정이 백제의 사신 대좌평 지적(智積) 등에게 연회를 베풀었다. 조정은 교기에게 씨름 구경을 시켰다. 연회가 끝나고 대좌평 지적 등이 문 앞에서 교기를 배례했다.

'오오쓰가이(큰스기, 스기는 쓰다에서 나온 말)', 즉 대사(大使)로 표기되어 있다.

　　(使)쓰기 – 쓰가이(使(日))

왕제 교기는 실질적인 왜왕인 소가(蘇我)로부터 정치 보고를 받고 있었으나 소가는 2년 후 645년에 쿠데타(大化改新, 다이카개신)로 살해 당한다. 4월 8일에 교기가 천황을 만나 이야기를 나눈 것은 교기가 단순한 대사급의 임무 수행을 한 것이 아니라 큰 나라 입장에서 백제가 분국 왜의 정치에 깊이 관여하고 있었음을 시사한다. 아무 선입견 없이 『니혼쇼키』의 교기에 대한 기록을 읽고 받은 인상은 백제가 왜 국의 권력 교체 등 중요한 임무를 위해, 교기를 추방한 것처럼 위장해 도일시키고 왜국의 소가(蘇我) 씨를 몰락시키려는 공작을 한 것이 아 닌가 생각한다.

교기, 즉 여풍장의 도일 이유는 『니혼쇼키』의 기록대로라면 처음에 는 정치 망명, 대사, 인질 등으로 일정하지 않다. 『니혼쇼키』는 백제와 왜의 관계 변화에 따라 교기의 신분을 달리 표기했다. 분국 시대의 일 본과 국력이 상대적으로 강해진 시기, 특히 백강전투 이후 유일성을 강조하는 시기에 따라 일본에 체류한 백제 왕자의 위치와 신분을 달 리 기록한 것이다.

• 인질과 몸갈이

『니혼쇼키』에서 '무카하리(むかはり)'는 '인질'이라는 뜻으로 쓰인다. 몸-무, 갈-카하리이며 두 단어를 합친 무카하리는 가라어의 '몸갈이' 를 의미한다.

몸갈이 momkari － mukahari － mikawari(身代り)
놈 mom － mu － mi (み, 身)

갈 kal(i) – kahali(代り)– hakali(はかり)

(k – h)는 서로 교환됨

현 일본어 '미가와리(身代り)'는 사람을 대신한다는 뜻이다. 백제에는 22담로(백제 초기에 왕자나 왕족을 파견하여 다스리던 지방 행정 구역으로, 전국에 22개를 두었다.)가 있었으므로 자사(刺史)와 같이 본국 왕을 대신하는 사람을 왜에 보낸 것이 아닐까?

쿠데타를 성공시킨 백강전투의 주역들

• 고구려의 쿠데타

수(隋)가 멸망하고 당으로 교체되자 고구려 영류왕(榮留王)은 당과의 평화를 모색했다. 영류왕은 을지문덕(乙支文德)과 더불어 수(隋)의 대군을 격퇴한 전쟁 영웅이었다. 그러나 69만 7천 호의 민호(民戶)를 가진 고구려는 1호당 5명으로 봐도 고작 350만 인구인데, 백만 이상의 병력을 수시로 동원하는 수억 인구의 중국과 오랜 전쟁을 하려니 경제는 피폐해지고 국내 문제가 누적되어 민심 수습의 필요성을 절감하게 된다. 당 또한 돌궐과 고구려와의 양면 전쟁에 지쳐 평화를 바란 것은 마찬가지다.

고구려가 주전파와 평화파로 분열되자 귀족 합의제인 대로(對盧)의 의장 대대로(大對盧) 연개소문이 영류왕을 비롯한 반전파의 귀족과 무신들을 살해하고 정권을 장악했다. 당의 입장에서 친당 세력의 숙청은 그냥 보고 넘길 수 없는 선전포고나 다름없었다.

• 당의 쿠데타

당 왕조의 수립자 고조(高祖)는 장자 건성(建成)을 황태자로 결정했다. 건성은 막내 이원길(李元吉)과 손을 잡고 야망이 많은 차남 이세민(李世民)을 경계한다. 이세민은 판단이 빠른 야심가였으므로 이들 사이의 충돌은 시간 문제였다. 626년 6월 4일 아버지 고조의 부름을 받고 건성과 원길은 궁으로 향했다. 건성 황태자 일행이 현무문에 가까워지자 10여 명의 병사가 이들을 기습해 맨 먼저 황태자 건성이 활에 맞고 넘어졌다. 건성, 원길의 부하들은 분전했다. 급보를 받고 달려온 건성의 경비병은 천 명이었으나 이세민의 군사는 500명이었다. 그러나 이세민의 부하 한 사람이 건성과 원길의 목을 높이 치켜들자 양쪽의 군대는 전투를 멈추었고, 그 경위를 보고받은 고조는 이세민을 황태자로 선언할 수밖에 없었다.

• 일본의 쿠데타

『니혼쇼키』가 소가(蘇我) 씨의 멸망 후에 편집된 것이어서 그런지 정식으로 소가 왕 즉위를 기록하지 않고 있다. 그러나 소가가 황태자를 정하는 등 중요한 인사권을 행사하고 관복(冠服)의 격식을 왕의 것과 같이하는 등 실질적으로 왕과 같은 권력을 행사했음이 기록되어 있다. 이에 불만을 품은 나카(中) 태자는 소가의 중심인물 일카(蘇我八鹿)를 참살했다. 이것이 645년에 일어난 '다이카노 카이신(大化改新)' 쿠데타이다. 당시의 왜왕 고교쿠(皇極)는 "백제인이 백제식 정치를 위해 서로 싸웠다. 즉, 본국 백제의 뜻에 따라 분국인 일본의 정치를 개혁했다."로 해석될 수 있는 말을 하고 정권 교체를 승인한다.

이 사건과 관련해서 교기(翹岐), 즉 여풍장(余豊璋)이 관여한 증거는 어디에도 없다. 『니혼쇼키』는 백강전투 이후 일본의 권위를 위한 것이 므로 자신의 우월성을 과시하기 위해 백제의 간섭을 기록하지 않았을 것이다. 그러나 그가 일본에 도착하자마자 맨 먼저 만난 중요 인물이 소가(蘇我)였음이 분명히 기록되어 있으므로 그 사건의 배후에 백제의 의도가 반영된 것으로 추측할 수 있다.

백강전투에 직접 관여한 고구려, 당, 일본 등 삼국의 지도자들은 모두가 쿠데타의 주동 인물이었다. 신라의 김춘추는 영걸이었고 백제 의자왕 또한 백제의 대표적인 인물이었다. 백제를 과소평가한 『삼국사기』의 편자 김부식조차도 의자왕을 '효도와 형제 간의 우애를 다했으며 사람들이 해동증자(海東曾子)라고 칭송했다.'고 기록하며 무인으로서도 용기와 담력이 있는 이상적 지도자로 묘사하고 있다. 물론 김부식은 신라 중심 사관으로 서술해 의자왕에 관한 글 뒷부분에서는 그의 암우(暗愚)함이 망국의 원인이라고 시사하고 있는데 이는 백제의 멸망을 합리화하려는 의도로 보인다. 이처럼 동북아의 운명을 결정한 삼국 각 나라의 수장은 그 시대 상황에 어울리는 영걸들이었다.

외교와 전쟁

'나와 당' 외교

김춘추가 구상한 당과의 외교 전략은 당의 '근공원교(近攻遠交)' 정책을 역이용해 백제와 고구려를 치고 그 영역을 신라화하는 것이었다. A.D. 648년, 김춘추는 당의 고종(高宗) 앞에 엎드려 "천병(天兵)을 보내시어 백제를 분쇄하여 주십사."하고 청했으며, 당의 연호 사용과 그 아들을 인질로 보내는 것을 자청하는 등, 모든 조공 조건을 받아들여 완전히 사대할 것을 맹세했다.

『니혼쇼키』는 A.D. 651년 초에 일본에 온 신라 사절이 당나라 관복을 입고 있어 입국을 허용하지 않고 돌려보냈다고 기록하고 있다. 그 시점에서 신라는 당의 조공국이 되었고 왜는 이미 백제와 함께 나당 연합군에 맞설 속마음을 가졌던 것으로 보인다. 지금의 한국인은 김춘추의 이런 태도를 주체성이 없는 것으로 비난할 수도 있겠지만, 김춘추로서는 신라 생존을 위한 유일한 선택이었다.

당 고종으로서는 수를 멸망시켰고 아버지 태종(이세민)의 3차 공격을 무력화시켜 병들어 죽게 한 고구려를 그대로 둘 수는 없었을 것이다. 백제 역시 왕성한 해상 활동으로 중국의 남조 세력과 손잡고 북조를 위협하고 있었으며 열도에도 만만치 않은 분국까지 설치했으니 당에게는 불안한 존재였다. 신라는 약소국이므로 고구려와 백제가 없어진다 해도 당을 위협할 존재가 되지는 못할 거라고 보았다. 당은 김춘추가 스스로 당의 품 안에 들어왔으니, 백제를 공격해 달라고 한 김춘추의 청을 후한 마음으로 받아들였다. 당은 고구려의 힘이 강성하므로 우선 신라와 연합해서 백제를 멸망시키고 이후 고구려를 친다면 고구려와 백제 양국의 영토를 차지할 수 있는 일석이조의 기회가 될 것으로 생각했다.

하지만 신라와 당은 멸망한 백제와 고구려의 영토에 관해서는 서로 합의한 바가 없고 각자 자기 것이 될 줄로만 여겼다. 신라와 낭은 서로

유리한 쪽으로 생각하고 있었으므로 처음부터 서로가 적대 관계가
될 가능성을 남겨두고 있었다.

장안으로 끌려간 의자왕

A.D. 655년, 김춘추가 무열왕(武烈王)으로 즉위하자 백제는 고구려
군과 함께 신라 북부를 침공해 30여 성을 함락시켰다. 김춘추는 예상
했던 긴박한 상황이 현실화되었음을 직감한다. A.D. 659년 4월 백제
는 신라에 침입해 2개 성을 함락시켰고 신라는 이때에도 당에 원조를
요청했다. 그러나 당은 직접 공격하는 데는 신중했다. 겨우 고구려와
의 접경지대만 공격했을 뿐이다. 당 고종(高宗)에게 있어서 고구려 침
략은 아버지 태종의 의지를 잇는 일이지만, 수 이후 고구려에 여러 차
례 패한 경험으로 보아 신중할 수밖에 없었다. 이후 서역의 돌궐 토벌
에 성공하여 여유가 생기자 당은 직접 백제를 치고 이어 강국 고구려
를 치기로 작정한다.

A.D. 660년 6월 소정방(蘇定方)이 인솔하는 13만 당군은 금강 유역
에 진입해 북상하고, 동쪽에서 육로로 진격해 오는 김유신의 5만 신
라군과 함께 백제의 도성 사비성을 공격한다. 백제는 계백(階伯) 장군
이 이끄는 병사 5천의 결사 항전에도 불구하고 패하여 결국 계백 장
군은 전사하고, 사비성도 함락되고 만다.

무열왕의 아들 김법민(후일의 문무왕)은 백제 태자 부여융(夫餘隆)을
말 아래 꿇어앉히고 그의 얼굴에 침을 뱉으며 "예전에 너의 아버지(의
자왕)가 죄 없는 나의 누이를 죽이고 옥에 묻었다. 이 한이 20년 동안
내 마음과 머리를 아프게 했으나 오늘은 네 목숨이 내 수중에 있구

나.” 하며 비웃는다. 김법민은 의자왕의 직접 공격으로 대야성이 함락됐을 때 자신의 누이가 남편 김품석(金品釋)과 함께 살해당한 원한을 푼 것이다.

나당 연합군의 승리 연회가 부여 성에서 열리고 의자왕과 왕자, 귀족들이 적군 신라의 장수들에게 술을 따르는 수모를 당하자 그 광경을 본 백제인들은 모두 눈물을 흘렸다. 의자왕은 왕자와 장군 88명, 그리고 백성 12,807명과 함께 당의 수도 장안으로 끌려갔다.

백제 부흥 전쟁, 백강전투

A.D. 660년, 사비성 공방전은 나당 연합군의 앞뒤 공격으로 일방적인 승리로 끝났다. 그러나 옛 백제 땅의 백성들은 귀실복신(鬼室福信)의 지휘 아래 남은 성에 의지하면서 완강히 저항을 계속하여 일부는 당 군대가 주둔해 있던 부여성을 역으로 포위하고 공격을 시도한다. 이미 의자왕과 태자는 당으로 끌려갔으니, 새로운 정신적 지주의 필요성을 통감한 귀실복신은 왜왕에게 20년간 야마토에 머물고 있는 의자왕의 동생 여풍장(余豊璋, 교기)의 귀국과 원병을 청한다.

당시 다이카개신(大化改新)으로 왜 정권은 완전히 백제와 일체화되어 있었다. 왜왕은 즉각 지원군 파견을 선포하고 다음 해 A.D. 661년 여풍장은 왜병 5천 명을 지휘하며 고국에 돌아온다. 이미 백제의 수도는 함락되었고 왕은 당에 끌려갔으니 백제의 주인은 없다. 여풍장은 백제왕이자 왜왕 다음가는 최고위 대직관(大織冠)에 임명된다. 당시 왜왕인 여왕 사이메이(齊明)는 직접 수군을 이끌고 출격에 나섰으니 궁중 시인의 '출정시'를 빌었다.

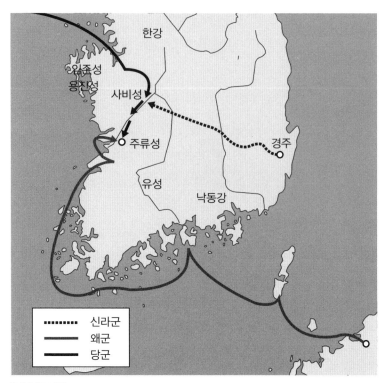

■ 백강전투 진행도

　'니기다 항구에서 승선하고자 달을 기다리는데 물때도 제대로 되고 달도 떴으니 출격하자.'

　사이메이 여왕은 출격했으나 북규슈 본영에서 죽고 그 아들 나카(中) 태자, 후일의 덴지(天智)가 지휘권을 물려받았다. 그는 백제 지원군을 편성해 663년에 27,000명의 대군을 3군으로 나누어 여풍장의 뒤를 따르게 했다. 왜는 모두 32,000명의 구원병을 백제에 파견한 것이다.

　일본에서 온 원병은 주류성의 백제 잔존 세력과 합류했다. 그런데 육로에는 신라군이 치밀하게 지키고 있으니 부득이 바다로 갈 수밖에 없었다. 당 수군은 주류성에 가까운 금강 하구에 170척의 수군을 대기시키고 있었으며, 왜 수군은 400척이었으므로 수적으로는 월등히 우세했다.

8월 27일 왜·당 수군이 격돌한다. 그러나 왜 수군은 일본 각지에서 긁어모아 온 편성 부대였으며 오랜 항해로 피로가 겹쳐 있었다. 왜 수군은 앞다투어 적진에 뛰어들기만 할 뿐, 조직적으로 전투를 벌일 수가 없는 상황이었다. 마치 러일전쟁 때, 대마도에서 대기하고 있던 일본 해군이 오랜 항해에 지친 러시아 함대를 전멸시킨 것과 같은 배경이었다. 당 수군은 불화살을 날려 4번의 격돌에서 '4전 4승'을 했다. 왜의 수군은 불과 연기에 싸여 바닷물을 붉게 물들였다. 이때 백제 기병은 강의 좌우에 포진해 신라군 배후를 공격하며 왜 수군의 엄호를 시도했으나 신라 기마대의 선수 공격에 무너지고 말았다.

여풍장과 귀실복신이 이끄는 백제 부흥군은 현재의 부안 동진강 하구에 있는 주류성(周留城)을 본거지로 삼고 나당 연합군과 대치했다. 백제·왜 연합군은 당군의 포위를 뚫고 주류성의 부흥군과 합류하기로 했으나 전체적인 지휘 통제가 제대로 되지 않았다. 여풍장은 20여 년간 일본에 있었으므로 그동안 백제 사정에 어두웠고 명목상 백제왕일 뿐이었다. 반면 부흥 운동의 리더인 귀실복신은 사비성 함락 후 계속해서 잔존 세력을 이끌어 온 자부심을 갖고 있었다. 두 사람의 미묘한 입장 차이가 서로를 못 믿게 만들었다. 전쟁이 순조롭게 진행되었다면 서로가 오해를 풀 수 있었겠지만 실패를 거듭하고 보니 결국 누구든 믿서 싱내글 죽이는 수밖에 없었다. 결국 귀실복신 장군

▌동진강 하구에서 바라본 주류성(위금암산성)

대기하고 있는
당 수군

왜 수군의 진행 방향

▌새만금에서 본 백강전투 자리

이 여풍장의 손에 죽고 부흥군은 와해되었다.

주류성에 남은 백제 부흥군은 백강을 넘어오는 구원군을 고대했으
나 끝내 나타나지 않았고, 결국 9월 7일 항복한다. 여풍장은 고구려
로 원병을 구한다며 떠났으나 그 후의 소식은 없다. 그는 왕제로 태어

1부 원형이 역사의 판도를 결정한다

나 일본의 정치 공작으로 명목상의 백제왕이자 일본의 최고위에 오르고 백제 부흥군의 수장이 되어 고국에 돌아왔으나 실패하고 고구려 망명에 그친다. 또 하나의 백제 부흥군의 거점 임존성(任存城)에서 흑치상지(黑齒常之) 장군이 2개월 이상 나당 연합군에 저항했으나 결국 11월에 항복하고 만다.

당시 백제는 76만 호로 한 호당 5명으로 계산하면 약 380만 명의 인구였다. 백제 유민 중 배를 이용한 사람은 모두 떠났고 백강전투를 전후해서 일본열도로 건너간 백제인의 수는 약 20만 명으로 추산된다(시바 료타로, 司馬遼太郎). 백제 땅은 신라 귀족의 장원이 되어 농민은 농노로, 기술자는 경주로 끌려가 기술 노예 신세가 되었다. 불국사 무영탑의 석공 아사달과 그 아내 아사녀의 슬픈 설화는 가족을 떠나 신라에 끌려간 백제 유민(遺民)의 신세를 상징한다.

대부분의 한국 사학자는 사비성이 함락된 660년을 백제 멸망의 해로 생각하지만, 사실은 그 후에도 3년 가까이 백제 부흥 전쟁은 계속되었다. 따라서 실질적으로는 부흥 전쟁이 그친 663년 11월을 백제가 멸망한 때로 해야 옳다. 백강전투는 백제와 왜에게 신라에 대한 원한을 남겨 그 후의 신라와 왜는 물론 지금의 한일 관계에도 영향을 주고 있다.

신생 일본국 수립

백강전투 후 당군에는 의자왕과 함께 장안으로 끌려간 태자 여륭(余隆)이 포함되어 있었다. 완깅이 지휘하는 백제 부흥군에 대항하기 위해 당은 일단 장안으로 연행한 여륭을 기용해 그를 웅진도독(熊津都督, 총독)으로 임명했다. 신라를 견제하고 옛 백제 영토를 효과적으로 통치하기 위해서다.

당 고종은 신라의 통일은 전혀 고려하지 않고 신라와 백제가 감정을 풀어 당의 체제 아래 화해하기를 바랐다. 신라와 백제를 똑같이 당의 속국으로 보고 여륭과 신라 문무(文武)왕을 웅진성에서 만나게 하고, 백마를 잡아 맹세를 시켰다. 이 삼자 회담이 최근의 6자 회의의 원틀인 셈이다. 즉, 6·25전쟁에서 망해가는 북한을 도와 남한을 공격했던 중국이 이제는 6자 회담에서 북한과 남한이 손을 잡으라는 것과 같은 구도다. 당(唐)의 의도는 신라가 강성해지는 걸 막는 것이다. 고구려를 멸망시킨 후 당은 유인궤(劉仁軌)를 계림도대총독(鷄林道大總督)에 임명하여 한반도의 점령을 시도했다. 이에 신라는 적극적으로 반격했다. 결국 문무왕은 당에 사죄하고 신라 국토를 보전할 수 있었다. 하지만 문무왕에게는 강력한 군대가 있었으므로 도저히 여륭과 동등한 입장이 될 수 없었다. 당 군대가 철수하자 여륭은 더 이상 옛 백제 땅에 있지 못하고 결국 안동(安東) 도독(都督)부로 갔고 고구려 땅에서 죽었다.

왜 정권은 패전으로 큰 타격을 받았으나 전쟁에서 결집된 에너지를 이용해 열도 내 호족 세력을 규합해 신생 일본국을 수립했다. 특히 그동안 독립적이었던 규슈의 호족 세력은 백강전투에서 결정적인 타격을 입고 약화되어 야마토 정권에 완전히 흡수되었다.

귀실복신 장군의 아들 기시츠 슈시(鬼室集斯, 귀실집사)는 일본에 망

명하여 학직두(學職頭, 현재의 문교
장관 겸 대학 총장)의 직책을 맡아
신생 일본국에 크게 공헌했다. 그
를 기리는 기시츠 신사(鬼室神社)
가 지금도 오오미(近江)에 있다.
그 일대에는 망명 백제인의 집단

■ 일본 시가현에 있는 백제사

거주지인 백제사(百濟寺)'가 만들어졌고, 백제를 일본식 한자음대로
'햐쿠사이(hyakusai)로 읽고, '구다라'라고는 하지 않는다. 망명 백제인
에게 百濟는 더 이상 '큰 나라(구다라)'가 아니었기 때문이다.

이들은 나라를 잃은 아픔을 딛고 일본 정권의 중심에서 교육, 사법
과 군사제도를 개혁하고 교육, 천문, 역사, 야금(冶金), 건축 등 각 분
야에서 활약했다. 『니혼쇼키』에 다음과 같은 노래가 실려 있다.

'귤(橘) 열매는 저마다 가지에서 태어났으나 구슬로 꿰맬 때는 하나의
실로 이어진다.'

이는 '백제인은 반도와 일본열도라는 서로 다른 가지에서 났으나
같은 뿌리에서 나왔으므로 신생국 일본을 발전시키기 위해 하나로 뭉
치자.'는 뜻으로 당시 일본열도로 망명한 백제인의 상황을 잘 말해주
고 있다.

백강전투 이후 소수이기는 하지만 고구려 유민도 일본에 건너갔다.
백제가 나당 연합군에 멸망하자 고구려는 당의 다음 공격 목표가 자
신임을 일았고 일본에 연합을 청했다. 고구려 왕사 고바노 잣고(高麗

若光)가 인솔하는 사절단이 일본을 방문하던 중 고구려가 멸망하자 갈 곳을 잃은 잣코 일행은 그대로 일본에 망명했다. 그는 일본열도 내의 고구려인을 모아 도쿄 가까운 곳에 고마군을 설치해 그 일대를 개척했다. 잣코 왕자 일행의 후손은 고마 신사를 중심으로 현재까지도 이어져 오고 있다.

백강전투 이전의 왜 세력권은 근기(나라, 奈良)와 교토(京都)의 서쪽에 불과했으나 백강전투 이후 적극적으로 동국(東國) 개척에 힘쓴다. 고마군의 설치도 그 노력 중 하나였다. 백제는 멸망했으나 일본은 개척과 부흥으로 정권의 경제력, 군사력이 오히려 강화되었다. 망명 백제인의 힘(지식, 기술)을 바탕으로 신생 일본 국가가 수립된 것이다.

백강전투의 결과 한반도와 일본열도가 각각 통일 정권을 이룬 것까지는 공통적이다. 하지만 신라는 당에 사대하고 눈치를 살피느라 군사력을 축소할 수밖에 없었고, 반대로 일본은 오히려 개척과 확대의 노선을 택해 한일의 원형은 크게 갈라지기 시작했다.

▌고마 신사

1부 원형이 역사의 판도를 결정한다

백강전투의 후유증

백강전투가 한일 원형에 준 영향

백제가 완전히 멸망하자 일본은 나당 연합군의 추격이 두려워 전국적인 방어망을 구축한다. 그 과정에서 각 지방 호족과 망명 백제인을 비롯해 분산된 세력들이 하나로 뭉치게 된다. 이 경험이 일본 원형에 반영되어 단결, 곧 크게 뭉치는 야마토(大和) 정신을 강화시켰다.

한편, 신라는 고구려 영토 대부분을 포기하게 되었다. 또한 백제를 복구시키고 계림도독(鷄林都督)을 설치한 당군과 싸우면서 겨우 이전의 백제 영토만을 간신히 손에 넣었다. 그러나 신라인과 백제인은 점령자와 피정복민의 관계가 되어 신라는 백제 유민을 차별했다. 신라 영토는 넓어졌으나 여전히 서울을 경주에 두고 구신라 영토와 점령지를 차별했다. 백제에 대한 차별 의식은 먼 훗날 고려 태조의 『훈요십조』에 그대로 반영되어 구백제 땅은 반역의 땅으로 지목되었다. 이때에 백제인의 반항 정신은 조선 시대 정여립(鄭汝立)의 난, 동학운동, 그리고 광주 민주화운동으로 이어져 왔다. 차별에 대한 반항은 물리학의 작용과 반작용과도 같아 면면이 원형에 새겨진다. 중국 하카(客家)도 마찬가지로 늘 원주민으로부터 차별을 받았고 반발심이 강해서 실제 중국 혁명의 아버지 쑨원(孫文), 태평천국(太平天國)의 난의 주모자 홍수전(洪秀全) 등 혁명가들을 배출했다.

호남의 모악산, 금산사와 계룡산 일대는 신흥 종교의 메카이다. 후백제의 백제 부흥 운동과 동학운동의 발상지와 가깝고, 금산사 미륵 신앙과 승산교 등은 한결같이 백세에 뿌리늘 누고 있나. 백강선투의 후유증은 일본과 백제 유민에게 반신라 의식을 남겼다.

당의 공작과 진신(壬申)의 난

나당 연합군은 백강전투에서 대승했으나 곧바로 고구려와 싸워야 했으며, 점령한 옛 백제 영토를 두고 신라와 당은 다시 심각한 전투를 벌여야 했다. 이들에게는 일본열도로 도망간 백제와 왜를 추격할 여유가 없었다. 어제의 친구(연합군)가 오늘의 적이 되는 일은 예나 지금이나 흔한 일이다. 고구려 멸망 후 나당 연합은 완전히 깨지고, 당은 신라를 견제하기 위해 일본과 연합할 필요가 생겼다.

백강전투가 끝난 다음 해인 664년 곽무종(郭務悰)을 중심으로 한 당(唐) 사절단이 일본을 방문했고 665년에도 유덕고(劉德高)를 다시 보내 일본의 반당 감정을 달랬다.

백강전투를 지휘한 덴지(天智) 정권은 패전 후에도 계속 강력한 반신라, 반당 노선으로 전쟁 준비에 열을 올린다. 당의 입장에서는 이제 일본과는 싸울 수 없으므로 덴지가 친당파의 천황과 교체되기를 바랐다. 덴지의 동생 덴무(天武)는 형 덴지가 죽자 왕위에 오른 조카 고분(弘文) 천황을 죽이고 천황이 된다. 일본 역사학계는 『니혼쇼키』의 기록대로 쿠데타 '진신(壬申)의 난(亂)(A.D. 672년)'이라고만 기록하고 있는데, 실제 구조적으로는 형(王)의 아들 단종을 죽이고 왕위를 찬탈한 세조의 쿠데타와 같다. 하지만 덴무(天武)는 전쟁 중에도 활동이 전혀 없었고 백제 구원군 파견의 반대파였음이 분명하다. 과연 일본 최대의 쿠데타 진신의 난은 자생적으로 발생한 것일까?

일본이 한반도 가까운 열도의 서부 지역 요새에 성을 구축하고 수

1부 원형이 역사의 판도를 결정한다

도를 나라(奈良)에서 산 너머 오오미(近江)로 천도하는 등 전쟁 준비에 한창이었을 669년, 당(唐)의 곽무종(郭務悰)은 2천 명의 정치 공작대와 사절단을 이끌고 일본을 방문한다.

곽무종은 포로를 반환하고, 귀한 불상을 포함한 많은 선물을 주는 등 일본 조정의 친당화(親唐化)에 힘쓰며 덴무(天武)와 손을 잡았다. 한·중·일 역사서가 한결같이 무시하는 곽무종의 목적은 또 하나의 수수께끼지만, 스즈키 오사우(鈴木治,『白村江』)의 해석처럼 당의 의도가 일본 정권의 반당 노선을 친당으로 바꾸려는 것으로 보는 게 옳다. 이때 신라가 바라본 당·일의 긴밀한 관계는 지금의 한국이 일본 집단 자위권으로 하나가 된 미·일의 연합 관계를 바라보는 시각과 동일했다.

일본이 친당 정책을 취하고 반신라 노선을 그대로 유지한 국제 관계는 제2차세계대전 후 미국이 일본에 대한 식량 원조, 천황제 유지 정책 등으로 일본을 달래고 민주화를 도우면서 친미(親美)화하고 소련에 대한 교두보로 삼은 구도와 같다. 이렇듯 서로를 필요로 하는 미·일의 관계는 지금도 그대로 유지되고 있다.

고대 일본의 최대 수수께끼

왜가 백제 구원군의 파견을 결정할 때 왜 조정에 반대파도 있었다. 『니혼쇼키』에는 '수수께끼의 시'로 알려진 반전시(反戰詩)가 실려 있는데, 다음과 같다.

摩比邏矩都能俱例豆例於能幣陀乎邏賦俱能理歌

理鵝美和陀騰能理歌美鳥能陸陀鳥邏賦倶能理歌

理鵝甲子騰和與騰美鳥能陸陀鳥邏賦倶能理歌理鵝

まひらくつのくれどれ

ma–hi–ra–ku tsu–no–ku–re–do–re

をのへたをらふくのりかりが

wo–no–he–ta–wo–ra–fu–ku–no–ri–ka–ri–ga

みわたとのりかりが

mi–wa–ta–to–no–ri–ka–ri–ga

みわたとのりかみ

mi–wa–ta–to–no–ri–ka–mi

をのへたをらふくのりかりが

wo–no–he–ta–wo–ra–fu–ku–no–ri–ka–ri–ga

甲子とわよとみ

kou–si–to–wa–yo–to–mi

をのへたをらふくのりかりが

wo–no–he–ta–wo–ra–fu–ku–no–ri–ka–ri–ga

　위 시는 일본 국문학계 최대의 수수께끼 중 하나로 2009년 필자가
완전히 해석할 때까지 아무도 설명하지 못했다. 일본 대가들은 '산중
에 논을 갈아 벼를 심었으나 여왕의 잘못으로 기러기가 다 먹었다.'라
는 의미로 이해하고 여왕의 실정을 비판한 내용으로 겨우 해석하는
정도였다. 반면 필자의 직역은 다음과 같다.

　　　　　　　　　　　　　　　　1부 원형이 역사의 판도를 결정한다

모든 항구의 입을 크게 열어놓아라

바람에 날려 돌아오는 기러기(패잔병들)에게 저마다의 쉼터를

비 바다 넘어 바람에 날려 돌아오는 패잔병들에게 저마다의 쉼터를

신의 도움으로 살아남아

바람에 날려 돌아오는 패잔병들에게 저마다의 쉼터를

(자세한 해석은 부록에 게재한다.)

이 시는 신라어와 백제어(일본어)가 뒤섞인 것으로 당시 일본 지식인
은 분명히 읽을 수 있었다. 이 시에서 풀어야 하는 숨은 비밀은 낱말뿐
만이 아니다. 내용을 해석하면 시에 담긴 정치적 의미를 알 수 있다.

육하원칙에 따라 다음과 같이 물을 수 있다.

1. 왜 조정에 반대하는 반전시가 정사 『니혼쇼키』에 실렸는가?

2. 작자는 누구인가?

3. 작시한 정확한 시기는 언제인가?

4. 말하는 비판의 대상은 누구인가?

이 시에서 말하는 쿠데타(진신의 난)가 발생하면 한국사의 사육신,
생육신과 같이 반대파도 많았을 것이다. 덴무의 정당성은 형인 덴지
의 백제 구원군 파견에 대한 비난으로 확보될 수 있었다. 그래서 백제
구원군 파견으로 병사들이 많이 죽는 등 큰 타격을 받았다고 비난한
글을 정사에 실은 것이다.

'수수세끼의 시'와 관련, 주요한 물음에 대한 답은 다음과 같다.

1. 구원군 파견을 비난하는 목적으로 쓰였다.

2. 시의 작자는 덴무 중심 세력이다.

3. 작시한 시기는 구원군 파견 당시가 아니라, 쿠데타(진신의 난)가 성공한 뒤다.

4. 비판 대상은 덴지와 그의 아들 고분(弘文) 천황이다.

당(唐)에서 파견한 곽무종과 그가 인솔한 정치 공작대는 덴무와 그 추종자를 선동해 쿠데타에 성공하고 당 중심의 동북아 질서를 확립했던 것이다. 신라가 눈앞의 적 백제만 생각하고 전쟁에 임할 때 중국은 무서울 만큼 먼 미래를 보고 있었다. '역사는 현재와 과거 사이의 끊임없는 대화'라는 E. H. 카(E. H. Carr)의 말이 실감나는 요즘이다.

덴지 천황이 직접 지휘해 백제에 출격한 군대가 패하고 돌아왔다는 내용의 반전시가 전쟁 당시에 유행할 수 있었을까? 정사의 내용만 읽고는 작자의 진실한 의도를 알 수는 없지만 역사는 항상 승자의 의도를 반영한다.

고대의 절대 정권하에 감히 누가 반대할 수 있었을까? 이 시를 『니혼쇼키』에 포함시킨 사람은 시의 내용과 글을 충분히 이해하고 쓸 수 있는 능력을 갖춘 일류급 지식인이며 정권 내부의 인사일 것이고 정사에 채택시킬 정도의 실력자였을 것이다. 『니혼쇼키』는 A.D. 720년, 즉 백강전투가 끝난 57년 후, 전쟁을 주도한 덴지의 아들을 쿠데타로 죽인 덴무 천황의 치하에서 편찬된다. 이 시의 작자는 『니혼쇼키』 편찬의 주역 또는 천황 측근이다. 일본 학계는 전혀 관심을 가지지 않았던 새로운 역사적 사실이다.

백강전투 후의 국제 관계

신라와 대립한 발해와 일본 연합

당은 668년에 고구려를 멸망시킨 후 고구려 회생의 가능성을 근절시키기 위해 왕족과 귀족 등 주요 인물들을 감시하기 편리한 요서지방 영주(營州)에 강제 이주시켰다.

7세기 말, 고구려 유민 일부가 반란을 일으켜 영주 도독을 살해하고 이곳을 탈출하는 당군을 괴멸시켰다. 고구려 왕족 대조영(大祚榮)은 동모산(東牟山) 아래 분지에 도읍을 정하고 발해를 건국했다. 『구당서(舊唐書)』의 「발해전」에는 '고구려 유민과 말갈족이 협력해 말갈 땅에 발해국을 세웠다.'는 기록이 있다. 『니혼쇼키』에도 발해 사신이 일본에 와서 '고구려의 옛 땅을 회복하여 부여의 문화를 복구하고 있다.'고 한 기록이 있다.

발해가 처음 일본에 사절단을 파견한 것은 A.D. 727년이다. A.D. 930년의 마지막 사절단까지 총 35번을 보냈고, 일본에서 발해에 보낸 사신은 15번으로 서로 긴밀한 관계를 유지했다. 초기에는 25명 정도의 규모였으나 후기에는 50명 정도로 확대되었다. 배를 통해 왕래했으며, 위험한 항해로 조난당하는 일도 적지 않았다. 그런 위험을 무릅쓰고 왕래한 것은 당과 신라가 발해와 일본에게 공동의 적대 세력이었기 때문이었다. 8세기 중엽에는 일본 쪽에서 직극직으로 발해와 힘을 합해 신라 공격을 준비했다. A.D. 731년 일본은 군선 300척으로 동해안 신라 땅을 침공했다. 일본은 A.D. 759년에 다시 신라 침공군을 편성하여 군선 500척을 건조했고 A.D. 762년에 대대적인 침공 계획을 세웠으나, 이미 발해는 당과 평화 체제를 구축한 시기였다. 결국 당의 책봉 체제에 속한 신라를 공격할 수 없어 계획은 취소되고 만다.

세월의 흐름에 따라 발해와 일본의 관계는 이전의 군사동맹적 성격이 사라지고 무역 중심의 관계로 전환된다. 발해, 일본, 신라의 삼자 관계는 이전의 백제, 일본, 신라 관계의 구조와 같이 한반도를 중심으로 한 동북아의 전형적인 지정학적 면모를 보여준다.

발해는 국가 사회제도에서 묘제에 이르기까지 고구려의 것을 그대로 계승한 우리 한민족의 나라이다. 고구려 멸망으로 유민이 된 백성이 고스란히 발해로 옮겨간 것은 아니지만, 왕을 비롯한 지배계급 대부분이 고구려인이고 백성은 말갈인으로 구성된 전형적인 정복 국가였다. 토착민과 정복민의 인구 비율은 한반도, 일본열도에서의 농경민과 기마민족의 인구 비율과 비슷했다. 발해, 한반도, 일본 모두 부여계의 기마민족 정복 국가였다. 부여의 유목민적 전통이 고구려와 백제의 멸망 이후 발해로 이어진 것이다. 하지만 일본은 부여계의 백제가 일본의 주류라는 사실을 스스로 부정해왔다.

역사에서는 '죽은 아들의 고추 만지기' 격인 'if(만일)'라는 말을 쓰지 말라고 경고한다. 하지만 단순한 농담이 아닌 새로이 민족의 미래를 구상할 때는 중요한 의미가 있다. 만일 반도 통일이 고구려 중심으로 이루어졌다면 발해의 영토와 부여의 전통을 살리고 만리장성을 넘어 중원에서 대륙을 호령할 수도 있었을 텐데, 그 꿈을 고구려 대신 여진족이 실현하고 청(淸)을 수립했다. 만약 백제가 반도를 통일했다면 반도와 열도를 엮은 대해양 제국으로 성장했을 것이고 그 일부는 열도를 북상하여 사할린, 욕심을 낸다면 알래스카까지도 진출할 수 있었을 것이다.

백강전투와 한반도인의 득실

백제가 멸망한 근본적인 이유는 국력을 반도와 열도 두 개로 분산했기 때문이다. 한성에서 곰나루(久麻那利 고마나루, 백제의 웅진)와 부여로 남천하는 동안 백제가 구상한 국토는 신라를 병합하고 왜(야마토, 大和) 정권과 함께 제주도 그리고 요서(遼西)를 포함하는 해양 제국을 수립하는 일이었다. 그러나 백제의 국력이 열도와 분산되어 나당 연합군에 패했고, 왜와 망명한 백제 세력은 합쳐 일본이 되어 열도의 통일 정권을 수립했다.

백제는 활발한 해상 활동으로 대륙 남쪽 세력과 손잡고 중원을 넘보는 잠재적 기백이 있는 나라였다. 실제로 중국 삼국시대에 위(魏), 오(吳), 촉(蜀)이 패권을 다툴 때 백제는 남쪽의 오와 손잡고 위를 위협한 일도 있었다. 위, 오, 촉의 국력은 9:3:1 정도였으나 오와 백제가 손을 잡으면 매우 큰 세력이 될 수 있기에 위는 백제에 대한 경계를 소홀히 할 수 없었다.

본래 당의 야심은 백제와 고구려 땅을 영토화하는 것이었다. 한반도 중심에서 본 동북아 무대의 주인공은 고구려이지만 멸망 후 그 영토와 문화는 대부분 국경의 북쪽으로 넘어갔다. 신라는 고구려와 백제의 배후를 공격하는 데 결정적인 역할을 했으니 당에 이용되어 고구려 멸망 후에도 당을 한반도에서 철수시키기 위해 8년간을 더 싸워야 했다. 통일 후에도 여전히 소국에 불과했고, 대륙의 남쪽과 연합해 세력을 확장할 의지 또한 없었다. 당은 구고구려와 백제 땅에 총독부, 즉 도독을 설치하고 가능하면 신라까지도 지배해 일본을 고립시킬 목적이었다.

당은 처음 전략대로 백제와 고구려를 멸망시키고, 신라를 말로만 구해주고 계림도독을 설치해 좁은 한반도의 한구석에 가두었다. 신라는 당의 집요한 영토 확장 의지를 반격과 사대의 예로 막고, 정중한 외교로 백제와 고구려의 옛 영토 일부, 예성강 이남(지금의 휴전선)을 확보하며 멸망의 위협에서 벗어났다. 통일은 말뿐이었고 그 후에도 여전히 수도는 전과 다름없이 한반도 항아리 속 또 하나의 작은 항아리인 경주에 두며 당을 안심시켰다. 결국 당은 한반도 삼국의 대립에 어부지리를 얻은 셈이고 한반도 세력은 중국에 사대하는 것으로 낙착된 것이다.

백강전투는 대륙과 반도 그리고 일본 모두가 생존을 건 동북아 초유의 국제 전쟁이었으나 하마터면 한반도 전체가 당의 지배하에 들어갈 위험도 있었다. 통일신라 이후 한반도 세력은 사대 정책을 유지하고 일본을 적대시하면서, 한 번도 대륙이나 열도를 엿보지 않았고, 이는 오늘날 한반도인의 국제관과 별반 다르지 않다. 백강전투에서 이익을 본 자는 누군가? 신라는 존속했지만, 한민족은 잃은 것이 많다. '재주는 곰이 넘고 돈은 되놈이 받는다.'는 속담이 있다. 가장 이득을 많이 본 것은 중국인이고 한민족은 가장 많은 손해를 봤을 뿐만 아니라, 일본의 보호벽 역할까지도 맡게 되었던 것이다.

신라가 당(唐)에 사대하는 동안, 일본은 당의 질서에서 이탈하였다. 왜왕은 자신을 중국 황제와 동등하게 천황으로 표방하고, 발해와 신라를 조공국이자 번이(蕃夷)로 칭해 일본 나름의 공상적 질서를 구축하게 된다.

한국인의 북방에 대한 향수는 민족이동의 중요한 발원지 중 하나인 부여 일대와 민족 사상 가장 강성했던 고구려에 대한 긍지에서 나온다. 특히 어두웠던 식민지 시절 수많은 젊은이가 그곳에서 민족의 뿌리를 찾으려 했고 지금도 "오오, 고구려!"를 외치면 피가 끓는다. 노래 '선구자'를 부르면서 고조되는 얼굴빛에서 한국인의 북방에 대한 향수를 감지할 수 있다. 그 역사를 중국이 '동북역사 공정'의 이름으로 중국사 일부로 편입한다니, 한국인에게는 민족의 뿌리를 말소당하는 일과도 같다. 못마땅히 여기는 게 당연하다. 요즘 언론에는 동북 공정과 관련된 역사적이고 체계적인 반론이 거의 등장하지 않지만 일시적인 소강상태일 뿐, 한민족의 원형에 새겨진 기억은 언제라도 소생할 것이다.

한편, 중국의 처지에서 보면 수(隋)·당(唐)으로 이어지는 중국의 통일 시대를 위협하는 고구려는 눈의 가시였을 것이다. 굳이 한중 사이에 불필요한 마찰을 일으키는 일은 피해야 하지만 중국은 한국인의 북방에 대한 긍지를 이해해야 서로가 성숙한 관계를 유지할 수 있을 것이다.

백강전투와 한·중·일의 원형 변화

신라는 숙원인 통일을 원수했으니 역사의 아이러니는 한반도를 해양 세력과 대륙 세력 사이에 끼어놓고 자주적인 국방 의식과 해외 진출 의욕을 퇴화시켰다. 이로써 당(唐) 이래 근대화 이전인 청까지 장장 1,200년간 동북아 한·중·일 삼국의 지정학 틀이 확정된다.

한반도 여러 세력의 분국이었던 일본열도는 백제계 천황 국가로 통일되고, 신라에게 당한 패배의 열등감을 지렛대로 삼아 『니혼쇼키』를 편찬했다. 『니혼쇼키』는 일본신국론(日本神國論)을 중심에 두고 백제삼서(『백제본기』, 『백제신찬』, 『백제기』)를 기본 틀로 삼아 720년에 백제계 역사가에 의해 편찬되었다. 조정에서는 정기적으로 『니혼쇼키』 강독을 하면서 천황이 신으로서 비천한 신라를 다스려야 한다고 국민을 세뇌했다. 중국의 『모택동 어록』, 히틀러의 『나의 투쟁』 등이 국민을 세뇌한 것처럼 거짓도 오랫동안 되풀이하면 진짜로 믿게 된다. 결국 일본에는 신라를 얕보는 번이(蕃夷)사관과 주변국을 정벌해야 한다는 팔굉일우(八紘一宇) 사상이 주된 흐름을 이루었다.

이는 일본은 하늘에서 내린 천손이 세운 나라이며 삼한 정벌을 했다는 진구황후(神功皇后)의 허무 맹랑한 설화를 근거로 한 것이다. 일본의 신라에 대한 보복심은 침략을 미화하는 팔굉일우 정신으로 신비화했다. 또한 신라 땅을 끌어당겨 국토를 넓혔다는 '수쿠나히코나

니혼쇼키

신(少彦名神, 『고지키』에 등장한 신)'을 만들고 도깨비 나라(신라) 정벌 이야기인 '모모타로(桃太郎)' 설화(일본의 대표적인 설화로 모모타로가 개와 원숭이, 꿩을 부하로 삼아 괴물의 섬을 정벌한 이야기이다.)를 만들어

임진왜란과 조선 식민지화의 정
신적 배경으로 삼았다.

▌모모타로상

　당과 동등한 나라로 자처한 『니
혼쇼키』는 소국 야랑(夜郎, 중국 한
나라 때부터 광시성의 서북부 원난성
의 동북부에 있던 부족으로 세력이 강
했음.)이 한(漢)보다 크다는 식의
과대망상(誇大妄想)의 사관이다.
일본 원형에는 야랑자대(夜郎自
大)의 사관이 각인되어 스스로를
작은 섬나라로 여기면서도 발작

적으로 대국인 양 망상을 하는 경향이 있다. 남이야 어떻게 생각하든
일본이 열도 안에서 자신만의 문명을 지녔으며 때때로 중국을 넘보
고 1945년까지 15년간 중국 땅을 점령한 정신적 배경이 이것이다.

　일본열도는 높은 산맥이 종횡으로 갈라져서 전 근대적인 군사력으
로는 중앙의 통제가 지방에 미칠 수 없다. 때문에 지역마다 자생적인
무사단이 발생했고, 이로써 일본식 봉건제가 형성되었다. 한일이 백
강전투의 결과로써 율령제와 봉건제, 문과 무 그리고 중국의 질서 편
입과 이탈 등 정반대의 국가 체제로 갈라진 것은 반도와 열도의 지형
때문이었다.

　신라는 국초 이래 왜로부터 상습적인 침략을 당했고 중세 시기에는
왜구, 임진란의 상처 등이 겹겹이 쌓였다. 특히 식민지 시대의 악몽은
지금도 어제 일처럼 생생한 기억으로 남아 있다. 한일 원형은 역사민

큰 대립적이며, 한국인은 일본인의 반한적 한마디에도 원형의 상흔이 자극을 받는다.

정한론(征韓論)의 뿌리―요시다 정신

패전의 쓰라림은 원형에 씻을 수 없는 상처를 남긴다. 백강전투 후 한국인은 백제를 열도로 몰아낸 일을 거의 잊었으나 일본인의 집단 무의식의 깊은 곳에는 백제에 대한 한과 복수심이 도사리고 있었다.

『니혼쇼키』는 663년에 '오늘로서 백제의 이름은 끝났다. 고향 땅 곰 나루에 있는 조상의 묘를 언제 다시 찾을까?'라는 비통한 글로 '백제의 한'을 기록하고, 그 좌절감을 '일본 신국론'으로 조작해 억지스러운 우월 의식으로 전환했다.

백제인의 망명길은 험난한 바닷길이었으며 제대로 된 선박조차 없었다. 대마도에 망명한 쓰쓰(豆酘) 마을의 백제인들은 백제 귀족의 자존심을 세워 대대로 같은 일족끼리 결혼했으며 그 혈통을 자랑해왔다. 용모는 단정했으며 특히 여성은 미인이 많아 대마도 내의 다른 지역 사람과 확실히 구별됐다. 언어도 그들끼리만 통하는 고대 백제어를 쓰고 왜구에 가담하고 반도 침략의 선봉이 되어왔다. 산 위에서 거친 바다를 앞에 둔 쓰쓰 마을을 내려다보며 그들 조상이 처음 그곳에 도착했을 때의 광경을 상상해보았다. 차마 고향 땅에 남지도 못하고 항해 도중 죽은 사람도 많았을 것이다.

이들과 동시에 출발한 운 좋은 무리는 열도의 맨 서쪽, 지금의 하기(萩)에 당도했다. 그곳 일대에 있던 조슈(長州)의 번주(藩主)는 백제계임을 숨기지 않았고 당당하게 백제식 묘를 만들었다. 그는 신라와 당에 대한 증오심을 불태우며 고향을 그리워했다. 바다를 건너면 바로 신라 땅이었으므로 기회가 생길 때마다 습격했고, 실제로 세토나이 카이(瀬戸内海) 일대 해적은 백제계 무라카미 수군(村上水軍)으로 한반도 침입에 가담했다.

현 일본 총리 아베 신조(阿部晉三)가 가장 존경한다는 요시다 쇼인(吉田松陰)은 조슈 번의 군사학(兵法) 가문 출신으로 늘 "조선과 중국(신라와 당) 땅을 뺏어야 한다."고 제자들에게 가르쳤다. 잠자리에서도 발을 신라 쪽으로 두었다. 그의 제자들은 모두 정한론(征韓論)을 따랐다. 조선 식민지화의 선봉을 맡은 이토 히로부미(伊藤博文)를 비롯해 명성황후 시해의 지휘자인 미우라 고로(三浦梧樓), 초대 조선 총독 데라우치 마사타케(寺内正毅) 등이 모두 요시다의 직·간접적인 제자들이다. 아베 또한 이들과 같은 계열의 인물이며 중대한 정치적 결단을 할 때는 요시다를 신주로 삼은 쇼인 신사를 참배한다.

정한론은 중국, 한국 등 아시아와 손을 끊고 서구와 손을 잡자는 탈아론과 실질적으로 같은 노선이며, 현재진행 중인 한중과 일본의 대립 구도도 반신라, 반당(唐)의 연장으로 요시다 정신에서 이어진다.

▌쇼인 신사

이처럼 한일 간 원한의 씨는 백강전투에서 출발했다. 박근혜 대통령의 고향이 옛 신라 땅이고, 아베 총리가 조슈 출신인 것은 단순한 우연이 아니며 서로의 원영이 충돌하고 있는 것처럼 보인다.

일본 역사학 창시자 중 한 사람인 교토대학교 나이토 코난(內藤湖南)교수는 '1467년 전국시대의 시작인 오닌의 난(應仁の亂)부터 알면 현 일본을 충분히 이해할 수 있다.'는 유명한 말을 했고 대부분의 일본 역사가들은 그 말을 따르고 있다. 그러나 이는 일본의 역사와 문화와 정신이 『니혼쇼키』의 영향을 막대하게 받은 사실을 무시한 것이다. 특히 근대화 이후 침략 전쟁의 사상적 배경은 『니혼쇼키』에서 나왔다.

백강전투 후 백제, 고구려, 두 나라의 멸망은 결국 당(唐)의 이이제이(以夷制夷) 정책의 전형으로 신라와 일본 간의 반목(反目)과 중국 사대의 길을 유도하였고 일본의 탈아론을 확립시키기에 이른다. 보다 중요한 것은 그 체제가 현대까지 계속되고 있다는 사실이다.

1. 지정학의 결정
한반도는 해양 세력과 대륙 세력의 충돌 장소를 제공했다. 몽골의 점령, 임진란, 조선 식민지화, 38선 분단, 6·25전쟁은 모두 대륙과 해양 세력에 낀 반도라는 지정학의 결과다.

2. 정치적 영향
신라의 사대 정책의 틀은 조선 시대까지 이어져 한민족을 내향화(內向化)시켰다.

3. 원형의 변화
사대는 독립심보다 대국에 의존하게 되는 심성을 기른다. 한반도인은 항아리와 같은 구조 속에 국제사회에서 고립됨으로써 원형이 휘어졌다. 중국 세력의 한반도 개입을 당연시한 결과, 동학운동 때 진압군 파견을 요청하게 만들었고 청일전쟁을 유발시켰다. 같은 이유로 6·25전쟁에 중공군이 개입해 통일의 기회를 놓치게 했다.

1부 원형이 역사의 판도를 결정한다

02
역사의 되풀이

1장에서는 백강전투로 인해 한반도의 지정학과 한민족의 원형이 결정되었음을 설명했다. 일반적으로 민족과 역사는 지정학과 원형 두 가지 요인에 의해 방향과 틀이 만들어져서 역사의 되풀이를 연출한다.

북한 핵과 세계

'한 마리의 요괴(妖怪)가 세계를 폐해하고 있다. 공산주의라는 요괴다.'

마르크스가 공산주의의 등장을 예언한 글이다. 공산주의란 무산계급이 계급투쟁으로 정권을 탈취해 착취하는 사람이 없는 유토피아(낙원)의 건설을 목적으로 한다. 그러나 공산국가는 모두 망했고 오직 북한에만 숨은 공산주의의 망령이 김씨 왕조에 입신(入神)해 공산 왕조의 주체가 되어 핵폭탄을 만들고, 마치 풍차에 돌진하는 돈키호테처럼 날뛰며 세계를 위협하고 있다.

만일 마르크스가 되살아나 오늘날 북한의 실상을 본다면 놀라 뒤로 넘어질 것이다. 그가 증오한 봉건제도보다도 더 모순 가득한 공산왕조가 삼대에 걸쳐 집권하면서 과학적 유물사관 이론으로는 도저히 설명할 수 없는 일들을 벌이고 있으니까 말이다.

우리가 북한의 핵무기와 미사일 제조를 두고 긴장과 소강상태를 번갈아 겪는 동안 북한은 그 틈에 핵실험을 성공시켰다. 이제 한 단계 높은 강도의 긴장을 몰고 와 자칫 동북아 전체를 방사능으로 뒤덮을 위험한 상황까지 만들어 놓았다. 이런 상황은 처음 겪는 것 같으나 이미 백강전투로 정해진 지정학의 철형(鐵型)으로 역사에 몇 번이나 있었던 일이다. 이러한 문제의 본질과 대책은 되풀이되는 구조를 파악함으로써 찾을 수 있다.

미국, 서부 보안관식 미학의 되풀이

세계는 북한의 핵 위협에 맞서기 위해 UN 결의로 북한에 대한 전략물자 거래 금지와 북한의 해외 자산 동결을 단행했다. 이는 미국이 이미 제2차세계대전 전 일본에 썼던 전술의 되풀이다. 1941년, 미국이 진주만 기습을 당하기 직전, 일본군이 중국으로부터 전면 철수한다는 조건으로 미국(America)과 영국(British), 중국(China), 네덜란드(Dutch) 4개국이 함께 그 머리글자로 된 ABCD 포위망을 구축하고 현재 북한에 대한 태도와 똑같이 군수물자의 거래 중지와 일본의 해외 자산 동결을 단행했다.

각 민족에게는 고유의 성격(원형)이 있어서 신기하게도 비슷한 역사적 국면에서 같은 패턴을 되풀이해서 연출한다. 미국은 청교도의 미 대륙 동부 개척에서 시작된 나라로 서진(西進)으로 영토를 넓혀온 역사를 지녔다. 또한 기독교적 사명감을 가지고 있어 전 세계에서 가장 많은 선교사를 파견시키기도 한다. 그런데 문제는 총에 대해서도 신앙에 가까운 애착심을 지닌다는 것이다. 총기 사고가 가장 잦은 나라임에도 총기의 자유 판매를 금지하지 못하고 있다. 미국 서부활극에 흔히 나오는 장면중 하나가 보안관(강자)이 상대에게 먼저 총을 잡도록 유도하고 그 손이 총에 닿는 순간 쏘아버리는 것이다. 1962년 쿠바 위기 때의 미국의 태도도 서부 보안관 스타일이었다. 미국 개척 초기부터 정글 속 약육강식의 생리가 사회를 지배해온 결과였다. 그러나 그 가운데서도 청교도적 공평성을 취했다. 또한 서부식 강자 중심의 미학이 공존하고 있어 늘 승자에게 정의의 옷을 입히는 매우 알기 쉬운 논리를 선호한다. 긴박한 역사적 상황에 대처할 때에도 늘 같은 패턴의 행동을 되풀이했다.

쿠바 해역에 일방적으로 해상 봉쇄를 선언하고 미사일을 실은 소련 선박을 못 들어오게 막은 당시 대통령 케네디는 악질 총잡이에 맞선 서부 보안관의 모습으로 많은 이들의 영웅이 되었다. 그러나 B. 러셀을 비롯한 세계의 지성들은 정치생명을 걸고 회항 명령을 내려 핵전쟁을 피한 흐루시초프 소련 공산당 서기장의 영단을 더 높이 평가했다. 인류 생존의 위기에는 영웅이 아닌 현인을 바라는 것이다.

최근 미국이 북한에 대한 핵미사일 위협은 북한을 이해할 생각도 없이 상대를 너무 얕보고 일방적으로 미국적 미학을 발동시켜, '해볼

테면 해봐.' 식으로 몰아붙여서 시간만 낭비하고 문제를 악화시킨 결과로 보인다.

만일 북한의 게릴라적 사고방식을 제대로 이해했었다면 이미 외교적 수단으로 핵을 포기시킬 수도 있었을 것이라는 아쉬움이 있다. 자존심 강한 텍사스 사나이 부시는 북한을 아메리칸인디언과 다름없는 존재로 보고 제대로 상대하는 것조차 거부했다. 미국인은 북한을 악의 축으로 매도한 G. 부시의 연설에 박수를 보냈다.

중국, 이이제이의 되풀이

중국이 북한의 핵무장에 반대하는 것은 다른 대국과 마찬가지지만 대응 방법은 미국과 크게 다르다.

사방을 오랑캐(夷)에 둘러싸여 살아온 중국인은 역사 이래 '오랑캐를 시켜 오랑캐를 치는 이이제이(以夷制夷)'를 최고의 전략으로 삼아왔고 그동안 음으로 양으로 북한에 인심 쓰면서 한국과 미국의 난처한 처지를 은근히 즐겨왔다.

중국의 위기는 변방의 이민족이 뭉쳐 만리장성을 넘어올 때이며, 반대로 이적(夷狄)들 사이에 분쟁이 있을 때는 중국 땅 중원에는 평온이 감돌았다. 겉으로는 '형제끼리 사이좋게 지내야 한다.'는 식으로 무마하는 시늉을 취하고, 한국과 미국이 중국에게 북의 비핵화에 대한 영향력을 행사해줄 것을 호소하면 간간이 국경선의 급유 파이프를 차단하는 식으로 북한을 긴장시켰으나 심각한 제동을 걸지는 않았다. 북한의 천안함 폭침과 연평도 포격에도 "중국은 한반도의 평온을 원한다. 관련국은 감정적인 행동을 해서는 안 된다."는 식으로 그야말로 공자님 같은 말만 하면서 자신의 존재감을 높이고 북한에 대한 이권을 확대해왔다.

고대 이래 한반도의 분쟁, 가령 고구려, 백제, 신라 또는 일본열도의 소국들 사이에 전쟁이 벌어질 때 중국은 으레 그런 식으로 말로만 걱정하고 마지막에는 자국의 이익을 최대화시켰다. 현재 시진핑의 마음은 백강전투에 임한 당 고조의 마음과 크게 다르지 않을 것이다.

일본, 사애적 미학의 되풀이

정치사는 어떤 나라든 큰 재해 이후에는 우경화되는 경향이 있음을 기록하고 있다. 2011년 일본 동북 대지진은 일본 정치가 우경화되어 갈 것을 예상케 했다. 과연 2013년 4월과 7월, 중의원 및 참의원 선거에서 우파의 장기 정권이 수립되었다. 이는 1923년 도쿄(東京) 대지진 직후, 다이쇼 민주주의(大正デモクラシー, 다이쇼 천왕 치하에 한때 꽃피웠던 자유 바람.)의 자유주의적 노선을 버리고 이전의 군국주의로 급선회한 것과 같은 패턴으로 어김없이 또다시 역사가 되풀이된 것이다. 대지진으로 인한 국민적 무기력, 한국 및 중국과의 영토 문제, 북한의 자국민 납치로 인한 국민 자존심의 상실, 경제 불황, 핵 위협 등의 요인을 지렛대로 삼아 국수적 보수 정치로 전환되고 있는 것이다. 마침내 "조선인을 죽여라."는 소리까지 나오고 일본 은행 인쇄기는 잃어버린 20년 엔고의 한풀이를 하고 있다.

최근 일본에는 8·15 패전으로 죽은 군국주의의 망령들이 배회하고 있다. 죽음을 찬양하는 사애적(死愛的) 미학을 기저로, 집단 자살을 옥쇄(玉碎)로 미화하는 일이 자주 나타나기 시작했다. 냉지 혁냉의 반대파인 아이즈(會津)의 소년 무사 집단 자살을 줄거리로 한 TV 대하 드라마가 대인기를 얻는 등 심상치 않은 분위기다.

사애적 미학의 총본산인 야스쿠니신사는 단순한 국립묘지가 아니라 『니혼쇼키』의 침략주의, 팔굉일우(八紘一宇) 정신의 상징물이다. 사형당한 침략 전쟁의 책임자(전쟁범죄인)를 합사함으로써 영웅화하고 침략 전쟁을 적극적으로 긍정한 것이다.

원형(민족 집단 무의식)이 일단 움직이면 누구의 제지도 소용이 없다. 제1차세계대전에 패하고 의기소침해진 독일인은 히틀러의 독일 민족성 미화 정책에 말려들어 평화적인 바이마르헌법을 버리고 유대인을 대량 학살하는 만행을 저질렀다. C. 융(C. Jung)은 히틀러 유겐트(청년단)의 군화 소리에 대량 유혈이 터질 것을 감지하고 노스트라다무스의 예언서 『세기말』을 인용하면서 그 결말을 『보탄(영어로 Odin, 전쟁의 신)』에서 경고했으나 소용이 없었다.

야스쿠니신사에서 국기를 앞세워 행진하는 일본 우파의 모습에 '정복(침략) 찬미' 의식을 감지하는 것은 필자만이 아닐 것이다.

북한, 게릴라적 사고의 되풀이

한민족은 일본의 사애적 태도와는 정반대로 생애적(生愛的)이며 결코 죽음을 미화하지 않는다. 바다에 몸을 던진 심청을 기어이 살려내고, 민요 〈한오백년〉은 한 오백년 살자고 오랜 생을 찬미한다. 먼저 덤비지는 않아도 당하고만 있지도 않는다. 한국 여인은 은장도를 몸에 지녀 폭력에 결사적으로 맞섰다. 조선 말기 대동강에 올라온 미국 군함 샤먼호를 불사른 일도 같은 정신적 맥락에서 이해할 수 있다.

아무리 역겨워도 북한은 공산주의의 외피만 입었을 뿐 우리와 같은 조선적 원형을 지니고 있다. 공산주의는 자본가에 대한 증오심에서 출발하는데 남한을 자본가, 즉 변사또로 이미지화하고 북한 주민 자신은 부당하게 억압당하는 춘향으로 대비시켜 본래의 생애적 원형을 뒤집어 '너 죽고 나 죽자.' 식으로 세뇌해왔다.

조선의 주자학적 사고는 정치 참여에 최고의 가치를 두고 있기 때문에 공산주의를 쉽게 접목시킬 수 있었다. 특히 김일성의 게릴라적 사고가 건국이념에 가미되어 목적 달성을 위한 납치, 마약, 위조지폐 등을 혁명사업으로 정당화했다. 국제 통념을 무시한 이해할 수 없는 논리로 비생산적인 절벽 외교를 펼쳐 상황을 전쟁 일보 직전까지 몰고 가서 주변국을 외교 테이블에 나오게 하기도 하고, 또한 인도적 원조(식량, 의료품)를 받아내며 그 틈에 핵과 미사일 계획을 한 단계 높이는 등의 게릴라식 전략을 되풀이하고 있다.

한반도 숙명의 되풀이

휴전선의 되풀이

오늘날 한국이 북한, 일본과 대립하며 갈등의 불꽃을 일시에 터트리는 양상은 실상 백강전투로 결정된 대륙과 해양 세력 간 충돌의 한 단면에 불과하다.

160년 전 프랑스의 정치학자 A. de 토크빌(A. de Tocqueville)은 "기독교 사명감을 가신 두 세력이 있는네, 하나는 미국 농부에서 애쌀래

치아산맥을 넘어 서진한 무리이고, 또 다른 하나는 러시아 서부에서 출발해 시베리아 평원으로 동진하는 무리이다. 이들 두 세력이 태평양 어딘가에서 충돌하는 것은 시간문제다."라고 예언했다(『미국의 민주주의』). 토크빌이 예언한 충돌의 시간과 위치는 1945년 8월 15일 한반도 38선이었음이 확인되었고 그 후 지금까지도 충돌은 쉼 없이 계속되고 있다.

대륙과 해양 세력이 38선 부근에서 격돌하는 구조는 663년 백강전투 이후 되풀이되어 온 것이다. 한반도 중간의 허리 부분인 한강과 대동강 사이 일대는 민족 에너지를 빨아들이는 숙명적 블랙홀(black hole)이다. 고대에는 낙랑과 진국(辰國) 세력의 한(韓)·한(漢) 대립선이었고 기마 유목민과 벼농사민의 대립 지역이자 융합한 곳이기도 하다. 또한 고구려와 백제, 신라 삼국이 혈전을 펼쳤고, 백강전투 후에는 신라 당(唐)과 발해(渤海)의 경계선이었으며 임진란 때는 왜군과 명(明), 그리고 19세기 말에는 일본과 러시아의 협상 대상이 된 지역이기도 했다. 제2차세계대전 후, 미국과 소련이 멋대로 38선을 그은 후 6·25 비극이 일어났고, 1952년 38선이 휴전선으로 이름을 바꾸었다. 그 후 60년, 한국과 북한, 미국, 중국, 러시아, 일본은 이 지대를 중심으로 서로의 세력 확장을 노려왔다. 휴전선은 물리적인 군사 대립선이지만 그 배경에는 대륙과 해양 주변 민족 원형의 대립 구도가 엄존해왔다.

한국의 4월은 꽃에만 시새움을 부리는 게 아니라, 민족의 희망의 꽃에도 찬서리를 내린다. 2013년은 북핵 문제로 휴전선에 새로운 의미가 부각되었고 특히 4월에는 긴장이 고조되어 핵전쟁의 위험까지

갔다. 한국인에게는 또 한 번의 잔인한 4월이 되었는데, 2014년 4월에도 같은 긴장 상태가 몰려왔다. 삼한사온의 되풀이를 겪듯이 싹이 일시에 터지는 시기에 민족의 비극도 잉태되는 것 같다. T. S. 엘리엇(T. S. Eliot)은 원형과 되풀이의 관계를 감지한 것일까? 그는 예민한 시인의 직관으로 〈황무지〉를 읊었는데, 그 시구는 그대로 패러디가 되어 우리의 가슴을 친다.

> 사월은 가장 잔인한 달
> 죽은 땅에서 라일락(원형)을 키워내고
> 추억과 욕망을 뒤섞고
> 잠든 뿌리(원형)를 봄비로 깨운다.

되풀이의 철학

2014년은 마치 교향곡의 모티프(주제)가 옥타브를 오르내리면서 되풀이되는 것처럼, 한반도 지정학의 숙명적 모순은 드디어 최고조에 달해 '동북아 교향곡' 제4악장을 시작한 것 같았다. 한국과 북한, 일본이 일으킨 소용돌이, 그 외벽에는 중국과 미국이 도사리고 있다.

오늘날 남북한 대립은 삼국(고구려, 신라, 백제) 전쟁, 6·25 등과 같이 겉으로는 동족 간의 통일 전쟁으로 위장하고 있지만, 실제로는 대륙과 해양 세력 간의 세계사적인 패권 다툼이며 역사의 공시성(共時性)을 실감시키는 숙명적 구도이다.

고대 이래 지성은 '역사의 되풀이'에 큰 관심을 두어왔다. 『성서』의 「구약」은 "이미 있던 것이 다시 있게 되고, 이미 한 일을 다시 한다. 태양 아래 새것은 없나니."라고 말하고 있다. 서구인은 하늘 아래 같은 일을 되풀이하면서도 변함없는 실체를 찾으려고 노력해왔고, 중국인은 '역사는 거울'이라고 믿고 되풀이의 패턴을 찾는 데 관심을 가졌다.

원형사관은 되풀이를 무시한 지적 거인 헤겔이나 마르크스의 진보사관에 맞서 원형을 중시하고, '원형과 지정학이 유사한 역사적 상황은 다시 과거와 같은 반응을 일으킬 것'으로 해석한다. 인간은 헤겔의 기대와는 달리 같은 이유로 두 번, 세 번 되풀이하는 실수를 범해왔다. 이는 어리석어서가 아니라 숙명, 즉 업(業)이라고 할 수 있다. 유사한 시대적 상황과 같은 지정학적 조건이 얽히면 변함없는 원형의 기반에서 똑같이 되풀이되는 일이 발생하는 것이다.

최신 컴퓨터를 이용한 정보과학은 사회적 현상 분석에 거대 자료(Big Data)를 이용하지만, 기본 원리는 확률론의 대수(大數)법칙을 확장한 것과 같다. 가령 고속도로에서 사고가 자주 발생하는 지점은 한두 번의 관찰로는 우연 이상의 의미가 나타나지 않지만 끊임없이 반복해서 관찰하고 거대 자료를 분석하면 그 이유를 밝힐 수 있다. 역사적 되풀이 역시 길고 짧은 주기의 차이만 있을 뿐, 하나의 같은 구도가 연출한 동일한 패턴으로 귀착시킬 수 있다. 그러므로 이제는 수학적 사고로 역사에 관심을 가져야 하는 시대가 되었다. 한반도의 역사는 거대 자료를 사용할 필요 없이 짧은 주기의 빈번한 되풀이만으로도 지정학과 시대적 상황 그리고 원형의 삼각관계를 감지할 수 있다. 백강전투, 임진란, 조선 식민지화는 같은 지정학적 요소, 즉 대륙과 해양 세력의 개입, 한반도의 지정학, 한국적 원형, 이 세 가지 요인이 얽혀 있는 구도를 형성하고 있다.

문화 충돌보다 심각한 원형 충돌

원래 한일의 인종과 언어적 뿌리는 하나로, 불과 1,300년 전에 갈려 나간 족속이다. 뿐만 아니라 양자는 농경 사회에서 기마 유목민에 의한 정복 국가가 된 점에서도 같은 독일, 영국 사이보다 가까운 관계였다. 그러나 백강전투 이후, 반도와 열도는 신라와 일본으로 갈라져 두 나라는 전혀 다른 국풍을 지니게 되었다. 신라는 백제와 왜를 한반도에서 추방하여 정통(통일)국이 되고 패망한 백제 세력은 일본열도에서 신라에 대한 증오심을 증폭시키면서 고유의 문화를 형성해왔다(김용운, 『韓日の文化対立は宿命である』).

오늘날 한일 민족의 원형은 완전히 대립적이며, 일란성 쌍둥이가 별개의 인격을 갖게 된 것만큼 신기한 변화를 했다. 한일 서로가 상대를 무시하고 이해할 수 없는 족속으로만 보고 있지만, 나를 알고 상대를 알아야 백전백승이다. 원형이 형성된 이유를 알아야 국제 관계에서 유리한 위치를 점할 수 있다.

한·중·일의 문화 방향

지정학적 적자생존의 법칙

C. 다윈(C. Darwin)은 갈라파고스제도 내 작은 섬들의 생물 형태에서 이들이 각 섬의 자연환경에 밀착하면서 진화해온 사실을 직감해 적자생존의 원리를 수립했다.

인간은 자연에서 생존하기 위해 문명을 명성한다. 토빈는 그무소는 근대 영국의 합리주의 정신으로 절해고도의 환경을 이겨내고 살아남을 수 있었다. 하지만 문화는 민족, 국민 전체의 역사적 산물이다. 민족이란 거대한 유기체이다. 자연환경의 제약과 혜택 아래 세포와도 같은 개개인의 민족 구성원들이 문화를 창조하고 지정학적 조건에 따라 역사를 전개시킨다. 한·중·일 문화는 반도, 대륙, 열도의 지정학에 적합한 적자생존의 법칙을 투영한 것과 같은 양상을 보이고 있다.

토인비는 유럽사를 무시한 미국사는 없고, 로마가 없는 영국사는 무의미하다는데 그의 주장과 마찬가지로 중국, 일본이 없는 한국사도 존재할 수 없다. 특히 한반도의 역사는 지정학의 영향으로 대륙과 열도의 영향을 크게 받아 연동해왔다.

고대의 한·중·일 관계

3만 년 전 동북아의 기온은 지금보다 7~8도 낮아 동해는 거대한 호수가 되었고, 한반도와 일본열도, 사할린과 시베리아, 홋카이도는 육로로 이어져 있었다. 대륙의 동물들은 육로를 통해 열도로 건너갔고 바이칼 호 주변의 고몽골로이드가 그 뒤를 쫓았다. 그 경로는 사할린을 걸어서 열도로 남하한 무리가 있었고, 또 다른 무리는 한반도에서 열도로 건너갔다. 한반도와 일본열도에는 수많은 구석기 유적이 있고 열도 각지에서 2만 년 전의 나우만 코끼리(Naumann's elephant)의 뼈가 발견되었다.

한반도의 농경민이 수렵과 채집 시대에 일본열도에 진출하기 시작한 것은 B. C. 3세기로, 이들 조상은 남방계 언어를 사용하는 양쯔 강

하구 지역의 농경민이었다. 중국 저장 성(浙江省)에서 발견된 지석묘는 산둥반도와 남한 그리고 북 규슈의 것과 같은 형식이며 그곳 유적 지역을 잇는 선이 이들 농경민의 주요 이동 경로였음을 말해주고 있다. 문명 수준이 얕은 고대인이 환경의 변화에 대응하는 길은 오직 하나, 보다 살기 좋은 곳으로 이동하는 것뿐이었다.

베이징 부근에서 발견된 베이징원인은 20~30만 년 전의 것인데 현 중국인 조상과의 관계는 밝혀지지 않고 있다. 중국인의 시조는 이와는 달리 서에서 동으로 이동한 것으로 생각되며 시안(西安)에 가까운 양사오(仰韶) 유적을 탄소 판정법으로 볼때 6,080년 전으로 추정된다. 따라서 중국은 언어와 인종적으로 한일과는 다른 계통인 것이 분명하다.

하늘(천)과 감(신)에 관련된 한·일어의 뿌리

한일 조상의 뿌리는 언어에도 다양하게 반영되어 있다. 태고의 민족 이동은 잔존한 무리에게 겨우 언어만을 남기고 떠났다. 언어는 먼 거리를 두고 흩어진 인간 집단의 친소 관계를 판단하는 중요한 기준이다.

인간은 아무리 고대로 거슬러 올라가도 동물과는 종교심을 지닌 점에서 다르다. 현재의 한·일어에는 고몽골로이드어(아이누어)로 보이는 공통 낱말이 적지 않다. 특히 종교와 관련되는 '하늘'과 '신'을 나타내는 낱말은 미묘한 유사점을 갖고 있다.

· 천(天)

황하 유역 황도지대에 거주하던 중국인의 언어는 한국어를 포함한

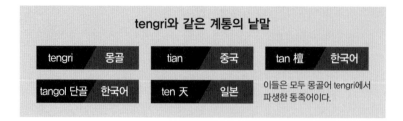

tengri와 같은 계통의 낱말

| tengri | 몽골 | tian | 중국 | tan 檀 | 한국어 |

| tangol 단골 | 한국어 | ten 天 | 일본 | 이들은 모두 몽골어 tengri에서 파생한 동족어이다. |

동이족과 별개이다. 그러나 몽골어 '텡그리(tengri, 하늘을 뜻함)'는 한국어와 맞닿아 있다. 몽골 민족의 구술문학인 『개설한 이야기』의 첫머리에는 '하늘에 계신 신이시여(xaan tyrmas tengri.).'라는 표현이 나온다. '텡그리(tengri)'는 한국어 단군의 '단(檀)', 단골의 단, 그리고 일본어의 텐, 중국어의 天(tian)과 동족어이다. 중국인은 여기에 감성적 의미를 부여해 '건조 지대와 초원의 하늘은 유별나게 푸르고 금방이라도 천신이 나타날 것 같다.'고 묘사했다.

한자음은 중국에서 독자적으로 파생한 것이 대부분이지만 예외적으로 마(馬), 매(梅), 천(天)과 같은 몽골계의 낱말이 포함되어 있다. 이들은 모두 몽골어 tengri에서 파생한 동족어이다.

・감(神)

가라어(한자어 아닌 고유 한국어), 야마토어(한자어 아닌 일본어)는 공통으로 신을 뜻하는 고몽골로이드 감kam과 같은 kvm형의 낱말(v는 vowel, 모음)을 공유하고 있다. 아이누어 kamui(곰신)는 한국어 감(神, kam), 임금(王儉)의 금(keum), 그리고 곰(kom)을 뜻하고, 일본어 가미(kami)도 kvm형으로 동류의 낱말이다. 이들 낱말 사이의 관계를 중

1부 원형이 역사의 판도를 결정한다

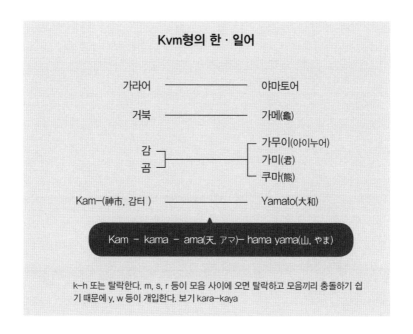

Kvm형의 한 · 일어

가라어 ——————— 야마토어

거북 ——————— 가메(龜)

감
곰 ┌─── 가무이(아이누어)
  ├─── 가미(君)
  └─── 쿠마(熊)

Kam—(神市, 감터) ——————— Yamato(大和)

Kam － kama － ama(天, アマ)— hama yama(山, やま)

k–h 또는 탈락한다. m, s, r 등이 모음 사이에 오면 탈락하고 모음끼리 충돌하기 쉽기 때문에 y, w 등이 개입한다. 보기 kara–kaya

심에 조어(祖語)를 두고 표현하면 위와 같이 나타낼 수 있다. '–'는 대응을 나타낸 것으로 가령 b–m에서 b는 한·일어에서 m에 대응한다. 따라서 b, m은 교환될 수 있다. 예를 들어 칭기즈 칸(kam)–칭기즈 한(han)과 같이 k와 h는 교환되며 k–h, 또 h–w, y가 대응한다.

한일에서 거북은 신, 수복(壽福)의 상징으로도 생각하지만 중국에서는 뱀과 교합하는 흉물(凶物)로 여긴다.

한일 공통의 남방어

한·일어는 몽골어(알타이어)뿐만 아니라 남방계의 낱말도 공유하고 있다. 오오노(大野 晋) 교수는 야마토어 중에 400개 정도의 남방어(드라비다어)가 포함되어 있나며 일본어의 남방기원설을 수상한다. 대부분의 일본 학자들은 일본어의 한국어 기원설보다 언어·인종·벼농사의 남방기원설을 선호하는데, 아직도 심각한 한반도 콤플렉스를 벗어나지 못한 것이 안타깝다.

메릴랜드대학의 M. E. 클리핑거(M. E. Clippinger) 박사는 가라어에 남방계(드라비다어)의 낱말이 405개 이상 있음을 확인했다. 오오노 교수가 주장하는 것처럼 야마토어에 포함된 드라비다어(남방)계 낱말 대부분이 가라어에도 포함되어 이들이 한반도를 거쳐서 일본열도로 간 것으로 보인다.

한국어가 육지로 연결된 만주어보다 바다로 갈라진 일본어와 더 많은 공통 어휘를 갖는 것은 한반도 농경민의 이동 경로가 주로 남녘이었기 때문이다.

A.D. 2세기 말엽, 한반도를 거쳐 일본열도에 철기로 무장한 북방계 기마민족 정복 국가가 수립되었다. 고대 한반도인에게 일본열도는 신천지였고 마치 초기 미국과 유럽의 경우처럼 거의 같은 언어를 사용했다.

일본열도에 벼농사가 시작된 것은 2세기 이후였다. 중앙(나라, 교토, 오사카 지역)에서 서쪽 규슈(九州)까지 원주민(조몬인(繩文人), 아이누와 같은 계통)의 농업혁명이 이뤄진 후 도래인(渡來人, 한반도계)과 원주민 인구의 비율은 9:1 내지 8:2로 추정되어 원주민의 수가 도래인보다 훨씬 적었음이 밝혀졌다(니이바라(埴原和郎), 『日本人の起源』). 원주민의 언어는 인구와 문화 양면에서 도래인의 것에 압도되어 소수의 낱말만을 남기고 소실되었다. 마치 아메리칸 인디언의 언어가 '토마토', '포테이토' 등 토착의 몇몇 언어만 미국어에 편입된 것처럼 원주민의 언어도 일본어의 주류에 편입될 수 없었던 것이다.

초기조건과 원시 원형

민족은 언어를 공유하는 공동체

언어는 고대에 관한 다양한 정보를 갖고 있다. 세계 언어가 5,000~6,000개로 분류되는 것은 수렵 채집 시대에 인류가 소수의 친족 단위로 흩어져 살았음을 시사하는 역사적 유물이다. 방목과 농업 사회로 접어들면서 인류는 공동체를 형성해 분열과 융합을 거듭한다. 민족은 언어를 공유하고 고유의 사유 방식과 가치관, 즉 원형을 통해 개성 있는 문화권을 형성한다.

여러 지성들은 일찍부터 문화와 문명, 국민성을 형성하는 기본 틀이 있음을 지적했다. 특히 정신 분석 학자 S. 프로이트(S. Freud)와 C. 융(C. Jung)은 '뿌리가 깊고 거의 변치 않는 집단 무의식에서 문화 패턴이 발생한다.'고 말했다. 영국 철학자 K. 포퍼(K. Popper)의 설명은 좀 더 구체적이다.

"각 문화권에는 고유의 성격을 유지하는 구조적 틀이 존재한다. 이는 행동에 관한 중요한 카테고리로써 공동체 성원의 사고와 행동 양식은 그 틀에 의해 결정된다."

학자마다 '집단 무의식', '문화의 구조적 틀' 등 표현은 다르지만 이들은 한결같이 민족(문화권)에 내재된 변함없는 개성을 지적하고 있다. 정신 분석 학자가 변치 않는다고 주장하는 집단 무의식과 K. 포퍼가 지적하는 문화의 고유한 성격은 실질적으로 같은 내용이다. 그러나 문화 패턴의 뿌리와 고유의 성격은 한결같이 '변함없는 문화적 개성'이 형성되는 이유와 과정에 대해서는 설명이 없다. 그래서 철학적 체념처럼 아포리아(사고 불능)로 여기고 가변성을 무시한 결정론의 도그마처럼 간주되어 있다. 한편, 원형사관은 이들 이론을 일반화하여 민족과 국가, 문화적 특성을 해명하고 '원형은 민족의 마음, 구체적으로는 가치와 미학이며 역사의 진로를 결정하는 핵심 요소'임을 밝힌 바 있다(김용운, 『일본의몰락』). 특히 다음 문제를 중점적으로 고려한다.

· 민족 고유 문화와 행동 패턴과 원형의 관계
· 민족어와 원형의 관계
· 민족어의 분기 시기
· 원형의 가변성과 그 시대적 성격

신화는 풍토와 역사를 반영한다

앞서 언급한 갈라파고스제도 내 각 섬의 자연조건을 반영한 진화의 결과는 거북의 변화로 상징된다. 거북은 예민하여 섬마다 각기 다른 특징을 보이기 때문이다. 이와 마찬가지 현상이 동북아 삼국의 원형을 반영한 문화적 상징물인 신화와 건축물에서도 발견된다.

민족의 초기조건은 민족이동과 분열, 정복 등의 중요한 역사적 사건에서 형성된다. 알렉산더대왕은 그리스인과 페르시아인의 결혼을 권장해 새로운 민족을 만들어냈다. 마치 개인의 유아 체험처럼 각 민족의 탄생 방식, 곧 초기조건의 기억은 그 원형에 깊이 각인되어 신화에 반영되고 기회가 있을 때마다 되새겨진다.

민족 공동체의 초기조건은 원시 원형에 새겨지고 신화에 나타나 역사의 패턴을 암시한다.

고대 한반도에서는 소단위의 농경민 집단이 각지에 산재하고 있었으나, 기마 유목민의 군사력이 개입하면서 광역의 민족 단위를 형성하게 된다. 전 세계 어디서든 철기의 등장 시기와 광역 국가의 형성 시기는 거의 일치한다.

한국 신화에서는 부여족이 점령지의 토착민들을 차별하지 않고 오히려 인간을 널리 이롭게 하는 '홍익인간'의 이념을 내걸어 평화스럽게 융합하는 길을 택한다.

단군신화는 외래 민족(천손족, 기마 유목민)의 정복 사업을 반영한 이야기이다. 곰으로 상징되는 토착민은 외래의 환웅(桓雄) 세력에 순종하고, 호랑이로 상징되는 부족은 도망간다. 그 아들 단군도 금미달(今彌達, 神山)에서 나라를 다스리다가 중국으로부터 온 신세력 기자(箕子)에 밀리게 되는데, 예전에 호랑이가 도망간 것처럼 같은 역사가 되풀이된다.

김수로왕, 박혁거세의 건국신화는 한결같이 약한 알로 태어난 천손족의 수장을 토착 세력이 보호해 성장시키는 줄거리다. 이것은 외래 세력은 토착 세력의 도움을 필요로 했음을 시사한다. 단군신화의 천손은 주류가 아닌 외부에서 온 손님 격이며, 고구려와 백제의 시조는 주류에서 도망간 서자라는 사실과 맥을 같이하는 내용이다.

한국과 일본의 신화는 공통적으로 천신이 어린아이(천손)를 지상에 내려 기마민족의 정복 국가를 수립하는 줄거리이다. 이는 유라시아 대륙의 숙명적 민속 형성 패턴을 나타내고 있다.

한일 천손강림신화의 큰 차이는 한국의 천손은 농업에 필수적인 바람과 물 등을 전문적으로 연구하는 기술자인데 이와 대조적으로 일본의 천손은 정복하고 다스리는 족속임을 강조하고 있다.

특히 단군신화와 일본의 천손강림신화는 한결같이 적자가 아닌 천신의 서자 또는 손자, 즉 주류 세력에서 빠져나온 비주류가 지상에 내려 토착 세력과 함께 나라를 세우는 내용이다. 한국과 일본이 하나의 뿌리에서 시작된 민족이라는 것을 알 수 있다. 그러나 단군은 홍익인간(弘益人間)을 내걸어 평등을 강조한 반면 일본열도는 순종하지 않는 자의 입을 칼로 찢어 복종을 맹세시키는 정복적인 팔굉일우(八紘一宇, 팔방에 빛을 비춰 통일)를 이상으로 삼는다. 일단 패한 세력은 더 이상 도망갈 곳이 없는 열도의 지리 조건을 반영한 것이다. 같은 족속이지만 반도, 열도의 지정학에 따라 공존과 정복이라는 정반대의 이상을 세우고 진로도 달라졌다.

한편, 한일과 달리 중국에는 신화가 없다. 중국인의 현실 감각과

한 · 중 · 일의 언어와 신화

	신화	언어	초기조건
한국	천손강림	알타이어(교착어)	중국에 대한 사대
중국	없음	고립어	융합
일본	천손강림	알타이어(교착어)	반신라, 반중국

다양성은 여러 갈래로 나뉜 먼 조상의 신화를 잊게 했다. 고대의 전승(傳承)은 역사에 편입시켰고, 삼황오제(三皇五帝)와 철학적 개념인 천(天)으로 신을 대신했다. 천지창조에 관한 이야기, 초자연적인 신의 계시를 받았다는 반신(半神)적인 예언자를 거부하고 인간에게 유익한 지혜를 전해준 사람을 성인(聖人)으로 추앙했다. 적은 민족 단위의 신화보다 인류를 하나로 아우르는 보편적 문명을 존중한 것이다.

중국, 대동사상의 기초

만리장성은 쉽게 넘을 수는 없지만, 누구든 일단 그 안에 들어가면 중화 문화를 받아들여 한화(漢化)되어 버리는 주술에 걸린다. 유교의 중요 경전 『예기(礼記)』는 대동(大同) 세계를 이상으로 삼는다. 중국의 『사기』, 『한서』 등 역대 정사는 이민족의 신체, 용모, 피부색과 같은 생물적 특징에는 전혀 관심이 없다. 오직 습관, 문화에 관해 자세한 기록을 남기고 있다. 오랫동안 여러 민족과 함께 섞여 살아왔기 때문일 것이다.

중국은 '농업국'이다. 황하 이북은 주로 밭농사로 소맥을 생산하고 남쪽은 벼농사 중심이었다. 그래서 '왕조 창시자는 국수 먹고 자란 자가 맡고, 쌀밥 먹은 자는 정승이 된다.'는 속담도 있다. 외래의 정복자와 한족 출신 정승이 이상적인 짝이 되는 경우가 많음을 반영한 것으로 이민족과 한민족의 융합을 상징한다. 영웅적 왕과 명정승이 한 쌍이 되어 성공적으로 나라를 세운 본보기는 진시황과 이사(李斯), 유방과 진평(陳平), 유비와 제갈공명, 최근의 마오쩌둥과 저우언라이로 이어진다. 특히 남녘은 명정승을 많이 배출해왔으며 뛰어난 명노력을 지닌 왕을 필요로 했다. 국민문학『삼국지』,『서유기』등에서도 제갈공명과 손오공의 역할은 주인공 유비나 삼장법사보다 화려하다.

자신의 위치를 세계의 중심으로 믿는 것은 어느 문명권이나 마찬가지다. 조선의 동방예의지국 사상도 나름의 자기중심주의였으며 유럽의 오리엔탈리즘도 예외가 아니다. 특히 중국인은 고대 이래 중원을 중심으로 주변의 족속을 사이(四夷), 북적(北狄), 남만(南蠻), 동이(東夷), 서융(西戎)으로 부르며 자신의 문명인 중화가 세계의 중심이라고 자부해왔다.

넓은 대륙에 흩어진 여러 족속을 통치하는 데는 물리적 힘보다는 모두가 공감할 수 있는 정신적 요소인 정당성, 덕망, 인심 등이 더 중요했기에 대의명분론을 신봉하고 유별나게 명분, 체면(面子) 의식이 강하다.

중화사상의 시작

중화의 명칭은 원래 이름 하(夏)에서 중하(中夏)로, 다시 중화(中華, 중국 문화 중심주의)로 바뀌었다. 중국 문명의 발상지이자 하(夏), 은(殷), 주(周), 삼대로 일컬어지는 중국 고대국의 영역인 황하 중류 유역 중원은 중국 문명의 전통을 면면히 계승한 지역으로 여겨진다.

공자가 이상으로 삼은 문왕(文王)의 나라 주(周)의 천자는 건국 300년 후에는 실권을 잃었고 명목뿐인 시기가 500년 이상이나 계속되었다. 하지만 어떤 실력자도 천자의 자리를 넘보지 않았다. '중원의 노루(中原의 鹿) 사냥'이라는 말처럼 제후들은 오직 주(周)의 천자를 모시고 천하를 호령할 최고의 실력자, 맹주(盟主)의 지위만을 노렸다. 중

1부 원형이 역사의 판도를 결정한다

화사상의 '자기중심주의'의 마력은 주나라의 권위와 전통에 있었던 것이다.

▌진시황

춘추전국시대 말기의 중국은 진, 위, 한, 조, 초, 연, 촉 7국으로 나뉜다. 본래 진나라는 중원의 서쪽, 야만족(西戎) 출신으로 국력을 키웠으나 아무리 애써도 중원에 들어가지 못했다. 그러자 정치 천재인 진시황은 자신의 영토를 중원(中夏)이라고 선언해버렸다. '콜럼버스의 계란'처럼 별것도 아니지만 아무도 생각하지 못했던 일이다. 결국에 진시황은 스스로 하, 은, 주 삼대의 정통 계승자로 자처함으로써 천하 통일에 성공해 황제의 지위에 오른다. 이후 지역과 관계없이 중원의 문명을 따르기만 하면 어디서도 문명국이 될 수 있다는 사상이 형성되었고, 지역적 의미로서의 중원 중심주의가 문명적인 중화사상으로 바뀌었다.

진나라 이전, 선진(先秦) 시대의 지역 중심주의가 현실을 중시하는 근대주의로 바뀌면서 현 중국의 틀이 마련된다. 진나라 시대는 2,300년 전이었지만 이때 이미 현실을 중시하는 근대적 정신이 싹텄고, 진시황은 독재자로서 악명이 높았지만 현대 중국의 기초를 마련한 인물로 높이 평가되고 있다.

『니혼쇼키』의 정복 사상

중국 정사 『한서(漢書)』에는 A.D. 1세기, 규슈 북부에 소부족 국가군이 산재했다고 기록되어 있다. 특히 『위지동이전』은 3세기 초 여왕국 야마토(邪馬台)의 엄격한 계급성을 구체적으로 묘사하고 있다.

『정한론』을 비롯한 일본 침략주의의 뿌리는 진구황후(神功皇后)의 삼한정벌신화에서 비롯된다. "진구는 남편 주아이(仲哀) 왕이 죽자 임신한 몸으로 규슈(九州)를 출발해 신라를 치고 항복시켰다. 백제, 고구려로부터 조공을 받았고 아이 오진(應神) 왕자가 태어나지 않도록 돌로 배를 누르고 규슈에 돌아와 낳았다."는 허무맹랑한 내용이다. 억지로 왕자 오진을 규슈에서 태어나게 이야기를 꾸민 것은 일본 왕통을 계승하기 위한 조작인 것이다. 진구는 본래 백제계의 왕비였으나 신라를 공격한 후 일본열도로 진출해 가야계 왕권을 치고 아들 오진을 낳았다(김용운, 『천황이 된 백제의 왕자들』).

실제 초대 대왕(천황)으로 지목되는 진구의 아들 오진(應神)은 진무(神武)와 동일 인물이지만 연대를 120년 부풀리기 위해 이중으로 기록되어 있다. 정복 왕답게 대고분을 조성하고 기본 정책을 팔굉일우로 삼았다.

백제는 정복 국가였고 일본에서도 계속 정복 사업을 벌였다. 오진 세력은 사도(四道) 장군을 열도 각 지역에 파견하여 정복 사업을 확장했고 이 사실은 『송서(宋書)』에 왜왕(천황) 무(武)가 보낸 상표문(上表文, 지방의 왕들이 천황에게 올리는 글.)에 사실적으로 기록되어 있다. 동국(東國), 도쿄(東京) 지역과 규슈의 고분에서 출토된 검에 새겨진 글을 봐도 그 소유자가 중앙에서 파견된 담로(擔魯)의 우두머리 장군이었

1부 원형이 역사의 판도를 결정한다

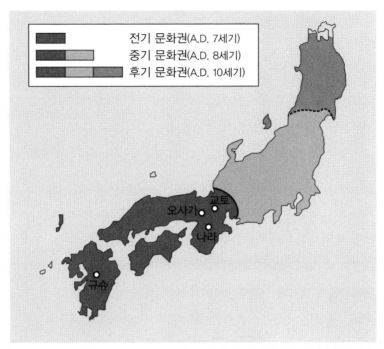

■일본 개척의 진행도 (한반도 → 규슈 → 나라·교토) 정복과 개척은 하나가 되어 서부 지역에서 일단 끝난다.

음을 나타내고 있다. 담로(擔魯)는 백제식 개척 군대인 둔전병(屯田兵) 조직이었다. 개척단은 무사단이었으나 개척이 그친 시기에 농민과 무사로 갈린다.

담로(擔魯) ─────── tamno ─────── tamuro (屯, たむろ)

고분의 소재지인 동국 지역의 tama(多摩), saitama(埼玉=三玉), 규슈의 tamana(玉名) 등의 지명은 담로에서 유래했으며 일대가 개척의 중심지였음을 시사한다. 중앙에서 동국에 파견된 초대 사령관의 이름은 백제계 시기노우에 다무라미로(坂上田村麻呂)였다. 타무라도타는 이름은 담노마로(眞郎, 麻呂), 즉 담노 사령관이라는 의미다. 이들 일련의 사실 또한 천황가의 시조가 백제 왕족 출신임을 시사한다.

일본 건국신화의 엄격한 계급의식과 정복 사업에 관한 묘사는 단군신화에서는 볼 수 없는 것으로, 열도 국가의 특징을 나타낸다. 실제 건국 이후 일본 역사는 정복으로 일관되며 중앙 세력이 동국과 서국(규슈)을 정복한다. 중세의 오다 노부나가(織田信長)는 전국시대를 평정하고 '팔굉일우'와 같은 뜻인 '천하포무(天下布武)'를 선포했다. 그 부하 도요토미 히데요시(豊臣秀吉) 또한 그 뜻을 받들어 조선 침략에 나섰고 명(明)과 인도를 포함한 전 대륙을 정복 목표로 삼았다. 제2차 세계대전의 목표였던 악명 높은 '대동아공영권' 구상도 모두 동일 선상에 있었다. 1868년 유신 이후에 일본은 오키나와 왕국을 편입시켰고 홋카이도 왕국(夷千島王)의 정복과 조선 식민지화(1910)로 정복을 이어갔다. 이들 일련의 정복 전쟁은 일본의 초기조건인 팔굉일우 정신에 놀랄 만큼 충실했음을 보여준다.

┃도요토미 히데요시

이들 정복의 공통점은 진구의 '삼한 정벌' 신화 그리고 오진의 팔굉일우 정신을 계승하는 것이다.

반면 한국사에서는 정복이 없다. 백제의 탐라(제주) 공격과 신라 이사부가 울릉도, 독도 등 주

1부 원형이 역사의 판도를 결정한다

변 도서를 탐사한 정도 외에는 정복과 관련된 역사가 거의 없으며, 또 있었던 사실도 기록에서 삭제하고 '홍익인간' 공생 사상으로 일관하고 있다. 한국에는 일본의 탈아론과 정한론에 대응할 만한 정벌론이 전혀 없다. 이것이 일본의 경우와 대조적이다. 이 또한 한민족이 처음 형성됐을 때의 초기조건이 반영된 것이라 할 수 있다.

일본의 반한, 반중국 사상의 뿌리

한반도의 지정학은 멸망한 세력에게 대륙과 열도 양방향으로 도망 갈 길을 열어주고 재기의 기회를 얻게 해주는 위치이다. 나당 연합군에 패망한 백제는 일본열도로 건너가 '왜'의 이름을 '일본'으로 바꾸어 통일국가를 수립했고, 망한 고구려는 압록강을 건너가 발해를 세웠다. 외부에서 온 세력(당)에 토착 세력의 일부가 순종하고 나머지 호랑이(고구려, 백제)는 도망간다. 단군신화에도 반영되어 있는 역사이다. 반도의 주류 세력인 신라는 단군신화의 곰족을 초기조건으로 한 정치적 유전자를 가지고 한반도의 역대 왕조를 이어갔다.

백강전투 이후 망명한 백제인이 백제삼서(『백제본기』, 『백제신참』, 『백제기』)를 인용하면서 기록한 일본 연대기(『고지키』 712년, 『니혼쇼키』 720년)에는 처음으로 천황의 명칭이 등장한다. 이는 신라의 '왕'보다 우월함을 과시하고 중국 천사(황제)와 맞먹는 권력자를 자부한 셋으로 주변국을 얕보는 일본식 번이(蕃夷)사관이다. 일본 역사학계는 군이 '주변국'이라는 말을 사용하지만 실상 신라를 의식하는 것이었다. 당에 견당사(遣唐使)를 보내지만 사대는 거부했다. 일본은 백강전투 패배의 콤플렉스로 당을 얕보고 한반도를 가야의 명칭으로 부르기도 했다. 마치 호랑이를 억지로 고양이로 보는 것과 같은 발상이다. 신라를 '시라기'로 표현했는데, '놈'과 같은 뜻으로 '기'를 뒤에 붙였다.

그러나 백제만은 큰 나라(구다라)로 불러 우월시했다. 왜가 백제의 갈래로서 그 분국이었기 때문이었고 같은 이유로 '반신라', '반당(唐)' 노선을 견지했던 것이다. 『니혼쇼키』의 번이사관이나 일본 중심주의 사상은 일본이 인종과 언어, 역사 등에서 한반도와는 아무 관계없는 천손(天孫)족임을 자처하기 위함이다. 이들은 기키(記紀, 『니혼쇼키』와 『고지키』의 통칭.)의 신화를 경전으로 삼았다. 이들 일련의 사고는 당과 신라에 의해 반도에서 추방당한 망명 백제인의 한과 열등의식을 뒤집기 위한 것이었다.

한일의 계급의식

기마 유목민은 군사적 성향이 짙고, 기근에는 약탈을 생업처럼 여기고 살지만 농경민화되면 될수록 군사적 기질은 희석된다. 만주 서부 지역의 선비족(鮮卑族, 몽골계 유목민)은 순 기마 유목민으로 반농반목하는 동부의 부여족을 압박했다. 선비족에 쫓긴 부여족은 한반도로 유입되어 각지에 소단위의 농경 집단을 형성한다.

정복자인 부여족과 토착의 농경민 사이에 실력 차는 크지 않았다. 한국 신화는 정복보다는 오히려 인간을 널리 이롭게 하는 공존(홍익인

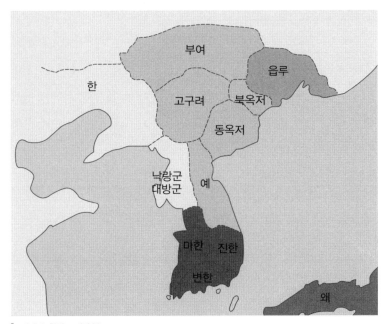

▌3세기 초 한반도 세력 분포도

간) 이념을 내걸어 평화스럽게 융합하는 길을 택한다. 고대 한국인의
성격은 대권력보다는 소국 간의 공생을 선호했다. 이는 중국의 여러
사서에 명확하게 기록되어 있다. 『위지동이전』「한전」에도 "옥저(沃沮)
인은 대규모 공동체를 싫어한다."고 기록되어 있다. 그리고 "마을에
는 성벽도 없고 정중하게 절하는 궤배(跪拜)의 예도 모르며 위아래(長
幼), 남녀의 구별도 없다.", "마한의 풍습은 규율이 느슨하고 상하 간
에 절하는 예도 없다."(『진서(晉書)』, 「마한전」), 또한 『동옥저전(東沃沮伝)』
에는 "전체를 통치하는 대군주(君主)가 없고 각 마을마다 수장이 있
다."는 기록이 있다(『후한서(後漢書)』, 「한전」).

　　한변, 야마토(倭)국은 엄격한 세습사회이며 한만노와는 완선이 내

조적이다. "왜 여왕 히미코의 거처에는 성벽이 있으며 무장한 병사가 엄중히 수비하고 규율은 매우 엄격하다(『후한서』, 「왜인전(倭人傳)」)."고 기록되어 있다. 또한 계급의 종류만 해도 왕, 대부(大夫), 대인(大人), 하호(下戶), 생구(生口, 노예) 등 존비(尊卑)의 구별이 엄격하다. 이는 정복자 중심의 엄한 계급사회였음을 뚜렷하게 드러낸다. 일본에는 이 전통이 면면히 이어졌다. 특히 중세 이후 타민족에 의한 정복은 없었으나 무사단과 군대의 계급적 지배가 1945년 8·15 전까지 계속되었다.

한·중·일 원시 원형의 상징물

한·중·일은 저마다 초기조건을 반영한 원시 원형의 상징물을 건설했다. 한반도 고대 권력의 상징적 건조물은 전남 화순, 전북 고창 등지에 있는 대지석묘군이다. 세계 어디에 내놓아도 양과 규모 면에서 압도적이며 현대인에게도 강한 인상을 준다. 하지만 이들 농경민이 건조한 각 지석묘 크기는 수백 명이 수 개월간의 작업으로 충분히 건조할 수 있는 것이다. 이는 소부족국이 곳곳에 산재해 있었고 광역국가를 이루지 않았음을 여실히 보여준다.

▌전라북도 고창군 지석묘

중화사상은 대륙의 다양한 민족 간에 평등한 관계(大同)를 가능케 했다. 중국의 국토와 인구분포가 그것을 요청하고 있었다. 장성을 넘어온 유목민인 정복자들은 광대한 영토의 농업인을 다

1부 원형이 역사의 판도를 결정한다

스리기 위해서 과거 합격자와 관료를 이용할 수밖에 없었다. 결국 한자 문명을 존중하면서 원래의 고유문화를 스스로 포기하고 한화(漢化)될 수밖에 없었다. '미라 찾으러 갔다 미라가 된다.'는 말 그대로의 일이 벌어진 것이다.

침략자의 인구가 한(漢)족보다 압도적으로 적은 것도 문제였다. 가령 명을 멸망시키고 청(淸)을 수립한 여진족은 불과 20만 정도의 인구에 불과했다. 일단 왕조는 수립했어도 수억이나 넘는 한(漢)족에 유입되는 것은 시간문제였다.

중국이 하나의 민족국가가 될 수 있었던 것은 통일된 한자를 사용하는 것과 문명을 받아들이면 중화로 간주하는 사상 때문이었다. 위, 오, 촉의 삼국시대 그리고 오호십육국(五胡十六國)과 같이 분열하는 시기가 있었어도 중화사상과 한자의 자력으로 금방 통일국가가 되

▌만리장성

는 역사를 지니게 된 것이다. 그런 의미에서 만리장성은 일단 유목민이 넘어오면 어김없이 한화되어 버리는 중원 문화의 강력한 흡인력을 보여주는 상징물이다.

일본에서는 B.C. 2세기경 토기가 처음 발견된 곳의 지명에 따라, B.C. 3세기부터 A.D. 3세기에 걸친 시기를 야요이(彌生) 시대라고 부른다. 그 시대의 주역은 한반도 남해안 지역에서 건너간 벼농사민이었다. 그러나 이들의 흔적은 규슈(九州)의 두 곳에 남아 있는 겨우 열 개 정도의 소규모 지석묘군들 뿐이다. 한국 것과는 비교도 안 될 만큼 빈약한 것으로 표시판의 설명문 없이는 도저히 알 수 없는 소규모이다. 토착민의 세력이 정복민인 기마 유목민에 비해 압도적으로 약했음을 보여준다.

그러나 4세기 말이 되면 일본열도에는 한반도에서는 볼 수 없는 대고분이 등장한다. 이집트 피라미드와 맞먹는 크기로 수십만 명이 동원되고 장기간의 작업이라야 만들 수 있는 것이었다. 이 고분에서는 말과 관련된 유물이 출토되었는데, 이는 강력한 기마군단 세력이 권력을 가졌음을 상징한다.

┃일본의 대고분

주류에서 밀려난 만주 기마족 출신 왕손들이 소수의 부하들과 함께 남하해 한반도에서 일단 세력을 구축한 뒤, 다시 강력한 군단을 형성하여 열도민을 장악했던 것으로 추정된다.

1부 원형이 역사의 판도를 결정한다

한·중·일 초기조건의 상징적 표어와 건조물

	초기조건의 표어	건조물	신화의 사상	토착민과 정복민의 관계 위상
한국	홍익인간	지석묘	공생	정복민은 토착민의 용병
중국	대동 중화사상	만리장성	융합	동 등
일본	팔굉일우	대고분	정복	종교적 대상

03
원형론과
문명론의 기원

원형

　민족의 혼, 즉 원형은 먼 태곳적부터 조상 대대로 이어져온 생활신조 또는 가치관이라 할 수 있다. 원형은 다른 나라의 문화를 수용한다고 해서 하루아침에 바뀌는 것이 아니다.

　민족은 처음 형성되었을 때의 원형을 고수하면서, 시대적 역사적 조건이 변함에 따라 각 시대마다 고유의 시대 원형을 지닌다. 오늘날 한국인은 고대 이래의 정신 유산을 단절하지 않고 연속적으로 이어받고 변화시켜 왔다. 수학적인 표현을 빌어 말하자면 위상적 변화를 해온 것이다. 이는 연속적인 것으로 전 단계의 한 점에는 후 단계의

한 점이 대응한다. 원형사관은 역사가 도넛에서 커피 컵처럼 변해간 것으로 보고 있다.

우리 주변을 보면 데모나 대중운동 등, 혼란스러워 보이는 현상들이 있다. 하지만 여기에 원형의 빛을 비추면 분명한 원인이 나타난다. 가령, 점잖은 선비 문화와 격심한 당쟁은 전혀 딴판의 세계처럼 보이고, 일본인의 깔끔한 면과 일부 정치가의 집요한 군국주의 경향은 모순으로 보인다. 그러나 이들은 고유의 원형에 따라 나름의 가치관에 의해 작동되고 있다. 이들은 같은 원형에서 나온 것이고 종이의 앞뒤 면과도 같은 관계이다.

원형 위에 오랜 민족사적인 체험이 쌓여 민족 고유의 전통을 만들고 국민성을 형성한다. 이 원형은 긍정적으로, 때로는 부정적으로 발현된다. 나라가 잘되고 못되는 것은 원형과 시대 상황을 알아차리는 지도자의 능력에 달려 있다. 오늘날 후손은 먼 조상의 의지가 살아 숨 쉬고 있는 원형에 많은 영향을 받는다. 조선 말기 광화문 거리에서 상소(上訴)하던 선비의 마음은 4·19의 학생운동으로 그리고 촛불 시위를 벌이는 시민에게로 이어진다. 능력 있는 지도자라면 이를 승화시켜 긍정적 방향으로 유도해야 한다. 영국의 대정치가인 W. 처칠(W. Churchill)은 "과거를 멀리 돌아볼수록 미래가 더 잘 보인다."고 했다. 이 말은 원형을 이해하라는 뜻이기도 하다. 오늘의 현상은 과거, 그것도 먼 과거의 원형과 관련된다. 한국, 중국, 일본 문화의 원형을 이해할 때 삼국 관계는 크게 달라질 것이다.

한 · 중 · 일은 독립적인 문명권

중원은 중국 대륙의 문명 발상지로 유목민 출신의 정복 왕조가 여러 차례 수립되었다. 그러나 이들은 모두 중국화되었다. 중국 문명의 주인공은 변함없이 중국인(한(漢)족)이었으며, 고대 중국어(漢語)는 중원 문명과 함께 오늘날까지 중심적 역할을 다해왔다. 고대어(라틴어, 히브리어)가 사어(死語)화되고 서구 문명에 뚜렷한 주인이 없는 것과는 전혀 상황이 다르다. 한국 문명은 물론 일본 문명 역시 중국 문명의 영향을 많이 받았으나 본질은 바뀌지 않았다.

한국어와 일본어는 분명히 중국어와 그 성질이 다르다. 한·일어는 한자 외에 각각 한글과 가나를 갖고 있는 이중 언어이다. 이들은 또한 각각의 음소와 음절문자로 성격이 다르다. 그러나 한자어를 반 이상 포함하고 공통적으로 동사의 활용형이 있다. 교착어로 낱말과 낱말을 조사로 교착시키며, 조어가 하나인 것을 보면 동족어임이 분명하다. 한편, 중국어는 동사, 명사와 같은 품사의 구별이 없는 고립어이고 전혀 다른 계통의 언어이다.

중국 문화가 한국과 일본에 끼친 영향은 압도적이었지만 여전히

한 · 중 · 일의 문자 차이

중국어	고립어	조사가 없고 한자만 쓴다	
한국어	교착어	한글과 한자	한글은 음소문자
일본어		가나와 한자	가나는 음절문자

1부 원형이 역사의 판도를 결정한다

한·중·일은 언어만큼 다른 고유의 문명 세계를 형성하고 있다. 유럽인이 하나의 알파벳과 기독교로 일체감을 느끼는 것과는 다르다. 의식주에 있어서도 전통의복이 전혀 다르고 양복과 같은 공통의 동양의복은 없다. 중국인은 침대, 한국인은 온돌, 일본인은 다다미를 사용하고 음식 또한 저마다의 개성을 가지고 있다. 한·중·일 삼국의 전통적 생활양식이 이렇듯 서로 다른 것이다.

원형, 문화, 문명의 유기적 관계

한 문화권의 문학이나 음악 등 각 분야는 유기적으로 이어져 있다. 나무와 꽃 그리고 열매와 잎의 관계로 비유될 수 있을 것이다. 가령 사과의 꽃과 잎은 사과나무를, 역으로 사과나무의 각 부분도 나무 전체를 나타낸다. 모든 문화의 뿌리는 원형이고 줄기는 언어이다. 수많은 잎은 문화 분야이며 각기 고유의 방법에 따라 원형을 표현하는 것과 같은 구도이다.

이런 현상을 동양의 직감적 지혜로 말하면, 주자학의 보편성 및 개별성과 관련된 '이일분수(理一分殊, 하나의 이가 특수한 개별 분야에 미친다.)' 이론으로 설명할 수 있다. 또 불교의 화엄(華嚴) 철학은 이 현상을 '하나가 곧 모든 것, 모든 것은 곧 하나(一卽多 多卽一)'로 파악하고 있다. 최근의 수학 이론 복잡계(Chaos) 이론에서는 '프랙탈(Fractal, 자기닮음, 自己 相似)'이라는 개념으로 설명하고 있다. 동양에서는 일찍부터 원형과 문화의 유기적 관계가 파악되어 있었던 것이다.

원형, 문화, 문명의 관계도

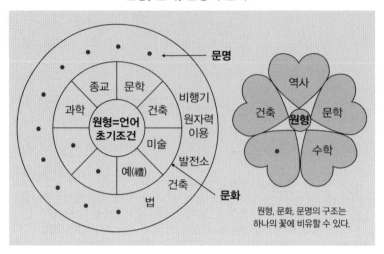

원형, 문화, 문명의 구조는
하나의 꽃에 비유할 수 있다.

　　1922년, O. 슈펭글러(O. Spengler)의 『서구의 몰락(Der Untergang des Abendlandes)』 이후 70년 동안 문명권의 분류는 크게 바뀌었다. 이제는 동북아를 중심으로 한 새로운 세계 문명의 방향을 모색할 시기이다. 앞으로 동북아 각국의 대립과 충돌에 관해 예측하기 위해서는 정치 역학 관계보다는 가치관(원형)의 차이에 중심을 둔 관찰이 타당하다. 문명보다는 원형충돌론에 대한 이해가 선행되어야 한다.

　　문화 요소는 원형(가치관)에 밀착되어 있는 것이므로 원형 간의 차이만큼 문화 분야에서도 굴절이 발생한다. 한국인이 외국어 발음을할 때 모국어의 악센트와 억양에 따라 일정한 각도로 휘어지는 것과같이, 한 나라의 문화적 요소도 다른 문화권에 전이될 때는 일정한각도로 굴절되기 마련이다. 중국에서 발생한 문물(주자학, 불교, 한자 등)이 한국 원형을 통과할 때는 일단 굴절되어 조선 주자학, 동국 불교, 향찰 등이 되고, 이것이 또 한 번 변질되어 일본에서는 일본 불교, 일본 주자학이 되었다. 가령 중국의 이기론(理氣論)은 조선에서는 주리론(主理論)인 반면에 일본에서는 주기론(主氣論)이 된다. 동국(조선) 불교는 깨우침이 중심인 선불교인 데 반해 일본은 추종적인 조사(祖師) 불교이다. 일반적으로 문명적 요소, 가령 법제도나 기기(機器)류는 쉽게 전이되어 무역의 대상이 될 수 있지만 문화적 요소인 종교, 예술 등은 쉽게 전이되지 않는다.

한국은 유교와 과거제, 율령제 등의 수용으로 문명적으로 소중화(小中華)를 자처할 만큼 중국과 가까운 관계를 유지했다. 일본과는 하나의 민족에서 갈라졌기 때문에 언어나 정서적으로 공통점이 많아 문화적으로 무척 가깝게 느껴진다. 특히 최근의 중·일 외교에는 한·중의 관계와 한일 간의 대립이 미묘하게 얽혀 있다. 이는 역사 인식과 윤리관의 차이에서 기인한 것이다.

따라서 한·중·일 관계의 미래를 예측하기 위해서는 외교 분야에 원형론의 시선을 투사할 필요가 있다.

문명 전이의 구도

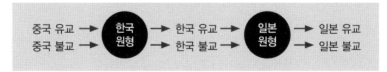

역사관

역사학의 시작

자신이 소속된 문화권의 영향에서 자유로운 사람은 아무도 없다. 어떤 사람이든 기존의 문화와 단절된 상태에서는 잠재력을 거의 발휘하지 못한다. 인간은 태어나면서부터 자신이 속한 문화의 규제를 받으면서 그 기반 위에 새로운 문화를 창조한다. 원형은 문화의 핵(core)으로서 역사의 전개 양식에 고유의 패턴을 만든다.

인류는 고대 이래 상업이나 전쟁 등으로 이민족과 접촉할 때마다 상대의 문화, 사유 방법, 가치관에 대해 많은 관심을 가졌다. 특히 중국 정사는 이민족의 문화적 특성을 자세히 기록해왔다.

사마천(司馬遷)의 『사기(史記)』에도 조선의 이름이 등장한다. 특히 흉노(匈奴)에 대해서는 아무런 편견 없이 많은 기록을 남겼다. 『한서』, 『위지』 등에는 삼한과 일본의 지리와 언어, 역사, 종교, 민심 등이 기록되어 있다. 그리스 타키투스의 『게르마니아(Germania)』, 헤로도토스의 『역사(historiai)』가 이민족에 관심을 둔 것과 같은 맥락이다. 역사학은 인간(또는 민족)이 얼마나 다양한 행동을 취할 수 있는가를 알아내기 위해서 쓰였고, 인류학과 인간학적 관심에서 시작되었다.

중국사의 아버지로 일컬어지는 사마천이 쓴 『사기』의 반 이상이 개인에 대한 기록, 즉 『열전(列傳)』이다. 그는 인간을 통해 역사를 해석할 수 있다고 생각했다. 정의로운 백이, 숙제 형제는 굶어 죽은 반면 온갖 악행을 저지른 도척(盜跖)은 천수를 다했음을 기록하고 '천도(天道)

는 옳은 것인가, 그릇된 것인가.'
를 외치며 불가지론(不可知論)적
역사관을 토로했다. 역사란 이상
적인 것은 아니며 오히려 '변덕스
러운 인간이 되풀이하는 실수의
기록이며 법칙(天道)이 없다.'는 것
을 말하고 싶었던 것이다.

사마천(중국사의 아버지)

   그러나 역사는 늘 알쏭달쏭하
기만 한 것은 아니다. "해마다 꽃은 같은데 인간은 해마다 다르다(年
年歲歲花相似 歲歲年年人不同)(『대학(大學)』)."처럼, 해마다 꽃(문화)은 같
은 모양으로 피는데 역사 무대의 주인공인 인간은 동일하지 않다. 엄
밀히 말하면 꽃 또한 작년의 것과 완전히 일치하지는 않는다. 그렇지
만 구도는 같다. 즉, 일치하지는 않지만 크게 다르지도 않은 것이다(雖
不中不遠矣). 이처럼 오늘날 겪는 일들은 전에도 비슷한 형태로 있었던
일들이다. 원형사관은 이전과 비슷한 역사적 구도로 역사가 되풀이
해서 나타나는 것이라고 보고, 일정 범위의 미래 예측이 가능함을 시
사한다.

   그리스 신화 '시시포스 신화(Sisyphos)'의 주인공 시시포스는 신을
기만한 죄로 산 정상으로 바위를 밀어 올리는 형벌을 받았다. 그가 바
위를 겨우 정상까지 옮기는 순간 바위는 다시 굴러떨어진다. 매일같
이 같은 일을 해도 결과는 무의미한 되풀이다. 실존주의 작가 A. 카

뮈(A. Camus)는 같은 제목의 작품『시시포스 신화』에서 인류의 운명을 인간이 결국에는 죽는 것을 알면서도 계속 같은 행동을 되풀이하며 대를 이어 가는 모습으로 묘사했다. 이처럼 인간의 운명은 불모의 노력을 계속 되풀이 하는 것이며, 그 이유를 찾는 것이 역사 철학이다.

역대 중국 정사는『사기』의 형식이며 중국 특유의 분류 정신이 발현되어 있다. 연월일과 사항별로 일일이 기록해서 분류 정신을 구현한 백과사전이라고도 할 수 있다. 왕조와 제후(諸侯)의 역사와 연표를 기록하고『열전』에는 온갖 종류의 인간을 분류해놓는다. 획일적 인간으로 추상화하지 않고 깡패와 남창까지 다양한 인간을 정사에 등장시킨다. 중국 역사는 여러 인간상을 제시한 까닭에 곧 인간학이다. 최고에서 최하의 인간까지 기록해서 후손들의 인간관에 막대한 영향을 끼쳤다. 일반적으로 중국 과학은 천문학, 본초(本草)학 등 분류에 중점을 둔다.

한국 문헌에는 삼국시대 이전의 일에 관한 것은 거의 없기 때문에, 고대의 한반도와 주민에 관해서는 중국 역사서에 의존할 수밖에 없다. 한편 중국 역사서는 삼국시대 이전의 한국 지리, 언어, 왕실, 비술, 제도 등을 기록하고 있다. 자국의 것도 아닌, 멀리 떨어진 소국에 대해서 일일이 기록하는 것은 다양한 인간의 존재를 의식하는 것과 같은 맥락이다. 놀라운 문명 의식이라 할 수 있다.

서구의 학문은 로고스(logos, 논리 비교)적이며 역사에 있어서 중

1부 원형이 역사의 판도를 결정한다

국의 분류 정신과는 큰 차이가 있다. 서양 역사학의 아버지 헤로도토스는 원래 페르시아 전쟁의 원인을 밝히기 위한 목적으로 『역사(historiai)』를 썼다. 하지만 본래 의도와는 달리 과거와 미래에 대한 언급보다는 자신과 다른 언어를 사용하는 '이방인(barbarian)'의 사고와 민속, 문화, 사상 등을 폭넓게 관찰하고 기록했다. 이방인 또는 야만인을 의미하는 'barbarous'는 '뜻을 알 수 없는 소리를 지껄이는 무리'라는 뜻에서 나왔다. 헤로도토스는 동서양을 통틀어 실질적으로 비교 문화론의 시조가 되었다. 그는 자신의 것과 다른 것을 비교함으로써 실체를 명확히 알 수 있다는 생각에서 출발했다. 이것에는 언어의 다름이 곧 사고의 차이라는 사상이 깔려 있다.

동서양을 막론하고 고대의 역사는 한결같이 자신의 것을 정통 문명으로 여기면서도 다른 민족의 언어나 습관, 사고방식에도 민감했다. 자신과 다른 언어를 쓰는 자의 사고와 문화를 탐구하는 데서 역사와 문화론이 함께 시작되는 것이다.

현실은 원형의 한 단면

원형은 민족의 혼에 해당되는 것이며 이를 통해 민족의 전통과 문화가 대대로 이어진다. 공동체의 구성원이 함께 겪은 역사적 충격은 각 시대 원형의 인자로 각인된다.

한국인은 원형 덕에 허다한 고난의 역사 속에서도 살아남을 수 있었다. 또한 오늘날 같은 이유로 일찍이 없었던 전환의 기로에 서 있게 되었다. 고대의 역사적 사건, 일제 시민지, 6·25전쟁 그리고 분단으로 이어신 오랜 세월의 시련을 쉬으면서 고유의 생애석 원형을 나틈있던 것이다.

일본인은 제2차세계대전에서 패했으나 그 후의 경제 전쟁에서는 승리해 세계 제2의 경제 대국으로 부상했다. 그러나 다시 버블로 몰락해 잃어버린 20년을 겪었다. 최근 아베 총리는 야스쿠니신사 참배와 국수주의적 발언을 계속하며 제국 시대로의 체제 복귀를 시도하고 있다. 전후 평화 노선은 일시적 겉모습에 지나지 않았으며 오히려 상무(尙武)적 경향이 그 실체임이 드러나고 있다.

중국 또한 고유의 중화사상 복귀 노선에 들어서고 있다. 중국 역사의 중요한 패턴은 일단 분열을 겪고 다시 통일 대제국이 되는 식으로 전개되었다. 춘추전국시대 이후의 진시황의 통일과 남북조 대립 후의 당 대제국의 통일 등이 있었다. 19세기 이후 중국은 서양과 일본의 사냥터로 몰락했고 중공과 장제스(蔣介石) 국민 정부군과의 내전 등 분열과 혼란을 겪었다. 이제 중국은 대통일의 시대에 들어섰고 '중국이 세계의 중심이다.'라는 중화사상으로의 복귀 노선을 걷고 있다.

이들의 역사적 패턴 중심에는 원형이 있다. 원형을 규명하면서 한·중·일의 문화와 그 형성 과정을 살펴야 미래에 대한 전망도 가능할 것이다. 각 민족의 원형 형성 과정과 이들의 잠재력을 밝힌다면 이들 원형이 충돌할 가능성도 예측해볼 수 있다.

原型(ethno-core)과 元型(archetype)의 차이
원형은 민족문화와 역사의 전개 양식과 밀접한 관계를 갖는다. 때문에 이들 관계를 파악하기 위해서는 먼저 '원형'의 뜻을 정확하게 설명해야 한다. 우선 여기서 말하는 '원형(原型)'은 C. 융(C. Jung)의 원형(元型)과는 의미가 분명히 다르다.

융의 스승 격인 S. 프로이트(S. Freud)는 인간의 본질을 성(性)적 욕망으로 보고, 이에 관한 갈등이 정신병이나 꿈으로 나타난다고 보았다. 유아기에 받은 성적 충격이 콤플렉스가 되어 무의식에 깊이 숨어 있게 되는데, 대화를 통해 끌어내 스스로 인식하게 함으로써 치유되게 하는 정신분석학을 확립했다.

융의 원형(元型)은 프로이트의 '모든 인간과 문화에 관한 문제를 성에 귀착해서 설명'하는 성 일원론을 일반화한 것이다. 융은 인류적 무의식 속에 있는 대지모신(大地母神), 노현인(老賢人), 이상적 이성상(아니마, 아니무스)과 같이 변하지 않는 이데아적 존재를 연구 대상으로 삼았다. 이들은 플라톤적 원형(元型)으로 역사보다는 신화의 해석에 중심을 둔 것이다. 플라톤 철학의 변치 않는 이상적 존재 곧 이데아를

프로이트

융

원형(原型)과 원형(元型) 비교				
	역사를 움직이는 실체	무의식	상징 시대적 특성	주요 영역
김용운	원형(原型) ethno-core	민족적 무의식, 초기조건과 역사 체험의 관계	민족어처럼 시대 원형의 가변성	언어, 역사, 미래, 문화
C. 융	원형(元型) archetype	보편적, 인류적 무의식	태지모신 노현인 등 플라톤적 이데아와 같이 변함이 없음	집단심리학, 문화

인간의 무의식에 잠재된 이상적 이미지(像)로 설명하고 이를 원형(元型)이라고 했다. 따라서 그의 원형(元型)은 개인의 무의식을 초월한 집단 무의식의 형태로 방대한 심리적 에너지를 지닌 것이다. 융의 원형(元型, archetype)은 인류적 무의식에서 국가와 민족, 지역, 마을 등의 집단 무의식을 대응시킬 수도 있다.

반면, 원형(原型, ethno-core)은 이데아적인 것이 아니다. 민족을 대상으로 하고 현실적이며 민족의 분열과 융합에 따라 변화하는 것이다. 따라서 이상적인 원형(元型, archetype)과는 다르다. 그러나 민족을 인류 차원에서 논의할 때는 융의 이론과 가변성, 이데아적 성격을 제외하면 부분적으로 교차될 수 있다.

한편, J. 라캉(J. Lacan)은 정신분석을 '정신의 변화 이론'으로 보았다. 융의 이데아론적 사고에서 벗어나 대상을 집단 차원으로 일반화하면 가변성을 지닌 원형(原型)과 교차할 수 있다고 본 것이다. 원형사관은 원형(原型)에 관한 변화 이론으로 민족 차원의 정신분석이다.

융과는 별도로, 영혼(魂)을 바탕으로 문화가 이루어진 것으로 본 슈펭글러와 기층(基層)이라는 개념을 제시한 S. 헌팅턴(S. Huntington)의 입장도 원형(原型)과 부분적으로 공통점을 갖고 있다. 하지만 슈펭글러와 헌팅턴의 입장에는 원형의 형성과정과 가변성에 대한 설명이 없고 애매하며, 결정론적인 요소를 배제 못 한 점에서 필자의 원형(原型)과는 큰 차이가 있다. 헌팅턴은 그의 저서 마지막 부분에서 다음과 같이 말한다.

> "서구 여러 나라, 다른 문명의 종교와 철학의 '기층(基層)' 부분, 나아가 그들이 어떻게 자신의 이익을 추구하는지를 더욱 깊이 이해해야 한다. 언어의 구사 방법과 행동 패턴 등은 문화권마다 다르다."

헌팅턴이 문명의 성격을 통해 외교 수단과 언어 표현뿐만 아니라 기본적 사고를 이해한다는 점에서는 원형론과 공통적이다. 그러나 원형은 문화보다 일반적인 집단 무의식에 관한 개념이다.

원형의 특성을 좀 더 구체적으로 파악하기 위해 다른 문화권과 구체적으로 비교하는 것은 문화인류학적 방법에 가깝다. 이는 문화의 특징을 일단 추상화하고 '일반성이 있는 특성'으로 보고, 그것을 현실의 문화 현상에 대응시키는 지적 피드백(feed back) 방식이다. 예를 들어, R. 베네딕트(R. Benedict)는 미국과 일본의 문화를 '죄와 수치심'으로 내미시키고, 국화와 칼(The Chrysanthemum And the Sword)을 수상화해 국화는 예술적 기질, 칼은 상무적 기질로 일반화시켰듯이 필자는 한국과 일본의 문화를 '생애와 사애'로 대비하여 그 타당성을 검증했다. 키워드의 선택은 상대적이므로 비교 대상에 따라 표현이 달라질 수 있다.

필자는 원형(原型)의 개념을 한일의 수학적 발상 차이에서 출발하여 민족의 초기조건과 자연환경, 역사 체험 등의 집단 무의식과 관련됨을 파악했다. 한 걸음 더 나아가, 원형은 시대마다 고유의 성격(시대원형)을 지니며 유동적이면서도 변화하지 않는 부분도 간직하고 있음을 지적한다. 또한 '원형'은 무의식을 포함한 모든 의지 결정에 개입해 역사를 움직이는 원동력이 되며 민족 형성 시에는 구성원의 공통 경험, 즉 초기조건에 큰 영향을 받는다. 각 시대의 역사 체험의 충격이 기존의 원형에 가미되어 시대마다 특수성을 지니고 언어와 같이 변화하면서도 원시 원형의 흔적을 간직한다. 요컨대 원형이란 민족 공동체의 마음에 해당하는 집합적 무의식이다.

이것은 언어로 상징될 수 있다. 민족은 원형과 언어로 묶인 유기체로서 민족적 역사 체험이 원형과 언어에 다시 반영된다. 원형사관은 개인에 관한 정신분석적 작업을 언어와 역사를 지닌 민족 차원으로 확대한 것이라 할 수 있다. 따라서 민족의 의식구조와 사유 방법을 인식하게 하고, '되풀이되는 역사'에서 패턴을 파악할 수 있게 한다. 원형사관은 국가와 민족의 미래 진로 결정에 개입하는 미래학과도 연관된다.

나비의 날갯짓이 세상을 바꾼다

일정한 속도로 궤도를 달리는 기차의 운동과 같이 하나의 변수로 된 일차방정식은 현재의 위치와 속도를 알면 목적지에 도달하는 시간을 예측할 수 있는 가장 간단한 결정론의 모델이다. 뉴턴은 태양의 중력 하나로 행성궤도를 단순화시켜 간단한 미분방정식을 만들어 행성궤도를 계산해냈다.

보통 미분방정식으로 계산할 수 있는 것은 변수가 하나인 함수의 관계로 표시되는 단순한 운동체이다. 하지만 일기 현상처럼 풍속, 온도, 기압 등 적어도 3개 이상의 요소가 얽혀 개입하면 다음 순간을 정확히 예측하기가 어려운 복잡계가 된다.

또 다른 복잡계의 예로 늑대(포식자)와 토끼(피식자)의 개체 수의 관계를 들 수 있다. 토끼의 수가 줄어들면 굶어 죽는 늑대가 많아지고 천적인 늑대의 수가 적어지면 토끼 수는 증가한다. 포식자와 먹이의 관계는 마치 시소처럼 증감이 서로 반대로 작용하는 피드백(feedback)을 되풀이한다. 같은 패턴, '자기 닮음' 현상을 야기하고 변수가 서로 영향을 주고받기 때문에 어느 순간에 증감의 분기점이 나타날지는 분명치 않다.

이전의 과학은 크게 자연 세계를 결정론, 또는 확률론의 두 분야로만 해석해왔으나 이제 수학은 '복잡계'를 의식하게 되었다. 복잡계는 처음에 주어진 상태(초기조건)에 민감하게 반응하거나 때로는 결정론적으로 변해도 어느 순간에 확률적인 대상으로 변하고 사소한 요인이 엄청난 변화를 일으키는 나비효과를 일으킬 수 있다. 오늘 종로 거리늘 날아가는 나비의 날갯짓이 며칠 후 뉴욕에 폭풍우를 몰고 올 수 있다는 것이다. 병 속의 나비는 아무리 날갯짓을 해도 병 밖의 현상에 영향을 주지 못한다. 하지만 수시로 제3의 요소가 개입할 수 있는 열린 세계, 곧 복잡계에서는 사소한 요소가 큰 변화를 일으키는 연쇄반응을 거듭하여 큰 폭풍으로 변할 수 있다(E. 로렌츠의 이론).

제1차세계대전은 세르비아의 한 청년이 쏜 권총 한 발로 시작되었고, G. 부시가 처음 당선된 것이 우연에서 시작된 것을 아는가? 플로리다의 한 양로원 정원에 장미꽃이 아름답게 피어 있었다. 한 노부인이 그 꽃 냄새를 맡으려고 꽃송이에 가까이 다가가자 나비의 날갯짓으로 꽃가루가 콧구멍에 들어갔다. 노부인은 독감에 걸렸고 양로원 전체에 독감이 퍼졌다. 때문에 대부분이 민주 당원인 주민 모두가 투표할 수 없게 되었다. 그 나비가 없었다면 민주당 후보가 당선되어 모처럼 카터가 성사시킨 북핵 문제의 해결 방안은 지금과 전혀 다른 방향으로 전개되었을 것이다. 역사는 수시로 발생하는 나비효과로도 바뀔 수 있다. 그러므로 뚜렷한 방향성이 없는 전형적인 복잡계이다.

세상은 변덕스럽다

헤겔은 '합리적인 것이 현실적이고, 현실적인 것이 합리적'이라고 했다(『법철학』). 그는 물론 나비효과를 몰랐다. 아니 무시했다. 좁은 이성의 병 속 세계에만 주목해 우연성이라는 중요한 요소를 간과했다. 그러나 병 바깥, 현실적인 열린 세계(개방계)에는 나비효과가 수시로 발생하면서 결정론과 확률론 사이를 넘나든다. 카오스(혼동)로 보이기도 하고, 전체는 부분과 같다는 '자기 닮음' 현상(프랙탈, 시에르핀스키 트라이앵글)이 수시로 발생한다. 또한 복잡계의 카오스로 보이는

1부 원형이 역사의 판도를 결정한다

현상도 언제까지나 계속되는 것은 아니며 어느 순간 가장자리(한계)에서 새로운 현상이 창발(創發, emergent)될 수 있다.

민족의 역사는 초기조건에 민감하고, 변수가 많으며, 나비효과, 피드백, 되풀이 등이 발생하는 복잡계이다. 흔들리면서도 질

█ 로렌츠의 끌개(Attractor) 늑대와 토끼의 개체 수의 증감 상태를 나타낸다.

서가 엿보이는 역동적인 구도다. 과거 쇄국 시대를 병 속에 비유한다면 오늘날의 세계화, 정보화 시대는 열린계(開放系)이며 복잡계의 역사관을 요청하고 있다.

위의 그림 로렌츠(E. Lorenz)의 끌개는 피드백과 되풀이를 거듭하는 변화 현상을 잘 보여주고 있다. 같은 점을 두 번 통과하지 않으며 결정론적으로 변하면서 순간적으로 비약(飛躍)하고 변화를 할 수도, 예상하지 못할 수도 있다. 결정론과 확률론의 세계가 동시에 존재하고 있는 것이다.

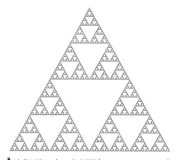

█ 시에르핀스키 트라이앵글(Sierpiński triangle)

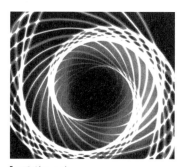

█ 프랙탈(fractal)

마르크스와 뉴턴

뉴턴역학(만유인력)은 태양계에 관한 여러 현상, 가령 행성의 불규칙적인 운동, 바닷물의 간만 현상, 일식, 월식 등 이전의 인간들이 자연의 수수께끼로 여겼던 것들을 수학으로 설명하고 미지의 영역에 있던 해왕성의 위치와 운동을 명확히 예언했다. 이러한 업적으로 과학은 절대 진리의 대명사가 되어 근대 서구 사상에 엄청난 영향을 주었다. 기본적 법칙 하나만으로 과거와 미래를 알 수 있으며 미래는 이미 정해져 있다는 결정론이 진리로 인식되기 시작한 것이다. 현실은 합리적이라는 헤겔의 경구가 나온 것도 근대과학에 영향을 받은 결과이다.

동양의 천문학에서 '천문'은 하늘에 쓰인 글이라는 뜻으로 '天文'이라 하고 그것만 읽어내면 미래, 즉 하늘의 뜻을 알아낼 수 있다고 믿었다. 서양의 점성술도 별자리와 개인의 운명을 연계시킨 점에서는 마찬가지지만 이들의 차이는 전자가 국가의 운명이고 후자가 개인을 대상으로 한 것이 다르다. 예언은 시대마다 형식을 바꾸었으나 이들에는 언제나 미신적 요소가 포함되어 있었다. 그러나 사람은 번번이 실망하면서도 예언을 바란다. 헤겔은 역사가 일정한 방향으로 진보해 간다고 생각했고, 마르크스는 그 이론을 유물사관에 적용해 미래가 결정되는 것으로 믿었으나 실제 역사에서는 이미 그렇지 않다는 것이 증명되었다. 마르크스 이론은 뉴턴역학의 만유인력 자리에 경제를 대입한 격이며, 원시 공산 사회에서 공산 유토피아까지 단계적으로 발전하는 결정론이 과학적으로 입증되었다고 본 것이다.

그러나 현실은 복잡계이며 하나의 기본 원리로 미래를 결정하는 것

┃헤겔

┃마르크스

은 불가능하다. 유물사관을 정치 이념으로 삼은 소련은 붕괴하고, 과학계에서도 아인슈타인의 상대성원리와 양자론이 뉴턴역학의 과학 체계의 한계를 밝혀냈다. 카오스 이론(복잡계)에서는 수시로 되풀이(자기 닮음)되는 현상을 연구하며, 수학계에서는 결정론의 한계를 극복하는 '복잡계(카오스) 이론'이 등장함으로써 새로운 역사관과 세계관을 정립할 필요성이 요청되었다. 필자는 감히 원형사관으로, 등장하고 되풀이되는 현상의 역사적 의미를 설명하는 이론의 체계화를 시도한다.

마르크스주의와 원형사관

유물사관은 결정론적 역사관이지만 그 이론을 정립한 마르크스에게는 또 다른 면이 있었다. 그는 나폴레옹 3세의 쿠데타에 관해 쓴 『루이 보나파르트의 브뤼메르 18일』에서 매우 현실적인 일면을 여지없이 보여준다. 그 책에서 그는 '처음 쇠설은 비극일 수 있으나 두 번

째의 되풀이는 역사의 교훈을 배우지 않는 어리석음이다. 그러므로 코미디(희극)이다.'라는 헤겔의 말을 인용하고 있다. 그러나 한편, 그는 역사가 냉엄한 시공간의 제약을 받는 사실을 충분히 인식하고 '인간은 자기 자신의 역사를 만든다. 그러나 자기 멋대로 만들어가는 것은 아니다. 자신이 선택하지 않은 과거에서 전해온 것을 그대로 받아들이고 만들어 간다.'고 주장한다. 이는 원형사관에서 어제의 원형이 오늘의 현실을 열어간다는 것과 같은 입장이다.

마르크스는 원형에는 큰 관심이 없었으나 헤겔의 말 '역사의 교훈을 살리지 못한 희극'이라는 구절을 인용하면서도 그럴 수밖에 없는 상황을 충분히 이해하고 있었다. "경제적 계급의식이 정치적 상부구조에 반영된다(유물사관)."고 하면서도 그것으로 루이 보나파르트의 쿠데타를 설명하지 않고 오히려 단순히 루이의 숙부인 나폴레옹 보나파르트가 쿠데타를 되풀이한 것으로 설명했다. 되풀이 현상을 과거의 습관적 사고로 본 것이다. 실제로 헤겔 자신도 '두 번째 실수는 희극'이라 하며 그리스 이래의 전통적 이성주의에 얽매여 있었다. 인간이 단 한 번의 실수만으로 유사한 상황을 이성적으로 판단해낼 수 있을까? 인간은 자동제어장치(사이버네틱스)가 아니다. 그러므로 한 번 체험한 실수의 조건이 반복되어도 이전과 다른 생각이나 판단을 하지 못한다.

마르크스는 "과거에서 전해져 온 것은 그대로 받아들인다."면서도 "습관이나 선입견을 지성으로 없애는 주체인 지적자기(知的自己) 의식의 실현은 1세기 동안의 노력으로도 가능하고 모든 전통적 관념을 폐기할 수 있다."고 보았다. 또한 "철학자는 세계를 여러 가지로 해석해왔으나 더 중요한 것은 세계를 바꾸는 것."이라고 호언장담했다(『포이어바흐론』). 공산주의 비극의 씨가 바로 이러한 그의 독단에서 비롯된 것이다. 원형을 무시하고 새로운 역사를 확립하는 일은 인간을 완전히 개조하는 것과 같다. 이는 100년 동안 계속 훈련해도 불가능한 일이다. 원형사관은 수천 년 전의 초기조건이 그대로 민족 원형의 핵으로 이어져 있음을 지적한다.

'지적자기'를 확립하려는 노력은 수십 수만 년 동안 전해 내려 온 집단 무의식(원형)의 바다에 발생한 일시적 거품에 불과하다. 폭력으로 기존의 질서를 무너뜨리려는 혁명가보다는 엄청난 무게를 지닌 인간의 '업(業)', 즉 모든 과거의 얽힘을 끊고 자기 개조를 위해 수행하는 불교 수도승의 모습에서 더한 현실성과 진지함이 느껴진다. '업'은 곧 원형의 불교적 표현이며 '10년 공부 도로아미타불.'이라는 말은 자기 개조의 노력이 얼마나 어려운 것인가를 시사한다. 10년간의 수행, 즉 지적 자기 확립의 노력이 사소한 일에 순간적으로 무너지는 것을 시사한다.

민족 무의식 속에는 역사의 흔적이 몇 겹으로 쌓여 있으나, 마르크스주의자의 지적 자기화, 곧 의식화는 불과 1세기 정도의 기간에 불과하고 개인의 수명은 그보다 훨씬 짧다. 수용소군도에서 조건 반사적 훈련이나 수십 년간의 혁명 운동을 아무리 겪어도 러시아인은 여전히 슬라브 원형을 지닌다. '러시아인은 껍질 한 장만 벗기면 타타르(달단)인이다.'라는 유럽인의 속담은 전혀 과장이 아니다.

민족은 생명체이다. 개인이 겪은 유아 시절의 갈등이 평생에 영향을 주듯이 민족에게 가해진 초기 충격도 그 후의 역사에 반영되는 것은 당연하다. 프로이트는 인간 정신에 관하여 합리적으로 설명할 수 없는 부분을 성장기의 심리적 갈등인 '콤플렉스(Complex)'로 설명했다. 원형사관은 개인의 체험을 민족 차원에 적용하고, 원형의 성격이 민족 탄생 시의 환경과 경험에 관련되어 있다고 설명한다. 즉 원형사관은 초기조건이 집단 무의식에 투영(投影)됨으로써 형성되는 것으로 해석한다.

역사적 소산인 원형, 언어 등은 모두 복잡계이다. 따라서 이들의 미래에 관해 정확하게 예언할 수는 없다. 진화론이 원숭이에서 인간으로 이르는 과정을 설명하면서도 인간이 어떤 종으로 진화될지에 대해 답할 수 없는 것도 진화(역사)의 대상이 '복잡계'이기 때문이다. 원형사관 또한 미래에 대해서는 예언하지 못하며 노력의 방향만을 제시할 수 있다. 원형사관의 미래관은 현재의 민족적 행위가 과거를 되풀이하면서 내일의 원형에 반영된다는 복잡계의 입장이다. 민족 구성원의 의지를 중요시하는 의지사관(主意史觀)이라고도 할 수 있으며 사마천 이래 중국 역사관이 인간학이었다면 원형사관은 민족학이라고도 할 수 있다.

복잡계의 수학은 되풀이 현상에 대한 해명을 목적으로 하고, 역사의 되풀이를 규명하는 원형사관과 철학을 공유한다. 실제로 역사는 복잡계적으로 전개된다. 따라서 원형사관은 복잡계의 역사관이다.

프로이트의 『모세와 일신교』를 살펴보면, 모세가 이집트에서 한때 꽃피운 일신교 아톤(Aton)을 이어받아 유대인을 신천지로 인도한다.

역사관 비교

사관	역사의 원동력	수학적 모델	세계관
중국사관	인간	없음	불가지론
원형사관	집단 무의식	복잡계의 수학	결정론 + 확률론
마르크스사관	이성, 경제력	뉴턴역학 미분방정식	결정론

그러나 그의 절대 권력에 반발한 유대인이 모세를 죽이고 후일 다시 강력한 일신교로 회귀한다. 프로이트는 이를 정신분석적으로 '억압으로부터의 회귀'라고 설명한다. 원형사관은 민족의 초기조건을 중시한다. 고유의 민족사상이 일시적으로 수면 밑에 잠적할 수는 있어도 시대적 상황에 따라 반드시 소생하는 것으로 본다.『모세와 일신교』의 의미를 유대인 민족이 초기조건을 되풀이하는 현상으로 보는 것이다.

원형사관에 따른 민족과 역사를 정리하면 다음과 같다.

①민족은 하나의 언어로 결합된 생명체이며, 각 민족에는 저마다 고유의 원형(언어)이 존재한다. 오늘의 문화(언어)는 어제의 원형을 계승하면서 내일의 원형을 만들어간다(전 세대의 언어·습관에 현대적 요소가 가미되어 미래로 이어진다).(그림A)

②언어는 새 원형을 형성하는 시기이며 미래에 대한 선택인 책임을

진다.

③역사의 방향은 주어진 역사적 상황과 원형의 긴장 관계에서 결정
된다.

④현 원형에는 전 시대의 원형이 몇 겹으로 축적되어 존재한다.(그림B)

⑤역사적 충격은 원형에 반영되어 미래 원형의 유전인자가 된다.

⑥역사의 궤적은 복잡계의 끌개와 같이 하나의 변화 패턴을 되풀이
한다.(그림A)

⑦각 시대의 원형은 당대의 시대 원형이며, 오늘의 언어로 상징된다.

⑧역사는 필연과 우연이 얽힌 복잡계의 연쇄반응으로 전개된다.

⑨역사에는 나비효과가 수시로 발생한다.

그림A 원형사관의 전개 양식

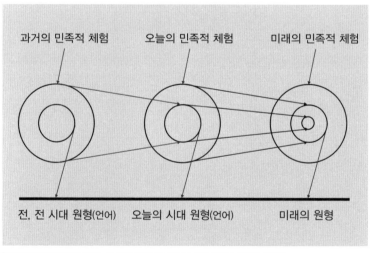

역사적 체험과 원형의 관계 : 전 시대의 역사적 체험은 다음 세대의 원형을 정한다.

1부 원형이 역사의 판도를 결정한다

그림B 원형의 단층도

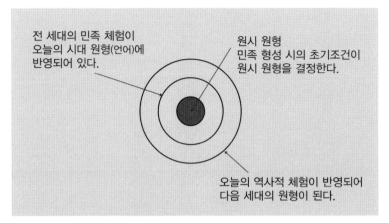

전 세대의 민족 체험이 오늘의 시대 원형(언어)에 반영되어 있다.

원시 원형 민족 형성 시의 초기조건이 원시 원형을 결정한다.

오늘의 역사적 체험이 반영되어 다음 세대의 원형이 된다.

❚ 수천만, 수억 명의 개인은 모래와 같은 집합체가 아니다. 언어로 연결된 하나의 의지(원형)를 가진 생명체이다. 원형은 몇 겹의 시대 원형이 형성하는 동심원으로 된 만다라적인 구도로 외피를 뚫고 전, 전, 전… 그 이전 세대의 시대 원형 또는 초기 원형이 수시로 역사의 표면에 나타날 수 있다.

과거의 민족적 역사 체험이 오늘의 시대 원형을 결정하고, 오늘의 민족적 역사 체험이 다음 세대의 시대 원형을 결정한다. 시대 원형은 항상 원시 원형을 내포하고, 민족 구성원은 내일의 원형 형성에 참여하고 있다. 민족적 역사 체험은 문화와 역사에 충격을 가하며 민족의 집단 무의식에 반영된다.

시대정신(Zeitgeist)과 시대 원형

헤겔은 평생의 사색을 세계 역사의 철학적 사유로 집대성했다. 그에 따르면 '세계사란 세계정신의 자기실현 과정'이며, 세계정신의 자기실현은 '국가의 자유 의식 진보'로 나타난다. 그는 각 시대의 자유 상태가 곧 '시대정신'인 것으로 보고, 이를 ①고대 오리엔트 국가, ②그리스의 폴리스와 로마제국, ③기독교적 게르만 국가 등 세 단계로 분류했다. 요컨대 정치 사회의 틀 속에서 인간의 자유가 국가적 질서에 제한되면서, 민족과 국가의 흥망을 통해 자신을 실현해간다는 것이다. 필자는 결코 헤겔의 권위에 도전할 마음은 없지만 서구 중심주의 철학에 근거할 때 대철학자조차 얼마나 황당한 학설을 주장할 수 있는가를 느꼈다.

역사는 관념론으로 설명할 수 없다. 일반적으로 도시가 농촌보다 자유로운 것은 권력이 농촌보다 도시에서는 약하게 행사되어서이다. 즉 상인, 기술자 조합 같은 사조직의 벽이 곳곳에 산재해 있기 때문이다. 따라서 도시화에 따라 자유의 범위가 확대된다. 한국 군사정권을 퇴진시킨 5·30 데모의 주체는 도시의 넥타이 부대였다. 세계정신의 실현이라기보다는 도시화의 물리적 현상으로 설명하는 것이 더 구체적이다.

원형사관은 헤겔의 세계정신 대신 원형과 민족 형성 시의 초기조건의 결과가 구성원의 무의식에 각인되어 개인의 '세 살 적 버릇'과 같은 틀(원형)이 형성되는 것을 중시한다. 그 버릇(원형)이 어떻게 생성되는가를 설명하고, 각 시대의 역사적 체험을 반영해 헤겔의 시대정신(Zeitgeist)에 대응하는 시대 원형을 구성한다. 예를 들어 니체를 두고 19세기 말 독일에서만 태어날 수 있는 인물이라고 한다. 헤겔의 '시민의 자유'가 19세기 말의 독일의 로맨티시즘을 구체적으로 설명할 수는 없는 것이다. 원형은 철학적 개념이 아니라 현실을 설명하는 개념이다. 또한 헤겔은 시대정신을 시대적 정치 상태(자유)에 무게를 두고 설명하는데, 원형사관은 이를 그 시대의 원형, 시대 원형으로 본다.

헤겔의 철학적인 역사 해석과 원형사관은 대응한다		
헤겔 사관	세계사의 정신	시대 정신
원형사관	원형	시대 원형

변화가 격심한 현대 상황에서는 시대 원형 또한 그만큼 빨리 변한다. 한국인은 생애적이며 죽음, 특히 자살을 미화하지 않는다. 오히려 '한오백년' 살고 싶다는 민요를 즐긴다. 흉년과 기근이 흔한 조선 시대에도 '한 사람 굶겨 죽이는 것은 촌놈이 정승이 될 만큼 어려운 일'이라는 익살스러운 속담이 있었을 만큼 생에 집착했다. 형수에게 주걱으로 뺨을 맞아도 주걱의 밥풀을 주워 먹는 흥부는 결코 자살하지 않는다. 그런데 안타깝게도 최근 OECD(경제협력개발기구)의 발표를 보면 1년간 자살한 한국인 수가 10만 명당 30명으로 10년 사이에 3배나 늘었다. 사애적(死愛的)인 일본의 20명을 훨씬 넘는 자살 대국으로 전락했다.

한국인의 자살 심리는 죽음을 찬미하는 일본의 사애 정신과는 다르지만, 세상이 많이 각박해진 탓으로 보인다. 그러나 이 사실은 시대 정신도 달라질 수 있음을 의미한다. 원형사관은 결정론이 아니며 시대 원형도 달라질 수 있는 것이다. 요즘은 도시화되어 인심이 메마르고 사람은 고립되고 서로 의지하는 일이 드물다. 특히 IMF(국제통화기금) 사태 이후 갑자기 사회적 안정장치가 사라지고 청년 실업의 증가 등 불안정성이 심화되어 새기의 기외(return match)가 거의 없는 각박한 사회가 되어가고 있다. 오늘날 시대적 원형은 몇 세대 전과는 다르다.

역사는 관념이 아니라 직접적인 인과관계로 설명해줄 것을 요구한다. 19세기 말 독일의 질풍노도(疾風怒濤)의 시대적 분위기는 과학혁명이 도시화를 몰고 와 시민의 자신감이 높아졌고 로맨티시즘의 분위기가 형성되었기 때문이라고 설명한다.

원형의 비교

동서양의 철학과 사상

동서양의 원형 비교는 철학과 사상을 확인하는 데서 출발한다. 동양의 사상과 정신은 서양의 정반대라 해도 좋을 만큼 확연히 다르다. 알기 쉬운 말로 '양파와 감'의 차이로 비유될 수 있다.

동서양의 대표적 고전인 『논어』와 플라톤의 『소크라테스의 변명』은 양 문명권의 대표적인 철학서이다. 현인의 대화집이라는 점에서는 공통적이지만 두 철학자의 사상적 내용과 사고 양식의 차이는 뚜렷하게 다르다.

소크라테스는 아테네 시내를 돌아다니면서 주로 철학적인 덕(德)과 지(知), 진리 등이 무엇인가를 주제로 당시의 지성인으로 일컬어지는 사람들과 철학 문답을 벌인다. 상대방의 모순을 지적하며 아무리 문답을 계속해도 결론은 없다. 양파처럼 껍질을 몇 번이고 벗겨도 진짜 알맹이는 나오지 않는다. 결론을 도출하는 것이 목적이 아니라 진실이 무엇이냐는 물음을 여러 각도에서 찾게 한 것이다. 최근 큰 화제를 불러일으킨 하버드대학교 M. 샌델(M. Sandel) 교수의 『정의란 무엇인 가』에서 수시로 청중에게 질문을 던지고 그 답을 비판하는 것은 그리 스 철학의 전통을 이어받은 것이다.

반면『논어』의 주제는 현실적인 친구, 학문, 처세 등 인간에 관한 문 제이며 질문하면 답이 바로 나온다. 잘 익은 감이라고나 할까. 나무 밑에서 입을 벌려 떨어진 것을 그대로 받아먹으면 된다. 공자 '왈(曰)' 에서 시작하는 말귀가 곧 결론이다. 공자 왈의 내용은 권위가 있다. 제자들은 의심하거나 다시 묻지도 않는다. 아니 못 한 것이라고도 볼 수 있다. 그런 태도는 불과 몇 세대 전 한국의 마을 어른들이 '옛 성인 의 말씀엔…'이라는 식으로 공자의 말씀을 인용해, 성인의 권위로 결 론을 단정 지은 것과도 같다.

그리스 철학이 '진리가 존재'하는지 여부에 관심을 두고 명제 하나 를 계속 추구해가는 존재론인 데 반해, 중국 철학은 사마천의 역사관 과 같이 분류적이며 경우에 따라 답이 달라지는 구조이다. 상대적이 고 융통성이 있으며 이것도, 저것도 될 수 있는 불가지론(不可知論)적 사고로 그리스 철학과는 대립된다.

독일의 사회학자 M. 베버의(M. Weber) 『논어』에 관한 설명이 재미있 다. "마치 인디언 추장의 어법과도 같이 명제에 대한 설명이나 논증이 없다." 실제로 『논어』 첫머리에 나오는 글 '오호, 친구가 먼 곳에서 찾 아오니 참 즐거운 일이야(有朋遠方之來亦悅也).'는 틀림없이 시골 영감의 말투를 연상케 한다. 금방이라도 '그래서 어쨌다는 것이요!'라는 반론 이 나올 법도 한데 그럴 수는 없다. 공자의 말은 그런 식으로 이들의 생활이 유교적이면서 도교적인 것처럼 때와 장소, 상대에 따라 달라진다.

가령 '군자'의 말 한마디에도 '군자는 무게가 없으면 안 된다(君子不重則學不成則不固).', '군자는 전문적이어서는 안 된다(君子不器).', '군자는 배불리 먹어서는 안 된다(君子食不飽).', '군자는 두루 공부하되 한 가지 일에 치우쳐서는 안 된다(君子周而不比).' 등 여러 정의가 있다. 중국어가 일정한 품사 없이 같은 낱말도 위치에 따라 의미가 달라지는 것처럼 군자의 뜻도 때와 장소, 상대에 따라 변한다. 마치 맨손으로 장어(長魚)를 잡는 것처럼 일단 잡아도 금방 빠져나가 의미를 확정할 수 없다.

변증법(Dialectic)은 그리스 시대에 소크라테스가 즐긴 화법으로 상대의 말에서 모순을 찾고 더욱 나은 답을 찾도록 하는 것이다. 헤겔은 이를 발전시켜 '모순은 생산과 성장을 촉진시키는 에너지'로 보고 '정·반·합(正·反·合)의 대립과 진보', 즉 변증법의 단계적 진행이 곧 발전이라고 생각했다. 그 제자 격인 마르크스는 '대립·합일' 법칙을 유물변증법의 기본으로 삼아 문명이 진보·발전해간 것으로 보았다.

동서양의 시간관

과학혁명 이후 유럽은 산업혁명으로 이어져 기계적 세계관이 보급되었다. 대량생산이 가능해지면서 자본주의의 모순이 표출된 19세기에는 현상을 하나의 원인으로 설명하는 일원적 진보사관이 유행했다. 유대인 마르크스가 무신론을 주장하면서도 무의식중에 유대(일신교) 사상에 큰 영향을 받고 있었던 것은 그의 유물사관이 구조적으로 유대교 사상과 일맥상통한 데서 알 수 있다. 인류 사회가 원시 공산

1부 원형이 역사의 판도를 결정한다

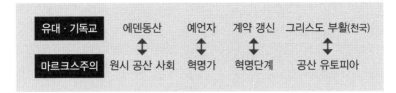

유대·기독교	에덴동산	예언자	계약 갱신	그리스도 부활(천국)
	↕	↕	↕	↕
마르크스주의	원시 공산 사회	혁명가	혁명단계	공산 유토피아

사회에서 공산 유토피아까지 직선적으로 발전할 것으로 본 것은 유대·기독교와 마르크스 사관이 구조적으로 일치한다.

　마르크스는 무의식중에 유대인의 원형에 따른 역사관을 구상한 것이다. 시간은 천지창조에서 최후의 심판까지 일직선으로 뻗어 있고, 신과의 새로운 계약으로 세상이 달라지는 것은 계급투쟁 혁명적 단계로 보는 것과 같은 의미로 해석된다.

　유대교의 사상, 유대 민족의 원형이 마르크스의 사유 방법을 제어하고 있는 것이다. 일반적으로 영웅의 사상적·철학적 사유 방법은 정치, 군사적인 경우와도 같이 위대할수록 그가 소속된 민족 원형에 충실한 것을 알 수 있다.

악비

진회

한편, 중국인의 역사관에는 직선이 없다. 왕조는 황제의 성씨만 바꿀 뿐, 사회조직과 법률, 통치 기구, 계층 구성은 그대로 유지되고 세월만 60간지(干支)로 나선형 계단처럼 계속 돌아가면서 뻗어간다. 동양의 철학자는 한결같이 원환형(圓環型)의 시간관에 의한 역(易)의 점괘(占卦)로 세계를 해석하고, 역사는 그 시간관에 기반을 두고 끊임없이 되풀이된다. 같은 구도이지만 개개의 역사적 사건은 고유의 의미를 지니며 망각될 수 없다. 중국 쑤저우(蘇州) 공원의 한 귀퉁이에 송대의 충신 악비(岳飛)와 만고죄인(萬古罪人)으로 지목받아 쇠사슬에 묶인 진회(秦檜)부부의 동상이 나란히 있다. 사람들은 지금도 진회의 동상에 침을 뱉고 지나가곤 한다.

중국의 역사관

근대 서구의 사상가나 역사가들 대부분은 중국이 정체성(standstill) 때문에 스스로 역사를 발전시켜 나갈 수 없을 것으로 보았다. 현대 역사학의 시조로 일컫는 랑케(L. Ranke)마저도 "영원한 정체의 나라 중국에는 과학, 산업, 정치혁명이 없었다."고 말할 정도였다. 19세기 서구는 '진보 신앙'의 환시(幻視)에 도취된 시대였고 헤겔조차 예외가 아니었다. "빛은 동방에서 나왔다."고 주장하며, 역사는 오리엔트에서 시작해 그리스와 로마를 거쳐 게르만 세계에서 완결되었다고 했다. 헤겔은 세계사를 세계정신의 전개 과정으로 보았다. 그가 말한 오리엔트는 동양이 아닌 유럽의 동녘이었다. 중국은 세계 역사의 계보에서 제외된 것이다. 역사를 자유정신의 전개로 본 그는 "우리의 눈앞에 세계에서 가장 오랜 역사를 가지면서도 과거가 없는(변함없는) 국가가 있다."며 중국을 무시했다. 헤겔은 춘추전국시대에 언론 자유(百家爭鳴)가 완전히 보장된 제자백가(諸子百家)의 활동을 의미 없는 것으로 여겼고 근세까지도 종교적인 권위로 과학을 압박한 서구 세계의 실정을 무시했다. 유럽을 휩쓴 마녀사냥이나 종교재판은 동양의 폭군들보다 심한 독재였고 비이성적인 행동이었으며 '되풀이' 구조가 뚜렷이 보이는 역사였다.

헤겔은 중국사의 역동성을 이해할 수 없었던 것이다. 그의 눈에 역성혁명(易姓革命, 왕조가 바뀌는 일.)이 계속되는 중국은 도저히 세계사의 주인공이 될 수 없었다. 헤겔이 이 정도였으니 다른 학자는 더 말할 필요도 없다. 서구의 종교 혁명, 과학혁명, 산업혁명, 프랑스혁명 등 역동적인 혁명 단계만을 진보적 역사정신으로 생각하는 이상, 서구인은 문명을 확장해가는 중국사를 이해할 수 없었고, 중국은 거대한 땅덩어리로만 보였을 뿐이다.

과연 중국은 정체 사회였을까? B.C. 3000년 전 황하의 대굴곡 지역 주변은 중요한 신석기시대의 중심지역으로 초기 황하문명이 꽃피었고 점차 동녘 해안과 남녘 양쯔 강 유역으로 퍼져갔다. 현재 중국민족의 거주 지역인 몽골, 중앙아시아, 티베트고원, 미얀마, 인도차이나까지 확장된 중국은 서양과는 다른 발전 양식을 지니게 되었다. 대륙의 왕권은 관료 제도의 부패로 이어졌고 농민 반란에 의해 약체화되었으며, 북방 유목민의 침입으로 교체되는 패턴을 보였다.

북방 유목민의 군사력은 만리장성 안에서 이내 약화되었다. 중원의 화려한 문화에 심취되어 약체화되었던 것이다. 이는 피정복민의 반란과 새로운 도전자의 야욕을 부추겼다. 중국 황제는 관료, 지주 계급과는 별도로 강력한 경제력과 비서진을 갖고 있었다. 후궁의 관리를 위해 환관(宦官) 제도도 마련했다. 환관(宦官)은 재산을 모으고 후궁과의 관계를 이용해 권력 중추에 개입할 수 있었다. 그러나 후손을 가질 수 없기에 지주와 관료 계급으로 이뤄진 세습적 상류사회에 편입되지 못했다. 오직 황제와 밀접한 관계를 유지함으로써 정치 부패의 원인을 제공했다. 대륙에는 이런 패턴을 되풀이할 수밖에 없는 풍토 조건과 민족 간의 관계 구조가 조성되어 있었다.

중국의 전통 수학과 과학은 서양에 결코 뒤지지 않는다. 가령 서양의 대항해시대와 강력한 군사력은 자석과 화약에서 나왔으나, 자석은 중국인이 풍수지리설에서 방향을 확인하기 위해 발명한 것이었고 화약은 불꽃놀이를 위한 것이었다. 중국인이 평화적으로 사용한 것을 서양인은 군사 목적으로 사용했다. 중국이 중용, 안정, 질서의 철학에 따라 과학적인 발명을 평화적으로 사용한 것과 달리 서양은 이들을 개척과 정복에 이용한 것이다.

중국의 영토 확장에는 쉽게 외부에 드러내지 않는 원동력, 즉 중국 보편주의가 있다. 중국의 진보는 문명의 확장에 있었다. 중국 문명은 중원의 땅, 즉 황하 중류 유역에서 출발했다. 그 무렵 중원 문명인은 양쯔 강 유역의 민족을 오월형번(吳越荊蕃, 거칠고 야만스러운 남녘의 오와 월나라)이 문신단발(文身斷髮, 몸에 문신을 하고 머리를 단발하는 풍습)을 한 동물과도 같다고 보았다. 더욱이 남쪽의 광둥과 푸젠은 귀신과 같은 족속으로 여겼다. 이들이 문명화되고 중화화로 확대되어 갔으니 결코 정체된 것이 아니었다. 중국은 지리나 인종적으로 다양한 복합 민족이다. 유럽 같으면 열 개 이상의 독립국가가 형성될 수 있었을 것이다. 중국은 이미 2,300년 전 진시황에 의해 대륙 내의 국제화, 즉 통일을 경험했다. 만일 진시황의 한자 통일과 중화사상이 없었다면 지금과 같이 하나의 나라로 통일될 수 없었을 것이다. 중국은 한자를 쓰고 중국식으로 생활하는 사람을 모두 중국인으로 동일시한다. 이런 탁월한 동화력과 융합력을 통해 확연한 문명적 특색을 드러내왔다.

17세기 장성 밖에 거주하던 한국어와 같은 계통의 알타이어(만주어)를 쓴 동이족 출신 홍타이지가 청의 황제가 된 것은 자신의 본거지를 지참금으로 내고 한(漢)족의 데릴사위가 된 격이다. 결국 그 유산으로 동북의 세 개의 성이 고스란히 중국에 편입되어 크게 확장되었다. 청 태종은 영명한 인물로 여진족의 한(漢)화를 두려워해 본관의 땅 일부를 만주에 그대로 두고 여진 고유문자도 만들었다. 그러나 여진족은 결국 한족화되고 말았다. 조선을 제외하고 동이족은 모두 한 번씩 중원에 왕조를 수립했다. 이를 두고 오직 조선인만이 그렇지 못한 것을 한탄해, 스스로 못난 백성이라고 자학한 조선 시대 지식인도 적지 않았다. 하지만 반대로 보면 그렇기 때문에 조선은 독립된 국토와 민족문화를 보존할 수 있었던 것이다. 민족 정체성 보존의 입장에서는 매우 다행한 일이라고 볼 수 있다.

중국인은 외부로 잘 드러내지 않는 보편적 사고와 중화사상을 통해 영토 확장을 했고 이미 2,300년 전에 대륙 내 국제 통합을 이룬 것이다. 로마제국이 무력으로 유럽을 그 수하에 넣은 것과는 큰 차이가 있다. 중국이 과학을 평화적으로 이용한 반면 로마 문명은 과학을 선쟁에 이용했다. 따라서 과학 사용 방식이 근본적으로 다르다. 유럽인은 중국의 정체성을 논하기 전에 스스로에게 왜 두 차례의 세계대전을 겪고서야 20세기에 이르러서 EU(유럽공동체)가 형성되었는지 자문해야 할 것이다.

춘추필법의 역사 민족인 중국

공자가 성인으로 추앙받는 가장 중요한 이유는 정통(正統)과 시비를 가리는 유교 경전, 오경의 하나인 『춘추』를 저술했기 때문이다. 『춘추』에는 역사적 사실의 옳고 그름을 분명히 따져 기술하는 '춘추필법'이 구사되어 있다. 가령 『삼국지』에 등장하는 같은 왕에 대해서도 유비의 죽음은 '조(殂)', 손권의 죽음은 '훙(薨)'으로 구별한다. 유비를 황제로 보고 손권을 하나 아래인 제후(諸侯)로 취급해 왕통의 정통성을 분명히 가렸다. 『이십오(二十五)사』를 비롯한 중국 역사서는 한(漢)족과 장성 밖 오랑캐 사이의 관계, 그리고 이민족이 동화되는 과정 등을 상세히 기록하고 있다. 역대 왕조에서 고관과 학자가 하는 가장 중요한 일은 방대한 기록에서 당면한 현실과 같은 구조를 발견해내고 정책 방향을 정하는 일이었다. '역사는 거울'이라는 말에는 있는 것을 그대로 비추는 거울처럼 기록 속에서 '정통성(법칙)을 찾을 수 있다.'는 의미와, 역사에 남는 훌륭한 행동으로 후세에 추앙의 대상이 되는 것 두 가지 의미가 있다. "호랑이는 죽어서 가죽을 남기고 사람은 죽어서 이름을 남긴다(『오대사(五代史)』)."는 말이 있듯이 중국인은 '춘추필법'으로 정사에 자신의 이름을 남기는 것을 최대의 바람으로 삼은 '역사 민족'이었다.

남송(南宋)은 문약해 북방의 요(遼)와 금(金) 두 세력으로부터 심한 압박을 받았다. 남송은 금에게 거액을 주고 신하의 예를 취하면서 겨우 명맥을 유지했는데 이때 원(元)이 나타나 요와 금을 무너뜨린다. 당시 남송의 멸망은 시간문제였다. 원과 싸우겠다고 나서는 장군도 없었고, 오직 하나 문천상(文天祥)만이 나서서 싸웠으나 참패당하고 포로가 되었다. 원(元)은 유목 민족 출신으로 현실적이며 인재 등용에 차별 의식이 없었고 광대한 점령 지역을 관리하기 위해 유능한 인물을 필요로 했다. 원 황제 쿠빌라이는 문천상의 사람 됨됨이에 강한 인상을 받아 문천상에게 정승 자리를 주겠다고 제의했으나, 그는 끝까지 항복하지 않았고 사형당하기 전에 자신의 심경을 시에 읊었다.

인간은 누구나 죽는다.
죽을 바엔 충신이 되어 역사에 모범이 되겠다.

조선의 사육신 또한 그와 같은 길을 택했다. 중국인들은 역사에 이름을 남기고 죽는 일을 종교적 순교나 다름없이 생각하기에 목숨을 걸고 소신에 따라 기록하는 사관(史官)을 배출했다. 일례로 제(齊)나라의 대신 최서(崔抒)가 왕 장공(莊公)을 죽였을 때 태사관(太史官 : 최고 역사관)은 "최서가 주군(主君)을 죽였다."고 기록했다. 왕도 죽이는 권세를 지닌 최서의 비행을 그대로 기록한 것이다. 이 사실을 알자 최서는 당장 태사관을 죽여버렸다. 당시 태사관의 자리는 세습이었는데, 그의 동생 역시 태사관이 되자마자 '서슴없이' 최서가 왕을 죽이고 그것을 기록한 태사관을 죽였다.'고 숨김없이 기록했다. 그러자 최서는 그 동생도 죽여 버렸다. 그다음으로 셋째 동생이 태사관 자리에 올랐는데, 그 역시 형들과 같은 식으로 기록해 죽임을 당했다. 마지막으로 넷째 동생이 태사관 자리에 올랐는데, 그도 형들과 똑같은 식으로 기록했다. 결국 최서는 태사(太史) 형제들의 사명감에 굴복해 넷째는 죽이지 못했다. 중국이 태사관을 가장 높이 평가하고, 역사가가 옳은 글을 목숨보다 중히 여긴 것은 '역사는 거울'이라는 가치관 때문이다.

한국과 일본의 역사관

역사적 사건에는 반드시 이유가 있다. '역사는 과거와 현재 사이의 끊임없는 대화'라고 한 E. H. 카(E. H. Carr)의 말은 역사가 복잡계이고 시대가 변하면서 원인과 결과의 관계가 새로운 연쇄 형태를 갖추게 됨을 의미한다. 그러나 역사적 사건을 발생시키는 요인은 당구판의 공의 개수와 같이 일정하지 않다. 무한의 원인 가운데 대소를 가리고 관계를 밝히는 역사가는 과학적이어야 하고 시적(詩的)인 직관력도 갖추어야 한다. 역사는 결코 단순하지 않으며 역사를 완전히 파악하는 것이 가능하지도 않다.

한국은 중국의 역사관을 받아들여, 춘추사관에 기반해 왕의 연대기인 「본기」와 「열전」, 「천문」, 「지리」 등을 포함한 『삼국사기』, 『고려사』, 『조선왕조실록』 등 방대한 정사를 편찬해왔다. 조선 시대에 정몽주, 사육신 등의 옥사가 많았던 것도 유교적 대의명분을 고수하고 정사에 이름을 남기는 것을 가장 중요한 것으로 여긴 '역사는 거울'이라는 미학 때문이기도 하다.

불과 몇 세대 전까지만 해도 한국에는 서로 통혼(通婚)할 수 없는 가문이 있었다. 대부분 당쟁이 원인이며 어느 가문의 아무개가 조상님을 역적으로 몰아 귀향을 보냈기 때문이라는 식의 이유였다. 『로미오와 줄리엣』은 가문 간의 반목이 비극을 낳는다는 교훈으로 끝났지만 한국에서는 조상의 십 대 이상까지도 거슬러 올라가 상대방 가문을 욕하며 결혼을 거부하는 것이 보통이었다. 이런 감정은 역사를 원리주의로 해석하게 만든 또 하나의 요인이 되었다. 역사가는 인간의 기억이 지닌 한계를 의식하면서 과거를 해석하고, 이를 통해 인간을 이해한다.

일본에는 정사가 없고 대신 가나(假名) 문학이 많아 한국과는 대조적이다. 일본은 '승자가 정의다(勝てば官軍).'라는 인식으로 정복을 중시했으며 명분이나 정의의 관념은 없다. 일본 국학의 대가 모토오리 노리나가(本居宣長)는 "신도로 다스릴 수 있을 때는 신도, 불교가 효과적일 때는 불교로, 일본에는 일정한 사상이 없고 상황에 적합한 것을 채택해 간다."고 말했다. 이처럼 일본에서의 정의는 승리자의 것이었다.

동양 삼국 중 일본에만 춘추사관에 기반을 둔 정사가 없고 가치 기준이 없이 오직 힘과 형편에 따른 대세사관을 신봉한다. 긴 미래를 구상하지 못하고 오직 가시적인 단기 목적을 설정하며, 계속 노력하지만 끝이 없고 그 끝이 어디에 있는지도 모른다. 결국 군사대국을 이루려는 일본의 목적은 패전으로 실패했고 경제 대국화는 버블에서 끝을 보았다. 좌절—극복—좌절의 패턴인 것이다. 현재진행 중인 우경화도 그 끝이 어디에 있는지 모르는 것이 분세다.

일본의 경우 11세기(1008년)에 이미 세계적인 연애소설 『겐지모노가타리(源氏物語)』가 출간되었는데도 역사 연구는 17세기에 와서야 시작된 것은 그에 관한 관심이 없었기 때문이다. 일본에서는 가까이에 원수를 두고 살 수 없었으며 '과거는 물에 흘려보낸다(水に流す).'는 인식으로 쉽게 잊든지 상대를 죽이든지 둘 중 하나로 빨리 결판을 내버렸다.

　　지금까지 살펴본 바와 같이 한·중·일은 지정학적 구조에 따라 민족을 형성하고 저마다 고유의 건국신화와 국가적 이상을 설정해 역사에 반영해왔다.

한·중·일의 역사와 역사관

	역사적 사건	역사관
한국	소국공립(共立) → 충돌(한사군, 식민지), 분열(삼국시대) → 통일(중국에 대한 사대) → 식민지화 → 분단(공립) → 통일	정통사관
중국	분열 → 피정복 → 융합, 통일 → 분열 → …	춘추사관
일본	벼농사 국민의 정복 → 기마민족 정복 → 동북지역 정복 → 홋카이도 정복, 오키나와 정복 → 대륙 침략 패전	대세사관 (정사 없음)

서로 다른 한·중·일의 시간관

　　한국인은 중국 철학을 신봉했으므로 60간지를 믿었고 중국보다 짧은 주기의 시간관을 가지고 있었다. 별 지식이 없는 대부분의 서민도 죽음을 '돌아간다'는 개념으로 인식했으며 저승은 그리 멀지 않은 곳에 있다고 생각했다. 한국인이 '역사 바로 세우기'나 '역사 인식'을 외칠수록 원점으로의 회귀를 재촉하고, 역사의 되풀이가 나타나는 것만 같다. 한국인은 독립 후 식민지 시대의 상징인 조선총독부 건물을 철거했으며, 한때 인천에 있는 맥아더 동상의 철거가 거론되어 세계의 주목을 받은 바 있다. 최근에는 일본 대사관 앞에 위안부의 무구한 소녀 시절 동상을 세웠다. 돌아가는 시간관은 수시로 원점 회귀와 역사 바로 세우기가 필요하다.

일본인은 죽음을 '사루(去)'로 표시하는데 이는 한국어의 '화살'의 '살'로, '사라지다'와 동족어이다. (살(sal·사라지다)–去る(saru, さる)) 한국어 '케케묵은 옛이야기'라는 표현인 일본어 무카시(むかし)는 '묵'과 동족어로 지나간 것은 묵어버린 것, 현실과는 아무 관련이 없는 것이다 (묵(다), muk–muka–mukasi(むか
し, 昔)).

한 번 먹어버린 것은 좋은 것이나 나쁜 것 모두 배설물로밖에 안 나온다.

'사루(去る), 무카시(むかし)'는 공통적으로 역사를 가볍게 여기는 심성을 나타내고 실제 '역사 인식'이란 무의미한 것으로 이해한다.

■ 사이고 다카모리

한 · 중 · 일의 시간관과 상징물		
중국	원환형(圓環型)의 시간관(갑자을축)	악비(岳飛)와 진회 동상
한국	돌아간다(짧은 주기)	총독부 건물 파괴
일본	사루(去=去), 강의 흐름에 비유됨	역적 사이고의 동상

일단 가면 다시는 돌아오지 않는 것이므로 쉽게 포기하거나 체념하는 심성과 같은 맥락이다. 물이 흘러가는 역사관(川の流れ史観)을 가지고 처세도 시류에 따르는(時の流れ) 것을 당연시한다. 처신은 '대세(大勢)' 와 '시류(時流)'의 역사관과 일체화되어 '승자는 정의다(勝てば官軍)', '큰 나무에 기대라(寄らば大樹の陰).' 등의 속담이 깊이 스며들어 있다.

도쿄의 중심 우에노 공원에는 메이지 혁명을 주동한 후 신정부의 고위직에 있다가 반란 시도에 실패해 할복자살한 역적 우두머리 사이고 다카모리(西鄕隆盛)의 동상이 우뚝 서 있다. 한국이라면 부관참시(剖棺斬屍, 무덤을 파고 유골에 칼질하는 것)에 해당하는 대역 죄인이지만 반란을 일으킨 부분을 잊고 메이지 혁명에 기여한 공(功)만을 감안해서 세운 것이다.

한국과 중국이 일본에 대해 아무리 역사 인식을 외쳐도 이 시간관의 차이는 메꿀 수 없다. 결국 서로가 하는 말은 상대에게 마이동풍이 되어 감정만 악화시킬 뿐이다.

역사관과 인간관

진보사관의 허구

유대인은 번번이 신과의 계약을 어기고 노여움을 받아 여러 차례 고난을 겪는데 그럴 때마다 예언자가 나타나 회개하고 신에게 돌아갈 것을 촉구한다. 결국 유대인은 회심하고 신과 새로이 계약을 맺는다. 이전의 역사는 모두 무시되고 새로운 미래가 시작되는 것이다. 신과 의 계약을 변경하면 미래도 바뀐다. 서구 지성인이 동양 정체론을 펼치는 사상적 배경에는 유럽 이성주의와 유대교의 '노아의 홍수'나 '소돔과 고모라'같이 이전 것을 완전히 청산하고 새롭게 시작한다는 이른바 '싹쓸이' 사상이 있다.

'백지 환원(tabula rasa)', '싹쓸이'와 같은 사고로 모든 과거는 없어지고 이성적으로 새로운 질서를 재구성할 수 있다는 믿음이 반영된 것이다. 이는 17세기 인식론과 사회철학의 양면에서 계몽사상에 영향을 주었고 데카르트의 주지주의 철학과 T. 홉스의 사회계약론 등을 끌어내는 선도적 역할을 맡는다. 이들 진보사관은 유대교의 계약 갱신사상과도 맥을 같이한다. 마르크스는 앞 단계보다 뒤 단계가 높아지고 차례로 진화해가는 역사관을 구상했다. 즉 '원시 공산 사회 → 노예제 → 봉건제 → 자본주의 → 공산주의(공산 유토피아)'로 진화하는 과정을 제시한 것이다.

필자는 6·25 공산 치하에서 평범한 사람이 혁명가로 변신해가는 과정을 많이 보았다. 하지만 표징과 밀투, 길음길이만 변했을 뿐 정신

적으로는 전혀 개조된 바가 없었고 오히려 의식화됐다는 자부심으로
오만해져 있었다. 북한은 조선 시대의 주자학 대신 공산주의로 대치
되었을 뿐 경직되어 있다. 정통성 집착에서나 권력의 절대화나 세습
에 이르기까지 모두가 조선 왕조와 구조적으로 일치하고 몇 개의 낱
말만 제외하면 정치적 개념도 변하지 않았다. 김일성이 소련군 고급
장교로서 확립한 공산주의적 지적 자기의식도 조선왕조를 수립한 이
성계의 정권욕이나 가문 의식과 크게 다르지 않다. 이광수의『민족개
조론』과 5·16군사혁명의 '혁명 공약' 등은 한결같이 '의식 개혁'을 외
쳤으나 모두가 민족 원형의 위력을 억지로 무시한 채 자기만 특수한
인간으로 여기는 교만스러운 '낙관주의'에 불과했다. '내가 하면 로맨
스이지만 남이 하면 불륜이다.'라는 식으로 이름만 바뀌었을 뿐이다.
백지 환원에서 지적 자기화, 즉 의식화가 가능한 것일까?

『오리엔탈리즘(Orientalism)』의 저자 E. 사이드(E. Said)의 의식 개혁
에 관한 흥미로운 견해가 있다.

"고향을 감미롭게 생각하는 자는 아직 주둥이가 노란 미숙한 자이
고, 어디든 고향으로 생각할 수 있으면 상당히 성숙한 자이다. 세계를
고향으로 생각할 수 있어야 완벽한 인간이다."

그가 말하는 고향은 마음의 고향인 원형을 두고 한 말이다. 하지만
대부분의 인간은 고향과 본래의 전통, 가치관을 그리는 마음을 버리
지 못한다. 원형에서 벗어나지 못하기 때문이다.

노벨상 작가 A. 솔제니친(A. Solzhenitsyn)은 모국 공항에 내리자 맨
먼저 대지에 입맞춤했다. 이는 러시아 땅, 전통에 대한 그리움의 표시

다. 자기 손자에게까지 정권을 남긴 김일성은 조선적 가문주의의 신봉자이며 고향보다 훨씬 강하게 자기 후손을 소중히 생각하는 자이다. 즉 지적자기(知的自己)를 갖춘 인간은 아니었다.

역사는 되풀이되지 않을 수 있는가?

경제학자라면 누구나 분업과 생산성의 문제를 쉽게 감지할 수 있을 것이다. 고전 경제학의 초보 교과서는 개인이 혼자 완성품을 만드는 것보다 분업 작업이 몇십 배의 능률을 올릴 수 있다는 것을 쉽게 설명한다. 그러나 A. 스미스(A. Smith)는 분업이 인간성의 파괴로 이어질 것을 경고했고 C. 채플린(C. Chaplin)은 영화 〈모던 타임스〉에서 분업 작업을 통렬하게 풍자했다. 마르크스는 이런 비난을 의식해서 이상 세계를 설정했을 것이다. 그는 진보의 끝에 나타나는 세상을 "세상이 되풀이 없이 진보함으로써 아침에는 사냥하고 낮에는 낚시, 저녁에는 소를 돌봐주고 만찬 뒤에는 토론을 즐길 수 있는 사회가 온다."고 예상했다(『독일 이데올로기(Die Deutsche Ideologie)』).

하지만 소련은 인간성보다 생산성을 중시했고 노르마(배당 작업량)주의로 철저하게 분업 체제를 강화했다. 심지어 연어를 잡기 위해 모스크바에서 비행기로 어부를 싣고 알래스카에 가서 노르마를 충당하자, 연어 값이 금값이 된 웃지 못할 현상도 나타났다. 소련 치하 카자흐스탄은 목화 생산의 노르마를 달성하기 위해 전통적 농업 환경을 무시하고 목화만 생산한 결과, 거대한 아랄해를 고갈시켰고 자연 파괴가 곳곳에 발생했다. 결국 소련의 공산주의는 붕괴될 수밖에 없었다. 마르크스의 철저한 이성(계획)적 설계가 한계에 부딪힌 것이다.

헤겔주의자인 F. 후쿠야마(F. Fukuyama)는 그 사실을 간파하고 『역사의 종말』에서 소련의 붕괴를 예언했다. 그러나 그는 헤겔주의자답게 자연과학의 발전은 계속됨으로써 사회는 발전하고 비약해 역사의 되풀이는 하지 않을 것으로 믿었다. F. 후쿠야마의 '역사는 되풀이되지 않는다.'는 판단은 헤겔주의자가 범하기 쉬운 성급한 결론이었다. 그가 그린 미래상은 마르크스의 허황한 만화적 사회 대신 미국적인 균질화된 생활이었다.

인간성은 본질적으로 변하지 않는다

인간은 진보하는 것일까? 교육 수준이 높아지고 문화가 발달해도 인간성은 그대로다. 인간(호모사피엔스)이 근본적으로 발전하지 않는 것은 인간의 본질 때문이다. 17세기의 과학혁명이 문화 전반에 큰 영향을 미친 것은 사실이지만 현대인의 예술적 감각은 원시인보다 크게 발전하지 않았고, 수학 교육이 1+1=2에서 시작하는 것은 예나 지금이나 똑같다. 취학 이전의 아이가 말하고 노래하며 그림을 그리는 것처럼 교육제도가 없던 원시사회에도 음악과 회화, 언어가 있었다. 수만 년 전의 원시인이 현대 수준 이상의 벽화나 조각을 만들었고 언어 생활을 했었다. 이는 어느 시대에도 공통되는 인간의 지적 능력이다. 과학이 인간의 생활 형태를 바꿨으나 역사를 되풀이하게 하는 인간성, 특히 식욕, 성욕과 같은 욕망은 전혀 바꿀 수 없었다.

인간은 필요에 따라 제도와 법을 만들 수 있고 고도의 문명사회나 평화를 위한 수단을 마련할 수는 있다. 제2차세계대전 후 유대인 학살의 교훈으로 인종차별을 악으로 규정하고 파시스트를 부정한 것처

럼 말이다. 하지만 이는 인간성 곧 본질에 따라 행동하는 것과는 차
원이 다른 문제다.

인간의 본질에 관한 해석은 지적 인간 호모사피엔스에서 비롯되었
듯이 바라보는 시각에 따라 다양한 설명이 가능하다. 마르크스는 경
제로, 프로이트는 성으로 설명하였는데, 이들의 공통점은 인간을 집
단화시키고 '사회적 동물'로 만든 것이다. 인간은 진보하는 것일까?
'과학적 발전에 따라 역사는 더 이상 같은 길을 되풀이하지 않는다.'는
후쿠야마의 주장을 뒷받침할 만큼 인간성의 변화는 기대되지 않는
다. 과학기술의 진보가 인문 사회학에 많은 영향을 주었고, 역사 발전
에 관한 연구 방법이 다양화되었음에도 인간성을 바꿀 수는 없었다.
세계화·정보화의 진행에 따라 생활권이 넓어지고 정보 습득의 기회
가 많아진 것은 사실이지만 원시 이래 인간은 본질에서 거의 바뀌지
않았다. 분명한 이유가 있다.

팬츠를 입은 원숭이

개, 원숭이 등 고등동물은 물론이고 하등동물조차도 식용 목적이
아니면 동족을 죽이지 않는다. 서로 싸우다가도 상대에게 꼬리를 내
리거나 배를 벌리는 등 약점을 보이면 공격자의 적개심은 금방 사라
지고 더 이상 공격을 가하지 않는다. 이는 종을 존속시키기 위한 본능
이다. 또한 인간 이외의 동물은 생식 목적 외에는 성욕을 갖지 않으며
발정기가 있다. 원숭이는 인간에 가장 가까운 동물이며 DNA는 인간
의 것과 크게 다르지 않아 비유적으로 털만 3개 모자랄 뿐이라고 표
현한다. 그러나 원숭이가 아무리 인간에 가까워도 앞을 가리지 못하

고 가치적 문제에도 무관심하다.

아담과 이브가 금단의 열매, 사과를 먹은 후 잎사귀로 앞을 가리게 된 것은 생식을 목적으로 하지 않는 성이었기 때문이었다. 생식 목적이 아닌 다른 목적으로 성을 즐기는 인간은 성을 수치의 대상으로 삼았다. 절제 있는 성으로 사회를 유지할 수 있도록 안전판 팬츠를 마련했다. 아무리 문명이 발달해도 인간이 팬츠를 입는 한 근본적인 인간성을 유지하기 위해 차원 높은 원형을 가지려 한다. 스스로 생활환경을 파괴하고, 동족을 대량 학살하고, 생식 목적이 아닌 성을 즐기는 것은 인간뿐이다. 그럼에도 종을 유지해온 것은 원형이 적절하게 작동했기 때문이다.

제2차세계대전 이후 인류 역사상 처음으로 전쟁의 승자가 패자 못지않은 겸허한 태도를 보인 적이 있다. 독일 나치는 인류 역사상 유례가 없는 죄악을 범했으나 배상금을 요구받지 않았다. 제1차세계대전의 패전으로 인한 가혹한 배상금이 독일인의 복수심을 불러일으켜 또 하나의 엄청난 참화인 제2차세계대전의 원인이 되었다는 인식과 반성 때문이었다. 유대인 학살의 교훈으로 인종차별을 악으로 여기고 파시스트를 부정하게 되었다. 그런 혜택은 일본인에게도 마찬가지로 주어져 독일과 함께 전후 가장 큰 번영을 이루었다.

팬츠를 입은 원숭이, 즉 인간은 집단 무의식인 원형을 갖고 사회를 구성하면서, 유사한 상황에 같은 반응을 일으키고 역사를 되풀이하고 있는 것이다.

문명론

문명론의 계보

헤로도토스(Herodotos)의 『역사(Historiai)』이래, 서양도 이방인의 사고방식과 문명 차이가 국제 간의 충돌에 끼치는 영향과 충돌 이유를 밝히는 데 주력했다. 그러나 독립된 학문으로서의 문명론은 철학의 한계와 문명의 중요성을 의식한 20세기 초, 슈펭글러에서 시작되었다. 이후 문명론의 중요한 계보는 슈펭글러→토인비→헌팅턴 등의 계열로 이어져 왔다.

• O. 슈펭글러(O. Spengler)

문명론자들의 문명과 문화에 대한 정의는 일정하지 않으나 문명학은 세계 속의 자신을 확인하는 지적 작업이며 여러 분야와 관련되어 있다. 슈펭글러는 유럽공동체(EU) 구상을 자극한 『서구의 몰락』에서 '문명' 대신 '문화'라는 개념을 사용하고 세계 문화를 이집트 문화, 바빌로니아 문화, 인도 문화, 중국 문화, 고전(그리스, 로마) 문화, 아라비아 문화, 서양 문화, 멕시코 문화 등 여덟 개로 분류했다. 또한 문화가 식물처럼 탄생, 성장, 사멸한다고 보는 '문화 유기체설'의 입장에서, 문화는 부분적 유사성은 있어도 연속성은 없으며 저마다 완결된 고유의 혼(Kulturseele)을 지닌 완결체라고 보았다.

• A. 토인비(A. Toynbee)

토인비 또한 슈펭글러와 같이 세계사를 문명 중심으로 분류했으나 분류법과 문명의 몰락에 대한 견해는 스승 격인 슈펭글러와 다르다. 그는 숭고하면서도 복적 없이 피고 지는 여러 문명의 역사를 기독교적인 신의 섭리로 보았다. 토인비는 슈펭글러의 '문화' 개념을 '문명'으로 대치하고 스물여섯 개의 문명권으로 분류했다. 그중 열여섯 개는 이미 소멸했으며 현재 열 개만 계속 생명을 유지하고 있다. 문명은 서구 문명과 이슬람 문명, 동구 비잔틴 문명, 힌두 문명, 중국 문명 등 다섯 가지 대문명으로 분류된다. 특히 한국과 일본이 각각 고유의 소문명권을 유지해왔음을 지적하고 있다.

문화는 원형의 기반에서 파생된 모든 분야에 관한 정신적 작업이며, 고유성이 농후하여 다른 문화권에는 전이되지 않는다. 그러나 문명적 산물은 보편성이 있고 전이되기 쉽다.

• S. 헌팅턴(S. Huntington)

불행하게도 인류 역사상 무력(전쟁)을 사용하지 않고 문명이 확산, 통합, 분열된 일은 거의 없었다. 헌팅턴은 『문명의 충돌(The clash of civilizations and the remaking of world order)』에서 "문명 간의 차이가 중요한 의미를 지니고 문화에 대한 의식이 높아지면서 세계 분쟁의 주요 원인이 이데올로기의 대립에서 문명 간의 대립으로 바뀌고 있다."고 주장한다. 실제로 이슬람 극우 세력이 벌인 9·11테러, 체첸 분쟁, 위구르 테러 등은 지역 대국을 자부하는 미국, 러시아, 중국에 반발해서 일어난 것이다.

헌팅턴은 토인비가 스물여섯 가지로 분류한 문명권을 여덟 가지로 재분류했다. 서구 문명, 동방정교 문명, 중남미 라틴 문명, 이슬람 문명, 힌두 문명, 중화 문명, 일본 문명, 아프리카 문명이 그것이다. 그는 토인비가 미처 감지하지 못한 아프리카 문명의 발전 가능성, 한반도 분단의 현실과 일본의 경제 대국화의 현실 등을 고려해, 분단된 현실에 처한 한국 문명을 제외시키고 일본 문명을 독립된 대문명권에 편입시켰다.

그는 정치학자로서 표면에 문명, 문화를 내걸면서도 실제로는 정치·외교적 전략, 특히 미국의 국제 관계를 중심에 두고 있었다. 중요 골자는 다음과 같다.

1. 냉전이 그친 후 문명 간의 충돌과 대립이 중요한 축이 되어 문명 간의 단층선(斷層線, fault line)에서 분쟁이 발생할 수 있다.
2. 이슬람과 중국 문명은 계속 발전해 인류에 위협이 될 수 있으므로 서구는 단합해서 이를 막아야 한다. 일본 문명은 강한 쪽을 따르는 경향이 있으므로 미·일 동맹을 파기하고 중국을 추종할 가능성이 있다.
3. 서양 대 비서양, 서구 문명 대 '이슬람과 유교 문명 연대'는 서구 문명의 최대 위기가 된다.

헌팅턴 이론은 이미 발표 당시에도 많은 비판을 받았다. 특히 이슬람 문명과 유교 문명권은 각각 일신교와 다신교로 서로 공통점이 전혀 없는 문명권이어서 유대 가능성이 희박했고 유교 문명의 정의도 애매했다. 그로부터 20년, 정보화와 국제화로 세계는 많이 변화했고 그의 예상은 대부분 적중하지 않았다. 가령 현재 일본은 중국에 붙기는커녕, 미국과의 연대를 강화했다. 중국과 대립하는 것은 백강전투 이래 일본의 탈아론(반중국, 반한국)적 사고와 미국의 현실적 원형 때문이다. 이에 관해서는 뒤에 따로 일본 원형, 특히 역사관에서 다룰 것이지만 '문명 충돌'보다는 오히려 '원형 충돌'이 격화될 가능성이 벌어지고 있다. 대국의 패권은 보편적 문명을 지향하는 세계적 추세(趨勢)와 달리 현실적으로는 소국의 핵무기 소유 등으로 대국이 이전과 같은 권위나 힘을 행사할 수 없게 되었다. 억압당한 소국(소수민족)의 원형에 반항적 요소가 가미되면서 핵무기 사용을 유도할 수 있는 위험을 몰고 온 것이다.

헌팅턴이 염려한 이슬람과 유교 문명에 연대는 실현되지 않았다. 대신 이란과 북한은 미국을 공동의 적으로 삼아 기술협력을 하기로 결정했다. 이란과 북한의 문명에 동질적 요소가 있어서가 아니다. 파키스탄의 칸 박사가 북핵 계획에 참여한 것은 사실이지만 문명적 연대가 아닌 핵무기 생산을 원한 약소국 사이의 연대로 '적의 적은 우리 편'이라는 정치 역학이 작용한 것이다. 헌팅턴은 한반도 지정학에는 관심이 없이 주변 강대국이 문화와 정치를 마음대로 좌지우지하는 것으로만 생각했다. 이제 같은 원형을 가진 북한과 남한의 체제 대립이 세계의 안위와 직결되는 중대한 국제 문제로 부상한 것이다. 이런 현실을 설명해줄 새로운 이론의 정립이 필요하다.

02

풍토와 언어에 따른
의식구조와 정신분석

01
풍토와 문화

한국인의 자연관은 대부분 사막의 풍토를 기반으로 하는 서구 문화와는 같을 수 없다. 같은 문화권 속에서도 유독 자연스러움을 강조한 한국의 자연관은 자연의 리듬에 맞춰 살아갈 수 있는 기후와 지형적 조건에서 형성되었다. 이런 자연관은 조상 대대로 이어져 온 한국인의 원형에 내포되어 있다. 좋든 싫든 한국의 풍토가 한국인의 특성을 만들어낸 것이다.

나를 이해하기 위해서는 나와 가까운 것과의 차이점을 찾는 것이 좋다. 한국 풍토의 특성은 같은 몬순적 기후를 갖는 중국, 일본 등 가까운 나라와 비교함으로써 명확히 부각된다. 풍토와 민족성에 대한 단순한 일반화만으로는 한국인의 특성을 명확히 밝혀낼 수 없다.

초기조건으로서의 풍토

100년 전, 제1차세계대전의 패허 앞에, 그동안 통상의 후신성을 민정대면서 허망한 우월감에 도취해 있던 유럽의 지식인들은 심각한 위기의식을 느낀다. 자신에게 스스로 '유럽이란 무엇인가?'라는 질문을 던지며, 유럽 문명과 문화에 대해 반성과 비판을 하기 시작했다.

슈펭글러의 『서구의 몰락(Der Untergang des Abendlandes)』은 유럽의 정신적 전통에 대한 자신감 상실과 반성의 계기를 불러일으켰다. 프랑스의 주지주의 시인 P. 발레리(P. Valéry) 또한 유럽 정신의 본질에 의문을 던졌다. 그는 유럽에만 있는 주요 정신으로 다음 항목을 지적했다.

1. 기독교(일신교) 정신
2. 로마법 정신, 법만으로 사회를 유지한다는 믿음
3. 그리스 정신, 합리적 사고, 논리(logos)의 존중, 유클리드 기하학 등

이들 서양의 정신적 요소는 이스라엘 사막에서 감지한 '유일신'의 존재와 지중해적 성격이 융합된 것이다. 기독교에서 말하는 신의 인간에 대한 절대성과 그리스의 보편적 이성에 대한 신뢰감은 유클리드 기하학과 로마법 정신을 낳았다. 일반적으로 '어떤 결정론에도 예외가 있다.'고 하면서도 유럽 정신의 특성은 풍토 결정론에 설득력을 제시해주고 민족 초기조건과 관련된 풍토의 중요성을 실감시킨다.

동북아 풍토 조건의 특성은 변덕스러운 일기, 계절풍, 시야를 가리는 잦은 안개 등이 있다. 이것은 맑음보다는 애매함과 비대칭에 아름다움을 느끼게 하고 우연적 조건을 중시하는 불가지론적 철학을 낳게 했다. 유럽 조형예술의 주류가 처음부터 끝까지 빈틈없는 작업을

요구하는 조각에 있었던 반면, 동양의 주류는 작업의 마지막 단계가 불꽃의 우연성에 좌우되는 도자기인 것은 우연이 아니다.

이처럼 동서양의 사유 방법은 풍토의 차이만큼 판이하게 달랐다. 토인비의 말을 빌리면 저마다의 풍토적 시련에 따른 대응 결과라고 할 수 있다.

풍토 결정론의 함정

19세기 이전의 동양 삼국은 지형과 기후에 적응할 수밖에 없는 농업국이었다. 이러한 풍토(風土)는 사회구조와 사유 방법, 문명적 특성에 중대한 영향을 끼쳤다. 몬순지대의 기후는 사계절의 변화가 뚜렷하며 주민들은 풍부한 서정성을 지닌다. 또한 한반도, 일본열도, 중국 주민은 거의 비슷한 리듬감을 지니고 있다. 때문에 한국 노래가 한류 열풍을 불러일으키고 일본 유행가가 중국 서역에서 인기를 얻을 수 있었던 것이다.

지정학적 요소에는 주변국과의 정치적 관계와 민족 형성이라는 두 가지 중요한 요소가 있다. 바깥 세계와의 접촉이 적었던 고대의 민족 형성 시기에는 풍토와 지리, 환경 자체가 중요한 초기조건이었다. 같은 호모사피엔스이면서도 열대와 한대 등 환경에 따라 피부색이 다른 다양한 인종이 파생되었으며 민족의 문화와 역사에도 중대한 영향을 끼쳤다. 다만 풍토와 지정학 등 많은 요인이 있어서 형식화된 상관관계로 일반화시키기는 힘들다. 근대에는 이성주의의 맹신으로 유행에 따라 성급하게 '풍토 결정론', '지정학 운명론'과 같은 결정론이

남발되었다. 결정론은 모든 것을 인과(因果)의 연쇄 관계로 설명하지만 역사적 결정에는 항상 가치의 문제가 개입된다. 토인비는 풍토와 지정학을 포함한 역사의 방향에 관해 '도전과 응전'이라는 개념으로 지혜롭게 답한다. 자연의 도전에 응전했기 때문에 오늘날의 인류가 있을 수 있었고, 모든 문명은 도전에 적극적으로 응전했기 때문에 살아남을 수 있었다는 것이다. 그는 풍토와 지정학이 도전적인 요소이고, 이에 대한 대응을 응전이라고 설명하면서 민족의 의지를 또 하나의 변수로 개입시켜 결정론의 늪에서 빠져나올 수 있었다.

중국의 풍토와 의식구조

중국의 양쯔 강과 황하의 중간 지역 이남에서 6천 년 전에 발달한 벼농사는 해안선을 따라 B.C. 8세기경에 한반도로 전파되었다. 그 후 일본열도에서는 B.C. 3세기경 한반도 농민에 의한 농업혁명이 시작되었다. 중국은 남북과 동서로 갈라져 서역에는 광대한 사막이 펼쳐져 있다. 인종적으로는 중원의 한족(漢族), 동북 지역의 조선족, 서역의 이슬람인까지 다양한 분포를 보인다. 실제로 이슬람계 중국인은 전 대륙에 흩어져 있어서 도시에는 이슬람 식당을 뜻하는 청진(淸眞)이라는 글이 쓰인 간판이 곳곳에 눈에 띌 정도다. 민족적 요소가 다양한 광대한 대륙 국가 중국은 언어의 종류 또한 그 수만큼 많다. 이는 타(他) 문화에 대한 관용성과 적응 능력을 원형에 담아내는 생존의 지혜라고 할 수 있다.

중국의 역사가 시작된 요순시대는 수리 사업과 관련된 이야기가 많다. 이는 문화 전반이 하천에 의존하면서 발전했음을 시사한다. 일곱 개 성(省)에 걸쳐 길이 4,800km에 달하는 황하는 중국 농민에게 생명의 젖줄이면서도 한 번 홍수가 나면 수백, 수천만 명의 희생을 강요하는 위협적인 존재이기도 하다. 비교적 치수 사업이 정비된 20세기 이후에도 황하 강 유역 주민들의 피해는 컸다. 1926년에는 가뭄 때문에 이

▎황하

재민이 2천만 명, 굶어 죽은 사람이 50만 명에 이르렀다. 1927년에는 황하 남쪽 화이허 강(淮河)의 홍수로 무려 1억 명이 수해를 입었다. 오지에서 쓸려온 황토는 강바닥을 높였고 인간은 그에 대응해 강둑을 높였지만 강바닥의 높이도 올라갔다. 세계에서 그 유례를 찾아볼 수 없는 높은 강바닥을 가진 천정천(天井川)은 인간을 압도하기에 충분했다. 제방이 한 군데라도 무너지면 피해는 유역 전체에 미치기에 황하를 둘러싼 치수(治水) 사업에는 강력한 권력과 범국민적 동원이 따라야만 했다.

중국인에게 권력은 필요악으로서의 기능을 한다. 가능하다면 없는 것이 좋지만 자연재해에 대처하기 위해 대규모 노동력을 동원할 수 있는 절대 권력, 즉 황제가 필요했다. 중국인의 '메이파쯔(沒法子)'는 한국어로 '하늘과 땅이 겹치는 것'과 같은 표현이다. 이 단어는 인간의 한계를 통감할 수밖에 없는 상황, 즉 '큰 재해 앞에 도저히 인간은 맞설 수 없다.'는 뜻을 포함한다. 사전적인 의미로 '방법이 없다.' 모

다 훨씬 무거운 '인간의 한계를 자각할 수밖에 없다.'는 의미를 지닌다. 재난에 전심전력을 다해 맞서도 어쩔 수 없다는 뜻으로 다른 언어에는 없는 중국인 고유의 낱말이다.

강의 성격이 종교와 정치 형태에 큰 영향을 미치는 것은 어디에서나 공통적인 현상이지만, 황하는 독특한 중국적 정치, 중국인의 의식구조에 결정적인 역할을 하고 하나의 통합된 철학 체계를 탄생시켰다. 유가·도가·음양가·오행가 등 여러 사상 사이에 의견의 대립은 있지만, 천원지방(天圓地方, 하늘은 둥글고 땅은 네모이다.)이라든지 음양오행설의 기본 사상만은 항상 일치한다. 이러한 통합성은 절대적 위력을 지닌 황하 유역의 풍토에 맞설 수 있는 통일된 정치와 사회구조를 정립하려는 중국인의 특성이 드러난 것으로 이해할 수 있다.

한국의 풍토와 의식구조

한반도의 하천은 중국의 것과 비교도 되지 않을 정도로 작고 구조적으로 흐름이 완만하다. 마치 뱀이 기어가는 것 같은 '사행천(蛇行川)'이다. 최근의 4대 강 공사 내용의 대부분이 보(洑)를 중심으로 한 공사였던 것은 강의 폭이 넓고 강바닥이 얕은 우리 강의 성격을 반영한 것이다. 이러한 하천 구조는 몬순지대의 계절적 호우에는 수해의 중요한 원인이 되었지만, 적극적인 대응보다는 한국적 자연주의와 기다림의 마음을 갖게 했다. 시골 학교 교사 시절, 비가 조금만 내려도 교내에는 긴장감이 감돌았고, 급히 학생을 하교시켜 휴교할 수밖에 없었던 일이 생각난다. 강물은 금방 불어나므로 징검다리식 시설로는 다리를 건널 수 없었다. 그래서 지역 주민들 사이에는 '상류에서 처녀

낙동강 한반도의 강은 경사가 낮아 평지에서도 굽이쳐 흐른다.

셋이 오줌 누면 하류에는 홍수가 난다.'는 자조적 우스갯말이 있었다. 적은 비에도 금방 홍수가 나지만 또 금방 물이 빠져 흰 백사장을 드러내는 하천의 성격은 '하늘이 무너져도 솟아날 구멍이 있다.'는 속담과 함께 생명력을 기르고 요행을 바라는 마음을 형성시켰다.

근대화 이전, 하상(河床)의 높이가 평지와 같은 강은 집중호우로 며칠간 홍수가 나도 곧 모래사장을 드러냈으므로 적극적으로 수리하거나 관계 사업을 하지 않았고 천수답(天水畓) 농법이 성행했다. 조선 시대의 지방 관리는 수리 공사에 개입하는 일이 거의 없었다. 농민이 자치적으로 만든 수리 시설에 세를 부과한 데서 동학운동이 발생했듯이 권력은 불필요악의 상징이었다. 농업은 주로 강우에만 의존하여 기후 변화에 민감하므로 순발력이 필수적이다. 평소엔 별로 할 일 없이 놀고 있어노 일난 십숭호우라노 내리년 빨리빨리 보내기와 수로 성비 등을 해야 한다. 이런 행동 양식이 빚은 심리는 한국인의 격정적인 민중운동, 격렬한 감정 표시 등에도 반영되어 있다.

처음 한강 잠수교는 예산이 없어 강둑보다 얕은 징검다리식 다리로 만들어졌다. 그 후, 여유가 생기자 둑보다 높은 다리를 마련했고 나중에는 처음의 다리 중간 부분을 아치형으로 만들어 관광선을 왕래시켰다. 그때그때 기회를 이용해 동일한 장소에 세 번이나 다리를 만든 것이다. 한국인 특유의 빨리빨리 사고는 변덕스러운 일기 변화를 이용하는 천수답 농업의 영향을 받아 잠수교 건설로 이어졌다. 이는 변화를 거듭하는 정보화 사회와 융합해 한강의 기적을 만들어냈다.

한반도에는 예외적으로 2,744m의 백두산이 있지만, 남한에는 2,000m가 넘는 산이 없고 겨우 5~600m 정도의 낮은 구릉지로 이어져 있다. 따라서 근대화 이전의 수리 시설은 주로 계곡 물을 이용한 소규모 시설인 경우가 대부분이었다. 조선 말기에는 약 8,000개의 자연 부락이 방방곡곡에 흩어져 있었고, 대부분의 마을은 배산임수(背山臨水)로 산 밑에 시냇물이 흘렀다. 따라서 마을 이름에 '谷, 洞(골, 실, 굴)' 등의 한자가 붙었다. 종가를 중심으로 일가친척이 함께 모여 살아 태평스러운 분위기였다. 조상 묘는 근처 산에 안치하고 마을마다 어른(장로)의 지도하에 향약(鄕約)을 만들어 미풍양속을 자랑했으며, 서당에서는 『천자문』, 『논어』 등을 읽는 소리가 끊이지 않았다. 유교의 최고 경전인 『논어』에는 근로정신을 권장하는 글귀가 없다. 양반들은 일보다는 과거를 최고 목표로 삼고 노동을 꺼렸다. 또한 열성적인 농부를 의미하는 '독농(篤農)'보다는 하인에게 일을 시키고 감독한다는 의미인 '감농(監農)'을 선호했다. 관은 거의 마을 안에 들어오지 않아 자치적으로 질서가 유지되었다. 그 결과 한국이 삼국 중에서 농민 대비 관리의 비율이 가장 낮다. 실제 조선 시대의 전라도(지금의 전라남북도, 충청도 일부, 제주도를 포함한 지역)의 관리 수는 약 200명 정도에 불과했다는 놀라운 통계도 있다.

'무릉도원(武陵桃源)'이 따로 없는 유교적 환경과 한국적 자연주의는 모두 저절로 이루어지는 '멋'의 세계를 표방한다.

> "청산은 절로절로, 녹수도 절로절로,
> 산(山)도 절로, 수(水)도 절로, 산수 간에 나도 절로,
> 그중에 절로 자란 몸이 늙기도 절로 하리라."
> 김인후, 〈자연가〉

한국 풍토는 바람의 흐름에 따르는 풍류의 미학을 형성시켰고 자연은 풍류이자 멋이었다.

한반도의 자연은 일본과 비교도 안 될 만큼 온화하고 화산은 휴화산인 백두산 하나밖에 없다. 정사에는 지진에 관한 기록이 있기는 해도 피해 규모가 민족적 충격을 받을 정도의 재해는 아니었다. 한반도의 자연재해는 주로 '홍수(태풍)와 가뭄' 정도이며, 태풍은 며칠만 견디면 지나가 절로 원상으로 돌아오는 큰 복원력을 지니고 있다.

이처럼 한반도는 '삼한사온의 일기'와 맞물려 세계에서 가장 살기 좋은 풍토 조건을 갖고 있다. 한국인이 즐겨 쓰는 "괜찮아요."의 말투는 자연에 대안 어리광, 곧 원상으로 돌아온나는 낙관적 심성의 표현

이기도 하다. '구더기 무서워 장 못 담글까.'라는 속담은 어떤 일에도 '일방적으로 좋기만 한 것은 없고 긍정적인 일에는 다소의 부정적 요소도 함께 발생할 수 있다는 사고'와 이어져 있다. 산업화는 막대한 에너지와 정밀한 기계를 필요로 하는데 최근에 빈발한 사고의 대부분이 인재(人災)인 것은 한국인의 자연주의가 역작용한 결과이다.

자연은 자비스럽고 때로는 고통을 주기도 하지만 금방 나아지므로 살 만한 좋은 일이 세상에는 더 많다. 한국의 신(샤먼)이 아무리 탈을 부려도 굿으로 달래면 금방 풀어지는 것도 자연의 형태를 반영한 것이다. 민요 〈한오백년〉은 이러한 한민족의 심리를 잘 보여준다.

"아무렴 그렇지 그렇고 말고 한오백 년 살자는데 웬 성화요."

민요의 길게 늘어진 가락은 사소한 것에는 구애받지 말고 오래도록 살자는 끈질긴 생명력과 한국인이 생애적일 수밖에 없는 심정을 선명히 나타내고 있다.

한반도의 자연과 풍토는 세계 제일이라 할 수 있지만, 지정학적으로는 세계에서 가장 가혹한 조건을 갖고 있다. 한국은 통계상 3년에 한 번꼴로 외침을 당했다. 하지만 침입자는 결국엔 물러났고 오히려 한국인에게 저항과 오기의 마음을 심어주었다. 중국인의 '메이파쯔(沒法子, 완전한 포기)', 일본인의 '앗사리(あっさり, 순종적 포기)', '아키라메(あきらめ, 체념)' 정신과는 대조적으로 포기하지 않는 '두고 보자.'라는 집념과 오기를 심은 것이다. 죽음 또한 그냥 죽는 것이 아닌 '돌아간

2부 풍토와 언어에 따른 의식구조와 정신분석

다.'는 의미로 인식해 이승과 저승을 넘나드는 주관이 강하게 개입되었다. 아내를 악귀에게 빼앗겨도 노래하고 춤을 추며 귀신을 위협해 결국 아내를 되찾는 처용(處容)의 심성은 한국인의 멋으로 받아들여지기에 충분하다. 한과 정은 얽혀, 끈기 있고 애틋한 원망과 애걸, 애통함 등으로 이어졌다. 맞설 힘은 없지만, 현실을 순순히 받아들이고 싶지도 않기에 하소연과 푸념 및 신세타령 등으로 나타나기도 했다. '한오백년의 시간'에는 극복 의식보다는 원망으로 점철된 좌절감을 풀게 될 날을 향한 기다림이 들어 있다. 최고의 자연 풍토와 최악의 지정학이 빚어낸 한국인의 의식에는 분출의 기회를 노리는 에너지가 잠재해 있다.

일본의 풍토와 의식구조

일본열도는 8,000년 전까지 한반도와 이어져 있었으나 그 풍토는 한반도와 전혀 다르다. 일본열도에는 현재 활동 중인 활화산만도 30여 개나 된다. 2011년 지진이 발생했을 때도 규슈의 사쿠라지마는 1개월 이상 계속되는 대분화로 용암이 유출되고 있었다. 화산은 지각운동에 의한 주기 현상이며 특히 2011년 대지진이 발생한 지역은 쓰나미도 빈발했다. 기록에 남은 것만 해도

┃ 하루가 멀다시피 터지는 일본 화산

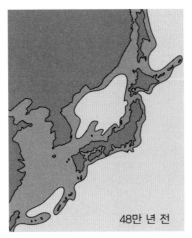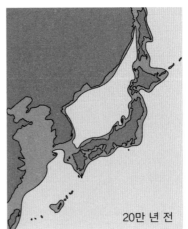

| 48만 년 전 | 20만 년 전 |

┃일본열도가 대륙의 일부였을 때의 지도

869년에 진도 8, 파고 28m의 쓰나미가 왔고, 1869년 쓰나미의 희생자는 22,000명으로 2011년 지진의 25,000명에 거의 가까운 숫자였다. 이때 일본어 'tsunami(津波)'가 국제어가 되었다. 1933년에도 파고 28.7m의 쓰나미가 있었고, 1923년의 동경 대지진 당시 희생자는 10만 명이 넘었다. 고베 대지진 때는 6,400명이 사망했다. 천 명 단위의 희생은 거의 20년 간격으로 열도 어딘가에서 발생했으며 태풍, 홍수 등으로도 희생자가 많이 나왔다. 서태평양에서 발생한 태풍은 항상 일본을 타격했으며 홍수는 연중행사와 같았다. 1973년에 고마츠사쿄(小松左京)의 『일본 침몰』이라는 충격적인 제목의 책이 400만 부나 팔렸고 영화, TV 드라마로도 여러 번 만들어졌다. 열도 동해(태평양)에는 세계에서 가장 깊은(약 1만m) '일본 해구(海溝)'가 있어 이 작품의 줄거리를 연상시킨다. 일본인이 사애적(死愛的)이고 죽음의 미학을 갖는 데는 풍토적인 면에서도 충분한 이유가 있다. 자연재해 대처

2부 풍토와 언어에 따른 의식구조와 정신분석

에 관한 한국과 일본 언론 매체의 태도는 판이하게 다르다. 일본은 지진, 수해에 대한 대비 방법을 매일같이 긴장된 어조로 보도하는 반면, 한국은 며칠 동안만 인재(人災)를 탓하다 잊어버린다. 일본과 한국의 대처 자세는 이렇듯 대조적이다.

일본열도는 수백 개의 분지로 분할되며 봉건영주는 그 중심에 성을 지었다. 주변에는 무사단의 거주 지역이 있었고, 좀 떨어져서 상가가 형성되었다. 영토 일대에는 농가가 흩어져 촌락을 이루었다. 분지 주변의 높은 산에서는 급류가 흘러내려 강을 이루었다. 처음 그것을 본 화란인 토목 기사는 '강이 아니라 폭포'라며 탄성을 지를 정도였다. 실제로 일본어에서는 급류를 총알수(銃砲水)로 표현한다. 대부분이 강에 의존하는 벼농사였으므로 수리 공사는 무사단과 농민이 일치해서 해내야 했다. 일본은 일찍부터 충적평야에서 벼농사를 지었으므로 산기슭에 농지를 갖는 한국보다 강에 대한 의존도가 훨씬 높았다.

치수공사에 관한 사건 중 하나는 18세기 중엽 나고야(名古屋) 분지 할복 사건이다. 1년의 공사 기간 중 동원된 사츠마(薩摩) 번 무사 947명 중 총 지휘자를 포함해서 적어도 51명이 할복자살을 했다. 병사자는 33명으로, 총 88명의 희생자가 나왔다. 이들 대부분은 계획대로 공사를 진행하지 못한 책임을 지고 자살했던 것이다. 공사가 완성되자 총지휘자는 젊은이가 많이 죽었는데 어찌 뻔뻔하게 살아 집에 돌아갈 수 있느냐며 할복자살을 했다. 2011년에 일본 동북 대지진으로 후구시마 원자력 발진소가 파괴되자 발전소 식원은 방사능 누출에 맞서 결사적으로 대응했다. '후쿠시마 50인'은 자살 공격대와도 같이 작업에 임했고 그 가족들 또한 남편과 자식의 임무 수행을 당연한 일로 여겼다. 이 정신적 뿌리는 죽을 각오로 치수 사업에 임한 무사단의 전통과 이어져 있다.

최근 2014년 4월, 진도 앞바다에서 세월호 침몰 사고가 발생했을 때 일제강점기 초등학교 3학년 국어 교과서에 실린 히사다(久田佐助) 선장의 이야기가 떠올랐다. 히사다 선장은 아오모리(靑森)에서 홋카이도(北海道)로 가는 연락선이 사고로 침몰하자 선객과 승무원을 전부 탈출시키고 구조선에 배의 위치를 알리기 위해 몸을 배에 묶어 마지막까지 경적을 울리고 배와 운명을 함께했다. 반면 맨 먼저 탈출한 세월호 선장의 행동은 온 국민의 분노를 자아냈다.

한국 전통 사회에서 권력은 세도를 부렸지만 귀족의 책무, 즉 노블레스 오블리주(Noblesse oblige)를 함양하지는 못했다. 그러나 한국인에게는 인내천 정신이 있고 부당한 일에는 평민들도 스스로 들고 일어나서 의병이 된다. 반면, 일본 농민은 무사단이 외부의 공격에 맞서 결사적으로 싸워도 구경만 한다. 오히려 적군에 식량을 팔아 돈벌이하는 기회를 놓치지 않았다. 제2차세계대전 패전으로 미군이 상륙하자 남편을 특공대로 보낸 일부 부인들은 아무 거리낌 없이 미군들을 맞았다. 남편들이 스스로 특공대에서 목숨을 던져 죽어가는데 이제는 부인들이 나설 때라면서 일본 양가의 처녀를 보호하고 일본의 순혈통을 지키기 위해, 스스로 적군에게 몸을 맡겼던 것이다. 이런 노블레스 오블리주가 한국 원형에는 없는 반면 일본 원형에는 의병 사상이 없다.

한 · 중 · 일의 사회조직과 사상

같은 조상을 지닌 한일이 완전히 다른 두 민족으로 나뉜 가장 중요한 이유는 반도와 열도의 조건뿐만이 아니다. 한반도는 중앙집권제에 적합한 비산비야(非山非野)로 이어지는 지형이며 적은 무력으로도 통치가 가능한 국토이다. 이에 반해 열도는 산지가 많은 수백 개의 단위 지역으로 나뉘어 있어 무사 중심의 봉건제가 필수적이다. 이처럼 한·중·일 삼국의 하천은 '강바닥과 평지 높이'로 대비시킬 수 있고 그 차이는 권력의 성격과 사회구조에 그대로 반영되었다. 수리 관개 사업과 관련된 권력의 힘은 종교심과 반비례한다. 하늘(天)과 권력의 역할에 대한 믿음은 서로 어긋난다. 권력의 관여가 거의 없고 주로 천수답 농업을 일삼은 한국인은 종교심이 강하고 권력에 의존하는 마음이 적었다. 거대한 권력의 관여가 필요했던 중국인은 종교에 대한 관심보다는 인간관계를 더 중요시하고 철학적인 관점에서 천(天)을 인식했다. 반면 일본은 권력 중심으로 소규모 작업을 농민과 무사가 하나가 되어 실시하고 신과 권력을 동급으로 여겼다.

한 · 중 · 일의 하천과 권력 그리고 천(天)

	하상과 강둑의 높이 비교	강의 성격	치수의 주체	기본 사상
한국	같음	평형 천(平衡川)	농민	인내천(人乃天)
중국	높음	천장 천(天障川)	황제, 관료	인간주의
일본	얕음	급류(총알 수)	무사단	권력 = 신

일본열도는 수백 단위의 분지로 분할되어 있다. 약 천 년 동안의 무사 통치 시대 중 100년은 전국시대였다. 일단 패하면 도망갈 수 없는 지리 조건이기 때문에 언제라도 발생할 수 있는 대재난과 맞물려, 권력자의 위력에 체념하고 주어진 상황에 빨리 적응하는 것 이외에 다른 대책이 없었다. 오죽하면 "무리하신 말씀 당연합니다(御無理,御もっとも)."라는 농담 반 진담 반의 속담이 있을까. 무사는 번(藩, 제후가 통치하는 영지)에서 일어난 사소한 사고에도 반드시 죽음의 대가를 지불해야 했다. 여기 한 저명한 역사가의 인상적인 글이 있다.

"무사 가문은 3대에 걸쳐 평온이 계속되는 일이 거의 없다. 적어도 한 사람 정도는 가문의 보전을 위해 할복자살을 했다."

가문을 책임져야 할 일이 발생하면 부모가 자식 중 하나를 골라 나머지 가족을 위해 할복을 권하는 일은 일상적이었다. 근대화 이전의 일본 무사는 평소에도 칼을 차고 다녔으며, 무서운 칼의 법도로 무사의 할복이나 서민의 목 치기는 일상다반사였다. 일본인은 엄격한 사회제도와 자연조건으로 인해 생긴 두려움과 조심성이 집단 무의식에 각인되어 순종하고 조심하는 지혜를 익혔다. 일본에서는 謹(조심), 怨(무서움), 可畏(두려움), 賢(슬기)을 모두 '가시코'로 읽으며 같은 의미로 생각한다.

일본 다도 철학의 일기일회(一期一會)는 'One chance in one life.'로 현재 이 순간의 평안(和, 敬)을 귀하게 여긴다는 철학이다. 어제도 없

2부 풍토와 언어에 따른 의식구조와 정신분석

한 · 중 · 일의 사회조직과 사상

	기본 사회	자연	심상	기본사상
한반도	마을	강한 복원력, 자신만 믿는다.	한, 기다림, 오기	人乃天
중국 대륙	읍, 농촌	광범위한 피해로 거대 권력을 요청한다.	메이파쯔 (沒法子)	天
일본 열도	번(藩)	무서운 자연, 단결을 요청한다.	앗사리, 아키라메	上=神=守 권력에 대한 조심

고, 내일의 만남도 기대하지 않는, 죽음을 의식한 '지금 이 순간'에 전력과 성의를 다한다는 실존주의를 내포하고 있기도 하다. 일본의 대표적인 국민문학 『헤이케모노가타리(平家物語)』는 13세기 중엽의 작품으로, 헤이케 가문(平氏家門)의 몰락이 주제이며 할복한 채 바다에 몸을 던져 수사(水死)한 이야기로 점철되어 있다. 『주신구라(忠臣藏)』는 18세기 초에 발생한 사실을 각색한 47명 무사의 할복 이야기이다. 근대문학 창시자의 한 사람인 모리 오가이(森鷗外)의 대표작 『아베 일족』, 『사카이 사건』 등과 같은 사애적(死愛的) 작품들은 한국인이 이해하기 힘든 세계관을 보여준다.

이처럼 한·중·일의 한(恨), 메이파쯔(沒法子), 앗사리(あっさり)의 개념은 나라마다 극한상황에 대처하는 서로 다른 인식을 보여준다.

02
언어와 원형

언어와 문화

한일의 '가깝고도 먼 나라 관계'는 지리와 감정 때문만은 아니다. 한일의 '언어=원형'은 반도와 열도의 지정학을 반영한다. 모든 문화 분야마다 한일은 겉보기만 비슷하지 실제로는 한 낱말을 대립적 의미로 사용할 때가 많다. 오늘날 서로 전혀 다른 별개의 두 언어가 사실은 아주 사소한 초기조건에서 갈라진 것이다. 한국어와 일본어가 '언어와 사유의 관계'를 극명하게 드러내는 보고(寶庫)인데도 언어학자와 심리학자의 비교 연구 대상이 되지 않은 것이 이상할 정도다.

언어학자가 언어와 사유의 밀접한 관계를 감지하면서도 그 사실을 명확히 밝혀내지 못한 것은 실제로 언어의 성격과 사유 방식을 일일이 대응시킬 수 없기 때문이다. 가령 한국어만으로는 한국인의 의식구조를 구체적으로 설명하지 못한다. 하지만 언어적으로 서로 많은 영향을 주고받은 한·중·일 언어를 비교하는 일은 원형을 파악하고

2부 풍토와 언어에 따른 의식구조와 정신분석

한반도의 지정학적 구조를 파악하는 데 있어 중요한 의미를 지닌다. 특히 하나의 언어에서 분파되었지만 원형이 판이한 한·일어는 언어와 사유의 관계 연구에 필요한 자료가 많아 귀중한 언어학의 보고이기도 하다.

문자는 무성 언어로서 고유의 의식구조를 형성한다. 평소에는 의식하지 않지만, 일상적으로 사용하는 문자는 사고, 특히 논리와 직관에 엄청난 영향을 끼친다.

전 영국 수상 M. 대처(M. Thatcher)는 "유럽은 역사의 산물이지만 미국은 철학의 산물이다."라는 함축성 있는 말과 함께 "같은 문제에 대해 영국인은 과거의 경험에 비추어 생각하는 데 반해 미국인은 인권, 민주주의를 앞세운다."고 지적했다. 영국과 미국은 가벼운 방언 정도의 차이가 있는 영어를 사용하는데, 대처 여사가 지적한 바와 같이 이러한 언어 사용 방식이 대외 정책에는 미묘하게 달리 반영되고 있는 것이다.

한·일어 역시 하나의 언어에서 분열되었으나, 한국은 철학적(주자학적)인 데 반해 일본은 현실적, 상무(尙武)적으로 역사를 전개해왔다. 이러한 사실이 양 국가의 언어에 반영되어 한일 간의 언어 차이는 영·미 간 언어 차이보다 훨씬 커져서 전혀 다른 언어가 되어버렸다.

모든 전쟁은 '오해'에서 시작된다. 상대의 마음과 문화를 제대로 이해함으로써 불필요한 분쟁과 전쟁을 피하는 지혜는 헤로도토스 시대나 지금이나 똑같이 귀중하다. 안타깝게도 현재진행 중인 한일 간의 외교 마찰은 서로를 이해하지 못해서 발생한 것이나.

음성에 의한 의사 전달 수단인 언어와 가치관(집단 무의식)이 표출되는 원형은 서로 엄밀하게 일치하지는 않는다. 하지만 이들은 동전의 앞뒤와도 같으며, '원형은 언어에 나타나고 언어는 원형에 응고되어 있다.'는 의미에서 동일시할 수 있다. 물리적 현상에서는 전류에서 자기가 발생하고 자기에서 전류가 발생하는 것과 같은 이치다. 근대에는 전기, 전자를 별개의 것으로 여겼으나 지금은 하나의 전자(電磁)로 보고 있다.

언어와 원형은 개인의 의식, 무의식과 같이 앞면(언어)과 뒷면(민족적 무의식=원형)으로 분리되어 있으면서 마치 '뫼비우스의 띠'처럼 한 면으로 이어져 있다. 이러한 언어와 원형의 관계는 뫼비우스의 띠를 실제로 만들어보면 잘 이해할 수 있다. 뫼비우스의 띠는 쉽게 만들 수 있다. 우선 20cm 정도의 종이테이프와 가위, 풀을 준비한다.

1. 종이는 앞면과 뒷면이 있다.

   앞면은 언어이고 뒷면은 원형으로 보면 된다.

2. 종이의 끝을 180° 휜다.

3. 양 끝을 풀로 붙인다.

이렇게 해서 만들어진 뫼비우스의 띠를 색칠하면 앞뒤 없이 하나의 색깔로 되어 언어와 원형의 관계처럼 원점으로 돌아온다(그림 A). 또한 가운데 점선을 따라 가위질을 하면 두 부분으로 분리되지 않고 언어와 원형의 관계처럼 이어진다(그림 B). 한국인과 일본인은 자신의 역사를 거슬러 올라가면, 마치 뫼비우스의 띠처럼 결국은 상대의 등덜

그림 A

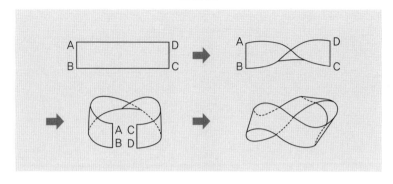

그림 B

미에 도달한다. 그러므로 한국과 일본은 오늘날 자국의 문화와 역사
만으로는 자기 자신을 제대로 이해할 수 없다.

인간은 평소에는 농사와 장사, 학문 등의 생업을 즐기며 가족을 사
랑하고 눈앞의 현실에만 관심을 가진다. 그러나 사회는 개인의 의식
과 상관없이 저마다 고유의 패턴을 가지는데 A. 스미스에 따르면 '보
이지 않는 신(神)의 손이 움직이는 것'이고, 헤겔에 의하면 '세계정신의
구현', 또는 '이성(理性)의 간계(奸計)'라고 한 현상과도 같다. B. 파스칼
(B. Pascal)은 『팡세(Pensées)』에서 '인간은 생각하는 갈대'라는데 언어
는 사고와 사상을 세련시키고 역으로 인간을 제약(制約)한다. 언어는

공유하는 민족은 고유의 세계관을 가지고 개성 있는 행동 패턴을 나타낸다. 언어와 사고는 표리일체로서 이들이 형성되는 순서는 암탉과 달걀의 관계와도 같이 상호 보완적이다. 그리스 이래 '언어와 사유의 관계'는 중요한 철학적 과제였다. 굳이 석학의 철학이나 어마어마한 학설을 언급할 것도 없이 누구나 이들의 관계에 양자 간의 불가분성(不可分性)을 감지할 수 있을 것이다.

일반적으로 언어는 의식을 표현하지만, 더 넓게는 J. 라캉(J. Lacan)이 지적한 무의식의 언어도 있다. 언어학자 E. 사피어(E. Sapir)와 제자 B. 워프(B. Whorf)는 '세계는 다양한 변화를 거듭하는 흐름이며 인간은 언어 체계와 함께 자연을 분할, 개념화하고 의미를 부여한다.'는 가설로 '언어는 사고를 지배한다. 사물의 의미는 언어, 사고에 따른다.'는 '언어 결정론'을 주장했다. 특히 사피어는 눈이 많은 북극권에 사는 에스키모가 단어 '눈(snow)' 하나를 두고 '습기가 많은 눈', '오래전에 내린 눈', '얼음이 된 눈' 등으로 다양하게 표현한 사실을 지적했다. 그러나 지금까지 언어 결정론은 색깔, 공간 등의 개념에 있어서의 다양성만을 밝혔을 뿐, 오히려 사피어 자신도 "언어와 문화는 아무런 관계가 없다."고 단언하며 언어와 문화의 인과관계를 부인했다(『언어-말의 연구 서설』).

O. 슈펭글러는 『서구의 몰락』에서 문명권 고유의 문명을 수학으로 상징화했다. 수학은 가장 세련된 언어로서 문화의 본질을 상징하고, 효율적인 사고를 가능케 한다. 필자는 슈펭글러의 '수학'의 자리에 '언어'를 대입해 한·중·일의 문화 대립 양상을 언어에 따른 차이로 설명

하고, 이를 일반화해 '언어는 문명을 상징한다.'는 명제를 도출할 것이다. 또한 한국어와 일본어의 사유 방법을 비교함으로써 사유 방법과 언어의 특성은 밀접한 상관관계가 있음을 파악하여, 언어가 곧 사고임을 밝힐 것이다.

중국의 한자적 사고

원형의 차이는 언어에서 쉽게 판단할 수 있다. W. 존스(W. Jones)가 밝힌 대로 유럽어는 하나의 인구조어(印歐祖語)에서 파생되었고, 그 뿌리는 라틴어와 가까운 여러 방언에서 형성되었다. 서양 문명은 로마 제국의 골격에 기독교 문명의 살이 붙은 격이지만 정통 계승자로 지목되는 곳은 없다. 현 이탈리아인은 비록 로마 땅에 거주하지만 인종이나 언어는 크게 변질됐으며 라틴어는 기독교 관련 문서에만 남아 있을 뿐이다. 유럽어의 중요한 요소 중 하나인 본래의 유대어, 히브리어도 고전에만 있고 유대인은 이디시어(Yiddish, 현 유대어)를 사용하고 있어 서양 문명의 정통 계승자로 지목되는 인종, 나라, 언어는 없다. 언어는 문명의 중심이지만 라틴어, 히브리어는 서양 세계 형성의 촉매 역할을 다해 사람이 사용하지 않는 사어(死語)가 되어버린 것이다.

한·중·일의 언어 성격 차는 원형만큼이나 뚜렷한 개성이 있다. 한·일어에 포함된 한자어는 각각 75%, 52% 이상으로 이를 통해 서로의 문화와 세계관의 폭을 넓혀왔다. 중국은 한자와 유교 두 문화적 요소로 방대한 인구와 광대한 지역을 포괄하는 대문명권을 이루었고, 수천 년 동안 거의 변함없이 하나의 정지, 사회제도를 유지해왔다. 중국과 주변 국가 간의 외교 관계는 유교적 예(禮)와 한자를 통해서만 가능했다. 한일을 포함한 동북아의 국가 수립에는 한자 사용이 필수적이었다. 2천 년 동안 한자와 예(禮) 두 가지 요소는 한반도와 일본열도를 포함한 동아시아의 국제관에 막대한 영향을 끼쳐왔다.

한(漢) 고조는 "마상에서 정권을 잡을 수는 있어도 마상에서 정치할 수는 없다."며 유교를 국시로 삼았다. 쿠데타로 정권을 잡은 이성계, 일본 도쿠가와 정권의 창시자 이에야스(德川家康)도 유교 경전을 그대로 따라 국가 차원에서 관리, 보급했다. 유교의 중심은 예이다.

한자는 글자마다 하나의 뜻을 지닌 표의문자인 반면에 알파벳은 표음문자로서 그 자체로는 의미가 없고 낱낱이 낱말의 의미를 따져야 한다. 한자를 통한 인식은 직관적이다. 가령 남(男)은 '밭에서 힘쓰는 것'을 뜻하므로 '남자'라는 개념을 직감할 수 있지만 일반 명제는 아니다. 반면 영어 man은 그 자체만으로는 의미 없는 기호에 불과하므로 man을 여성, woman을 남성으로 바꿔도 상관없다(F. 소쉬르(F. Saussure), 『일반언어학 강의(Cours de linguistique générale)』). 따라서 일반 정의가 정립될 필요가 있다. 이러한 현상은 특히 기하학과 관련해서도 차이가 뚜렷하게 나타난다.

서양과 동양 문명의 차이는 한마디로 언어를 추상화한 '논리'에 관한 문제의식이다. 서구인은 이성과 논리를 로고스(logos, 논리) 하나로 묶고, 유클리드는 측량 기술(geometry)을 로고스 체계로 구성해 기하학을 만들었다. 예를 들어 한자 '선(線)'은 실(糸)과 샘(泉)의 결합으로 실의 샘, 즉 실이 솟아 나오면 선이 된다.'를 뜻하여 반듯한 실(糸) 모양을 연상시키며 더 이상 고민하지 않아도 충분히 납득할 수 있다. 하지만 유클리드는 선(line)을 '두 점 사이의 최단 거리'로 부연하여 설명해야 한다.

중국인은 지적 활동에 관한 공통의 논리를 '논리학'으로 체계화하지 않았다. 공자와 동시대인인 중국 논리학의 창시자, 묵자(墨子)는 부분적으로 그리스의 논리학(아리스토텔레스)과 비슷한 사상을 갖고 있었으나 독립적으로 체계화하려는 노력이 없었으며 그의 사상은 거의 무시되어 후세에 이어지지 않았다. 그 이유는 한자의 상형(象形)성과 알파벳의 무의미성의 차이로 설명될 수 있을 것이다.

중국인은 한마디로 음양적 사고를 한다. 기본적 실체는 기(氣)로 보는데, 이는 정신적 의지이자 물질에서는 에너지와도 같은 것으로 하나의 기가 음양으로 나뉜다. 기가 가볍고 청명한 것은 양이고 음은 무겁고 탁한 것으로서 청탁(淸濁) 또는 중경(重輕)에 따라 모든 대상이 음양으로 분류된다. 그러나 음양은 서로 모순되거나 대립하지 않는다. 때로는 서로의 위치가 바뀌고 상호 감응하며 무한의 변화를 거듭한다. 은(殷)나라는 점(占)에 쓰였던 엄청난 양의 인골과 짐승의 뼈를 남겼고, 그것이 역점(易占)의 기원이 되었다. 『역경(易經)』은 태극에서 음양, 음양은 사상(四象), 사상은 팔괘(八卦)로 분화되어 세상만사에 감응한다. 따라서 점술인(占者)은 현상에 감응하는 것으로 믿는 점괘에서 미래의 점괘를 읽어내는 능력을 갖춘 사람이었다.

서양 과학이 17세기 뉴턴역학으로 달과 간만의 관계를 설명했지만,

중국인은 이미 B.C. 2세기에 달과 조수의 감응 관계 현상을 설명했다. 또한 호박(琥珀)을 뼈와 마찰하면 자기(磁氣)가 발생하여 철을 끌어당기는 현상 등도 같은 논리로 설명했다. 중국인은 형식논리학과 같은 연역을 하지 않고 사물 사이의 감응 관계를 통해 대상을 분류하고 설명했다. 중국 지식 체계의 발전은 논리를 일반화하는 것이 아니라 분류를 증가시키는 것이다. 중국 최고의 과학 천문 본초학(식물학)은 전형적인 분류의 과학이다. 중국인은 삼라만상 모든 것을 분류하면서 문화를 발전시키고 새로운 것이 등장할 때마다 새로운 글자를 만들었다. 결국 처음에는 3천 자 정도였던 한자 수가 『강희자전(康熙字典)』이 편찬될 무렵에는 4만 자 정도로 팽창했다. 사마천(司馬遷) 이래 정사가 분류 정신으로 기록되었음은 앞에서 이미 설명했다.

중국어에 존대어가 없는 것은 영어와 같으며 광대한 지역과 다양한 인종을 아우르는 데 효과적이다. 또한 고립어로 능동, 수동의 구별이나 품사도 없고 낱말의 용도도 일정치 않다. 품사가 일정하지 않으므로 낱말과 낱말의 문법적 관계는 위치에 따라 결정된다. 문장과 문장, 구와 구의 결합이 애매하고 접속사도 적어 문장은 끊어지지 않으며 단락에 관한 의식도 없다. 가령, 인자천하지정이(仁者天下之正理)에서 자(者)는 주어 인(仁)의 조사 역할이지만, 지자창물(知者創物)의 자(者)는 지(知)와 결합하여 지자(知者, 지식이 있는 사람)라는 의미로 명사적 역할을 한다.

한자는 또한 '상대의 철학(절대적인 것이 아닌 경우에 따라 의미가 달라지는 것)'에 따라 구성된다. 가령, 人은 사람이지만 人+二=仁(사람 사이의 마음가짐), 人+言=信(사람 말을 믿음), 人+右=佑(오른쪽에 있는 사람이 도움)에서 볼 수 있는 것처럼 人은 결합한 대상에 따라 의미가 결정된다. 결합하는 대상에 따라 달리 분류되어 의미가 정해지는 상대적인 언어인 것이다.

이는 원칙보다 상황에 따라 행동하는 중국인의 사유 방법에 그대로 반영되었다. 표면적으로는 유교적이면서도 집안에서는 도교적인 생활을 즐기는 데 아무런 모순을 느끼지 않아, 운신의 폭이 넓고 때와 장소에 따라 자유롭다. 사상뿐 아니라 행동도 마찬가지다. 학자이면서도 상인과 같이 행동하는 데 전혀 어색함이 없다. 오히려 이런 태도 덕분에 중국은 세계에서 가장 차별이 없는 비배타적인 나라가 될 수 있었다.

유대인은 종교적 계율이 엄하고 가는 곳마다 자기들만의 공동체(ghetto)를 형성하는 독자성을 지니고 있다. 반면 중국인의 경우에는 마치 넓은 지역에 있던 여러 방언이 하나의 한자어(중국어)에 용해된 것과도 같이 이질적인 것들은 모두 중국인의 포용력에 녹아버린다. 당(唐) 대에 중국에 존재했던 유대인 공동체는 지금은 중국 사회에 완전히 용해되어 비석만 남아 있는데, 그 이유는 중국인의 무차별성에 있었다.

중국 고대 은(殷)의 청동기에는 많은 도상(圖象), 즉 갑골문자가 새겨져 있다. 이는 청동기가 한자 성립 전 단계의 것임을 시사한다. 은의 유적에서는 동물의 뼈에 글자(갑골문자)를 새기고 불에 태워 생긴 궤

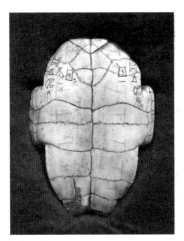
갑골문자

열을 보고 점(占)을 친 유물이 대량으로 발견되었다. 한자의 기원인 갑골문자는 주술에서 시작된 것이다. 일본 한자학의 대가 시라카와(白川 靜) 교수는 "쓰인 문자(書)에는 주능(呪能)이 있다."고 했는데, 한자의 기원이 은(殷) 대의 갑골문자로 점(占)을 치기 위한 용도였으므로 신성시될 수밖에 없다. 일본어에서 紙(종이)를 신과 같이 '가미'로 읽는 것은 신 이름을 종이에 쓰는 데서 유래했다. 중국인이 글자를 신성시하는 데서 나온 재미있는 에피소드가 있다. 완벽하게 중국인으로 변장한 일본군 스파이가 글씨가 쓰인 종이를 화장지로 사용하다가 정체가 폭로되었다는 일화이다. 이는 중국인이라면 절대 그럴 수 없음을 의미한다. 형상을 나타내는 도상(圖象)과 점(占)은 언어가 다른 민족들에게 공유될 수 있었고, 광역의 공동체를 형성하면서 모두가 이해할 수 있는 문자로 변화되어 중국 전역에서 공유되었다. 편리한 문자가 선택되는 과정을 거쳐 넓은 지역에 산재한 표음문자가 사라지고 상형문자가 남은 것은 의사소통에서 문자의 역할이 말보다 중요했고, 여러 방언이 공존하는 광역 왕국이 비교적 빠른 시기에 형성되었음을 시사한다.

중국의 중요 고전 중 하나인 『회남자(淮南子)』는 '창힐(蒼頡)'이 처음

글자를 발명하자 하늘은 본래의 인심이 상할 것을 슬퍼하면서 하루에 세 번 통곡했다.'고 기록하고 있다. 한자의 발명이 인간의 지(智)를 발달시켜 간사해질 것을 알았기 때문이라는데, 이 글귀의 내용에는 무위자연을 존중한 노장사상이 반영되어 있다. 한자는 편리하지만 시대의 흐름과 더불어 수가 증가해 불필요하게 난립하게 되었다. 중국 근대화의 중심인물 중 하나인 루쉰(魯迅)도 "인생식자(人生識字, 사람이 글을 알기 시작한 것)는 우환의 시작."이라 하였다.

한자는 일자일음절(一字一音節)이며 낱말 하나하나가 동등한 무게를 지닌다. 문장은 마치 같은 크기의 벽돌을 쌓아가는 것과 같은 구조로 논리보다 직관을 중요시한다. 이런 한자의 성격이 중국의 원형에 반영되어 있다. 많은 서구 지식인이 중국을 정체 사회로 규정한 요인 중 하나가 바로 복잡한 한자 체계 때문이다. 특히 H. G. 웰스(H. G. Wells)는 "중국인은 습득하는 데만 국가적 에너지의 대부분을 소비해야 할 정도로 복잡하고 난해한 문자와 그 표현 형식에 매여 있다."고 지적했다. 결국 중국은 한자의 복잡성에 굴복하고 간자(簡字)체를 채택할 수밖에 없었다. 오늘날 남한, 북한, 베트남에서는 한자를 폐지하거나 잘 사용하지 않고 있으며 일본은 한자 수를 제한하고 있다. 한글을 전용하는 현 한국인의 사유 방법 역시 한자만을 사용하던 조선시대 지식인과는 크게 달라졌다.

03

한 · 일어

한 · 일어의 사유 방법

한일은 고유의 언어와 문자인 한글과 가나를 만들어냈다. 세계에는 자신의 고유어와 문자를 포기하고 영어를 국어로 삼는 나라도 적지 않다. 필리핀, 인도 등은 고유어인 타갈로그어와 힌디어가 있으면서도 영어를 공용으로 삼는다. 이때 언어는 기능적 역할만을 맡게 되며 조상으로부터 이어진 전통적 정서와는 거리가 멀어진다.

혀를 뜻하는 영어 Tongue은 엑스터시(황홀)라는 뜻으로 『성서』에도 등장하는 단어다. 신에게 기도를 올리는 무아지경 상태에서 본인도 모르는 사이에 나오는 소리다. 한국 기독교에서는 이를 방언으로 번역하는데 불교의 진언(眞言, Mantra), 즉 무의식 중 초월자와 교류할 때의 언어인 다라니(陀羅尼)와도 비슷하다. 어린이가 처음에 '개'를 멍멍이라고 하는 것처럼, 말은 소리 모양을 명사화하는 의태어(擬態語)로 시작된다. 언어의 시작 단계는 많은 의태어들로 구성되었을 것으

2부 풍토와 언어에 따른 의식구조와 정신분석

로 추측한다. 일본 코토다마(言靈) 신앙은 말씀이 곧 신이라는 믿음이 며 기도문은 곧 시였다. 최초의 가나(かな, 일본 음표문자)로 된 시집『고 킨와카슈(古今和歌集)』의 서문에는 "와카(和歌)는 힘을 쓰지 않고 천지 를 움직이며 눈에 보이지 않는 귀신을 감동시킨다(和歌は力を入れずして 天地を動かし目に見えぬ鬼神をもあはれとおもはしせに)."라고 쓰여 있다. 언령 (言靈)을 믿고 시를 쓰는 전통은 구카이(空海) 법사의 진언(眞言)불교, 모토오리(本居宣長)의 야마토고코로(大和心) 사상으로 이어진다.

한국에는 말씀 신앙으로서 다라니(陀羅尼)가 있었고, 『삼국사기』에 기록된 『삼대목(三代目, 신라의 세 시대에 걸친 가집)』에 수록된 시의 양 은 『만요슈(일본 최고의 가집)』에 뒤지지 않았다고 한다. 이 무렵 신라에 도 일본의 언령(言靈) 사상에 버금가는 것이 있었다. 오늘날 '말이 씨 가 된다.'는 말처럼 말조심과 관련된 한자가 많은데 이는 고대 진언(眞 言)사상의 흔적을 보여준다. 그러나 중화사상과 한자 문화에 억눌려 15세기의 한글 창제 시기에는 음성 문화를 종교와 결부하는 경향이 희석되었다. 심지어 조선 시대 시조(時調)에는 진언사상적인 흔적은 거의 볼 수 없고 오히려 '욕'이 일상화되었다.

언제부터 한국인은 욕을 많이 하기 시작했을까? 일본 고대 시가는 백제식 축언(祝言)으로 신에게 바치는 말씀이었고, 향가도 마찬가지여 서 그것을 읊는 시절에는 지금처럼 욕이 많지 않았을 것이다. 욕과 비 어는 부조리에 대한 자학이며 빈번한 침략, 부당한 권력이 많았던 좌 절의 역사에서 그 원인을 찾을 수 있다. 하지만 한자어가 많은 관념적 인 언어생활로 인해 사원스러운 가라어의 삽삭이 무녀시세 된 것은 사실이다.

중국어는 원칙적으로 하나의 한자를 한 가지로만 발음하고 의미도 하나인 일자일음일의(一字一音一意)이다. 인구어(인도 게르만어)는 굴절어로 시제와 성별, 복수, 단수가 구별되어 낱말의 형태를 엄밀하게 구별한다. 반면 낱말과 낱말 사이를 조사로 연결하는 교착(膠着)어인 한·일어는 유연한 접속 관계를 표시함으로써 미묘한 감정을 나타내는 정서적 표현이 가능하다. 같은 계절풍(몬순) 지대의 한·중·일은 감상적이지만 특히 '한일 양 민족이 눈물이 많은 것은 언어 때문일까?' 하는 생각이 들 때가 있다. 한자에는 조사가 없으므로 교착어의 특성상 조사를 나타내는 고유의 표음문자가 필요했다. 따라서 한국어에는 한글, 일본어에는 가나가 만들어졌다. 한글과 가나는 질풍노도와 같이 몰려오는 한자 문화에 대해 저마다 고유문화를 지키는 마지막 방파제 역할을 했다.

일본에 한자를 전한 한국인이 백제의 왕인(王仁)이었음은 『고지키』와 『니혼쇼키』에도 기록되어 잘 알려진 일이다. 그러나 한일이 독자적으로 한국식 한자와 일본식 한자를 따로 만든 것은 '필요는 발명의 어머니'의 법칙에 따른 결과이다. 한국과 일본에는 각각 중국에 없는 한자가 있다. 발명에는 필요성뿐만 아니라 의식구조도 중요한 역할을 한다. 한국인은 꼭 필요한 한자만을 뽑아 제한적으로 국자(國字)를 만들었으며, 개수는 자음과 모음을 결합한 乤(할), 乫(갈), 乶(걱) 등 스물 24개에 불과하다. 한국어의 한자 읽는 법은 중국식 그대로 일자일음(一字一音)으로 원리주의적 사고에 기초해 만들어졌으나, 일본 한자는 働(작업, 인간이 움직이는 것), 峠(고개), 躾(조신한 행동) 등 5,000~10,000개나 된다. 일본어는 다음다의(多音多意)로 대세순응(편의)적 성격이 언어에 반영되어 있다.

뿌리가 같은 한·일어

언어와 원형의 일체설에서 생각하면 하나의 조어(祖語)를 가진 한일 두 원형이 정반대의 사유를 유발할 정도로 갈라진 형상은 흥미를 넘어 신기하기까지 하다. 한일이 갈라질 당시에 두 민족이 겪은 역사 체험은 분명히 언어 차이만큼 달랐을 것이다. 일본의 초기조건인 '나무와 풀이 말을 하고, 곤충의 빛과 소리에 신비함을 느끼는 열도'의 풍토에는 애니미즘적 분위기가 가득했다(『니혼쇼키』). 처음 반도에서 일본으로 건너간 제1세대는 일본열도의 짙은 애니미즘적 풍토에 많은 영향을 받았다. 일본어에는 한반도에 없는 다음 4가지 조건이 가세한 결과, 언어생활에 분명한 차이를 드러내게 되었다.

1. **풍토와 지정학적 조건** : 화산, 지진 등, 언제 발생할지 모르는 자연재해에 대한 공포.
   – 언어적 영향 : 수동태, 어두 모음화 등이 발생한다.
2. **정복의 역사** : 반도 농경민의 토착민(조몬인) 정복, 기마민족의 농경민 정복 등으로 정복자에 대한 절대 복종만이 생존 조건이라고 인식하고 강한 자에게 순종하며 몸을 사리는 기질을 갖게 한다.
   – 언어적 영향 : 세급어·징중어·수동태 형성에 영향을 주었나.

3. **천황가의 제사(祭祀)권 독점(가문 신화의 말살)** : 신화를 못 가진 서민은 스스로를 비천한 것으로 여기고, 힘과 권력의 권위를 높이는 일(확대와 축소)을 체득한다.

  – 언어적 영향 : 자신을 비소화하고 상대를 높이는 표현, 복종적인 수동태, 부드러운 인상을 주는 어두 모음화가 형성되었다. 한국에서는 '우리 아버님', '우리 사장님'이라는 식으로 자신과 일체화되는 대상을 제3자에게 말할 때 존칭을 사용하는데, 일본어는 자기 부모, 조직의 장 등 자신과 일체화되는 대상에게 존칭을 쓰지 않는다.

  (예 : 아버지의 경우, 제3자에게는 오토사마(お父樣)와 같은 존칭은 쓰지 않으며 보통명사 치치(父) 또는 이름을 직접 말한다.)

4. **중국 황제와 동등시** : 대륙과 단절된 열도에서는 중국의 책봉체제를 거부할 수 있었고 천황을 중국 황제와 동등하게 여기며 한자를 일본화하여 자유로이 읽을 수 있었다.

  – 언어적 영향 : 한자를 일본화하여 다양한 훈을 대량생산하고 고유 일본어(야마토어)를 존중했다.

반면 한국의 풍토는 다음과 같은 특성을 지닌다.

1. **하늘** : 대륙성 고기압의 영향으로 창공은 천신(天神)을 상상하게 하고 신 내림의 분위기, 샤머니즘적 기질을 형성하게 한다.
2. **기후** : 집중호우, 삼한사온, 가뭄과 홍수 등 수시로 바뀌는 기후에 잘 적응하면서 순발력과 변덕스러움을 체득한다.

3. **침략당한 역사 체험** : 3년에 한 번꼴로 침략을 당해왔으나 침략자는 반드시 물러갔으며 한(恨)·오기(傲氣)·생애적(生愛的) 기질을 형성시켰다. 자존심이 강하고 부조리에는 욕으로 반발하고 자존적 언어로 자신을 낮추는 정중어가 비교적 적다.

4. **가문 신화** : 족보를 통해 가문 신화를 지닌다. 계급성이 희박하다.

5. **사대(事大)** : 중국에 대한 사대로 한자는 중국식으로 발음했다. 또한 한자에 일의일음, 한글의 원리주의 관계 등으로 한국의 원리주의·정통(원리)주의 경향이 조장되었다.

한국의 자연 풍토는 온화하고 일본과 달리 인간을 압도할 정도의 험난한 조건이 거의 없으며 낙관적이다. 오히려 가문 신화(족보)를 갖고 중국화를 자랑했다. 한·일어는 각각 판이한 풍토와 역사 조건을 언어 = 원형에 반영시켜 왔다. 인종적, 언어적 근접성에도 불구하고 한일은 서로 다른 환경에 의해 대립적인 성격으로 발전해왔던 것이다. 따라서 한·일어의 중요한 공통점은 한자어와 고유어(가라어, 야마토어)를 가진 2중 언어라는 것과, 낱말과 낱말을 묶는 주격 조사, 한국어로 '은, 는, 이, 가' 4개가 일본어 'て(te), に(ni), を(wo), は(ha)'와 대응한다는 점이다. 특히 이들 4개의 조사 중 '이, 가'는 8세기까지 한·일어에서 공통으로 쓰이고 있었다. 7세기까지 한·일어의 한문 읽는 법이 같았다는 사실은 백제 무령왕이 왜왕에게 보낸 거울, 스다하치만궁 인물화상경(隅田八幡宮人物画像鏡)에 새겨진 비문과, 경주에서 발견된 돌, 임신서기석(壬申誓記名)의 한문에서 확인할 수 있다. 여기에 새겨신 글을 한왜(韓倭)·한한(韓漢) 온합분으로 한·일어가 공통 어순으

癸未年八月日十大王年男弟王在
意柴沙加宮時斯麻念長寿遣開中
費直穢人今州利二人等取白上同
二百旱作此竟

스다하치만 궁 인물화상경
(隅田八幡宮人物画像鏡)

壬申年六月十六日 二人并誓記 天
前誓 今自三年以後 忠道執持 過
失无誓 若此事失 天大罪得誓 若
國不安大亂世 可容行誓之 又別先
辛未年 七月廿二日 大誓 詩尚書
禮傳倫得誓三年

임신서기석(壬申誓記石)

로 읽히고 있다. 이 문자로 판단할 때 한·일어의 차이는 단순히 방언
차이밖에 없었고 신라어와 백제어 차이 정도였을 것으로 추정된다.
스다하치만 궁 인물화상경과 임신서기석은 한·일어의 구조상 자연스
러운 한문 수용의 첫 단계를 보여주고 있다.

신라의 임신서기석의 문체는 한국(신라)어 어순으로 한자를 쓴 '한
한(韓漢) 혼용' 문장이며, 영어로는 "I school to go."라는 식으로 쓴
것이다. 이는 한국인의 한자 수용의 첫 단계였던 것이다. 처음 외국어
를 접하고 그 일부를 자국어화할 때는 '나는 enjoy 한다.' 또는 '나는

2부 풍토와 언어에 따른 의식구조와 정신분석

love 한다.'라는 식으로 자신의 문법에 외국어의 어휘를 삽입하는 것이 자연스럽기 때문이었을 것이다.

설총(薛聰)은 중국의 중요한 고전(九經)을 이두(吏讀)와 향찰로 번역했다. 그러나 고려의 한림학사 최행귀(崔行歸)는 "설총이 정통적(正統的)인 글, 즉 사문(斯文)에 쥐꼬리를 달았다."고 비꼬았다. 이는 마치 미국 유학생이 토종 한국인의 영어 발음을 빈정대는 격이며, 고려 때에는 이미 중국 문장(漢字)을 중국식으로 읽어야 하는 것으로 믿고 있었음을 시사한 내용이다. 통일신라 이후 한국은 중국을 따르는 모화(慕華) 정책을 펼쳤다. 특히 고려 이래 과거제 등으로 중국어(한문)를 적극적으로 수용했다. 반면 일본은 과거제 없이 한자는 음(音)과 함께 처음 채택한 독법(훈)을 오늘날까지 유지해왔다. 중국어가 한국어와 일본어에 끼친 영향은 서로 크게 다르며 단순히 계산해도 소실된 가라어의 수는 야마토어에 비해 두 배 이상이나 된다. 한글로 표시할 수 있고 가나로 표시 못 하는 음은 다음의 4가지이다.

1. 말 자음(받침)
2. 자음이 두 개 이상 연속하는 어두자음군(ㅄ, ㅽ)과 농음(ㄸ, ㄲ, ㅆ, ㅃ)
3. 격음(ㅋ, ㅌ, ㅍ, ㅊ)
4. 복합모음(ㅘ, ㅚ, ㅢ, ㅞ, ㅝ, ㅐ, ㅙ, ㅚ, ㅒ, ㅖ, ㅔ)

위의 음들이 일본어에는 없고 한국어에만 있는 것은 신라 통일 이후 중국식 한자음을 적극적으로 채택한 결과이다.

고내 일본열도에서 백제인의 본거지였던 아스카(明日香)의 상터 '쓰

바키(椿)'는 백제어에서 나왔다. 동백(꽃)은 冬柏으로 쓰고 한자어로 오해하기 쉽지만 일본어는 椿, 중국어는 山茶로 다르게 쓰며 본래는 가라어였다. '동백(tongbaek)'에서 받침을 없애고 이중모음을 단모음으로 바꾸면 야마토어 'つばき(tsubaki-tobaki-토박)'가 된다. 한국인이 일반적으로 생각하는 것과 반대로 본래 우리 가라어는 일본의 야마토어와 거의 같았으나 한자의 원리적 수용과 한글 창제의 영향으로 현 가라어가 된 것이다.

tongbaek—tobaki—tsubaki

(ng—제거, ae—a, k—ki, to—tsu로 모음변화한다.)

쓰바키(tsubaki)는 더박이(teobaki)였으며 가라어의 동백은 아스카의 더박나무였음을 알 수 있다. 즉 동백은 한자어가 아닌 한국어로 '토박'이다. 이런 현상은 한국어 중에도 많이 있다. 『삼국사기』에 주몽(朱蒙)을 鄒牟(주무)로 혼용해서 쓴 것은 고대어에 'ㅇ' 받침이 없었기 때문이다. 朱蒙(chumong)보다 주모(chumo, 鄒牟)가 오래된 표기이다. 또한 '가라'는 『삼국유사』에서는 가락으로 'ㄱ' 받침이 붙는다.

가라(kara) → 가야(kaya) → 가락(駕洛, karak)

위의 바뀌는 과정에서 가락의 'ㄱ' 받침은 후세에 발생한 것으로 추측할 수 있다. 고구려(高句麗)는 일본어로 고구리(こうくり)다. 한국어 고구려와 비교했을 때 어느 쪽이 더 본래의 음에 가까운가? 서경수 교

2부 풍토와 언어에 따른 의식구조와 정신분석

수는 자세한 고대 문헌의 조사로 고구리가 원 발음이었음을 밝히고 있다. 일반적으로 현 한국어보다는 일본어가 고대 한국어에 가깝다. 현 한국어 낱말에서 받침을 제거하고 이중모음을 단모음으로 바꾸면 일본어와 공통된 단어가 상당 수 발견된다.

　고대 한·일어는 공통으로 주격조사 '伊'가 있었으므로 말자음은 伊와 결합되었다. 가령, 말이 주어가 되면 '말이 간다.'로 말자음인 받침 'ㄹ'이 소실되고 연음(連音, liaison)이 되어 실질적으로는 모음으로 끝나는 개음절(開音節)이 된다. 이남덕 교수는 ㄴ(n) 이외의 끝자음이 없는 만주어와 일본어의 중간에 한국어만이 끝말 자음(末子音 받침)을 갖는 것은 자연스러운 일이 아니라고 한다(『한국어 어원 연구』).

　이웃 두 지역에는 없는 이러한 특이한 현상은 한국어만이 과거 제 채택, 한글 창제 등을 통해 중국식 음을 받아들인 결과임을 시사한다. 홍기문(洪起文)과 김사엽(金思燁) 교수는 삼국시대까지 한국어에는 끝자음(받침)이 없었다고 주장한다. 반면 G. J. 람스테트(G. J. Ramstedt)는 오히려 일본어가 끝자음(받침)을 가질 수 있는 가능성을 주장했다. 이와 같은 상반된 주장의 공통점은 한·일어는 끝자음이 쉽게 소실되거나 첨가될 수 있음을 시사한다.

　반도와 열도 사이가 육교로 이어져 있던 8천 년 전 한반도에 거주하던 고몽골로이드족은 걸어서 일본열도로 건너갔으므로 당시 두 지역의 언어는 크게 다르지 않았을 것이다. 홋카이도대학교는 아이누어 언구의 베카이너 소상 사보 가쓰미(佐藤勝巳) 교수를 중심으로 활발한 아이누어 연구가 이뤄지고 있다. 하지만 아이누어의 계통성 문제는 현재까지의 연구 결과로는 밝힐 수 없다는 신중한 견해를 갖고 있다. 필자는 아이누인의 조상은 고몽골로이드족이며 구석기시대에 대륙에서 육교를 건너 일본열도에 건너간 족속의 후손이 일본인의 조상 조몬인(繩文人)인 것으로 믿고 있다. 따라서 아이누인은 일본열도에서 고몽골로이드어를 사용했을 가능성이 높다.

한·일어에 나타난 받침의 소실과 부활의 극적 변화는 한국어에 포함된 아이누계의 낱말에서도 볼 수 있다(김용운, 『천황은 백제어로 말한다』). 실제로 아이누어의 영향을 많이 받은 일본열도의 북단 아오모리(靑森)와 홋카이도(北海道), 규슈 남단 및 가고시마(鹿児島) 방언에는 받침이 있으며 구석기 시대의 반도와 열도에서 구몽골로이드어가 공통으로 사용된 흔적이 있다. 그 후 남방계어와 북방계어가 융합한 한반도어가 열도에 침투하면서 토착어인 고몽골로이드어는 열도의 남, 북단으로 밀려 나가게 되었다. 중앙에 있던 것이 변방에만 남는 '변경 잔존의 원리'에 따른 것이다.

한편, 삼국시대 이후 특히 조선 시대에는 한국어에 갑작스럽게 받침이 발생한다. 이는 실종된 고대 한반도어와 고몽골로이드어가 중국어에 자극을 받고 한글 창제 후 부활한 것이 아닐까 하는 추측도 해 볼 수 있다. 이와 같은 경우는 프랑스 노르만 지역의 정복군이 영국 섬에 진입한 '노르만 정복' 이후 영국 중앙부의 켈트어는 사라졌으나 변방 지역인 웨일스나 스코틀랜드에는 켈트어가 남아 있는 현상과도 같다.

일본열도에서도 고몽골로이드의 흔적이 사라지고 북단과 남단에

섬나라 일본과 영국의 공통점	
일본	**영국**
기마민족 정복(Korean Conquest)	노르만 정복(Norman Conquest)
규슈 왕자(오진왕, 무령왕)	프린스 오브 웨일스(Prince of Wales)
변경 잔존의 법칙 (고몽골로이드어의 흔적)	변경 잔존의 법칙 (켈트어의 흔적)
중국화의 포기	로마화의 포기

만 겨우 남아 있다는 사실은 매우 흥미롭다. 유라시아 대륙의 극동과 극서의 섬나라인 일본과 영국의 언어가 미묘한 공통점을 보이는 것은 이것이 세계적 현상임을 시사하는 사례가 될 수도 있다. 동서양 문명의 중심은 중국과 로마였고 섬나라 일본과 영국은 아무리 문명화되고 싶어도 중심에서 너무 멀어 스스로 자신의 문명을 갖는 풍조가 발생했던 것이다. 유라시아 대륙의 극서인 영국과 극동인 일본은 많은 공통점을 공유하고 있다.

변경 잔존의 원리는 언어뿐만 아니라 넓은 범위에 적용되어 반도에서 사라진 문물의 흔적이 열도에서 발견되는 경우가 적지 않다.

일본어에 나타나는 사유 방식

어느 나라 언어에도 욕설은 있다. 오히려 없는 것이 이상할 정도다. 그러나 일본어는 욕이 없는 예외적인 언어다. '밑씻에 엉이 싯틀어 잇

다.'는 '고토다마(言靈) 신앙'과 남을 조심하는 '가외 정신(可畏精神, 자기 분수를 지켜 강자에게 존경심을 나타내는 것.)'이 결부되어 정중어가 일반화되고 자연스레 욕이 억제된 것이다. 『만요슈(万葉集, 일본에서 가장 오래된 가집으로 약 4,500수의 작품이 실려 있다.)』에는 '일본은 신대(神代) 이래 말을 내세우지 않는 나라(万 3253)'라고 정의되어 있고 '말하지 않는다(言擧せじ).' 등의 시구가 많이 기록되어 있다. 즉 자기주장을 삼가고 가만히 있는 것이다.

'가만히 있는 것'이라는 표현에서 '가만'은 kaman-gaman(がまん(참는다, 일본식 한자로는 我慢)으로 한국어 '가만히 있어.'가 일본어 がまん gaman)이 된 것이다. 한국에는 '우는 아이 젖 준다.'는 속담이 있고 가만히 있으면 똑똑하지 못한 것으로 간주하지만 일본인은 오히려 미덕으로 여긴다.

일본의 방랑시인 바쇼도 '말하면 입술이 차가워진 가을바람이요(物の言へば唇寒し秋の風).'라고 읊었다. 이러한 문화에서 욕이 생길 리없다.

일본의 가외 정신(可畏精神)에는 끔찍한 욕이 끼어 들어갈 여지가 없다. 어두모음화로 부드럽게 말하는 것은 욕을 싫어하는 것도 같은 맥락이다.

한국의 어느 여성 작가는 『만요슈』의 내용을 노골적인 성 묘사로 해석하여 일약 유명인이 되었다. 그러나 평소 가벼운 욕도 제대로 못하는 나라의 국가적 시문집(詩文集, anthology)에 성에 관한 낱말이 노골적으로 쓰이지는 않았을 것이다. 『만요슈』는 만요가나(일본 향찰, 이

두)로 쓰여 이해하기 쉽지 않고 지금도 제대로 해석할 수 없는 수수께끼 같은 시도 있다. 이와 거의 같은 시기에 가나 문자로 편집된 시집 『고금집(古今集)』은 완전히 해독할 수 있지만 그 속에도 노골적인 성 묘사는 하나도 없다. 하지만 성에 관한 호기심은 인간의 본능으로 일본인도 예외가 아니다. 『니혼쇼키』「오진기(應神記)」의 시에는 '미나리를 뽑으려 손을 뻗었다. 사람이 있는지도 모르고 연못가에 말뚝 박으려 했으니 오오, 얼마나 어리석은 일이요.'라는 내용이 있지만 음유적이며 유머러스한 표현으로 노골적인 성에 관한 낱말은 없다. 일본어로 '변소'는 '조심'의 뜻으로 '하바카리(憚り)', 즉 '거리를 둔다, 직접 입에 올리지 못하는 곳'이라는 뜻이다. 하물며 성기에 관한 낱말은 오히려 혐오감을 주었을 것이다.

반면, 김삿갓(金炳淵, 金笠)은 거리낌 없이 성기, 배설물 등에 관한 욕을 시에 등장시키는데 이러한 한국인의 언어 감각은 오히려 카타르시스를 느끼게 한다. 전근대 조선은 철저한 유교 국가였다. 금기와 윤리 강령은 엄했으나 평등 의식이 강한 탓에 긴장도는 의외로 희박하고 욕의 종류도 다양해 서민들은 마음대로 욕을 퍼붓고는 가슴 후련해했다. 욕 없는 언어를 쓰는 일본과 욕이 많은 언어를 쓰는 한국, 양 국민은 그것만으로도 분명히 언어심리학과 정신분석학의 대상이다.

| 한국인 | 욕구불만 → 욕 → 카타르시스 |
| 일본인 | 체념(あきらめ) → 앗사리(あっさり) → 안심(安心) |

근대화 이전의 일본은 세계에서 인도 다음으로 심한 계급사회였다. 인도 카스트(caste)는 고대 이래 여러 차례의 정복으로 여러 계층이 겹쳐진 구조이다. 일본의 계급 또한 벼농사민의 원주민 정복과 이후의 기마민족 등, 여러 차례의 정복 과정을 반영하고 있다. 계급어는 정복 국가의 특징이 반영된 중요한 요소 중 하나이다. 일본어는 존중어가 발달했는데, 가령 '오시오.'라는 말 하나에도 서로의 신분에 따라 10개 이상의 표현이 있었다. '위에는 더 위', '아래에는 더 아래'에 따른 어법이 각각 있다. 해외 선교는 현지어의 학습에서 시작된다. 16세기 일본에 온 천주교 선교사 F. 자비에르는 "일본어는 악마의 언어."라면서 도저히 외국인이 배울 수 없는 것이라고 한탄했다.

전 세계에 명함 문화를 보급한 것은 일본인이다. 처음 사람을 대할 때 자신과 상대의 사회적 위치 관계를 재빨리 알아차려 적절한 언행을 취하는 것이 중요했기 때문이다. 따라서 각 계급에 어울리는 경어와 정중어가 자연스럽게 발달했다. 일본의 정중어는 한국의 경어와는 본질이 다르고 '조심어'라고 불러야 할 성질의 것이다. 심지어 '나'는 노예를 뜻하는 '보쿠(僕)', '당신'은 신(神)이라 해서 '기미(君 : 가미(神)의 동류어)'라고 할 정도다. 특히 여성어는 '여자는 남자를 따르는 것'이라는 불문율을 언어화한 것이다. 부부 간에도 여성은 남편을 '아나타(貴方)', '슈진(主人)'으로 높여 불렀고, 남편은 아내를 마치 아랫사람을 부르는 말투로 불러 부부 사이에도 계급어가 사용되었다. 그래서 일본 여성이 세계에서 가장 순종적이며 애교 있다는 평도 있다.

임금에 관련된 명사에 御(어)를 붙이는 것은 한자 문화권의 관례로

'어의, 어전' 등의 낱말이 있지만, 일본어는 대상이 사람이건 사물이건 심지어 성기나 배설물에도 '御(お)'를 붙여 만사에 정중하고 부드럽게 들리게 했다. '오(お)' 때문에 웃기는 일이 일어나기도 한다. 정중어의 '오'인지 본래부터 있는 어두의 '오'인지 구별 못 할 때가 발생하는 것이다. 가령 거스름돈은 '오츠리(お釣り)'로 'お'가 없는 '츠리'만으로도 같은 의미가 될 수 있다. '오츠리'는 정중어로 생각될 수 있고 가게 주인도 손님도 공통으로 사용하는 것이므로 과연 누가 누구에 대해 정중을 표시하는지 알 수 없다. 오츠리(お釣り)는 한국어 우수리와 동족어로 우수리-오술-오츠리(お釣り)로 변한 것이므로 정중어가 아닌 명사이다.

본래의 낱말 어두에 '오'가 있을 때는 그 위에 또 하나의 오를 붙이면 발음하기 어색해 탈락된다. 일본어의 정중어는 원칙적으로 수동체이며, 한국어로 직역하면 '당했다'를 어미에 붙이는 표현으로 외국인은 이해하기 힘든 경우가 많다. 가령 상점에는 '휴일'이라고만 써도 충분할 것에 '매우 죄송하지만, 오늘은 쉬게 해주십시오(甚だ勝手ながら今日は休ませて戴きます).'라고 쓴 표찰이 걸려 있다. 이는 '평소 당신(불특정 다수의 고객) 덕분에 장사하는데 오늘은 제멋대로 쉬게 되었으니 죄송합니다. 용서해주세요.'의 뜻으로 '상점 주인은 손님에게 몸을 맡긴 가엾은 존재'라는 입장에서 쓴 것이다.

일본어의 수동적 사고는 원리, 원칙보다는 '강의 흐름에 몸을 맡기는 유전(流轉)의 처세법', 또는 역사적 흐름의 대세에 따라 결정하는 '대세사관'과 같은 맥락이다. 이는 자신보다 큰 힘에 따라 움직이는 것이며 논리, 시비를 분명히 가를 수 없고, 그 밑바닥에는 애니미즘(animism)적 사고가 깔려 있다.

'御'를 붙이는 관습은 어두의 자음을 탈락시키거나 모음을 붙이는 어두모음화로 이어진다. 가령, 맛 masi에 m이 탈락하고 asi-aji 味(あじ), 멋 mosi에 o를 붙여서 omosi-omosiroi 面白い(おもしろい)가 되는 것이다. 이처럼 쉽게 상대를 높이는 것은 두려움이 많은 심리인 가외(可畏)정신에서 나온 것이다. 어두모음화에 따른 유연하고 부드러운 소리는 예의 바르고 친절하다는 인상을 주는데, 이는 계급사회 의식 형성에 한몫을 했다.

일본계 2세 출신 미국 언어학자 S. I. 하야카와(S. I. Hayakawa)가 쓴 흥미로운 글이 있다.

"미국 정부는 제2차세계대전 중 일본계 미국 시민을 부당하게 강제수용소에 수감하고 그동안 근근이 모은 그들의 재산을 모두 몰수했다. 그러나 일본인 2세 부대는 미군의 수많은 부대 중 가장 용맹했다. 그들은 불평은커녕 오직 미국 정부에 충성심을 보일 기회를 얻은 것에 감사하며 열심히 싸웠다." 이때 일본인이 한 말을 그대로 옮기면 다음과 같다. "군대에 가는 기회를 받았다.", 또는 "정부의 따뜻한 배려를 받는 처지가 되었다(軍隊に行かせてもらふ, 配慮を蒙るようになる)."는 등이다. 전후 강제수용소가 폐쇄되고 수년이 지나 미국 정부는 전쟁 중 압수한 재산에 대해 부분적 보상을 했다. 물론 몰수당한 것보다 훨씬 적은 액수이다. 그러나 일본인은 불평 없이 미 정부의 보상한다는 뜻만으로도 고맙다며 "이렇게까지 해주시다니." 하며 감사해했다. 가외, 추종, 수동의 어법을 쓰는 백성은 욕은커녕 항의나 불평도 제대로 할 수 없다. 그

러나 영어밖에 모르는 다음 세대는 그 부모와는 달리 고급 자동차를 몰고 다니면서도 서슴없이 '백인의 인종차별'을 비난하고 '백인 권력 구조의 타도'를 외친다(『소통의 장벽을 뚫고(Through the communication barrier)』)."

이 글에서 필자가 강한 인상을 받은 부분은 하야카와 교수가 『언어와 행동(Language in thought and action)』으로 잘 알려진 의미론 분야의 대가이면서도, 일본어와 영어의 차이에서 오는 사고의 차이를 논하지 않고 언어가 주는 사유형식을 무시하고 있다는 점이다. 만일 그가 한국어와 일본어를 비교했다면 '언어 결정론'이나 '언어와 사유'에 관한 업적을 낼 수 있었을 것이다. 외국인에게 악명 높은 야스쿠니(靖國)신사의 선물 가게는 전사한 연합함대 사령관 야마모토(山本五十六, 1884~1943) 원수의 좌우명이 쓰인 찻잔을 팔고 있다.

사나이의 수행
고통스러울 때도 있을 것이다.
말하고 싶을 때도 있을 것이다.
불만스러운 것도 있을 것이다.
화날 때도 있을 것이다.
모두 참고 조용히 가는 것이 사나이의 수행이다.

일본어에는 이러한 사유 방식을 긍정하는 요소가 다분해 미국의 일본계 2세는 일본어를 통해 그 마음가짐을 가꾸고 있었던 것이다.

04
한일의 고대 낱말

한·일어는 하나의 언어에서 출발했다. 한자어와 고유어로 구성된 이중 언어이며 한자의 비율은 한국이 75%, 일본이 52%이다. 그러나

우랄알타이어의 분포도

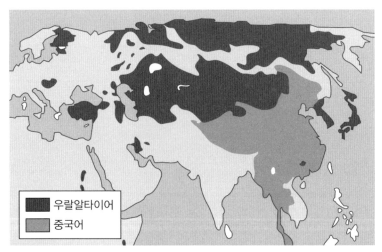

우랄알타이어
중국어

2부 풍토와 언어에 따른 의식구조와 정신분석

한·일어 낱말의 요소

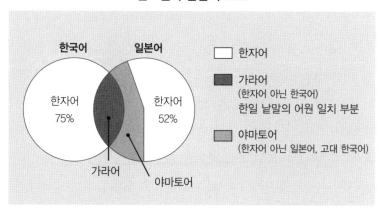

두 언어는 통사(統辭), 어휘, 형태 등 언어학의 중요 요소에서 완전히 일치하고 있다. 특히 기초어 대부분은 동류어이며 거의 하나의 언어라고 할 수 있을 만큼 비슷하다.

그러나 한일 원형이 판이한 것만큼 두 언어는 계급어, 수동태, 어두모음화, 정중어가 달라 언어학상의 기적과도 같은 현상을 보여주고 있다. 언어를 통한 민족 차원의 정신분석에 적합한 대상이기도 하다.

한·일어에는 민족이동의 발자취가 반영되어 남방계, 북방계, 중국계 등 다양한 낱말의 흔적이 있으며, 그것이 한일 민족의 인종적 요소를 밝히는 데 있어서 물리적인 것 못지않게 중요한 고고학적인 역할을 한다. 한일 고유어 가운데 가장 오래된 기초어 200여 개 중 적어도 92%가 한반도어(가야어를 포함한 신라어, 백제어)이다. 그 외에 고몽골로이드어와 조몬어(繩文, 아이누어)도 있으며 한반도와 일본열도 전 지역의 방언까지 조사 대상에 포함시키면 고대 한일 기초어는 거의 100% 가깝게 일지할 것이다.

일본학계의 최대 약점은 『니혼쇼키』 사관에 뿌리를 둔 '일본은 한반도와 관계없는 천손족'이라는 편견이며, 언어학에서도 일반적으로 한·일어는 서로 관계가 없다는 설이다. 일본 일류급 학자 중에는 '현' 서울어와 도쿄어, 심지어 처음부터 비교 대상이 될 수 없는 고유어와 한자를 대응시키면서 미국식 언어 연대학의 기법으로 한·일어 분기점을 5,000년~8,000년 전으로 계산한 학자도 있다. 양국 역사를 무시하면서, 미국 토착어 비교에 적합한 언어 연대측정법을 그대로 한·일어에 적용시키니 어처구니없는 실수가 나올 수밖에 없다. 일본에서는 도쿄어가 'NHK 아타고 방언'이라는 우스갯말이 있다. 아타고는 NHK(방송사)가 처음 있던 지명으로, 도쿄어가 일본 교육부에서 NHK 라디오로 보급한 인공어이기 때문이다. 그중에는 하루아침에 급조되어 만들어진 경우도 있다.

또한 한국어 낱말의 75%가 한자어라는 사실은 많은 가라어가 사라졌음을 시사한다. 가령, 한국어에는 '내일'에 해당하는 가라어가 소실되어 없다. 그러나 일본어에서는 아사(朝, あさ)가 단군신화에서 아사달(阿斯達)의 '아사'에 대응한다. 일본어 아시타(明日, あした)에 해당하는 가라어 낱말이 한자어 내일(來日)로 대치되었을 뿐이다. 따라서 한국어 아침과 일본어 아사(あさ)는 동류어이다. '내일(來日)'은 한자어이므로 음운상 가라어를 한자로 나타내는 '아사(阿斯)'와는 관계가 없다.

인간은 관습(법)과 모어(母語)의 공유로 민족을 형성한다. 권력은 '방언'을 표준어에 수렴하고 그 힘의 강도가 표준어의 보급 범위를 결정한다. 권력의 통제가 느슨한 시절에는 거의 마을마다 방언이 있었다. A. 단테(A. Dante)에 의하면 14세기 이탈리아에는 열네 개의 중요 방언과 천 개 이상의 갈래가 있었다고 한다(『속어론(俗語論)』). 고대 한 · 일 또한 이탈리아에 못지않은 방언 수가 있었을 것이다. 『니혼쇼키』는 마을마다 말이 다르고 그 우두머리의 중요 역할은 통역이었음을 기록하고 있다. 잦은 민족이동으로 형성된 한 · 일어의 동족어 찾기는 가능한 양국의 방언을 수집하고 비교해야 친소 관계를 밝힐 수 있다. 방언에는 고대어의 요소가 많다.

에가미 나미오(江上波夫) 교수의 '기마민족 정복왕조설'은 왜국의 제 1기 왕조가 가야 출신임을 주장하는데, 지리적으로도 개연성이 높다. 당시 한반도와 가까운 북규슈(九州)는 미국 동부(New England)의 new처럼 '뉴가야'와 같은 상태였고 왜어의 주류는 가야어였다. 오늘날 한국어를 처음 배우기 시작한 일본인의 한국어가 경상도어와 비슷한 것도 그 영향 때문이다.

김일성대학의 김석형(金錫亨) 교수는 왜국이 한반도 세력의 분국(分國)에서 출발했다는 '일본 분국론'을 주장해 일본학계에 큰 충격을 주었다. 그는 중국의 『한서(漢書)』를 인용하면서 "중국의 한(漢)에 조공한 (왜)노국왕(奴國王)은 한(韓)족 출신 아니냐?"는 조심스러운 질문을 던졌다. 왜노국은 후쿠오카(福岡)시의 해변 가까이에 있던 고대 부족국가다(『고대한일관계사(古代朝日關係史)』). 이 질문은 '초기의 토착 인디언이 뉴욕 시장이나 미국 대통령이 될 수 있을까?'라는 질문과도 같은 것으로, 왜국의 지배계급은 분화 수순이 얇은 원주민일 리 없고 가라어를 사용하는 가야인이었을 것이다.

해것, 헤메

미국 동북부가 영국인에 의해 개척되어 뉴잉글랜드가 된 것처럼 규슈 북부 지역도 실질적으로 '뉴가야'였음은 지명이나 지배자, 종교 등과 관련된 어휘에서 확인할 수 있다. 중국 한·위(漢·魏) 시대의 정사(『한서(漢書)』, 『위서(魏書)』)에는 왜국에 관한 기록이 있다. 특히 『위지』 「왜인전」에는 왕명, 관리의 명칭에 관한 어휘가 허다하게 기록되어 있다. 일본 고대사의 가장 큰 문제는 『위지』 「동이전」에 기록된 3세기 초 왜국의 야마토(邪馬台國)에 관한 실체를 밝히는 일이다. 만일 야마토 국의 언어가 한반도의 것과 전혀 관련이 없다면 『니혼쇼키』가 주장하는 대로 그들 조상은 한반도인이 아니라 하늘에서 내려온 천신(天神) 족이라고도 우길 수 있을 것이다. 하지만 야마토국의 중요 어휘는 거의가 가라어이다. 야마토국 여왕의 이름은 '히미코(卑彌呼)'이고 그 적대국의 왕은 '히구(卑狗)'인데 그 어원은 다음과 같다.

himi(히미) → hime(히메) → heme(헤메) : i — e 모음변화에 의함.

heme : he는 해(태양), me는 여자, 헤메(姬, 오메, 할메)

hiku(히구) → hiko(日子) : u — o 모음변화에 의함.

hiko의 ko는 '것'이며 일본어 '아들'의 こ(子의 뜻),

히고는 日子, 한국어의 해것

요컨대 히미—日女—姬, 히고—日子, 즉 여왕으로 한국어와 관련

2부 풍토와 언어에 따른 의식구조와 정신분석

되는 왕다운 호칭이다('—'은 대응).

야마토국 이름의 유래를 살펴보면, 천신 핏줄이 신성한 산에 내려왔다는 '천손강림(天孫降臨)'과 관련이 있다. 그 당시 인간은 산을 신성하게 여겨 신과 동일시했다. 즉 '산 = 감'이다. 실제 단군신화, 고구려 신화에는 신산(神山)이 있고 일본 나라(奈良)에 있는 미와야마(三輪山)는 그 자체가 신이다.

산 = 감	→	가미 kami	→	hami	→	ami	→	yama
				(k → h)		(어두 탈락)	(모음 충돌로 y 대치)	
								(i → a, 모음변화)

샤먼(shaman)

『삼국사기』「신라본기」에는 차차웅(次次雄)이 무당 왕으로서 자충(慈充)과 같다고 하는데, 자충은 원래 왕을 의미했다. '자(慈)'는 샤먼에서 나왔고, '충(充)'은 나중에 불교 스님 '충'으로 변했다. 양주동(梁柱東) 교수는 차차웅이 일본의 선생을 뜻하는 시쇼(師匠)와 동족어임을 지적했다. 『위지』「왜인전」의 사승(帥升)은 왕을 뜻하며 원래 북방계의 무당 '샤먼(shaman)'으로 만주어 '살만(薩滿)'과 동류어이다. 이는 「왜인전」에 등장하는 관명, 나슈미(難升米)와 관련된다. 일본 성씨 중 가장 많은 성씨인 스즈키(鈴木)와 사사키(佐々木)도 샤먼과 관련 있는 성씨이다. 신라 왕 차차웅은 무당의 내림굿에서 나무를 붙잡는 역할을 맡은 집안이다.

야마도국(邪馬台國)은 백세세의 '구노국(狗奴國)=큰노=큰나(대국)'에

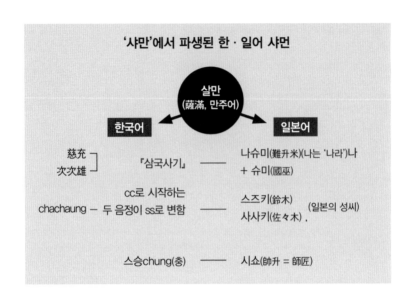

'샤만'에서 파생된 한 · 일어 샤먼

살만
(薩滿, 만주어)

한국어 → ← 일본어

慈充
次次雄 『삼국사기』 — 나슈미(難升米)(나는 '나라')나
+ 슈미(國巫)

cc로 시작하는
chachaung – 두 음정이 ss로 변함 — 스즈키(鈴木)
사사키(佐々木) (일본의 성씨)

스승chung(충) — 시쇼(帥升 = 師匠)

게 멸망당한다. 구노(狗奴)는 백제의 분국(擔魯)이었다. 『니혼쇼키』가 백제(百濟)를 '큰 나라'로 읽은 것은 '狗奴=狗盧=큰 나라'에서 온 것이다. 『위지』 「한전」에는 마한 오십여 국, 변진 열두 나라 이름이 기록되어 마한에는 盧, 奴가 붙는 이름이 많았다. 국명 끝에 盧가 붙는 막로(莫盧), 구로(狗盧) 등 6개 이외에 재로(再路), 일난(一難)이 있다. 離(Ri, Ro, No는 같은 계통의 발음이다.)가 붙는 것은 9개로, 구로국(狗盧國)처럼 로국(盧國), 리국(離國)과 같이 'ㄹ'음을 사용한 것은 『위지』를 기록한 중국인이 '나(라)(國)'를 중복해서 기록한 때문이다. 8~9세기에 편집된 일본 정사 『기키(記紀 : 고지키와 니혼쇼키)』, 『만요슈』 등은 주로 음만을 이용해 백제식으로 쓰였으므로 중국식과는 한자 표기가 다르다. 『기키』 또한 신라식 한자(향찰)가 사용되어 일본식 한자(만요, 만엽문자)와 일치하지 않는다. 그러나 음으로는 대응하고 있다. 이처럼 신라, 백

제의 향찰과 일본의 만요(万葉) 문자가 음은 같고 한자가 다른 것은 차음(借音)만 하고 한자의 뜻에는 관심을 두지 않았기 때문이다.

　J. 니덤(J. Needham)은 『중국의 과학과 문명』(11권)에서 고대 한국의 조선술 발달에 관해서 언급하고 있다. 장보고(張保皐) 시대의 항해술에 대해서는 E. 라이샤워(E. Reischauer)의 『중국 중세 사회로의 여행(Ennin's travels in Tang China, 엔닌의 일기 『입당구법순례행기』를 풀어 쓴 책.)』에 자세히 소개되어 있다. 처음 한일 간의 항해를 개척한 것은 분명히 한반도인이었다. 지금도 어촌에는 '지쇠(持衰, 재수)'에 관한 금기가 많은데 하물며 고대에는 더 심했을 것이다. 「동이전」의 기록에 의하면 왜에서 중국과 한반도를 왕래하는 배에 지쇠(持衰)를 데려간 기록이 있다.

　'지쇠는 머리 빗질을 하지 않고 이도 잡지 않으며, 옷도 갈아입지 않고 육식을 금하며 여자를 가까이하지 않는다. 마치 상중(喪中)에 있는 사람과도 같이 행동한다. 선원은 항해 중 사고가 없을 때는 지쇠(持衰)에게 많은 재물을 준다. 반대로 병자가 발생하거나 해난 사고가 있을 때는 모든 탓을 그에게 돌리고 죽일 수도 있다.'

　중국인이 왜인의 발음을 듣고 적은 것이지만 지쇠는 가라어의 '재수'와 동족어가 분명하고 次次雄(차차웅)과도 동계로 본래는 샤먼이었을 것이다. 이 내용은 잘 알려진 J. G. 프레이저(J. G. Frazer)의 『금지(金枝, The Golden Bough)』에도 소개되어 있다. 『삼국지』 「부여전」에 쓰인 '부여에시는 일기가 불순해서 흉작이 되면 왕을 죽이거나 바꾼다.'는 내용과도 같은 맥락이다. 이노우에(井上秀雄) 교수는 이를 '재해를 떠맡은 사람' 또는 '복상(服喪) 중인 사람'으로 생각한다. 재수를 한자어인 '財壽'로 생각하는 사람도 있지만(유동식, 『한국의 샤머니즘』) 그 실체는 샤먼이고 한국어의 '재수'가 분명하다. '재수 없는 사람은 뒤로 자빠져도 코가 깨진다.'는 속담이 있는 것처럼 재수는 일반적으로 '운'을 뜻하는 순 가라어이다. 持衰의 한국어 음은 '지쇠'이지만 '재수'로 변한 것이며 제비(뽑기)의 '제비'와 동류어이다. 한편 재수에 대응하는 일본어의 sachi(幸)는 재수(chaesu)가 앞뒤 음절이 바뀐 suchae의 모음변환으로 sachi로 바뀐 것으로 생각된다. 일반적으로 음절이 교환되는 현상을 언어학에서는 도치(倒置, transposition)라고 하는데 모음이 적은 일본어에서는 흔히 발생한다. 일본어 sachi(幸)는 sasi(矢)로 바뀔 수 있고 한국어 '화살'의 '살'이 된다. 옛날 사냥에서는 주로 화살을 사용했고 '살'이 잘 맞는 것은 재수로 생각했으니 살은 곧 재수였고 짐

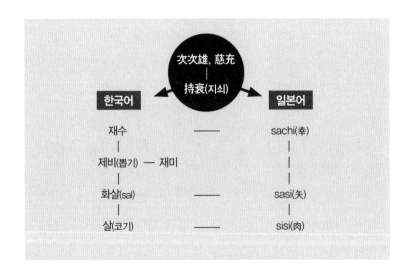

                                         2부 풍토와 언어에 따른 의식구조와 정신분석

승의 '살'코기는 일본어로는 sisi(しし)이다. 정리하면 재수를 중심으로 위와 같은 한·일어의 대응 관계를 생각해볼 수 있다.

일본 왕권과 언어의 변화

음성어는 문자의 개입으로 낱말의 의미 범위가 확실해진다. 기록상 처음 일본에 문자(한자)가 유입된 것은 402년 백제 출신 왕인(王仁) 박사로부터였지만 앞서 언급한 규슈(九州)의 소부족국들은 이미 1세기에 한(漢)나라에 조공하고 한위노국왕(漢委奴國王 : 한의 위노국왕, 위는 왜)이 새겨진 인수(印綬)를 하사받았다. 3세기에는 야마토국(邪馬台國)의 히미코(卑彌呼)가 위(魏)에 조공 외교를 벌이고 있었다. 조공 외교는 상표문(上表文)의 제출로 가능한 것이므로, 그 무렵 일본 권력층 내에는 한자가 사용되고 있었음을 의미한다.

제1기 왜 왕조가 지리적으로 규슈에 가장 근접한 한반도 국가의 분국이었을 가능성은 매우 크다. 일찍부터 마한지역은 해외(대륙)로 진출했고 열도에도 진출한 것으로 보인다. 지리적으로 북규슈에 청동기를 전한 것은 경상도 남해안 지역으로 생각하기 쉬운데, 규슈 출토품과 같은 청동기는 오히려 함평(全南咸平草浦里) 유적에서 출토되었고, 마한 지역에는 왜와 같은 문신(文身)의 풍습도 있었다. 이들 일련의 사실은 마한 지역(전남)과 규슈(九州) 사이에 밀접한 교류가 있었음을 시사하며 규슈 동부의 구노(狗奴)가 마한계였을 가능성이 높다.

한편, 비류(沸流) 백제계의 분국은 규슈 서부지역 구마모토(熊本) 지역이다. 비류(沸流)계는 곰을 신앙하여 공수에 곰 사냥이 있다. 지명

곰상 곰을 신앙의 대상으로 삼아 곰상을 사당에 안치하고 제사를 지냈다.

'웅진(熊津)'과 곰나루는 밀접한 관련을 갖고 있다. 구마모토(熊本) 일대는 히(불, 火)의 나라로 불리는데 이는 '비류(沸流)-불(火)'이다. 이곳 후나야마 고분에서 출토된 유물은 백제계의 것으로 알려져 있다.

노르만의 영국 정복(11세기) 이후 웨일스(wales) 지역의 호족들이 자기 땅에서 출생한 사람만을 영국왕으로 추대한다는 완강한 주장에 부딪혀 황태자를 일부러 웨일스에서 탄생시켰다. 에드워드 3세 이후 역대 영국 황태자는 지금까지도 'Prince of Wales'로 불린다. 민주주의와 기회균등을 내세우는 미국에서조차도 대통령만은 미국 출생자여야 하는 것처럼 왜 또한 왕만은 그 나라에서 태어나야 한다는 불문율이 있었다. 고려 태조는 신라 경순왕, 이씨 왕가의 시조 이성계는 고려 마지막 공양왕으로부터 선양(禪讓)을 받는 형식을 취하고 있다. 고대에는 새로운 왕국이 수립할 때 정통성을 중시하고 신통보(神統譜)를 곁들인 신화가 필요했다.

왜의 경우 4세기 말에 수립된 왜 제2기 왕조는 규슈의 구마모토에 근거를 둔 구노(狗奴, kuno—kuna—kunnara) 세력과 연대한 비류(沸流) 백제계의 오진(應神)으로써 제1기의 가야계 왕조와 교체된다. A.D. 396년에 광개토대왕은 곰나루(현 공주)의 비류 세력을 공격하고 전쟁

2부 풍토와 언어에 따른 의식구조와 정신분석

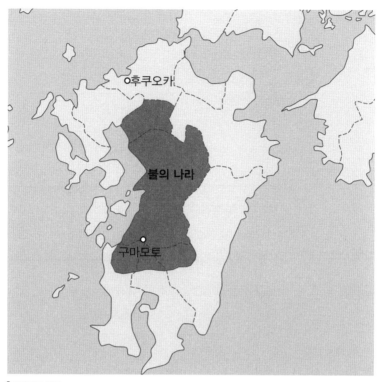

▌구마모토 지도

에서 패한 일부 세력이 일본으로 건너간다. 오진의 어머니 진구(神功皇后)는 비류(沸流)계의 왕비였으며 출산을 앞두고 배에 돌을 감아 아이를 못 나오게 하여 간신히 규슈에서 분만했다는 신화를 꾸몄다. 오진은 스스로 왜 국왕의 정통 계승자임을 내세우며 'Prince of Wales'처럼 'Prince of 규슈(九州)'임을 주장했다(『니혼쇼키』「신공기」). 그 직후 백제의 137현(縣)의 백성들이 도일하는 백제 대이동(exodus)이 일어난다. 5세기에 다시 한 번 억지로 규슈 탄생 신화가 만들어지고 온조(溫祚) 백제계의 곤시왕으로 교체되었다. 이때노 프린스 오브 규슈 신화가 있었다(『니혼쇼키』「유랴쿠키」). 비류 백제와 온조 백제계의 두 왕자가 억지로 규슈(九州)에서 태어난 것으로 기록하고 대대로 한 왕통이 이어진다는 만세일계(万世一系)로 위장한 것이다. 『니혼쇼키』에 기록된 것만으로도 가야계, 비류(沸流)계, 온조계 등 세 번의 왕조 교체가 있었던 것은 분명하다.

굿

고대 한일은 공통으로 무왕(巫王) 치하의 제정일치였고 출신 왕가의 조상을 모셨다. 백제는 고구려에서 분가했으며 동명왕의 제사를 모시고 있었다(『삼국사기』「백제본기』). 일반적으로 국신의 저주(詛呪)를 두려워해 전 왕가의 제사를 교체한 나라의 왕가에서 모시는 사상이 있었다. 열도 통일 후 왜왕이 각 호족의 제사용 의구(儀具)를 압수하고 그 딸(우네메, 釆女, 하급 궁녀)을 시켜 궁에서 그들 조상신의 제사를 모시도록 한 것도 같은 발상이다. 고대 중국에서도 나라는 멸망시켜도 국왕은 죽이지 않고 국신의 제사를 지내게 했다(貝塚茂樹, 『중국의 전통과 현대』).

10세기 초에 편찬한 일본의 법령집(法令集) 『엔기시키(延喜式)』에는 일본 왕실이 신라의 신(神) 하나와 백제의 두 신을 모신다고 기록되어 있다. 아무 이유 없이 외국의 신을 모실 리는 없다. 이들은 모두 일본 왕가에 연관된 한반도의 신으로서 제1기 왜 왕실의 신은 구노(큰 나라, 백제)에 의해 멸망한 가야계(야마토국)의 국신(오진)이다(가야는 멸망 후 신라로 기록됨). 제2기의 신은 비류 백제계의 국신이고 제3기의 신은 온조 백제계의 국신(케이타이)이다. 이들 세 신은 세 번의 왕조 교체 수

2부 풍토와 언어에 따른 의식구조와 정신분석

와 일치한다. 세 번이나 교체되었으면서도 전 왕조의 데릴사위가 된 것처럼 위장하고 전 왕조의 조상신을 계승함으로써 일본 천황가는 가야, 비류 백제, 온조 백제의 조상신을 모신 것이다.

새로 교체된 왕의 즉위식에서는 인간이 신이 되는 의식(M. 베버), 즉 '카리스마(영혼, 큧魂)'를 받아들이는 굿(의식)을 한다. 『니혼쇼키』에는 굿을 거행한 장소가 명기되어 있다. 이곳은 천손이 강림한 자리였다. 고대 한일에서는 새로운 왕가가 수립될 때 왕에게 신이 입신하는 '굿'을 한다. 가령 김수로왕은 구지봉(龜旨峯)에 강림하는데 구지는 '구시(굿)'이며, 박혁거세는 이름 거세, 즉 '구시'를 통해 왕이 된 인물이다. 일본 세 왕조의 시조는 모두 '굿'으로 왕이 되었음을 『니혼쇼키』는 기록하고 있다. 굿은 신을 달랜다는 뜻의 '고시다'로, 음식을 먹기 전에 먼저 조금 떼어 '고수레'라고 말하고 던지는 민간신앙적 행위 등 현재에도 많이 쓰이고 있는 어휘이다. 약은 일본어로 구스리(くすり, 藥)로, 굿으로 병을 고친 데서 나온 말이다. 이외에도 약초를 뜻하는 구사(く

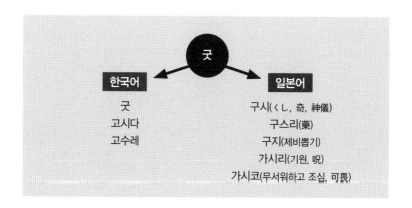

さ, 草), 굿으로 저주를 하는 데서 나온 구지(くじ, 籤, 제비뽑기), '기원하다'를 의미하는 가시리(かしり, 呪), 무서워하고 조심한다는 의미인 가시코(かしこ, 可畏) 등 신사(神事)에 관련된 낱말을 많이 파생시켰다. 이에 관한 한·일어는 낱낱이 일대일로 대응하지는 않지만 공통으로 신, 종교와 관련되어 있다.

권력의 필수 조건 중 하나로 문자에 있는 것은 글씨가 종교의식에 결부되기 때문이기도 했다. 세종대왕의 한글 창제에서도 알 수 있듯이 왕권은 언어와 문자 통일로 정통성과 권위를 가질 수 있었다. 진시황은 이사(李斯)의 진언을 받아들여 이전의 여섯 가지 글자를 정리해 하나로 통일했으며 마오쩌둥은 간체자를 통일했다. 가야계 세력을 타도한 오진왕도 같은 맥락에서 이전의 가락국식 한자(향찰)체계를 일신하기 위해 왕인(王仁) 박사를 초빙해 백제식 한문 독법과 시가(詩歌)의 보급을 함께 진행했다. 이는 왜어의 백제어화를 의미한다. 당시 백제 시가는 신에게 바치는 주문(呪文, 祝言)이었다.

왕인의 중요 역할은 백제식 향찰로 일본 만요 문자의 기초를 마련하고 일본의 한자 훈독을 백제식으로 바꾸는 것이었다. 신에게 바치는 왕인의 시 〈나부리더〉에 나오는 '나니와터에 핀 꽃이여 겨울이 가고 지금이 봄이라고 피는 이 꽃이요.'는 공식적으로 일본 최초의 시로 지목되었다. 지금도 와카(일본 정형시) 모임에서는 모임을 시작할 때 이 시를 읊는다. 일본 왕실은 이 전통을 지금까지도 고수하고 있으며 역대 천황의 중요 업무 중 하나도 '정월 와카(和歌) 모임(歌會)'을 주최하는 것이다. 최근 한국인으로서는 처음으로 손호연(孫戶硏) 여사가 참여한 것은 큰 의미가 있다. 왕인은 일본의 한자와 시가, 두 분야의 아버지로 면면히 숭앙되어왔다.

　권력 이동에 따라 왜어는 가야어의 기반 위에 백제어를 덮는 모양새가 되었다. 오진 태자의 스승 아직기와 왕인의 후손이 때때로 왜의 문교 관련 업무를 담당했으며 오경(易經, 書經, 詩經, 春秋, 禮(記)) 박사는 백제에서 3년 교대로 파견되었다. 백강전투(663년 당나라와 백제·왜 연합군과의 전투)에 패하고 백제에서 망명한 기시쓰슈시(鬼室集斯)가 학직두(學職頭, 문교장관 겸 대학 총장)가 되는 등 일본어 교육은 전적으로 백제 학자가 주도했다.

　백강전투 이후, 견당사 외교로 일본에도 당(唐)음이 들어왔으나 불교와 관계된 한자음은 지금도 백제식이다. 제3기 왜 왕조는 게이타이(繼体), 즉 온조 백제계의 곤지(昆支)로 교체되었으나 같은 백제계였으므로 제2기 오진(應神) 왕조와 언어상 차이는 거의 없었다(김용운, 『천황이 된 백제의 왕자들』). 538년에 백제를 통해 불경이 일본에 건너가고 유교, 불교가 백제음으로 보급되어 지금도 백제식, 흔히 화훈(和訓, 한자를 고유의 일본어로 새겨서 읽는 것)으로 불리기도 한다. 불교(보편 종교)는 여러 부족을 하나로 아우르게 했고 백제식 문자의 채택으로 정치·종교·언어적으로도 통일되었다. 특히 와카(和歌)의 보급으로 전 국민이 정서, 종교 양면으로 백제계 왕권에 따랐다. 8세기 일본의 정치 중심지 아스카(飛鳥)는 인구의 80~90%가 백제인이었고 문교 책임자는 백제인이 독점했으므로 결국 일본의 공용어는 백제어가 되었다. 두 백제 왕자가 왜왕이 되었고 백제를 큰 나라(구다라)로 부른 사실은 왜가 백세의 분국이었음을 증명한다.

한글과 가나가 만든 한·일어 음운 차이

한·일어가 언어학상 음운을 제외한 다른 중요 분야(통사(統辭), 형태, 의미론)가 거의 일치하는 것은 앞에서 설명했다. 그런데 왜 음운만이 크게 다를까? 지금까지 이 사실을 지적한 사람은 없었으나 한자를 차용(借用)한 향찰과 이두는 일본의 만요 문자와 거의 일치하고 두 나라가 그것을 같이 사용하고 있던 시대에는 당연히 음운까지도 같았다. 한·일어에 음운 차이가 생긴 이유는 표음문자 한글과 가나의 차이에 있는 것이 분명하다.

'음운과 표음문자'의 관계는 '구두와 발'의 관계와도 같다. 한글은 한국어 음보다 넓은 음운 범위를 갖고 현실에는 없는 음까지도 표기할 수 있다. 비둘기 집이 비둘기 수보다 많으면 새로 태어난 새끼는 분가할 수 있지만 반대의 경우에는 한 집에 둘 이상 함께 살아야 한다. 엄격한 일 가구 일 주택 원칙은 주택 수가 가구 수와 완전히 일치할 때 가능하다. 새로운 대상이 나타나거나 한 낱말이 새로운 의미를 갖게 될 때면 음운 종류가 많은 한글은 구별해서 표기할 수 있고 계속 새로운 낱말을 파생시킨다. 본래 한국어는 어두의 'l, r(ㄹ)'음이 없으므로 탈락시키거나 'ㄴ' 음으로 대체해왔으나 한글로는 표시 가능하다. 북한에서는 『훈민정음』에 따라 어두 'ㄹ' 음을 원칙대로, 리두(吏讀), 류역(流域), 로동(勞動) 등으로 발음한다. 남한 역시 李, 柳, 劉, 盧(魯) 등의 성씨를 리, 류, 로 등으로 읽는 사람도 있다.

문자 음이 있으면 그 음을 이용한 낱말은 그대로 존속할 수 있고 반대로 문자 음이 없으면 그 음은 다른 음으로 변할 수밖에 없다. 가

    2부 풍토와 언어에 따른 의식구조와 정신분석

나 문자는 5모음밖에 없었고 그것이 만들어지기 이전의 만요 문자는 8모음체계였다. 하지만 가나의 사용으로 5모음체계에 억지로 적응함으로써 마치 전족(纏足)당한 발 같은 일이 일본어의 음운 공간에 발생한 것이다. 일본인이 あいうえお 등 50음의 틀 속에서 언어생활을 강요당한 시기는 10~11세기 왕조정치의 난숙기였다. 이 무렵 궁중 여성들은 『겐지모노가타리(源氏物語)』를 비롯한 여러 작품에서 좁은 음운 범위음을 미묘하게 변화시켜 이전에 없던 새로운 낱말을 대량생산하고 세계 최초의 연애소설을 만들어냈다. 이 현상은 주어진 조건에 순응하면서 새로운 것을 만들어내는 일본식 지혜의 또 하나의 사례이기도 하다.

한편, 비슷한 시기의 고려는 과거제를 채택했다. 시험에는 모범 답안이 있고 특히 과거제의 문안은 한자였으므로 중국 음이 표준이었다. 과거제 채택에 따라 한국어에 중국 한자음이 적극 수용됨으로써 음운의 범위는 폭발적으로 늘어났다. 이두나 향찰은 일본 가나의 초기 단계의 것과 30% 이상이 공통되지만 늘어난 음운에 도저히 대응할 수 없었으며 한글을 창제한 목적 중 하나도 중국 음의 표기를 위해서였다. 일본어 음이 만요음의 8모음체계에서 '가나' 5모음으로 줄고 한국 음은 한글 창제로 팽창하는 음운을 표시함으로써 양 국어는 전혀 별개의 음운 범위를 갖게 되는 극적인 현상이 나타났다.

최근 쇼와(昭和) 천황의 일기가 발표되었다. 일기에서는 어머니를 おもうさま(omo+sama)라고 쓰고 있다. 이는 천황가에서는 백제어 '어머'가 그대로 'omo'로 이어지고 있음을 여실히 보여준다. 필자가 『천황은 백제어로 말한다』라는 책을 출간한 것은 과장이 아니다. 일반

적으로는 어머니를 가가, 하하 등으로 부르지만(가라어 '각시' kaksi —
kaku(si) — kaka — haha はは) 안집은 오모야(母屋)라고 한다.

한·일어는 어휘를 증식하는 방법이 다르므로, 낱말 비교는 단순한
낱낱의 관계가 아니라 어족(語族) 사이의 대응 관계에 주목해야 한다.
같은 음표문자지만 한글은 이중모음, 농음, 격음 등의 음소(音素)를 가
지고 새로운 낱말을 적극 파생시키며 이전에 없던 다양한 중국음도
거뜬히 소화해낸다. 부모가 있어야 자식이 있는 법, 종자 없이 나온
것은 없다. 낱말도 마찬가지로 한글은 음을 음소로 분해함으로써 새
로운 낱말을 만들어갔다.

한편, 일본어는 좁은 음절 범위 때문에 대신 한자를 '훈(訓)'으로 다
양하게 읽고 의미를 넓혀서 새로운 낱말을 만들어갔다. 가령 '생각
하다'의 일본어 'omou(思ぅ)'는 원래 가라어의 '얼굴'과 관련된다. 즉,
'나는 너를 '생각한다.'를 '나는 어머니 얼굴을 떠올렸다.'고 해서 우리
말 '얼'의 oru(eu-o)—일본어 '얼굴' omo(u), 한자 面으로 표시한다.
omo(u)를 표시하는 한자는 8세기의 문헌에는 念, 思, 想, 憶, 欲, 疑,
懷, 謂 등 8개 정도였으나 계속 늘어 12세기의 사전 『메이기쇼(名儀抄)』
에는 67개나 된다. 하나의 낱말 음을 60개 이상의 한자 뜻에 대응시
키는 능력은 외국어를 소화하는 데 효과적이다. 오늘날 일본이 번역
왕국이 된 것은 한자를 일본어로 번역해온 오랜 훈련의 결과이다. 근
대화 이후 철학, 경제학 등 거의 모든 서양 학술어를 한자어로 번역하
고 본고장 중국까지 역수출한 것은 한자의 훈을 유연하게 구사해온
역사 때문에 가능하다. 일본인의 특기인 '외국 문물의 자기화'는 번역
에서 가장 투철하게 발휘되었으며 일본인의 사유 방식에 큰 영향을

2부 풍토와 언어에 따른 의식구조와 정신분석

주었다.

　일본 가나는 음절(音節)문자로서 'n(ん)' 이외의 말자음(末子音)은 모두 모음으로 그치는 개음절(開音節)의 낱말만을 기록할 수 있다. 한·일어의 엄청난 음운 차이는 음소 표음문자 한글과 음절 표음문자 가나의 발명 결과다. 음소는 음절의 구성 요소로서 얼마든지 결합할 수 있으므로 음절문자보다 훨씬 다양하게 표현할 수 있다. 고대 일본의 만요 문자(萬葉文字)와 이두 문자는 음운 수가 같으며, '가나'는 만요 문자의 加에서 '口'를 없애 力를 만든 것처럼 한쪽을 제거한 음절이므로 음운을 늘리지 못했다. 한편, 한글(음소)은 결합 방법이 무제한이며 실제로 일본어의 30배 이상의 음운을 쓰고 있다. 일본어의 52~54%가 한자어이면서도 음운이 전혀 변치 않는 것은 음절문자의 성격상 처음 정해진 범위 이상의 음운을 표시할 수 없기 때문이다. '일본어는 하나의 한자에 다양한 훈을 붙이고, 한국어는 반대로 음소를 다양하게 구별하여 낱말이 늘었다.' 이 사실을 전제로 한일 동족어를 찾는 데 실마리를 얻을 수 있다.

　일본의 저명한 언어학자 호리이(堀井令以知) 교수는 한·일어는 "낱말과 문법의 일치가 적고 음운 대응 법칙이 없다."고 주장하는데, 이는 한·일어의 역사적 관계를 잘 몰라서 생긴 오해이다. 한국어를 무시하고 일본어만 연구한 결과 그런 결론을 얻은 것이다. 한·일어는 음운의 차이만 있을 뿐 동사, 형태, 어휘 면에서 거의 동일하다.

하나에서 시작한다

일본어에 '하나에서 시작한다('はな'から始める).'는 표현이 있다. 이때 '하나=はな'는 가장자리(端)의 '가, 갓'으로 사물이 일렬로 늘어져 있는 상태에서 '가에서부터 시작하자.'로 해석된다. 시조 창시자를 비조(鼻祖)라고도 하는데 이는 처음 시작한 사람이라는 뜻으로 코(鼻)에는 처음 1번이라는 뜻이 있다. '하나'는 물건의 개수 하나이자 순위 '1번'이기도 하다.

한일의 수사는 영어의 개수 one, two, three…, 순위 first, second, third…와는 달리 양과 순서를 구별하지 않는다. 음운의 종류가 적은 일본어는 숙명적으로 같은 음에 여러 의미를 붙이고 다른 한자로 표시해왔으므로 이자 동음(異字同音)이 많다. 같은 음을 갖는 다른 한자어를 골라 한국어와 대조하면서 동족어를 찾을 수 있다.

가령 'はな'의 뜻으로는 코(鼻)와 꽃(花)이 있다. 코는 얼굴에서 튀어나온 부분이고 모양이 엄지손가락과 같다. 줄기의 끝에 튀어나온 꽃은 공통적으로 일(1), 하나의 가(端)에 있다. 비조(鼻祖)는 창시자, 첫째 조상이라는 뜻으로 코(鼻)가 제1번이라는 것도 그 때문이다. 또 바다에 튀어나온 육지를 '곶(串)'이라고 부르는데 일본 지명 구시모토(串本)는 '곶'의 밑부분 지역이 된다. 한·일어는 공통으로 h음이 k로 변할 수 있다(예 : 칭기즈한→칭기즈칸). 화(花), 비(鼻), 가(端), 갑(岬), 곶(串)의 공통점은 나무, 얼굴, 육지 등 의미의 차이는 있어도 모두 가에서 튀어나온 것으로, 가에 붙어 있다는 것이다. 곶은 일본어로 '구시'이다. 남자아이가 태어나면 대문에 새끼줄을 치고 고추를 끼어 달아 놓는 것은 고추가 남성을 상징하기 때문이다. 또한 穗(이삭, ho)—鉾

2부 풍토와 언어에 따른 의식구조와 정신분석

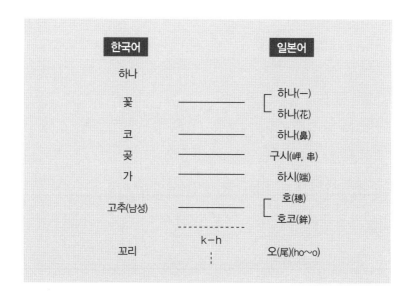

(창, hoko)—고추는 공통으로 튀어나온 것을 나타내는 동류어다. 고대 한·일어에서는 이들 모두 같은 낱말이었다.

길게 뻗어 있고 무언가 끝에 붙는 것에 대한 한국어는 꽃, 코, 곶, 가 등 'ㄱ＝k'음을 다양하게 표기하며, 일본어는 一, 花, 鼻, 串, 端, 尾, 穗, 鉾 등 어두가 대부분 h인 다양한 한자로 표시한다.

한글과 가나의 차이

한국어 모음은 21개(단모음 10개, 이중모음 11개)로 일본어 5개, 만주 어 12개, 몽골어 12개에 비해 압도적으로 많다. 이 현상은 조선만이 중국음을 적극적으로 수용한 결과로밖에 설명할 길이 없다. 일본어 학의 대가 오오노(大野晋) 교수는 "일본어의 모음 수는 8세기(만요 문 자를 사용한 나라 시대)에 8개, ㅗ 이선에는 4개, 9세기(가나 문자 발명) 우

에 지금의 아(ア) 이(イ) 우(ウ) 에(エ) 오(オ) 5개로 정착되었다."고 말했다. 또한 "중세(11~12세기) 이후 8개에서 5개의 모음으로 감소한 것은 일본인의 아래턱이 작아진 결과 발생한 현상이다."라며 궁색한 설명을 했는데, 이는 전혀 이해할 수 없는 주장이다. 누구나 태어난 나라의 언어를 완벽하게 습득할 수 있다. 불과 백 년 사이에 일본인의 모음이 3개나 감소할 만큼 발성기관이 달라진 것은 과연 얼굴 골격이 달라질 만큼 다른 유전자가 개입했기 때문일까? 이것 또한 일본 학자의 만화적 발상이다. 모음 수의 갑작스러운 변혁은 권력의 교체, 아니면 국가적인 어문 정책, 또는 인구 요소의 변화 때문일 것이다. 그중에서 4개의 모음이 8개가 된 것은 백강전투 이후 백제인이 도일한 결과로밖에 생각할 수 없다.

또한 일본 모음이 8개에서 5개로 감소한 것은 일본인의 신체적 조건의 변화했기 때문이 아니고 어문사적 사건에 그 이유가 있다. 이 무렵 일본어 문자는 만요(향찰)식의 음, 훈을 나타내는 만요 문자(萬葉文字)에서 '가나'로 바뀌었고 그중 16개 정도는 신라의 구결 문자와 같다. 50음으로 된 문자(가나)의 완성으로 음성언어가 문자(가나)언어로 옮겨진 것이다. 만요 문자는 모음이 8개이므로 가나의 모음 아(ア), 이(イ), 우(ウ), 에(エ), 오(オ) 5개로는 정확히 일대일로 대응하지 않는다. 일본어 모음이 8개인 것은 음성으로 듣고 판단한 것이 아니라 천 년후 학자가 만요 문자에서 골라낸 것이다. 만요 문자로는 미묘한 음운차를 나타낼 수 없었거나, 또는 있다 해도 판별하지 못할 수도 있었을 것이다. 고대 일본 모음의 실체가 정확히 8개라는 것도 알 수 없는 일이다. 반면 한국어의 모음은 현재 21개인데, 이중모음 11개를 제외한

228   2부 풍토와 언어에 따른 의식구조와 정신분석

10개가 백제어의 모음 수였던 것으로 추측된다.

일본의 유명한 교수 와타나베(渡辺昇一)는 일본이 한국보다 500년 앞서 고유문자를 만든 우수 민족이라고 자랑하지만, 사실 가나는 향찰에서 졸속적으로 개조되면서 불완전한 문자가 되었다. 일본어는 음성어와 문자어가 다른 것도 있고 국명도 '닛폰'과 '니혼' 두 개인 세계에서 유일한 나라다. 처음 가나 문자는 47자밖에 없는 이로하(いろは歌)로 시작했다. 이로하 문자에는 つ(促音), ん(撥音)이 없어 '닛폰'(にっぽん)'을 '니혼(にほん)'으로 썼다. 한자로는 '日本' 하나이지만 가나로는 처음에 '니혼', 그리고 50음이 완성되자 '닛폰' 두 가지가 되었다. 요컨대 가나 문자의 불완전성 때문에 당시 일본어를 정확히 나타낼 수 없었고 두 개의 국명을 갖게 되었던 것이다. 일본의 화폐 단위는 가나어로는 엔(en, えん)이고 로마자는 yen으로 서로 다르다. え(e), お(o), う(u)는 다음과 같이 두 개의 한글 음에 대응한다.

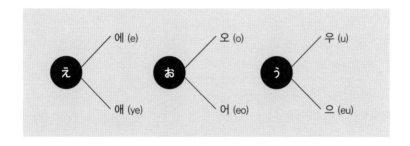

사라진 일본어 속의 신라어

고명한 시라토리(白鳥庫吉)와 핫토리(服部四郎)를 비롯한 수많은 일본

학자는 한·일어는 자매어(동류어)도 아니고 한국어로는 일본 고대 시가를 절대로 해석할 수 없다고 공언했다. 그렇다면 현대 일본어로는 일본의 고대 시를 완전히 읽을 수 있을까? 제1장에서 소개한 〈수수께끼의 시〉는 일본어만으로는 해석하지 못하고 한국어를 참조해야지만 해석이 가능하다. 대부분의 일본 학자가 일본의 언어와 역사가 한국과 가깝다는 사실을 반대하는 것은 선입견 때문이다.

한국어 학계에서는 백제어와 신라어의 관계를 방언의 차로 보는 관점과 전혀 통하지 않는다고 보는 두 가지 견해가 있는데, 필자는 방언 차로 생각한다. 일본에서 신라어가 백제어에 밀려간 사실을 시사하는 사건도 있었다. 백강전투 100년 후 일본이 신라와의 전쟁에 대비해 신라계의 집단 거주지인 동국(東國, 도쿄 지역)에서 신라 통역관 20명을 선발했다는 기록이 있다(『니혼쇼키』). 백강전투 당시만 해도 신라어가 일본에서 통했으나 100년 동안에 왜어(백제어)는 소통할 수 없을 만큼 변화한 것을 의미한다. 이는 언어가 정책에 따라서 3세대 정도면 완전히 바뀔 수 있음을 보여준다.

05

한·중·일의
의식구조

모순과 차이

　상인이 어떤 창도 뚫을 수 없는 방패와 어떤 방패도 뚫을 수 있는 창을 시간을 두고 선전할 때는 모순이 아니다. 어제는 방패의 이야기를 하였고 오늘은 창의 이야기를 했다면 논리보다는 시간의 문제이다.

　조삼모사(朝三暮四)의 고사는 아침에 3개, 저녁에 4개의 먹이를 준다고 했을 때 화낸 원숭이가 아침에 4개, 저녁에 3개(朝四暮三)라고 하니까 만족하였다는 이야기다. 현실적인 중국인은 지금(저녁)을 그때(아침)와는 다른 것으로 생각한다. 한국에는 '우선 먹기는 곶감이 달다.'는 속담이 있다. 곶감 종자는 싹이 나오지 않는 것으로, 후일은 아예 생각하지 않는다는 뜻이다. 한국인이 '나중에 보자.'는 말을 안 믿듯, 지금을 중요시하고 후일을 생각하지 않는 것은 그만큼 각박한 역사를 많이 겪었기 때문일 것이다. 심지어 '얼어 죽기보다 명주 바지에 오줌 싸기.'라는 속담도 있다.

중공의 바이블, 마오쩌둥의 『모순론』에서는 모순을 차이로 보고 '부르주아와 빈농은 모순이 아니라 차이가 있을 뿐이다.'라고 했다. 그는 중국의 다양한 계층의 존재를 인정하되 적과 동지의 차이는 중요하나, 그것도 상황에 따라 결정되는 것으로 생각했다. 6·25전쟁 때 손바닥만 보고 노동자와 지식계급을 분류한 한국의 공산주의자는 운동선수의 손을 보고 '동무!' 하며 반가워했다는데, 마오쩌둥의 사고라면 그런 코미디는 발생하지 않았을 것이다. 한국인은 원리주의적으로 창과 방패 중에서 하나만 택한다.

중국인이 모순을 대립보다 차이로 보고 유교, 도교, 불교까지 공존시켜 온 것은 '천사와 악마'로 이분한 서구의 지적 풍토와 크게 다르다. 중국인의 논법에 따르면 천사는 악이 적고 선이 많은 것, 반대로 악마는 악이 많고 선이 적은 것으로 이해한다. 서양에는 없고 동양에만 있는 병풍화의 두루마리 그림은 장면마다 화제(畵題)가 다르며, 하나의 주제도 보는 위치에 따라 달라진다. 한 관점에서만 보지 않고 여러 관점에서 보는 것이다. 따라서 고정된 한 가지 관점에서만 보는 서양의 원근법과 같은 것이 발생할 수 없었다.

일본인은 아예 모순에 갈등을 느끼지 않는다. 최고의 검술 명인 미야모토(宮本武藏)는 각각 짧고 긴 쌍칼(二刀流)을 사용하는 것으로 유명한데 일반적으로 일본인은 창이든 방패든 서로 반대되는 것도 그때그때 편리한 것만 쓰면 된다고 생각한다. 고대의 천황제를 수백 년 만에 복위시킨 이토 히로부미(伊藤 博文)는 명치 헌법 제정에 앞서 다음

2부 풍토와 언어에 따른 의식구조와 정신분석

과 같이 말했다. "우리나라(일본)는 종교적인 신념이 미약해서 국가적 중심이 될 만한 사상이 없다. 한때 불교가 융성하여 상·하의 유대를 유지했으나 오늘날에는 쇠퇴하였다. 신도는 조상의 유훈(遺訓)에 기반에 두고 있으나 종교로서는 인심을 모을 정도는 못 된다. 아무것도 없으니 살아 있는 천황 중심으로 헌법을 만들어야 한다."

또한, 일본 국학(國學)의 창시자 모토오리(本居宣長)는 일본 정신을 두고 "신도, 유교, 불교 중에서 어느 것이든 효과적이면 된다. 그때그때 편리한 것을 택하는 것이 일본 정신이다."라고 큰소리쳤다. 일본에서는 모순이란 아예 존재하지도 않으며 창과 방패는 항상 같이 쓰인다.

모순에 대한 한·중·일의 태도

한국	일편단심으로 창이면 창, 방패면 방패 하나만 있다.
중국	모순을 그대로 받아들여 창과 방패를 따로 본다.
일본	모순을 생각하지 않고 창과 방패를 양손에 든다.

경(經)과 권(權)

'경(經)'은 사서오경(四書五經)이나 불경과 같이 근본이자 원칙적으로 변할 수 없는 것을 의미한다. 반면 권(權)은 저울과 무게에 따라 눈금 자리가 바뀌는 것처럼 상황에 따라 행동하는 것을 말한다. 유가(儒家)는 "권이 경에 반대함으로써 오히려 좋은 결과가 나온다."고 말했다. 유교의 경전 『예기(禮記)』에는 '여자가 남자에게 물건을 전할 때는 일단 땅에 놓고 전하라.'는 구절이 있다. 순우곤(淳于髡)은 평소 맹자가 고상한 말만 하는 것이 못마땅했다. 그래서 어느 날 맹자를 골탕 먹일 심보로 "이성 사이에 손을 잡아서는 안 된다는데 만일 형수가 물에 빠졌다면 어떻게 할 것인가?"라고 물었다. 그러자 맹자는 "여자의 손을 잡아서는 안 된다. 하지만 물에 빠진 형수를 구하는 것은 권(權)이다."라고 대답했다. 순우곤은 맹자가 그렇게 답할 것을 알고 있었다. "지금 천하가 위기에 처해 있다. 당신은 권력자(諸侯)가 예(禮)를 갖추지 않기에 정치를 안 한다면서 왜 물에 빠진 백성의 손을 잡아주지 않는가?"라고 따졌다. 맹자는 "천하가 위험할 때는 도(道)로 구하고 형수가 물에 빠지면 손을 잡아 구한다."고 답했다. 이 이야기는 '경과 권'의 양안(兩眼)적 기준을 의미한다. '원칙과 편법'에서 원칙에 모순되어도 상황에 따라 편법으로 대응하라는 내용이다.

한국인은 하나만을 고집하여 의복도 흰 색깔 하나인 '백의민족'을 자랑하고 일편단심(一片丹心)의 미학에 도취한다. 판소리 『춘향전』의 '송죽 같은 굳은 마음 철석같이 변치 마소.'라는 대목에는 나도 모르게 눈물을 흘린다. 같은 성리학인데도 대의명분에 중심을 둔 주자학만을 신봉하고 양명학은 이단으로 보며 불교를 배척했다. 또한 산학, 천문 등을 잡학으로 천시했고 과학자나 예술가 역시 멸시했다. 대부분 조선 시대 지식인들의 재야 생활은 한 가지 패턴이며 맹자(孟子)의 말을 따라 '천하의 낙은 우수한 후생을 가르치는 것'으로 서원을 마련하고 유학을 보급하는 것을 이상으로 삼았다.

조선 전통 사회는 원리주의로 매사에 '안 되는 것은 안 된다.'는 입

2부 풍토와 언어에 따른 의식구조와 정신분석

장이었으나 현실에서는 원칙이 통하지 않는 일이 발생하는 것이 보통이다. 조선 시대에는 권(權)이 있을 수 없었다. 그러나 경(經)만으로는 살아갈 수 없는 것이 인간사이다. 유교에서는 여성이 두 남편을 섬기지 못 하도록 했다. 그러자 과부는 정절을 지키려 했으나 밤에 담 넘어온 사나이에게 보쌈을 당했다는 구실이 생기면 재가가 허용되기도 했다. 이때 가족이나 마을 사람들은 알고도 모르는 척한다. '수염이 대자라도 먹어야 양반이다.', '눈 가리고 아웅.'이라는 속담이 있듯이 원리주의 사회의 현실에서는 이러한 보쌈식 사고가 발생할 수밖에 없다.

병자호란은 또 다른 원리주의의 모순을 여지없이 폭로한 사건이기도 했다. 병자호란은 '국력으로는 나라를 수호할 수 없으면서도 오랑캐에게 사대할 수는 없다.'는 모순을 낳았다. 원리주의가 자초한 비극이자 희극이었다. 마지막까지 지조를 지키려 했으나 과부가 보쌈을 당해야 재가하는 것처럼 왕 자신은 유연한 외교를 하고 싶어도 못 하여 결국엔 무력에 눌려 오랑캐에게 무릎을 꿇었다. 왕도 당하는 처지에 백성은 말할 것도 없다. 수많은 조선 여인이 오랑캐에게 끌려가 욕을 당했다. 여성을 보호하지 못한 남자들은 오히려 몸을 더럽히고 돌아온 아내를 구박하며 외면하려 했다. 이때 조선 왕은 딱한 처지에 놓인 여인들을 위해 서대문 밖에 목욕탕을 만들어 한 번 들어갔다 나오면 깨끗하게 된 것으로 정해 안타까운 처지의 여인들을 구하고, 그곳에 넓게 구제한다는 뜻의 홍제(弘濟)라는 이름을 지었다. 문명의 정통 계승자를 자처한 조선이지만 힘으로 오랑캐에게 맞설 수 없었던 것이 병자호란의 비극이다.

일본인은 상황에 현실적으로 대응한다. '표면과 속은 따로 있으며' 원칙은 처음부터 없고 좋은 것이 좋은 것이다. 유교적 영향도 받지 않아 이성 간의 예가 없고 사촌 간의 결혼은 보통이며 죽은 언니 대신 동생이 형부와 결혼하는 것도 흔한 일이다. 정복 개척 전쟁이 일상적인 일본에는 '무너진 창고 기둥을 다시 세운다.'는 뜻의 그라나오시(庫直し)라는 말이 있다. 형이 동생의 젊은 미망인을 얻을 수는 없지만 동생이 전사한 형의 부인, 형수를 맞아 조카들을 돌보는 것은 미담이 될 수 있었다. 이는 본래 전쟁이 흔한 기마 민족 사회의 미덕이다. '기마 민족 정복왕조설'의 이동 경로를 생각하면 한반도에도 충분히 있을 수 있는 일로 생각되지만 조선은 철저한 유교국이 되어 그런 사고는 완전히 사라졌다.

원리와 타협에 대응하는 한 · 중 · 일의 자세	
한국	원리 · 원칙 ↔ 보쌈적 사고
중국	경(經) · 권(權) ↔ 현실적 판단
일본	겉과 속 ↔ 원래부터 현실적인 선택

유교와 정치

유교와 공산주의의 관계는 유교와 자본주의의 관계만큼이나 심각한 모순을 야기한다. 마르크스는 기존 질서를 부정하고 종교를 아편

2부 풍토와 언어에 따른 의식구조와 정신분석

으로 매도했으며 중국이 정체(停滯)되는 이유 중 하나가 유교 때문이라고 비난했다. 하지만 공산주의와 유교는 겉보기와 달리 정치 제일주의라는 면에서 가치의 기반이 같다. 현존하는 공산주의 국가가 한때 유교 국가였던 중국과 북한인 것은 우연이 아니다.

사람마다 돈, 권력, 종교 등 인생의 목표가 되는 것을 '가치관'이라고 하는데 돈보다는 종교나 가족이 인생의 목표인 사람도 있다. 어느 쪽이 좋거나 옳다고 객관적으로 판단할 수는 없다. 공산주의와 유교는 '오로지 정치만을 최고의 가치'로 삼는 중요한 공통점이 있다. 유교는 도덕에 큰 가치를 두면서도 도덕이 최종적인 목적은 아니었다. 유교의 주요 경전 『대학(大學)』에 나오는 '수신제가치국평천하(修身齊家治國平天下)'에서 수신은 출발점에 불과하고 제가는 그다음이며 궁극적 목표는 치국, 곧 정치에 참여하여 세상을 다스리는 것임을 의미한다. 치국평천하(治國平天下) 사상은 정치만이 최고이고 수신은 물론 과학, 예술, 학문, 문학, 종교 등은 그 밑이라고 본다. 모두 그 자체로서는 별 가치가 없고 정치를 위한 한낱 수단에 불과한 것이다.

조선 시대의 대표적인 문학인 『심청전』, 『흥부전』, 『춘향전』 등의 주제는 효제(孝悌), 정절(貞節) 등 유교적 덕목으로 유교의 곁다리 역할을 했다. 일반적으로 유교가 성하면 문학, 과학 등이 쇠퇴할 수밖에 없다. 조선은 주자학이 성행한 만큼 다른 분야는 빈약해질 수밖에 없었다. 조선 말기에서 일제강점기에 간행된 딱지본은 마분지에 인쇄된 20~30매 정도의 책으로 보잘것없는 표지 그림이 당시의 문화 수준을 상징하고 있다. 공산국가의 그림이 노무 포스터와 같은 수준인 것도 마찬가지다. 문학, 예술 등은 정치도구로서만 존재하기 때문이다. 공산주의의 최종 목표는 프롤레타리아 독재로, 인민대중을 위하고 사회정의를 실현하면서도 최종 목적은 오직 권력이다. 유교와 공산주의 사회에서는 정권을 잡은 사람을 학문과 수신제가의 과정을 완성한 사람으로 간주한다. 유교 국가의 왕이나 공산국가의 서기장은 한결같이 학문, 운동, 전술 등 무엇이든 최고의 재능을 가져야 하기 때문에 북한의 김일성, 김정일, 김정은이 만능 천재로 우상화될 수밖에 없다.

김일성 체제의 역사는 짧지만, 김일성은 조선 주자학을 교묘하게 공산주의에 접목해 강력한 왕조 체제를 수립했다. 많은 이들은 북한 내부가 쉽게 붕괴될 것으로 기대하지만, 조선이 500년 동안 주자학의 통치에서 형성한 원형을 이어왔으니 외부로부터 자유(민주주의)의 바람이 들어온다 해도 모순에 이미 둔감해져서 어지간해서는 쉽게 무너지지 않을 것이다. 조선 시대엔 과거제로 현실에 참여하는 것이 엘리트(선비)의 바람직한 생활이었던 것처럼 북한인에게는 당원이 되어 바로 정치에 참여하는 것이 순탄한 인생길이다.

공산주의와 주자학의 또 하나의 공통점은 논리주의적 사고이다. 논리로 진리에 도달할 수 있다는 신념으로 청산유수의 말을 논리로 착각한다. 원래 공산주의는 그리스 이래의 변증법을 집대성한 헤겔의 논리학을 마르크스 유물론으로 꾸민 것이다. 주자학에 양이론(攘夷論)을 곁들여 정밀한 논리로 훈련된 사고는 반동 규탄을 위한 공산주의 수용에 안성맞춤이다. 필자는 해방 직후 "동무, 나랏일 같이합시다."는 말 한마디에 눈빛이 달라지면서 공산주의에 물들어 가는 젊은이들을 많이 보았다. 『공산주의 ABC』가 성경화되고 조선의 오랜 유교 사회가 형성시킨 논리 선호 성향이 그대로 되살아났다. 주자학과 공산주의 사회는 '침묵은 금'이 통용되지 않고 '웅변은 똑똑한 사람이 되는 출세의 지름길'로 본다. 공산주의 사회의 열기는 본질적으로 조선 시대의 주자학에 대한 열풍과 다름없고 원형론에서 본 해방 직후의 한국은 공산화되기에 매우 쉬운 사회였다.

노장사상

도교는 노장사상이라고도 하고 시조는 노자와 장자로 유교와는 반대의 입장이다. 진리와 혼돈에 대한 장자의 유명한 글이 있다.

"남해(南海)의 임금 숙과 북해의 임금 홀이 중앙의 임금 혼돈을 만나 융숭한 대접을 받았다. 숙과 홀은 혼돈의 은혜에 어떻게 보답할지를 의논했다. 사람에게는 누구나 눈, 귀, 입 등 일곱 구멍이 있어서 보고 듣고 먹는데, 혼돈에게는 그게 없었다. 그래서 "구멍을 뚫어 주자." 하고 날마다 하나씩 뚫었는데, 7일이 지나자 혼돈은 죽고 말았다(『장자』)."

이 말의 의미는 '진리는 혼돈의 상태에 있는 것이지만 일일이 구멍을 뚫고 분석하면 본질을 놓칠 수가 있으니 분석보다는 종합적으로 판단하라. 사소한 일을 가리지 않는 데서 본질을 유지할 수 있다.'는 뜻이다. 일일이 따지지 말고 두리뭉실하게 넘어가자는 생각은 법의 개념에 잘 나타나 있다. 한자 '法'은 水와 去의 합성어로 '물'에 따라가는 것을 나타낸다. 한국 속담에 '법에도 눈물(水)이 있다.', '칼로 물 베기.'라는 말이 있는 것처럼, 법이나 신도 모든 것을 눈물과 인정으로 흘려보내며 잘 달래면 곧 마음을 풀고 관대해지는 것으로 여겼다. 반면 사막의 신은 '노하고 증오하며 스스로 시새움이 많다.' 절대적(일원적) 사고가 그리스의 이성 중심(logos) 사상과 결합해 법 개념에 투영되어 로마법에서처럼 '법대로 하는 것이 옳은 것'이라는 생각이 지배적이 되었다.

유교는 도덕적 사회규범(인위적 질서)을 중요시하는 반면 도교, 곧 노장(老莊)사상은 무위자연(無爲自然)의 입장에서 인위적인 것을 부정하고 자연의 순리대로 사는 것을 이상으로 한다. 이들 유가와 도가 두 사상은 서로 모순되지만 중국인은 표면, 즉 공적인 입장에서는 유가를 따르고 개인으로서는 도교적인 생활을 하는 데 아무런 구애도 받지 않는다. 가령 백거이(白居易), 도연명(陶淵明), 소동파(蘇東坡) 등 저명한 사대부들은 관리로서는 유교적이었고 재야 생활은 노장(老莊)적이었다. 그들은 한결같이 젊어서는 고급 관리, 말년에는 고향에 돌아가서 시를 짓고 술을 마시며 유유히 자연과 어울려 생활을 즐긴 이상적 인간상이다.

성리학

화이트헤드(Whitehead)에 따르면 서양 철학사는 '이데아(idea)론'의 역사다. 이에 반해 동양 철학사는 음양론의 역사라고 할 수 있다. 중국인은 한 방향으로 기울어지는 일변도를 싫어하고 철학까지도 음이 있으면 양이 있다는 음양론을 기본으로 삼는다. 종교로서의 유교는 도교와 대립적이었으며, 정치학으로서의 유교는 덕치주의(성선설)와 법치주의(성악설)가 대립하는 양론 체제였다. 인간이 '선(善)'을 믿고 도덕 정치를 지향하면서도 한편으로는 악하다는 것을 알고 '성악설'을 등장시킨 것이다. 맹자는 "도적도 아이가 물에 빠지는 것을 보면 재물보다 아이부터 구한다."고 말하며 인성은 선하다는 성선설을 주장했다. 또한 선하지 못한 왕은 폐위시키고 선한 인물을 새로이 왕으로 추대해야 한다며 혁명을 긍정한다. 즉 맹자에 따르면 성선설과 혁명 사상(易姓革命)은 일체화되어 있다.

현실 정치에서는 백성을 교화해 선한 마음을 갖게 하는 것보다 법으로 다스리는 것이 바르고 효과적이라고 여겼다. 교육보다는 벌이 효과적인 것이다. 순자(荀子)는 인간의 본질이 선하다고 보는 것은 거짓이라고 여기며 인간의 본질을 악하다고 했다. 순자가 한비자(韓非子)의 법가(法家) 사상을 이어받아 악한 인간에게는 엄한 법으로 다스려야 한다고 말했다.

전국시대의 덕치와 법치 중 과연 어느 쪽이 살기 좋을까? 순자(荀子)는 진(秦)나라 백성이 순박하고 겸손하며 준법정신이 투철한 것을 극찬하고 그 이유가 엄한 법에 있다는 것을 강조했다. 반면 제(齊)나라의 노중연(魯仲連)은 예를 버리고 무(武)만을 숭상한 진나라는 인민을 노예화한 야만한 나라라고 매도하면서 진나라 백성이 될 바엔 차라리 스스로 바다에 몸을 던지는 것이 낫겠다고 했다.

성선설, 성악설 중 어느 하나만 가지고는 정치를 제대로 할 수 없나. 중국인은 관념론에 기울어지지 않고 표면에 노력수의를 내세우면서도 현실적으로는 법을 중시한다. 오늘날 중국이 왕도 외교를 내걸면서 현실적으로는 패권적인 정책을 택하는 것도 같은 맥락이다. 진시황이 법가주의였던 것과 같이 오늘날의 중국 또한 같은 노선이며 시진핑 주석은 일벌백계(一罰百戒)를 강조하고 있다.

중국 공산당도 표면적으로는 성선설의 입장으로 국민을 계몽하고 선도하는 모양새를 취하면서도 탄압을 주저하지 않았다. 성선설을 이(理)로서 체계화한 것이 성리학(性理學), 곧 주자학이다. 마음을 본체로 인식하는 입장은 심학, 곧 양명학(陽明學)으로 마음(心)과 본질(良知)이 하나가 되는 논리적인 세계다. 마음의 본체, 양지(良知) 또한 성선(性善)과 마찬가지로 맹자의 말에서 나왔다. 이처럼 성선설은 성악설과 정반대지만 똑같이 현실 정치의 도구가 될 수 있다.

그러나 과거(科擧)가 주자학의 중심이 되면서, 부지런히 공부하고 과거에 합격해 높은 벼슬에 오를수록 더욱 선한 사람이 된다고 여겨 그렇지 못한 아랫것들은 마음이 탁한 사람이라는 도착(倒錯)의 논리에 빠지기 시작했다. 조선 시대의 상놈은 공부도 못하고 마음도 탁한 것으로 간주되어 신분과 심성 양면에서 소외당했다. 지금도 한국 사회에서 심한 욕 중 하나가 '상놈'으로 '못 배운 놈'과 같은 말이다. 한국과 중국의 정치 기반에 유교적 신념을 깔고 지식인은 정치 참여를 최고의 목적으로 삼는 것도 공통적이다. 요즘에도 최고 대학의 총장들이 기회만 있으면 정계에 진출하는 풍조가 있다.

중국이 근대화되지 못한 탓을 주자학에 돌리고 있을 때, 일본은 근

2부 풍토와 언어에 따른 의식구조와 정신분석

대화 혁명에 성공하자 역으로 주자학을 국가 이념으로 삼았다. 참으로 아이러니한 일이다. 근대 일본은 천황 중심으로 복귀하면서 천황에 대한 충(忠)이 최고의 윤리 덕목이 되었고, 교육 이론을 체계화한 철학(敎育勅語)으로 주자학적 관념(忠, 孝, 悌, 義, 信)을 강조했다. 또한 과거제와 다름없는, 고등 문관 시험을 실시해 관료제를 확립했다. 그러나 고시 과목은 주자학이 아닌 법학이었으므로 인격과 출세와 고시를 일체화하지는 않았다. 주자학과 양명학을 통합해 성리학이라고 하는데, 한·중·일은 각국의 원형에 따라 다음과 같이 선택했다.

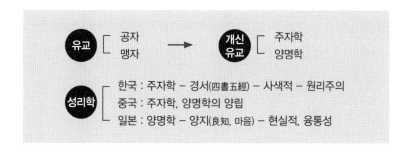

유교 ┌ 공자 ┐ → 개신 ┌ 주자학
     └ 맹자 ┘   유교 └ 양명학

성리학 ┌ 한국 : 주자학 - 경서(四書五經) - 사색적 - 원리주의
       │ 중국 : 주자학, 양명학의 양립
       └ 일본 : 양명학 - 양지(良知, 마음) - 현실적, 융통성

한국인의 인내천 사상과 데모

한국 인성론의 뿌리는 인내천이며 '선'에서 '천'으로 높인 절대적 인간 긍정이다. 악에 대한 철저한 규탄에는 자신은 절대적으로 옳다는 의미도 포함되어 있다. 촛불 시위가 벌어진 광화문 광장은 조선 시대 유생이 상소(데모)하던 장소였다. 특히 성균관 선비들에게 상소는 왕의 실정을 규탄하는 것으로, 가장 중요한 의무이자 사명이었다. 만인소(万人蔬)에 이름을 올리는 일도 정의감과 선한 마음을 표현하는 것으로 여겼다. 촛불 시위와 상소의 공통점은 자신의 사고가 질내적으

로 옳다는 믿음이다. 한국 시위는 늘 표면에 윤리성을 걸고 각 정당은 자신의 입장만 옳다고 주장해 민주정치의 기본원리인 다수결의 원칙도 정의와 도덕성을 극복하지 못한다. 혁명을 긍정한 맹자는 "스스로 돌아보고 한 치의 부끄러움이 없다면 천만 명이 반대하더라도 간다(『맹자(孟子)』, 공손상표(公孫上表))."고 말했다. 맹자의 독야청청(獨也靑靑)식 논리에 따르면 선거로 뽑힌 대통령도 소수파의 정의 외침에 굴복해야 마땅하다. 여기에 곁들여 한국인에게는 '인내천' 사상이 있다. 민주주의의 발상지 그리스에서는 다수결로 소크라테스를 사형시켰고 소크라테스 또한 "악법도 법, 지켜야 한다."며 주저 없이 다수결의 결정에 따라 독배를 마셨다. 맹자의 가르침을 금과옥조로 삼는 한국인에게는 이해할 수 없는 일이다. 한국 원리주의는 비타협 원칙이 곧 절대 선, 정의라는 입장이다.

한국의 이상적인 인물상은 '법 없이도 살 수 있는 사람'이다. 하지만 놀라운 통계가 있다. 2000년(1년간)에 발표된 통계를 보면 법원에서의 사기, 배임, 무고 등의 명목으로 재판에 회부된 건수가 한국은 1,198명인 데 반해 일본은 단 5명뿐으로, 한국이 일본의 240배나 되며 인구 비율로는 670배다. 또한 무고죄로 기소된 것은 한국은 2,965명인 데 반해 일본은 단 2명뿐이었다. 이 통계는 약 10년 전 한국의 주요 일간지에 발표된 것이다. 설마 한국인의 양심이 일본인보다 악한 것은 아닐 텐데 도저히 믿기 어려운 수치다. 한국은 인구당 가장 많은 선교사를 전 세계에 파견하고 봉사하는 나라다. 그러나 위의 통계 수치를 보면 한국인의 선·악 개념은 극과 극이다.

한일의 법 개념 차이

 그동안 한국인은 법보다 인심을 믿고 살아왔다. 그러나 이상만으로는 근대 의식에 적응하지 못했다. 전통 사회의 한국인은 대부분 일가친척들이 모여 사는 공동체 생활이었다. 전통 사회에서 빚을 주고받는 개념은 현대 한국인의 감각으로도 이해하기 어려울 정도로 무디고, 돈거래에 사고가 많은 것도 사실이었다. 돈거래를 인정의 차원에서 하는 일로 생각해 차용증서 같은 것도 없었다. 조선 시대에는 고을마다 자발적으로 미풍양속을 유지하기 위한 약정인 향약(鄕約)이 있었고 향약의 주요 항목은 '상부상조'였다. 이 정신에 따라 문서 없이도 빚을 주고받는 것을 당연시했고, 단순히 서로 도움을 주고받는 일 정도로 생각했다. 자신도 잘살게 되면 받은 것만큼 주겠다는 마음으로, 꼭 갚아야 한다는 의무감도 없었다. 옛날에 거지들은 "적선하세요, 적선하면 복이 와요(積善之家有余慶).", 즉 당신에게 복이 오는 기회를 만들어준다는 식으로 구걸했다. 말만 잘하고 갚지 않는다면 사실상 사기이며 법으로는 분명히 교도소행이다. 하지만 '말 한마디에 천 냥 빚도 갚는다.'는 속담도 있듯이 마을에서는 식량을 얻기 위해 하는 약속은 가벼운 핑계로 생각하고 오히려 얼마나 궁했으면 그럴까 하고 동정하기도 했다.

 이렇게 느긋한 한국인의 법에 대한 관념은 '법 없이 사는 것'을 이상으로 여겨온 데서 나온 결과다. 엄격한 거래 관행은 상업 사회에서 파생되는데 조선은 상설 상점 지역이 없는 철저한 농업 사회였으며 엄격한 법 개념과 상업 관행을 익힐 기회도 없었다.

 산산이 일본 일산시에 새일 교보 사회의 금융 사고 기사가 요즘에도 이런 사람이 있다.'는 표제로 보도되기도 하는데, 일본의 준법 정신에는 한국적 인정과 상식이 통하지 않는다. 늘 옆에 칼을 두고 생활하는 일본은 掟(오키테, 규정)라는 한자어를 만들어 사기, 무고죄에는 당장 칼이 날아오고 조세는 처자를 팔아서라도 내야 하는 사회였다.

개인으로는 순종적이고 공(公)에 헌신하는 모범적 일본인이지만 집단행동에는 무원칙적이며 배타적인 모습을 나타내기도 한다. '붉은 신호도 함께 가면 두렵지 않다(赤信号,皆で渡れば恐くない).' 또는 '객지의 부끄러움은 수치가 아니다(旅の恥はかきすて).'라는 한국에는 없는 속담도 있다. 강한 결속을 우선시하는 사회 풍조는 반동적으로 외부(타인)에는 무슨 짓을 해도 좋다는 의식을 양산했다. 전쟁에서는 양심이 발동되지 않아 난징대학살, 도쿄 대지진의 조선인 학살 같은 일을 저지른다.

중국인의 사기, 무고죄에 관한 통계가 없어 비교할 수 없는 것이 아쉽지만 중국에서는 읍(邑)이 도시적 기능을 갖추고 있었고 이미 고대에도 상업이 발달했으므로 한반도보다 법 개념이 엄한 것은 사실이다. 하지만 중국을 배경으로 쓴 P. 벅(P. Buck)의 『대지』나 선교사의 기록을 보면 좀도둑과 거짓이 만연한 모습에서 법 개념이 느슨한 사회상을 엿볼 수 있다.

해마다 영국 BBC는 전 세계 25,000명을 대상으로 국제사회에 미치는 국가의 영향과 이미지에 관한 설문 조사를 실시한다. 2012년에 일본은 세계 최상급의 평가를 받았지만, 2013년에는 지진 및 방사능 유출로 세계 4위로 내려갔다. 최근 일본 정치가의 망언으로 금년에는

2부 풍토와 언어에 따른 의식구조와 정신분석

상위권에 오르지 못할 거라는 전망도 있지만, 근래에 도쿄 올림픽 유치에 성공한 것만 보아도 긍정적인 나라로 인정받고 있다는 것을 알 수 있다.

한편 한국에 대해서는 긍정보다는 부정적으로 보는 경향이 높고 평가는 중하위권이다. 국제사회는 국시나 역사 인식보다 현재의 사회상을 중시하는 것 같다. 한국은 근대화로 진입해야 할 19세기 말에 자본주의의 개념도 몰랐고, 국민국가의 개념도 없었으며, 중세적 가문 중심의 문명 의식에 치중한 결과 식민지화되었다. 당시 조선의 재정 규모는 일본의 330분의 1이었지만, 오늘날 한일의 재정 비율은 6분의 1 정도로 높아졌다. 만약 남북이 통일만 되면 정보화·국제화 사회에서 강한 문명 의식을 발판으로 동북아를 주도할 수 있는 가능성은 충분히 있다.

삼국의 종교관

한국은 불교, 유교 등을 차례로 수용하여 시대마다 특이한 문화 사조를 형성했으며, 이들은 모두 원형을 통해 여과되어왔다. 원형에는 우열이 없고 민족의 의지와 시대 상황에 따라 긍정 또는 부정적으로 발동한다. 원형은 사상, 행동 패턴, 제도, 종교, 사회관 등에 잠재해 있으며 그 실체는 신화, 역사를 통해 관찰될 수 있다.

강우량이 많고 고온다습한 지대는 식물과 생물이 무성하고 곤충의 번식력이 강하다. 안개도 많아 시야가 모호하다. 그래서 어디에나 정령(精靈)이 존재하는 것 같은 신비스러운 분위기를 지니며 성령 신앙(애니미즘), 즉 다신교인 경우가 많다. 삼국 중 이런 영향을 가장 많이 받은 지역이 일본열도이고 다음이 한반도와 중국 순이다. 특히 한반도 토착 종교의 성격은 지역에 따라 조금씩 다르다. 북쪽으로 올라갈수록 시베리아 고기압의 영향을 받아 하늘이 높고, 금방이라도 신내림이 있을 것 같은 분위기로 샤먼적 요소가 많다. 반면 남하할수록 애니미즘적 경향이 짙다. 한일은 벼농사의 적지로 집중적 노동이 필요하고 가족 중심적이며, 연장자 존중과 조상 숭배 등이 윤리화되었다. 중국은 황하 유역을 중심으로 북부는 몬순지대라고는 하지만 연간 600mm 정도의 강우량으로, 비는 여름에 집중되며 비옥한 황토 덕에 잡곡 생산의 적지이다. 초기 유목민(몽골)의 샤먼적 천(天) 사상은 신을 인격신으로 인식했으나, 농경화된 대륙 중국에서는 천도(天道), 천리(天理)와 같이 형이상학적인 도(道)와 리(理)로 바뀌었다.

어떤 사상이나 종교도 원형에 따라 성격이 달라질 수 있다. 유교는 옛 문물이나 사상, 제도를 중하게 여겼으며(尙古) 기존 질서를 존중하고 조상을 숭배하는 철학이자 종교이다. 이런 유교가 조선에서는 조상 숭배의 종교가 되고 중국에서는 정치학의 기능을 하면서 사회를 경직화했으나, 일본에서는 오히려 국민국가 건설에 기여했다. 이처럼 유교는 상황에 따라 순기능과 역기능으로 달리 작용했다. 조선은 지나친 유교 정신 때문에 자본주의를 발전시키지 못했고, 중국 유교는 노예의 도덕으로 비난받았다. 하지만 일본의 시부사와(澁澤榮一, 일본 자본주의의 아버지)는 오히려 유교 정신으로 자본주의를 발전시킬 것을 주장했다(시부사와, 『논어와 주판』). 같은 사상과 종교가 원형에 따라 달

2부 풍토와 언어에 따른 의식구조와 정신분석

라지면서 사회적 분위기 조성에 독자적으로 작용한 것이다.

불교

인도에서 실크로드를 통해 들어온 불교는 현실적인 중국에서는 이익을 보장하는 도교에 밀려 주로 철학과 지식으로서만 존재한 반면 한국에서는 지금까지도 종교로서 이어져 왔다. 조선 시대에는 배불정책으로 불교 문화재까지 훼손할 만큼 탄압을 받아 현재는 남북을 통틀어 고려 시대의 불화(佛畵)는 겨우 3점밖에 남아 있지 않다. 그중 하나는 해방 이후 한국인이 미국에서 사들여온 것이다. 그러나 일본에는 125점이나 남아 있다(이진희, 『조선 통신사』). 개중에는 왜구가 강탈해간 것도 있지만, 일본이 불화, 불상을 열심히 모아 보물로 삼은 것은 한국의 경우와 대조적이다.

일본의 경우 538년에 백제를 통해 불교가 처음 건너갔으며, 호국 불교였다. 13세기에는 독특한 조사(祖師) 신앙(불교 종파의 창시자)으로 변질되었다. 일본의 승려는 불교의 주요 계율인 음욕을 금하는 여범계(女犯戒)를 무시한 대처승(帶妻僧)으로 교주의 자리는 세습되었다. 교리보다 조사 개인을 종교적 대상으로 삼게 된 것은 교단의 조직 강화를 위한 오오야케(公) 사상이 발동했기 때문이다.

1989년에 발생한 옴 진리교 사건은 일본인의 조사 신앙적 사고의 극단적 예를 보여준다. 옴 진리교는 조사의 지시에는 절대 복종하는 엄한 계율로 군대 조직과 다름없었다. 조사 아사하라(麻原彰晃)는 일본의 왕이 되는 망상에 사로잡혀 교단에 반대하는 교도를 살해했을 뿐만 아니라 무차별 테러를 시도해 29명을 살해하고 6천 명 이상의 부상자를 냈다. 특히 놀라운 것은 이들 신자 중에 명문 대학 출신의 엘리트가 많았고 개인적으로는 순수한 인물이 대부분이었다는 점이다. 일본인의 조사 신앙은 종교적 내용보다는 조사의 카리스마에 대한 맹종이 주류이다. 세월호 사건은 한국이 아니면 일어날 수 없는 일이라고 하지만 교주 유병언이 도망갈 때 동행인이 한 명도 없는 걸 보면, 옴 진리교 사건 같은 일은 한국에서는 절대 발생할 수 없을 것이다.

중국에서 종교 조직이 혁명 세력이 된 사건으로는 『삼국지』에도 등장하는 황건적(黃巾賊)의 난, 오두미도(五斗米道), 청국 멸망의 원인을 제공한 태평천국(太平天國)의 난 등이 있다. 이는 사람이 결집하면 곧 정치의식을 갖는 중국적 원형 때문에 일어난 사건이다. 특히 최근 파룬궁(法輪功)은 건강법의 일파이지만 중국 당국은 파룬궁이 종교화될 것을 염려해 탄압하고 있다. 종교는 조직화되는 과정에서 저마다의 원형적 특성이 반영된다.

한 · 중 · 일의 불교에 대한 태도

한국	심한 불교 탄압
중국	불교 탄압은 거의 없음, 불교보다는 도교를 선호
일본	불교의 조사 신앙화

유교

한국인 중에는 흔히 무당을 찾는 사람이 불상에 절하기도 하고, 불교 사찰에 도교의 신을 모시는 일도 많다. 전통적으로 한국인은 직선적인 사고에 거부감을 느낀다. '칼로 물 베기'라는 말도 있듯이 자연스러움과 인정을 추구한다. 종교에 대해서도 관용적이고 자연스러운 삶을 즐기며 우연성이 생활에 개입하는 것을 거부하지 않는다. 최치원이 말한 풍류의 정신과 에밀레종에 새겨진 천녀의 옷자락을 자유로운 선의 '멋'으로 여겼다. 한국인은 여러 차례 외침을 당해왔고, 때로는 외국 문화를 강요당한 적도 있었으나, 원형이 바뀌는 일은 없었다. 한국인은 뿌리 깊게 땅에 밀착하여 생활하고, 언제나 신토불이(身土不二)의 신념에 따라 살았다. 한국인이 즐겨 부르는 〈그리운 고향〉이나 〈고향의 봄〉 등은 부드러운 곡선으로 그려진 산천의 윤곽에 대한 애착이 잘 드러나 있다. 한국은 삼국에서 반유교 운동이 없었던 유일한 나라이다. 이는 한국의 풍토가 유교를 생활화하는 데 안성맞춤이었기 때문이다.

조선 시대에는 도관(도교 교당)이 없었으며 무교(巫敎)에서나 그 흔적을 찾아볼 수 있을 뿐이다. 조선은 유교를 생활 규범화했으며 종교는 주로 불교, 무교가 절충되어 있었다. 한국 불교는 조상숭배와 결부되는 일은 없었다.

중국은 한(漢) 대 이래 유교를 국교화했으나 이를 생활화하지는 않았으며, 5·4운동과 홍위병운동에서는 반유교운동까지 일어났다. 중국에는 학문(철학)으로서의 불교는 있어도 종교적 대상이 되지는 못했으며 기복(祈福)적인 도교를 더 선호했다.

일본은 학문으로서의 유교만 있었고 종교화 또는 국교화하지는 않았나. 일본은 소상숭배와 밀착되어 있었다.

카리스마적 인물 유형

한국에는 '사람이 곧 하늘'이라는 인내천(人乃天) 사상과 불가지론적 관점이 형성되어왔다. 외부 침략이나 자연재해 등이 많았으나 권력에 의존하지 않고 백성들 스스로 재난 재해에 대처해왔다. 이런 풍토가 반영되어 한국은 정치적, 종교적 카리스마를 가진 박정희, 김일성, 문선명, 강일순(증산교) 등을 배출했다.

반면 일본에는 그런 카리스마적 인물 유형이 거의 없고 대신 세부적으로 한 분야에 투철한 문화인이나 유능한 관리들이 많다. '왜(倭)'는 '순한 모양'이란 의미이듯이 일본인은 고대 이래 순종(順從)적이었으며 가까운 주변에서 취미 대상을 찾았다. 14세기에는 다도(茶道)·분재(盆栽)·꽃꽂이 등 각종 예능의 파(派)가 형성되어 취미 시대가 열렸고 영주 중에는 찻그릇 하나와 성을 바꾼 사람도 있었다. 한 가지 일에 몰두하는 마니아적 인물을 높이 평가하였고 이는 어디에나 신이 있다는 애니미즘적 가치관과도 맥을 같이한다. 흔히 8백만이나 존재한다는 일본의 신들은 모두 선악정사(善惡正邪)에는 관심이 없고 한 분야에 정통(精通)해 있다. 가치보다는 글쓰기, 시, 씨름, 노래, 술, 전기, 의학 등 취미나 기술 분야와 관련된 신들이 많았다. 심지어 여우, 늑대 신사까지 있고 기능이나 기술이 최고에 이른 사람이면 '신' 또는 성인으로 추앙받을 수 있었다. 특히 神, 上(윗사람), 守(수령), 髮(머리털)은 모두 신을 의미하는 '가미(神, かみ)'로 읽었으며, 권력이나 무서운 것에는 맞서지 않고 순종했다.

중국에는 신화가 없으며 합리적, 현실적 성격의 중국인이 많다. 공자는 "귀신(鬼神)이 있는지 없는지는 모르지만, 함부로 대하지 말고

한 · 중 · 일의 종교적 태도	
한국	스스로 신이 될 수 있다(인내천). 샤머니즘(무당)
중국	신이 있는지 없는지 알 수 없다(불가지론).
일본	어디에나 신이 있다(애니미즘). 한 가지 분야에 특출하면 가미(신)이다.

존중은 하되 멀리서 존경하라(敬遠)."고 했다. 귀신은 신앙의 대상이 아니라 경원(敬遠)의 대상이었던 것이다. 중국에는 종교적 카리스마는 거의 없고, 대신 정치 분야에 유능한 지도자와 관료가 많다.

판이한 문명권

한 · 중 · 일은 한자 · 유교 · 불교를 공유하지만 그 내용은 각 나라마다 원형의 성격만큼 다르고, 삼국 사이에 뚜렷한 공통의 가치 기준이 없다. 중국이 중화 문명을 이상으로 삼는다면 한국은 유교 이전에는 동방의 풍류 정신(최치원)이었고, 일본은 한자 문화였다. 가장 한국적인 사상인 인내천 사상은 보편성은 있지만 분명히 계급 질서를 중시하는 유교 사상은 아니다. 특히 맹자는 "서민은 금수와 같고 사대부, 즉 정치에 참여할 수 있는 사람만이 인간이다(人之所以異禽獸者幾希 庶民去 君子存之(이루편))."라고 했다. 맹자가 천민도 하늘이 될 수 있다고 믿는 한국인을 알면 놀랄 것이다.

서양과 동양(한·중·일)의 정신 풍토

		언어	종교	기본 정신
유럽		라틴어	기독교	희랍, 헤브라이즘
동양	한	한자/한글	유교, 불교	인내천
	중	한자	유교, 도교, 불교	중화
	일	한자/가나	신도(神道), 불교	야마토고코로 (대화심(大和心), 국수주의)

사회관과 사조직·방(幇)

어디에도 향우회나 거류민단 같은 것은 흔히 있지만 중국의 방(幇)은 어느 조직과도 비교가 되지 않는 강한 유대감과 역사적 의미를 가지고 있다. 같은 방(幇) 조직원 사이에 서로 돕는 의(義), 협(俠)을 합한 의협(義俠)의 윤리는 서로를 위해 죽고 사는 덕목이다. 고대 이래 중국에서는 친구를 위해 목이 떨어지는 것도 두려워하지 않는 문경지교(刎頸之交)와 평생 우정이 변치 않은 관자(管子)와 포숙(鮑叔)의 우정에서 유래한 관포지교(管鮑之交) 같은 숙어도 있다.

반면 한국어와 일본어는 각각 75%, 52%가 한자어지만 '방(幇)'이라는 글자는 흔히 쓰지 않는다.

중국 사회에서는 경찰이나 사법관도 같은 방(幇)에 소속된 범죄인에게는 친형제를 대하는 것같이 도움을 준다. 천안문 사건의 가담자 상당수가 해외로 탈출한 것은 방 조직을 통해 가능했다고 한다. 평소에는 나타나지 않지만 방 조직원 사이에는 고유의 은어와 행동 방식이 있다. 가령 차 마실 때의 손가락의 위치나 젓가락을 상에 놓는 방법 등으로 서로가 같은 방의 구성원임을 알린다. 천자는 하늘의 뜻을 받들어 백성을 돌봐주어야 하지만 광대한 대륙의 영토는 완전히 통치하지 못하고 하늘은 너무 높아 인간사를 일일이 살필 수도 없다(천고황제원(天高皇帝遠), 하늘은 높고 황제는 멀리 있어, 힘없고 억울한 백성을 돌봐주지 못한다.) 즉 중국인은 높은 하늘과 먼 황제보다 가까이에서 보호해주는 보호막이 절실했다.

중국은 남선북마(南船北馬)로 북녘은 초원 지대로 말을 이용하고 남에는 황하강, 양쯔 강, 그리고 두 대하 사이에 운하를 이용하는 광역 상업이 발달했다. 중국의 가장 오랜 나라 은(殷)은 또 하나의 국명을 상(商)이라 할 정도로 교역을 중시했다. 수개월, 때로는 수년에 걸친 상업 여행에서 낭패나 사고에 대처하기 위해서 믿을 만한 조직이 필요했다. 따라서 어디에서나 자신을 보호해줄 수 있는 방이 형성되었다. 지역과 직업에 따라 여러 종류가 있으나 대표적인 것으로 청방(青幇)과 홍방(紅幇)이 잘 알려져 있다. 심지어 해외 이민자들 사이에 싸움이 벌어지면 본국의 방에서 지원군을 보낼 정도이며 국가보다 방을 믿는 것이 중국인이다.

유래는 좀 다르지만, 하카(客家)라는 방이 있다. 북송(北宋, 宋은 960~1279)은 금(金)의 침입으로 수도를 개봉(開封)에서 항주(抗州)로 옮겼다. 개봉 시대를 북송, 항주 시대는 남송으로 부르며 이들 후손들이 중심이 된 조직이 하카이다. 이들은 이주지에서 원주민의 압력을 쉬었으나 문녕인의 사승심으로 난결해 학문과 문화, 특히 자녀 교육에 힘썼다. 본토의 덩샤오핑(鄧少平), 대만의 리덩후이(李登輝, 전 총리), 싱가포르의 리콴유(李光耀) 등 한때 같은 시기의 국가원수들이 모두 하카(客家) 출신인 것은 상징적이다. 역사적 인물로는 주자학의 창시자인 주자와 중국 혁명의 아버지 쑨원(孫文)이 있다. 굳이 중국 외에서 비슷한 사례를 찾는다면, 유대인도 같은 유형으로 고향을 떠나 오직 두뇌와 노력, 단결력으로 두각을 나타내고 있다.

『삼국지』는 유비, 관우, 장비 세 사람이 의형제를 맺어 방을 만든 '도원결의(桃園結義)'에 대한 이야기이며 또 하나의 국민문학『수호전』은 의형제 108명이 우두머리 송강(宋江)을 중심으로 량산포(梁山泊)에 모여 의협을 내세워 활동하는 내용이다. 마오쩌둥이 호남과 강서 성경(省境)의 접경지인 높이 천 수백 미터, 주위 270km의 정강산(井崗山)에서 홍군을 재편하고 농촌 중심의 게릴라전을 전개한 것은 량산포의 내용을 현실화한 것이나 다름없었다. 이때 마오쩌둥 휘하 전 홍군(紅軍)은 수호전을 실제로 재현한 것처럼 신바람이 났을 것이다. 하지만 관의 입장에서는 법을 무시하고 비밀리에 서로 도움을 주고받는 방은 범죄 조직이나 다름없다. 공을 무시하면서까지 서로를 돕는 일은 바로 부정부패와 사회문제의 원인이 된다. 중국인이 뇌물을 온정이나 감사의 표시로 여겨 죄의식이 없는 것도 방 의식과 무관하지 않다. 필자는 학생 시절『중국의 붉은 별(E. 스노)』, 『중국의 여명(A. 스메들리)』등에서 중공군의 규율과 사명감, 청렴성에 큰 감명을 받았는데 요즘은 부정부패가 가장 큰 사회악이 되었다. 그 이유는 무엇일까? 이들이 변해버린 것이 아니라 방의 가치관 때문에 생긴 불가피한 결과로 여겨진다.

오늘날, 중국의 중심 세력은 공산혁명 주역의 2세, 3세로 구성된 태자당 출신이 대부분이다. 혁명 동지 사이에서는 의협(義俠)의 미학이 그대로 방(幇) 의식이 되는 것은 자연스러운 일이며 이는 법으로도 막을 수 없다. 동지 사이의 결속이 강하면 방(幇)의 의협심도 강해지고 서로가 도움을 주다가 부패와 범죄로 이어지는 것이다. 시진핑(習近平)의 최대 정치 목표가 부정부패를 일소하는 것이지만 절대 만만치 않은 작업이다. 실질적으로 원형을 무시하는 것과도 같다. 광대한 영토, 엄청난 인구를 공권력 하나로 통제하는 것은 상상만 해도 아찔하다. 중국에는 항상 모순과 갈등이 있으며 제한된 범위에서 방 조직이 나름의 질서를 유지할 때도 있다. 방과 공권력의 충돌은 피할 수 없으며 결국 질서 유지를 위해서는 A. 스미스가 말하는 '신의 손이 움직이는 것'을 기대할 수밖에 없다. 중국 고대에 이미 보이지 않는 신의 손으로서 무위자연의 질서를 바란 노장사상이 있었던 이유도 이와 같았을 것이다.

가문, 우리, 정

한국인은 1983년 KBS '이산가족 찾기' 운동에서 전 세계로부터 '가장 정이 많은 한국인'이라는 말을 들었다. 한국인은 마음만 맞으면 입에 있는 것도 나누어 먹을 정도이다. 실제로 음식을 손으로 집어 남의 입에 넣어주는 것은 전 세계적으로 한국뿐이다. 하지만 '정'은 우리와 남을 가르고 '우리' 외의 타인은 배척하는 경향이 있다. 선농 사회에서

사조직의 중심은 가문이었다. 가문의 격(家格)이 사회 신분의 상징이
자 출세의 중요 요인이었다. 해마다 시제(時祭) 때에는 문중이 조상의
묘 앞에 모여 가문의 영광을 재확인한다. 그러나 같은 일가이면서도
파(派)로 갈리고 형제, 부자로 '울타리'의 범위는 점점 좁아진다. '손은
안으로 굽는다.'는 사고와 '우리와 남'이라는 배타적 인식이 정과 결부
될 때 외부에는 더 배타적이 되어 같은 한국인 사이에도 지역차로 갈
라지게 한다. 지역은 동서남북으로 분단되어 남한은 경상도, 전라도,
심지어 마을 단위로까지 나뉜다. 누가 뭐라 해도 "우리가 남인가!" 한
마디면 대통령도 결정된다. 우리는 곧 울을 만들고 가문, 학벌 등 조
직이 있는 곳에서는 어김없이 크고 작은 울이 존재한다. 한국의 학파
는 학문적 경향이 아닌 동창의 세력화를 반영한다.

위대한 계몽가이자 독립투사인 안창호, 장준하 선생 등은 독립운
동의 최대 적은 왜놈이 아니라 한국인 자신의 '분파주의'라고 통탄하
고 위대한 근대화 운동도 결국 수백의 분파로 자멸했다고 한탄했다
(오지영, 『동학사』). 워싱턴 포스트지(2013. 5. 15)는 동양 삼국 중 한국인
이 가장 인종차별이 심하다고 보도했다. 가까운 사람에 대한 정이 남
에게 반대 방향으로 발현되는 것은 안타까운 일이다. 오랫동안 좁은
마을 생활에 길들여진 심성이 '우리와 남' 의식을 길렀고, 이제 국제적
으로 확장되어 세계 제일의 배타국이 되었다. 효 사상 중심으로 미풍
양속을 권장하며 마을 안에서 상부상조하던 아름다운 일이 '우리 의
식'으로 전환되면서 손이 안으로 굽게 된 것이다. 이성을 내세운 교수
사회에서도 본교 출신이 아니면 비주류로 적대시하고 작은 보직까지

도 본교 출신이 독차지한다. 학생을 지도해야 할 교수 사회조차 이런 상황에서는 학교 '왕따'가 근절되기 어렵다.

프로이트의 정신분석은 니체가 신을 죽인 정신적 배경을 '오이디푸스 콤플렉스'로 설명한다. 일반적으로 신화는 민족적 행동 패턴을 잘 보여준다. 단군신화 또한 한민족의 중요한 역사적 패턴을 시사한다. 민족 주류인 곰과 함께 굴속에 있던 호랑이는 외래 세력 천손에 승복하지 않고 도망간다. 고구려, 백제를 건국한 주몽과 비류 형제 역시 서자였고 모두 고향을 떠나 신천지를 개척한 비주류였다. 본고장에서 찬밥 신세의 차별을 받고 외지에서 기회 찾기를 시도한 것이다. 단군의 아버지 환인 또한 천신의 서자였던 것과 같은 패턴이며 이 역시 한반도 지정학 때문이다. 홍길동은 백제의 시조 비류, 온조 형제와 같은 서자이기에 아버지를 아버지로 부를 수 없었고 한을 안고 살아가야 했다(허균, 『홍길동전』). 그는 호랑이가 되어 주류 곰족 사이에 낄 수 없는 차별로 고향을 멀리 떠나 숨어 주류(체제)에 대한 보복의 기회를 엿본다. 『홍길동전』의 작가 허균의 무의식에는 단군신화적인 사고가 있었던 것이다. 고향에 대한 집착이 강한 한국인이지만 주류가 못 되면 국내를 벗어나 해외에 진출해 성공하는 것은 한국적 오기가 긍정적으로 발휘된 결과이다.

사조직이 없는 일본

공(公, 오오야케)을 앞세우는 일본에는 사조직이 형성될 여지가 없었나. 지방 영주(부사단)가 좁은 시역을 설서하게 농지하여 넝빈(領民)은 권력에 의존할 수밖에 없었다. 오히려 중심세력을 공(公 : 우두머리)으로 삼아 추종성을 윤리화한 충(忠)만이 미덕이었다. 근대화로 번(藩)이 해체되는 바람에 우두머리는 영주에서 천황으로 바뀌었으나 영주에 대한 '충'이 일제히 천황으로 향했고, 일본인은 모두 천황을 어버이로 받들었다. 더욱이 국민국가는 사조직을 일절 용납하지 않았으므로 사조직이 발생할 여지도 없었고 천황에 대한 충성만이 살길이었다. 일본 원형은 국민국가에 제대로 적응되어 보편사상 없이 근대화에 성공했다. 일본어는 가외(可畏), 공(恐), 현(賢) 모두 '가시코'로 읽고 조심해야 할 것(可畏), 무서워하는 것(恐), 슬기로운 것(賢)이 삼위일체로 되어 있다. 철저한 천황주의와 군국주의인 일본이 하루아침에 모범적인 민주주의 국가로 전환한 것은 조심스럽고 질서를 중시하는 가시코주의(可畏, 恐, 賢)의 원형 때문이다. 일본의 가시코(可畏) 정신은 봉건

▮**일본의 성** 성은 지역민의 단결의 상징이었다.

2부 풍토와 언어에 따른 의식구조와 정신분석

주의, 군국주의, 민주주의 등 어떤 정치제도에서도 순기능의 역할을
했다.

화(和)의 해석 차이

한·중·일 삼국의 화(和)의 철학은 분명한 차이를 보이고 있다. 중
국은 근대화 이전에 일부를 제외한 대부분이 과거에 응시할 수 있었
으며 적자, 서자의 구별이 없는 것은 물론 외국 유학생도 과거에 합격
하면 관리가 될 수 있었다. 특히 이민족 왕조의 특색 중 하나가 출신
성분을 무시한 인재 등용이었다. 일본에는 아예 적서의 구별이 없다.
유독 한국에만 적서 차별이 있는 것은 한국의 원리주의 사고의 결과
일 것이다.

화백(和白)은 신라의 독특한 민주제도로 모두가 동등한 발언권이

한 · 중 · 일의 사조직

	조직체	덕목	구호	국민문학
한국	가문	효(孝)	손은 안으로 굽는다. 우리가 남인가!	심청전
중국	방(幫)	의협(義俠)	우리 사람(아문저변적인, 我们这边的人)	삼국지, 수호전
일본	번(藩) 공(公)	충(忠), 가시코주의(可畏)	멸사봉공(滅私奉公)	추신구라 (忠臣藏)

있으며 원효대사의 화쟁(和諍) 사상의 뿌리가 되었다. 그것이 일본에 건너가 '대화(大和)', 즉 권력의 뜻에 추종하는 의미로 변질되었다. 중국에는 남과 사이좋게 지내되, 무턱대고 좇지는 않는다(和而不同, 『논어』).'는 사상이 있다.

한·중·일의 곰(주류)과 호랑이(비주류) 그리고 和의 정신				
	적서의 구별	곰(주류)과 호랑이(비주류)	차별 의식과 화	과거
한국	적서 구별이 심하다	곰과 호랑이는 대립적이다	주류 존중, 비주류 배척, 화쟁(和諍)	서자는 과거에 응시할 수 없다
중국	인종적 구별이 없다	곰·호랑이의 구별이 없다	대동(중화사상) 나는 나, 너는 너 (和而不同)	적서 구별없이 응시했다
일본	적서 일체화	모두 곰이 된다	다문화는 없다 하나가 된다(大和)	과거제가 없었다

한국인과 일본인의 사회성

개인의 성격에 절대 선, 절대 악이 없는 것처럼 민족의 원형 또한 일방적으로 긍정적이거나 부정적인 것은 없다. '한국인은 분열하기 쉽고 시샘이 많다.'고 하지만 8·15광복 이후 남북 분단과 6·25전쟁까지 겪으면서도 주체성과 향상심(向上心)을 발휘해 훌륭하게 성장할 수 있었다. '번갯불에 콩 볶아 먹는다.'는 속담 그대로 분열하면서도 변화의 틈새를 이용해 잘 살 수 있는 슬기도 지니고 있다. 사교육비가 국가 경

2부 풍토와 언어에 따른 의식구조와 정신분석

제를 좌우하고 선행 학습을 법으로 금지하는 나라는 전 세계에서 한국뿐이다. 공부해야 양반이 될 수 있고 인간 대접을 받을 수 있었던 조선 시대의 가치관이 지금까지 이어져 온 결과이고, 이로써 국제적으로 활약하는 많은 인물을 배출해내기도 했다.

중국은 거대한 영토와 인구를 가진 대국으로 그만큼 국가적 기동성이 없다. 쑨원(孫文)이 말한 대로 "중국인은 쟁반 위의 모래."이며 단결을 못해서 반식민지가 되기도 했다. 하지만 개개인의 독립적 행동력이 발휘되어 누군가의 도움 없이도 생존할 수 있는 생활력과 지혜로 고난을 이겨냈다. 또한 세계 모든 나라에 차이나타운을 만들어내는 민족이다.

일본인은 거추장스러운 사상 없이 오직 '결속과 단결'만으로 단시일에 군사 대국과 경제 대국을 이룬 반면 사상, 윤리 등 사회적인 완충 기능이 없었기에 무모한 전쟁에서 패했고 같은 이유로 경제 대국에서 버블의 나락으로 빠졌다.

한중은 근대화 직전까지 중앙집권으로 율령제(律令制)를 계속 유지해왔다. 단 중국에서 예외적으로 진시황이 군현제(郡縣制)를 실시했으나 불과 3대 15년으로 끝났다. 일본은 근세 260년간은 전형적인 봉건제였으며 백강전투 이후 일시적으로 과거가 없는 율령제, 선거가 없는 민주제와 같은 형식적인 제도를 실시했으나 금방 폐지했다. 중국 혁명의 아버지 쑨원(孫文)은 일본이 서구를 쫓아 제국주의적 야심으로 날뛰는 것을 보고 "서양을 추구하지 말고 아시아로 돌아오라."고 충고했으나 후쿠자와 유기치(福澤諭吉)는 반대로 '탈아론(脫亞入歐)'

▌후쿠자와 유키치

을 내세워 일본이 아시아에서 이탈하고 나올 것을 외쳤다. 일본은 피부색과 지리적으로만 아시아일 뿐, 유교를 국교화하지 않았고 정사 편집이나 과거제도를 채택하지 않았으며 사상적, 문화적으로도 아시아다운 적은 없었다. '탈아론'은 사상적 체계는 아니며, 진보보다는 과거 자랑만 하는 중국인과 말 많은 한국인이 싫다는 감정론에서 출발한 것이다.

나라마다 국민의 원형에 공명을 일으켜 국민적 노선을 미화하고 고취하는 국민적 작가가 있다. 일본의 국사(國師)로도 추앙받은 시바 료타로(司馬遼太郎)는 『언덕 위에 구름(坂の上の雲)』, 『사카모토 료마(坂本龍馬)』 등 메이지유신에서 러일전쟁까지 근대화에 활약한 인물을 중심으로 여러 작품을 남겼다. 그는 제국주의 전쟁에 참여한 신정부의 국책에 따라 맡은 바 임무에 헌신하며 일본적 아름다움을 구현한 젊은이들을 설득력 있는 필치로 묘사했다. 침략 전쟁으로 국력이 신장되는 시기에는 청년들에게 출세나 영달의 기회가 많다. 이들 작품의 주인공은 자신의 임무에 충실한 우수한 인물인 것은 사실이지만 인류와 양심 등엔 일절 관심이 없는 전형적인 일본인이다. 시바는 일본 국사답게 역사관이 없는 역사소설로 일본적 정서, 특히 책임감과 취

미에 헌신하는 이들의 모습을 미화해 국민 작가로 칭송받았다. 개인으로서는 양식 있는 신사로서 한국과 한국 지식인에게 호의적이었으나, 공인으로서는 침략전쟁을 미화하고 국수적 자존심을 고취해 우경화를 부추기는 역할을 했다. 한국문학의 대표 작품인『토지』,『태백산맥』,『혼불』,『영웅시대』등의 주제가 민족, 사상 등인 것과는 정반대이다. 일본의 장시(長詩) 작가 모두가 재일 교포인 것은 우연이 아니며 이들은 일본에 거주하면서도 사상에 관심을 두고 있다. 이와는 대조적으로 일본인은 탐미(耽美)주의자이기에 장시에는 흥미가 없다.

R. 베네딕트(R. Benedict)는 잔인한 칼을 찬미하면서도 극도로 평화스러운 예술을 사랑해 온 일본인의 양면성을 자신의 저서『국화와 칼』에서 상징화하고, 일본은 상무(尙武)주의적 문화와 더불어 세계 수준의 예술을 가진 신비스러운 나라라고 말했다. 일본은 권위를 존중하면서 사람의 입, 구설에는 민감하게 반응한다. 하지만 군말 없이 전체(공동체)를 거스르지 않는 행동(대세 사관), 즉 '큰 나무 그늘에 기대는 것(寄らば大樹の陰)'을 생활신조로 삼았다. 교육목표로는 사회규범 준수를 중히 여겨 예의범절을 가르친다는 의미인 시츠케(躾, しつけ) 사상을 중심에 두었다. 사상이나 철학보다는 사회질서를 우선시하고 남이 베푼 사소한 친절도 폐로 여겨 부담을 느낀다. 요즘은 꽤 약화되었다고는 하지만 여전히 가정교육에서는 '남에게 폐를 끼치지 마라.', '거짓말을 하지 마라.', '한 가지 일만 열심히 하라.'고 강조한다. 지난 동북 대지진에서 보인 일본인의 질서 의식은 세계를 놀라게 했는데, 이는 '빙사능에 죽을 수는 있어도 마을과 사회의 손가락질을 받고는

못 산다.'는 마음가짐에서 나온 것이다.

이런 생활관으로 일본은 군사, 경제 대국을 이뤘다. 그러나 세계나 인류에는 관심이 없어 보편 사상을 형성하지 못했다.

2부 풍토와 언어에 따른 의식구조와 정신분석

03

인류 문명의 기원

01
유목민과 농경민의
상이한 원형

유목민과 농경민

문명의 시작

나무 열매나 뿌리로 겨우 연명하면서 비교적 쉬운 수렵이나 채집생활을 일삼은 태고의 인간은 주로 구릉지의 골짜기나 작은 개천가에 거주했다. 또한 사막으로 둘러싸여 위험한 침입자나 짐승들로부터 격리된 오아시스도 가장 이상적인 생활 터전이었다. 문명의 꽃은 이런 조건을 갖춘 중앙 유라시아의 사막 주변에서 피기 시작했다. 오늘날 고고학적으로 알려진 바로는 이곳에 문명의 싹이 트기 시작한 시기는 8,000년 전이다. 이 무렵 인류는 숲에서 나와 가축을 사육하기 시작했다. 자연 상태의 동물을 잡아 사육하고 야생 식물을 재배함으로써 식량을 능동적으로 관리하는 농업 혁명의 시기가 도래한 것이다. '문화'와 '농업'이 모두 'culture'로 표시되는 것은 결코 우연이 아니며,

충분한 식량 없이는 문화가 형성될 수 없다는 것을 의미한다.

오아시스를 중심으로 원시 농업을 하면서 가축을 기르던 무리는 인구 증가로 오아시스를 떠나 초원으로 목축의 범위를 확장해 갔다. 초기의 유목민이 사육할 수 있는 염소나 산양의 수는 가구당 20~40마리 정도였고 말이나 낙타를 다스리게 되자 기동성은 크게 높아졌다. 낙타는 B.C. 3000년경, 말은 이보다 늦은 B.C. 2000년경 남부 러시아와 메소포타미아 지역에서 사육되었다. 유목의 범위가 넓어지자 수백, 수천 마리의 염소와 산양 무리를 한꺼번에 이동시킬 수 있게 되었다. 『구약』에는 유목에 관련된 이야기가 많다. 「욥기」에는 욥이 신에게 시련을 받았을 당시 11,000마리의 소, 염소, 말, 낙타 등을 기르고 있었다고 적혀 있다. 이는 욥이 많은 하인을 거느린 부족장이었고, 당시 유목민은 관리 능력의 한도까지 가축을 기르고 있었음을 시사한다.

한편, 치수 관개 기술을 익힌 무리는 서서히 도시를 형성하기 시작했다. 비옥한 토지와 풍부한 물을 찾아 메소포타미아 및 이란 고원 지역에 정착한 유목민은 목축과 농사를 지었으며, B.C. 5,000년경 인류 최초의 도시가 등장한다. 오아시스의 도시가 국가 형태를 갖추게 되자 곧 여러 도시 국가가 모여 최초의 수메르문명을 탄생시켰다. 인류 역사상 가장 원초적인 사회는 유목을 겸한 농경 사회였다. 기술 수준이 낮았던 인간은 정착한 곳의 풍토 조건을 반영한 사회를 구성하고 서로 대립과 협력을 거듭하면서 특색 있는 농경 사회를 형성했다. 원형의 성격 또한 그 특색에 따라 다양한 차이를 보였다.

유목민과 농경민의 신

『구약』은 인류가 사회를 구성하게 된 계기를 상징적으로 설명한다. 아담과 이브는 에덴동산에서 쫓겨난 뒤 카인과 아벨, 두 아들을 낳는다. 아벨은 커서 양치기가 되고 카인은 농사꾼이 된다. 이는 인간이 농경과 목축을 따로따로 해왔음을 시사한다. 농경민과 유목민은 서로 다른 사회를 형성하고 저마다 고유의 원형을 지닌다. 농사꾼 카인은 땅에서 나온 농작물을, 양치기 아벨은 새끼 양을 제사에 바친 것 역시 매우 자연스러운 일이다. 신이 카인의 농작물을 받지 않자 카인은 동생 아벨을 시기하여 들판으로 끌고 가 죽인다. 인류 최초의 살인은 신에게 바친 공물이 원인이었고 저마다의 공물은 문명의 차이를 드러내는 것이었다. 이것이 문명 충돌을 일으킨 것이다. 원형의 차이는 종교의 차이를 낳았으며 이들은 서로 다른 신을 섬기게 된다. 신에 대한 태도가 곧 원형의 성격을 규정한다. 오늘날 세계 각지에서 벌어진 민족 분쟁의 씨는 이미 인류사의 출발점에서부터 내재하고 있었던 것이다.

신은 민중의 집합적 무의식에서 태어난다. 유목민의 원형과 함께 태어난 신은 농경 생활에서 나온 사상에 강하게 반발하고 농경민의 풍습, 특히 우상숭배를 경계한다. 원래 『구약』의 신은 사막의 신이며 농경민의 윤리적 덕목, 특히 신에 내한 헌신의 기준노 다르다. 『구약』의 신은 스스로 '시샘의 신'을 자처하며 자기 이외의 신을 섬기면 용서

하지 않는다. 사막에서 길을 잃으면 곧 죽음이며, 오아시스로 가는 길과 마찬가지로 신앙의 길 또한 최단의 직선이라야 한다. 유대인의 신(『구약』의 신)은 농경민적 생각을 혐오했으며 항상 유목민의 편에 섰다.

> "그들과 혼인하지 말지니 네 딸을 그 아들에게 주지 말 것이며 그 딸로 네 며느리를 삼지 말 것…(「신명기」 7장 3절)."

『구약』의 신이 가장 경계한 것은 농경민의 원형이 유목민의 신앙에 영향을 주는 것이었다. 모세가 이집트 탈출에 성공하자 신은 이집트에서의 오랜 농업 생활로 변한 원형을 씻어내기 위해 오랜 기간 유대인을 사막에서 방황시킨다. 사막에서 보이는 것은 모래뿐, 시각을 자극하는 형태가 별로 없는 단조로운 풍경이다. 신과 약속한 땅을 찾아 사막을 헤매는 동안 맨 먼저 해야 할 것은 농경 생활에서 익숙해진 우상숭배를 파괴하는 것이었다.

유목민이 바라보는 농민은 가축의 먹이를 제공하는 귀한 초원을 갈아엎는 무리다. 반대로 농민이 보는 유목민은 땅을 그대로 내버려두고 귀한 곡식 생산을 방해하며 때로는 그것을 구걸하는 야만스러운 무리다. 곡식은 보존할 수 있고 흉년에 대비해 식량을 비축할 수 있지만 육식은 금방 부패하므로 있을 때 아낌없이 나눠 먹어야 한다. 따라서 이들 두 족속은 소비와 비축의 관념도 정반대이며 서로가 상대를 '인색하다', '낭비한다'고 욕한다. 유목민과 농경민의 반목은 인류사에서 가장 심각한 갈등이었고 한편으로는 서로 견제 및 상호 보완하면서 문명 발달을 자극해왔다.

의복은 문화의 상징

청(淸)은 중국을 통일하자 한(漢)족에게 변발을 강요하고 그 명에 따르지 않으면 사형을 시켰다. 죽어도 끝까지 응하지 않는 한족의 수가 수만을 헤아렸다. 의관과 머리 모양은 원형의 상징이다. 『구약』의 신을 비롯해 통찰력 있는 지도자는 한결같이 원형의 손상을 강하게 경계했다.

기마·유목민은 약탈을 생업의 일부로 생각했다. 농경민이 근근이 이루어놓은 재산과 농토를 하루아침에 짓밟는 일이 많았다. 농경민은 유목민에게 무력으로 당하는 일이 많았으나 마음속으로는 언제나 그들을 멸시했다. 농경민은 의관(衣冠)을 기준으로 삼았으며, 특히 긴 소매와 옷고름을 우아한 것으로 여겼다. 기동성을 위주로 만든 유목민의 짧은 조끼와 바지는 생활수준을 끌어내리는 야만적인 풍습으로 보았다. 한국 남자의 바지와 저고리는 기마민족의 전통에 따른 것으로 보인다.

안수길의 『북간도』는 함경도 국경 지대를 배경으로 한 작품이다. 필자에게 가장 인상적이었던 부분은 한국인과 중국인 사이에 분쟁이 생겼을 때 서로가 상대편의 어린아이를 붙잡아 억지로 자기들의 옷을 입혀 돌려보내는 것이었다. 이것은 상대에 대한 가장 모욕적인 대응이었다. 옷을 문화의 상징으로 보고 서로가 상대의 문화를 얕보는 소규모 문화 충돌이 빌어진 것이나. 중국에서 발을 나면서 활을 쏘는 기마 전술법이 처음 나타난 시기는 전국시대(B.C. 5~3세기)로 거슬러 올라간다. 조(趙)나라 무령(武靈)왕은 보병만으로는 도저히 흉노의 침입을 막을 수 없음을 통감해 부하들에게 바지에 짧은 저고리를 입히고, 말을 달리면서 활을 쏘는 흉노 기병의 본을 따르라는 혁명적 용단을 내렸다. 농경국의 지도자가 적의 전력의 원천에 주목하여 야만인의 것이라고 비하하던 그들의 의복을 입도록 한 것은 그 당시로서는 대단히 지혜로운 결단이었다. 한편, 기마민족 국가의 유능한 지도자는 자국의 국민이 되도록이면 농경민의 생활양식을 피하게 하는 데 주력했다.

유목민의 잔인성

동물의 도살이 생업인 유목민은 피에 대한 혐오감이 없고 대량 살생도 서슴지 않는다. 몽골군은 무섭고 잔인해 그 악명을 유럽에까지 떨쳤다. 몽골군은 성을 공격할 때도 성 안의 사람과 그 동족인 포로를 성문 앞에서 하나씩 죽여 스스로 항복할 때까지 계속 도살했다. 그래도 항복하지 않으면 성을 함락시킨 뒤 성인뿐 아니라 어린아이까지 남김없이 모두 죽였다. 또한 죽은 아이 생모의 젖을 마시는 등 성 노예로 만들었다.

일본 정벌에 나선 몽골군은 쓰시마(對馬), 이키(壹岐) 두 섬을 습격해 주민 모두를 포로로 잡았다. 여자와 어린이의 손에 구멍을 뚫어 군함에 매단 뒤 규슈(九州) 후쿠오카 앞바다에 나타난 그들은, '빨리 항복하지 않으면 일본인 전부를 이런 식으로 죽인다.'고 위협했다. 다행히 폭풍 때문에 일본 본토에 상륙하지는 못했으나 이때 '몽골

(mongol)'이란 말에서 '잔인'을 뜻하는 '무고이(酷い, mugoi)'가 파생되었다고 한다. 하지만 이 단어는 '모진' 바람, '모진' 운명 등에 쓰이는 한국어 '모질다'와 동족어로 몽골인의 잔인성을 강조하기 위해 만든 속설이다.

유목민은 동물 중에서 우량종만 골라 길렀으므로 일찍이 동물의 거세 수술이 발달했으며 인간도 그 대상으로 삼았다. 중국에서 거세(去勢)는 사형 다음으로 무거운 벌이며 궁형(宮刑)이라고 했다. 한무제는 『사기』의 저자 사마천에게 그 벌을 내린 바 있다. 중국 궁궐에서는 환관(宦官) 제도가 있었는데 황제의 여자를 넘보지 않도록 거세시킨 뒤 입궁시켰다. 환관 제도는 한반도로 넘어와 신라 흥덕왕 때부터 존재한 것으로 기록되어 있다. 반면 일본에는 환관 제도가 없었고 네 발 달린 짐승은 먹지 않았다. 다만, 멧돼지는 '육지의 고래'라고 별칭을 붙여 어류로 분류하며 예외를 두었다. 이는 철저한 농업국이 되면서 유목민 풍습이 사라진 것으로 보인다.

손바닥에 아교를 쥐게 하는 유목민

농경민과 유목민은 서로 반목하면서도 한편으로는 상대의 생산품을 필요로 했으므로 이들 사이의 물물교환에서 상업이 시작되었다. 유목 사회는 근본적으로 자급자족 체제를 유지할 수가 없고 고기나 가축의 젖만으로 영양의 밸런스를 유지한다 해도, 최소의 곡물이 필요했다. 따라서 일찍부터 교역을 중시해왔다. 상업은 외부와의 접촉을 자극한다. 자급자족을 기본으로 하는 농성 사회와 방외의 상업은

┃함무라비 법전

모순을 일으키기 쉽다. 특히 상업은 언제나 이동을 일삼아 온 유목민의 몫이었다. 세계에서 가장 오랜 법령집 『함무라비 법전(Code of Hammurabi)』은 유목 기마민족 사회에서 만든 것으로 상업과 무역에 관한 조항이 자세히 쓰여 있다.

사막의 대상으로 알려진 사라센제국은 아라비아인을 지배계급으로 하는 노예국가로 이슬람교를 국교로 삼았다. 마호메트의 깃발 아래 7세기 전반에 서쪽으로는 이집트에서 아프리카 북녘으로 진출했고, 8세기에는 스페인을 장악했다. 동쪽으로는 페르시아를 석권하고 인도를 압박하며 세계적인 상업 제국을 건설했다. 오랜 상업 국가의 역사를 지닌 수메르인 역시 기마 유목민으로 유럽에서 인도에 걸쳐 상업 활동을 했다. 중앙아시아의 여러 도시와 이란, 동로마 제국, 인도, 중국 등 여러 나라와 무역을 해온 중앙아시아 이란 계통의 소그드(Sogdian) 상인은 도시의 귀족이라고 불렸다.

7세기 초 동서 문화의 교차점인 우즈베키스탄에 있던 도시 사마르칸트로 파견된 수(隋) 사신은 다음과 같이 보고하고 있다.

"사마르칸트인은 장사를 잘하기 위해 남자 나이 5세가 되면 글을 가르치기 시작하고, 조금이라도 글을 알게 되면 상업을 배우게 한다. 많은 이득을 얻는 것을 가장 큰 자랑으로 여긴다."

『구당서(舊唐書)』에 의하면, 소그드인은 아이를 낳으면 입속에 얼음사탕을 물리고 손바닥에는 아교를 쥐게 했다. 얼음사탕은 성장해서 달콤하게 말을 잘하라는 의미가 있고, 손바닥에 아교를 쥔 것은 아교풀처럼 한 번 손에 넣은 돈은 떨어뜨리지 말라는 기원이 담겨 있다. 소그드인은 얼음사탕과 아교로 교육받은 천생의 상인이었다. 소그드인 속담에 '개가 짖어도 대상은 간다.'는 말이 있다. '방해가 있어도 장사는 한다.'라는 뜻이다. 이처럼 남자 나이 20세가 되면 근처의 나라에 가서 장사를 하기 시작했고, 이익이 있는 곳이라면 그들의 발길이 닿지 않은 곳이 없었다. '상인이 날마다 변경에 온다.'는 기록이 남아 있을 정도로 소그드인은 A.D. 1세기 이후 후한(後漢) 시대에도 빈번히 중국을 드나들었다. 결국 소그드인은 상업 대국을 건설했다.

유목민과 기마민의 대조적 성격

뛰어난 정보력

상업을 발달시킨 것은 이동을 생활 수단으로 여겨온 유목민의 몫이다. 다른 지역과 생산물을 교역하면서 유목민은 유목과 농업 이외에 또 하나의 생활 수단을 개발했다. 현재 진행 중인 세계화와 자본수

▋사막을 지나가는 대상

의화는 유목민의 교역에서 출발한 것이다. 늘 이동을 일삼는 유목민은 스스로 문화를 첩첩이 쌓아 올릴 수는 없다. 하지만 이질적인 문명권에 새로운 문화를 자극하며, 이들은 세계 문명사에 기여했다. 가장 두드러진 예로 인도의 '0의 발견'을 서구 세계에 전달한 것은 유목민의 후손인 아라비아 상인이었다. 이들이 없었다면 근대과학의 발달은 물론 오늘날 서구 문명도 없었을 것이다. 유목민이 발달시킨 문화는 빈약했으나, 주목해야 할 것은 문화 전파였다. 각 문명권은 독자의 원형을 유지하면서도 유목민(상인)이 전래한 문물로 더욱 풍요롭게 발달했다. 근대 상업 활동이 서유럽에서 발달했고 그 후 자본주의의 본고장인 미국으로 옮겨 갔지만 이들의 상업 열정은 이미 먼 옛날 기마 유목 민족 사회에서 나온 것이다.

중앙집권으로 광대한 영토를 통치한 기마민족이 정복왕조를 유지하기 위해서는 교통과 통신망의 정비가 필수적이다. 진시황의 정치철학은 효율 우선의 직선적 통치다. 그의 주요 업적 중 하나가 도로폭을 통일하는 교통망의 정리였다. 고대의 농경 국가, 이를테면 중국과 인도, 이집트 등은 성벽으로 둘러싸인 도시를 중심으로 주변 지역을 지배하는 관리 구조다. 세계에서 가장 오랜 제국이었던 아케메네스왕조의 다리우스 1세(Darius I, B.C. 522~468)와 알렉산더대왕, 칭기즈칸 등의 대정복왕조는 정비된 교통망 덕분에 형성될 수 있었고, 유라시아 대륙에는 오랫동안 균질적인 사회가 유지되었다.

'모든 길은 로마로 통한다.'는 말은 로마 제국에만 해당되는 것이 아니었다. 모든 기마민족 국가에는 말이 달릴 수 있는 도로와 효율적인 역전(驛傳) 제도가 마련되어 있었다. 한자 '역(驛)'은 말을 준비해두고 있음을 의미한다. 역삼동, 말죽거리의 지명이 그 흔적을 보여준다.

유목민은 이동을 시작하기에 앞서 반드시 행선지에 대한 정보를 갖고 있어야만 했다. 사실 가축을 몰고 유유히 초원을 이동하는 그들의 모습에서 날카로운 정보 감각을 상상하기는 어렵다. 하지만 부정확한 정보로 잘못 움직였다가 가축을 하루아침에 다 잃을 수도 있다. 전 재산인 가축과 가족의 운명을 오직 정보에 의존해온 그들이기에 정보 수집에 온갖 노력을 기울였다. 모세의 이집트 탈출 이야기는『구약』중 가장 극적인 요소가 많다. 모세가 이집트를 탈출해 사막을 방황할 때 지도자로서 가장 중요시한 것은 정보였다. 신은 땅을 약속했으나 그곳으로 가는 길은 명확히 알려주지 않고 스스로 찾도록 했다.

그 길은 험하고 적(敵)도 많아 한시도 마음을 놓을 수 없는 곳이었다. 그러므로 미리 정보 수집자를 사방으로 보내 확실한 정보를 얻어 행동해야 했다.

한편, 농경민은 유목민 같은 정보 감각이 없다. 이웃이 씨를 뿌리면 자신도 따라 씨를 뿌리는 식으로 중요한 생업에 관한 정보를 공짜로 받고 그것만으로 충분히 생활을 보장받는다. 이러한 생활에서 형성된 원형은 지금까지도 후손에게 이어져 한국인은 정보 감각에 미약하다. 한국처럼 정보를 경시하는 나라도 별로 없을 것이다. 정보 당국이 외국 정보보다 국내 선거를 더 중시하는 것이 단적인 예이다. 미국은 유목민의 정보 감각이 배어 있는 나라로 정보는 곧 돈이라는 인식을 갖고 있다. 자칫 파티에서 우연히 옆자리에 앉은 친절한 의사나 변호사에게 신상 이야기를 했다가, 그 다음날 청구서를 받았다는 우스갯 얘기도 있다. 미국이나 러시아 등은 기마민족 국가로 다양한 정보 전문가에 의해 운영되는 나라다.

직선적 사고

초원을 이동하는 유목민은 직선을 선호한다. 하지만 농경민은 일정한 장소에서 자연의 리듬에 따라 생활한다. 강의 흐름이나 비바람 등 자연에는 직선이 없다. 만일 하나라도 직선을 발견할 수 있는 곳이 있다면 유목의 지혜가 있는 인간이 존재한 것이 분명하다.

서구 문명의 특성 중 하나는 계약 사상으로 로마법 정신도 그 연장선상에 있다. 상업의 첫 시작은 물건을 움직이는 일로부터 시작하는데, 이익은 '먼 거리와 속도의 곱'에 비례한다. 원거리 상업은 단순한 관행과 믿음에만 의존할 수 없으며 '일단 서로가 정한 계약은 반드시 준수한다.'는 유목민 특유의 계약 사상을 형성했다. 낙타와 말의 운반 능력은 원거리 여행을 가능하게 했고, 기마 유목민의 생활양식에 부응하는 자본주의의 싹이 그들 사회에서 발생한 것은 당연한 일이었다. 결혼도 계약으로 성립되며 종교 역시 인간과 신과의 계약에서 시작된다. 계약 없이는 거래나 법률도 있을 수 없다. 셰익스피어의 명작 『베니스의 상인』은 계약이 인간의 삶을 지배하는 사회를 보여준다. 그러므로 서양의 계약은 직선이다. 반면 동양(농경민)의 법은 물(氵)에 따라가는(去) 법(法)이며 직선은 아니다. 특히 한국인은 法에도 (눈)물이 있다는 말을 좋아한다.

제2차세계대전 후 소련과 미국은 기마 유목민 자손답게 38선을 만들어 한반도를 직선으로 분단했다. 필자는 캐나다와 미국 사이에 일직선으로 굳어진 국경선을 보고 미국인 사고의 뿌리를 유추해볼 수 있었다. 미국의 주 경계선은 모두 직선이다. 목민관(牧民官)이라는 말이 시사하듯, 동물 관리에 익숙한 기마민족 정권은 가축을 사육하는 것과 같이 백성을 다루었으며 필요할 때는 한 지역 주민 모두를 마음대로 옮기고 영토를 직선으로 분할했다. 몽골인도 그런 일에 능했으며 아시리아군은 피정복민에 대한 냉혹한 강제 이주로 악명을 떨쳤다. 수십만의 피정복민들을 조상 대대로 살던 땅에서 쫓아내고 그들의 전통과 윤리, 신앙 등을 조토화해 버린다. 반란의 씨를 뿌리째

뽑아버리는 것이다. 근대 미국의 인디언 보호구역(Reservation) 정책도 마찬가지로 보인다. 사막의 인디언을 비가 많은 지역으로 이주시키고, 거꾸로 습기가 많은 지역의 부족을 사막으로 강제 이동시킨다. 그럼으로써 그들의 원형은 파괴되고 민족 고유의 기백과 전통, 일체감이 사라지게 만들어 반란을 진압시킨 것이다.

기마민족의 단결력

유목민은 근접한 장소에 타인이 살게 되면 그만큼 자기 가축을 먹일 초원이 줄어들기에 소가족 중심의 이동 생활을 한다. 대가족으로 노동력을 유지한 농경민과는 정반대이다. 넓은 목초 지대에서 생활해 오던 이들에게는 타인과 접촉할 기회가 원천적으로 제한된다. 고립된 생활에 익숙한 유목민은 독립심이 강하고 약탈이나 전쟁과 같은 목적이 없어지면 단결력이 약해진다.

흔히 아랍인의 단결력을 사막의 모래에 비유하는데, 이는 조직을 싫어하고 독립심이 강해 자기중심적으로 행동하는 유목민 특유의 생활양식 때문이다. 부족은 공통의 이익이 분명할 때만 협력하고 그것이 없어질 때는 주저 없이 흩어진다. 단결력은 원형에 내재해 있는 중요한 특성이다. 대제국 수(隋)를 망하게 하고 당(唐)을 괴롭힌 고구려나 돌궐(突厥)족은 전형적인 기마민족 국가였으며, 돌궐의 발전 과정에 대해서는 여러 관련 비문에 나타나 있다.

(전략)

아버지 카강은 17명의 병사와 함께 밖으로 뛰어나갔다. 이들이 밖으로 나간다는 소문이 퍼지자 들에 있던 사람들은 산으로, 산에 있던 사람은 들로 모였다. 모여든 병사의 수가 70명이 되었다. 아버지 카강의 기세는 늑대와 같았으며 적은 양과도 같았다. 동과 서에서 싸우면서 사람들은 계속 모여들었다. 마침내 그들은 모두 700명이 되었다.

(중략)

백제는 기마민족 국가에서 출발했다. 시조 온조는 10명의 부하를 거느리고 부여(扶余, 중국 동북부 동가강 유역)에서 한반도로 들어왔다. 부하의 수에 따라 '십제'라 이름 지었으나 곧 십진법적으로 병사와 국토를 넓혀 '백제'라 하였다. 고구려와 몽골제국의 성장 역시 눈부셨다. 특히 광개토대왕은 그 이름과도 같이 단숨에 국토를 넓혔다. 일본 천황가의 신화는 그 시조 진무 천황의 동방 정벌(東征)로 시작되고 정복 과정 또한 이상하리만큼 빨랐다. 일본 제국이 팔굉일우(八紘一宇, 세력을 팔방에 확장함)를 국시로 삼아 성장한 것도 결코 우연이 아니다.

기마민족의 권력투쟁

'쉽게 얻은 것은 잃기도 쉽다.'는 속담은 국가의 성쇠에서도 그대로 통한다. 십진법식으로 급증하던 기마민족도 농경 생활을 하게 되면 곧 확대 지수가 감소하고 어느 날 갑자기 정체가 시작되어 몰락한다. 기마민족 정복 국가는 변화를 먹고 사는 인위적 사회이므로 장기적 안정을 위해서는 정착 중심의 농경 정책을 택할 수밖에 없다. 영토 확장이 목적이었기에 일단 그 목표를 달성하면 방향을 잃고, 새로운 목표를 만들지 않으면 분산될 수밖에 없다.

가난한 사람이 고생 끝에 성공해 안락한 생활을 즐기게 되면 그 후
손들은 선대가 지녔던 인내심과 조심성, 근로 의식이 약해진다. 이는
어느 사회나 마찬가지다. 기마 유목 민족이 농경 국가를 정복한 것은
군사력, 특히 기동력과 무예를 존중하는 상무(尙武) 정신이 있었기에
가능했다. 피정복민의 문화를 접하면서 영향을 받아 자문화의 특성
이 약해지는 것은 흉노의 경우도 예외가 아니었다. 호족(胡族) 남자들
은 유목민 여성에게서 볼 수 없는 부드러운 피부와 아름다운 용모의
중국 미인을 선호했고, 한(漢)족의 왕은 이를 미끼로 호족 우두머리
의 침략 야욕을 달랬다. 전한(前漢)의 문제(文帝)가 공주를 흉노의 노
상선우(老上禪于)에게 시집보낸 것은 이런 흉노의 심리를 이용한 한족
(漢族)의 상투적인 대만족(對蠻族) 정책이었다. 당시 문제의 신하 중공
열(中公悅)이 공주를 따라 동행했다. 그는 공주의 신하로서 그녀의 남
편인 노상선우를 잘 받들었으며 곧잘 직언을 했다. 그 내용은 『사기』
110권에 잘 나타나 있다.

　　"흉노의 인구는 한(漢)의 인구에 훨씬 미치지 못합니다. 그런데도 흉
　노가 강한 것은 의식(衣食)이 중국과 다르기 때문입니다. 만일 이 풍습
　을 바꾸어 한나라의 것을 받아들인다면 흉노는 한에게 굴복하게 될 것
　입니다. 한나라의 비단옷을 입고 초원을 달리면 금방 찢어집니다. 한나
　라 비단은 흉노의 땅에서는 모직보다 훨씬 못합니다. 한나라의 음식을
　얻는 일이 있더라도 모두 버리고 흉노의 것으로 만든 음식과 물만 먹도
　록 모두에게 알려야 할 것입니다."

일단 아름다운 의복(美衣)과 달콤한 음식(美食)에 익숙해지면 전쟁에 나가서도 그 맛을 잊을 수 없고 인내심도 약해진다. 호족이 중원을 침입한 것은 비단과 미녀 그리고 맛 좋은 음식 때문이기도 했다. 그러나 일단 그것을 손아귀에 넣으면 호족이 지니고 있던 종래의 강인함이 없어진다. 맛은 중원의 음식에 훨씬 미치지 못하지만 호족에게는 거친 유목생활을 잘 견딜 수 있게 해주는 음식이 있었다. 말의 젖을 발효시킨 마유주(馬乳酒)는 채소를 대신할 수 있는 식품이다. 마유주를 마시면 채소와 다름없는 영양의 균형을 취할 수 있고 병사들이 조의(粗衣)·조식(粗食)에 견디게 도와줌으로써 전투력을 길러주었다.

기마민족 국가는 부족 연합에서 출발했으므로 귀족의 발언권이 강하다. 왕을 추대하는 일을 비롯하여 전쟁 등 중대 정책 결정에는 당연히 귀족의 뜻이 반영되었다. 또한 왕위 계승 제도가 일정하지 않아 궁중 투쟁이 자주 발생하곤 했다. 권력투쟁 음모나 부족장 암살 등도 다반사였다. 『아라비안나이트』에 자주 등장하는 음모와 비밀 통로 등은 궁중의 음모와 쿠데타가 잦았음을 시사한다. 아랍과 인도 등의 정복왕조 왕궁에는 으레 비밀 시설이나 교묘한 구조의 미로가 많아 치열한 궁중 투쟁이 있었음을 실감할 수 있다.

당쟁은 심했지만, 대체로 평화로웠던 조선의 왕궁에서 간단한 미로 하나 찾아볼 수 없는 것과는 대조적이다. 이동 없이 일정한 곳에서 생활하는 농경 국가, 특히 벼농사 사회에서는 이웃과 힘을 합해 수리와 관개 등 공동 이익을 위하는 작업이 절실했고, 협력을 통해 마을과 공동체의 이익을 우선시하는 의식이 윤리화되있나. 뭔덕 구쪼도 될 수 있는 대로 분쟁이 발생하지 않도록 장자 상속제의 원칙을 제도화했다. 왕궁 성곽은 방어 위주였고, 비밀 구조가 없어 허술하게 느껴진다. 일제 강점의 직접적 계기가 된 명성황후 시해 사건이 쉽게 일어난 것도 비밀 통로 하나 없는 궁의 구조 때문이었다.

피의 미학

한때 몽골고원 서쪽 일대에서 세력을 자랑한 흉노 사회에서는 왕이나 귀족의 장례 시에 측근의 신하와 왕비 후궁들이 함께 죽는 것을 당연시하고 때로는 그 수가 수천 명에 달한 경우도 있었다. 순사(殉死) 풍습은 유라시아 대륙 일대에 걸쳐 성행했다. 메소포타미아 우르 왕의 묘, 중국 고대국 은(殷)의 대묘(大墓) 등은 유명한 순장 유적이며 중국 은(殷)이 유목민 출신이었음을 강하게 시사한다. 몽골의 유럽 원정, 유럽의 십자군 원정, 스탈린의 피의 숙청, 독일의 유대인 대량 학살 등 유목국가는 무자비한 대량 학살을 저질러왔다.

기마민족이 세운 고대 한반도 왕조에도 순사의 장제(葬制)가 있었으나 농경화되는 과정에서 점차 사라졌다. 농경 사회의 미학이 피를 싫어한 데다 현실적으로 농업국의 경제적 기반이 노동력에 달려 있기 때문이다. 식물을 키워 살아가는 농경민이 피비린내를 싫어하는 것은 당연했으며 유목민과 달리 피를 흘리는 희생을 성스러운 것으로 보지 않는다. 그러나

█ 은의 대묘

일본은 농경화되었으면서도 싸움을 주업으로 하는 싸울아비, 즉 사무라이(무사)가 '죽음의 미학'을 유지해왔다. 근대화 직전까지 사무라이 사회가 지속된 일본은 최근까지도 자발적 순사가 이어졌다. 메이지(明治) 천황에 대한 노기 마레스케(乃木希典) 대장의 순사, 또 쇼와(昭和) 천황에 대해서도 무명의 시민이 칼로 순사를 감행했고 지금도 그 미학을 존중한다. 30여 년 전 할복한 노벨 문학상 후보 미시마 유키오(三島由紀夫)의 문학이나 영화에서 나타나는 죽음의 찬미 등도 그 좋은 예라 할 수 있다.

고대 한국은 기마민족 국가였으나 순사는 신라 지증왕 3년(502년)에 왕명으로 금지되었다. 일본에 비해 제도적으로 금지된 시기가 150년이나 앞섰다. 일본에서는 기마민족적 죽음의 미학이 최근까지도 이어지고 있는 반면 한국은 그렇지 않다. 김일성, 김정일 수령의 장례식 장면은 전 세계인에게 강한 인상을 주었다. 하늘이 무너질 것처럼 애도하는 주민의 모습에 행여나 자발적 순사자가 나오지 않을까 걱정했으나 순사자는 없었다. 이는 남북한이 동질적으로 농경민화되었음을 보여주는 좋은 예이다. 물론 한국에도 죽음의 미학이 있었다. 신라의 화랑정신이나, 백제가 멸망할 당시 삼천 궁녀가 백마강에 몸을 던진 것이나, 계백 장군이 전쟁터에 나가기 전에 처자식을 죽인일 등 예가 적지 않다. 하지만 백강전투 이후 상무 정신은 희석되었다. 스스로 목숨을 끊는 무사 정신은 고려 삼별초군이 제주도에서 결사항쟁을 한 시기를 경계로 차츰 사라졌다.

죽음의 미학 존속 여부는 유목민에서 농경화되어 가는 시기와 기풍을 나타내는 하나의 척도로 생각할 수도 있다. 한국과 일본의 기마 민족적인 성격 요인에도 미묘한 차이가 있다. 일본은 근대화 이전까지 네발 달린 짐승은 먹지 않을 만큼 식생활에서는 철저히 농경화되었으나, 죽음의 미학은 무사 제도와 함께 이어져 왔다. 제2차세계대전에도 일본 자살 특공대인 가미카제의 자살 공격, 집단 자살 등이 행해졌다.

유목민, 농경민 기질은 변화할 수 있는가?

한반도는 지리적으로 두만강, 압록강, 대한해협으로 다른 국가와 완전히 갈라져 있다. 쉽게 중국, 일본과 접촉할 수 있으면서도 명확한 문화 차이가 있고 고유의 문화를 지녔다. 조선 말기에 일본을 거쳐 한반도를 경유해 중국을 여행한 서양인(E. 버드(E. Bird), 『한국기행』)은 이들 국가 간의 문명 차이에 놀랐다고 한다. 한반도는 신라 통일 이후 적극적으로 중국화됐고, 완전히 농경화되어 유목민적인 문화 요소가 철저히 씻겨졌다. 생물학적으로는 유목민적 요소를 지니면서도 농경화됨으로써 기마, 유목민적 문화의 특색은 사라졌다. 문화, 정치적으로 한반도와 깊은 관련을 맺어온 중국은 기마 유목민의 정복왕조를 여러 차례 겪었으나 인종과 문화의 주류는 여전히 농경적이다. 일본은 농경민이면서도 무사적 사회제도를 유지했다. 특히 일본의 지배계급은 기마민족으로, 건국 이래부터 최근까지 끊임없는 개척과 정복을 진행하면서 제국주의를 행해오고 있다. 즉 기마민족 기질을 보존해 오고 있는 것이다.

문화는 고유의 원형에 뿌리를 둔 유기체로 원형(문화의 핵)을 중심으로 과학·문학·종교 등 각 분야가 꽃잎처럼 퍼져 있다. 문화의 한 부분이 변화하면 다른 부분에도 영향을 끼치면서 마침내 원형에 충격이 가해진다. 문화적인 각 요소를 쇼핑하는 것처럼 마음에 드는 것만 골라 자국 체계에 편입시킬 수는 없다. 인간은 맨 처음 농경민과 유목민으로 나누어져 유라시아 대륙의 극동과 극서로 이동하면서 단위 지역마다 고유의 원형을 지닌 민족을 형성했다. 지구를 하나의 단위로 생각하면 원형이 다양해질수록 서로 이해할 기회가 많아지고 공존의 지혜를 갖게 될 것이다. 이에 대한 모범 답안은 유목민적 사고와 농경민적 사고를 서로 접목시키고 융합하는 것이다. 그러나 융합이 아닌 각자 고유의 원형이 서로 공존하는 융합, 즉 범인류 차원의 융합으로 승화해야 한다.

A. J. 토인비(A. J. Toynbee)의 견해 가운데 가장 흥미로운 것은 '세계국가론과 고등 종교의 구상'이다. 그는 불교의 성자와 『구약』의 예언자가 결합되어야 한다고 보았다. 이는 농경민(불교)과 유목민(『구약』)의 윤리를 융합시키는 것, 정확하게는 승화를 의미한다. 각 종교의 덕목은 문화의 전 분야와 유기적으로 관련되어 있다. 종교의 융합은 단순히 종교적 덕목을 배열하는 산술평균만으로 이루어지는 것이 아니다. 윤리, 종교적 차원이 아닌 보편화한 인류의 희망을 이상화하는 데서 유목과 농경의 융합은 가능해진다.

유목민과 농경민의 융합

유목민은 근친 간의 결혼에 거부감이 없다. 그러나 잡종이 생존력이나 번식력 등에서 우수성을 갖는 잡종강세 현상을 일상적으로 목격한다. 따라서 결혼에 관해서는 농경민과 달리 인종적 편견이 없고 오히려 적극적으로 피정복자의 여자에게서 자손을 낳으려 했다.

또한 유목민은 동물을 매우 가깝게 여긴다. 원(元) 왕실의 역사를 다룬 『원조비사(元朝秘史)』는 시조의 유래를 '상천(上天)의 명으로 부른 늑대(蒼狼)가 태어나자 암노루(牡鹿)가 있었다.'고 기록하고 있다. 유목민족 고차(高車) 왕의 딸은 늑대와 결혼한다. 부여에서는 말(馬), 소(牛), 개(狗) 등 6가지 가축의 이름을 관명으로 삼았다(『후한서』,「동이전」). 우리나라 단군신화에서도 하늘 신의 서자, 곧 환웅은 웅녀를 아내로 맞이하여 아들 단군을 낳았다. 천손과 토착 여성을 인간과 곰으로 표현한 것이다. 일본의 경우도 한국에서 건너간 기마족의 후예, 즉 정복자인 천손은 토착민 추장의 딸을 아내로 삼는데, 여기서는 인간과 인간의 결합을 보여준다. 외래 세력과 토착민 딸의 결혼은 민족 융합과 새로운 국가 수립을 상징한다는 점에서는 공통적이지만, 몽골에서는 늑대와 노루, 한반도는 인간과 곰, 일본에서는 인간과 인간으로 한 단계씩 동물적 요소가 희석화되어 갔다.

민족 융합 정책을 가장 조직적으로 실현한 왕은 알렉산더대왕이다. 그는 솔선해서 박트리아 국가의 왕녀 록사네와 다리우스 3세의 왕녀 바르신 두 외국 여성을 아내로 맞이했다. 또한 부하 간부 90인으로 하여금 각각 페르시아 여인에게서 아이를 낳게 했으며 만 명의 그

3부 인류 문명의 기원

리스 병정들을 페르시아 여성과 결혼시켰다. 미국인과 중남미인도 정복자와 피정복자의 결합으로 혼혈아가 대부분이다. 정복자가 피정복자의 여자를 아내로 맞이하는 것은 정복 국가의 기본이자 새로운 민족 형성을 위한 제일보로 실제 피의 융합은 국가 안정에 기여한다.

성 관념

농경민은 식물이 꽃피고 열매 맺는 것에 신비함을 느끼는 반면, 유목민은 가축 수를 늘리는 것을 생업으로 여겨 성관계를 축복했으며 성에 대한 관념도 대범했다. 아버지나 형이 죽으면 그의 처나 첩을 물려받았고 조카들을 부양하는 일은 친척의 유대를 강화하는 미덕이었다. 수양제(隨煬帝)의 여동생 의성공주(義城公主)는 동돌궐의 왕 계민가한(啓民可汗)의 아내가 되었으나 남편 가한(왕)이 죽자 그 아들 시필가한(始畢可汗)의 아내가 되었고 시필의 사후에는 그 동생인 처라가한(處羅可汗)의 처가 되는 등 삼부자의 처가 되었다. 물론 이들 두 가한(왕)은 의성공주의 친자식은 아니었다.

정략결혼은 권력을 유지하는 수단이었다. 근세 유럽의 합스부르크가의 경우 결혼으로 왕국을 유지하는 혼인 연합체를 형성하였다. 때문에 유럽 왕족은 거의 친척 사이다. 이렇듯 유목민 사회의 인척 관계는 농경민과 판이하게 다르다. 고구려는 반농반목으로 유목민 풍습의 상당 부분을 유지하고 있었으며 중국 정사에는 '고구려인은 음란해서 봄이면 남녀가 어울려 놀고 같이 춤추며 노래하고 야합한다(『후한서』, 『삼국지』, 『양성』).'고 쓰여 있다. 중국인이 보기에 고구려인의 성 풍속이 야만스럽게 느껴졌던 것이나 『주서(周書)』의 「고구려전」을 보면 고구려에는 창녀가 있고, 여성이 음란하다고 기록되어 있다. 기마민족의 유풍을 많이 지녔던 고구려인은 성이 개방적이고 자유로웠다. 창녀는 당당한 일은 아니었지만, 분명히 직업이었다. 영국 찰스 왕자는 "나의 직업은 세계에서 가장 오래된 직업(The oldest profession in the world)이다."라는 농담으로 파티에 온 사람들, 아니 전 세계인을 웃긴 일이 있었다. 여기서 '가장 오래된 직업'은 창녀(prostitute)를 뜻하는 말이지만, 왕 또한 그만큼 오래된 직업인 것도 사실이니 웃지 않을 수 없었을 것이다.

실제 몽골 원(元) 왕조에서는 사회적 신분 순서가 관(官), 이(吏), 승(僧), 도(道), 의(醫), 장(匠), 창(娼), 유(儒), 걸(乞)로서 최고가 관인 것은 한국과도 같지만 창녀가 유학자보다 위이다. 전형적인 유목민 국가인 원(元)은 과거제를 채택하지 않았으므로 유교를 공부하는 사람도 별로 없었다. 대신 재미있는 소설이나 희곡이 많이 만들어져 중국 문학사에 일찍이 없었던 문학, 특히 희곡(戲曲)과 소설이 유행했다. 『삼국지』, 『수호전』, 『서유기』가 등장한 것은 원말명초(元末明初)의 시기다.

조선 시대에는 방방곡곡 자율적으로 향약을 정하고 마을끼리 미풍양속 경쟁을 벌였으므로 근본적으로 유곽 단지 같은 곳은 존재할 수 없었다. 반면 일본에서는 곳곳에 유곽을 세웠다. 근대화 이후에는 해외에도 수출(唐行女, からゆきさん, 약 10만 명 정도로 추정)을 하였으며 창녀를 중요한 수출품이자 필요악으로 인식했다.

일본은 가난한 나라였으나 근대화 이후 군사 대국으로 성장했다. 진주만 기습 직전에 사용된 제로 전투기, 전함 무사시, 야마토는 당시 세계 최고 수준의 군함으로서 경제력에 비해 엄청난 군사력을 가진 것은 그만큼 세금이 무거웠음을 의미한다. 가난한 국민들은 딸을 팔아서까지 세금을 감당했으나 일본 역사에는 이에 대한 내용이 한 줄도 다루어지지 않고 있다. 일본인이 위안부를 상식적인 관행 정도로 여겨온 탓도 있다. 일본 제2의 도시인 오사카의 시장과 일본 지성의 상징이라 불리는 NHK 회장이라는 인사들이 위안부에 관해 절제 없는 발언을 하는 것은 일본적인 성 관념에서 나온 망언인 것이다. 위안부 문제에 대한 일본의 무딘 죄의식은 유곽이 없던 전통 사회를 겪은 한국인의 인식과는 전혀 다르다.

민족의 이동

기마민족 국가와 민족이동

문명이 시작된 이래 인류는 끊임없는 기근과 이상기후, 전쟁 등으로 크고 작은 규모의 민족이동을 해왔다. 특히 목초지가 한정되어 있는 유목 사회의 인구 증가는 곧바로 이동으로 이어졌고, 기후 변화에 따른 급작스러운 민족이동도 흔하게 일어났다. 민족이동은 동서고금을 막론하고 민족 분쟁의 원인을 제공해왔다. 세계사에 큰 획을 그은 사건 중 하나는 기마 유목민이 주도한 민족이동이 로마 제국을 멸망시킨 사건이었다. 그 외에도 유라시아에는 여러 차례의 민족 대이동이 있었다. 기마술을 익힌 유목민은 기동성과 조직화된 강한 군사력으로 주변의 농경민을 정복했다. 때로는 인류사의 흐름을 바꾼 기마민족 정복 국가를 건설했다. 이들은 만향하는 도시의 선 주민들을 발살하고 농지를 빼앗으며 초지를 넓혀 갔다. 유라시아 대륙의 유목민은 대개 10~20년을 주기로 위기를 겪었다. 식량 비축이 적기 때문이었다. 초지의 고갈, 메뚜기 떼의 습격 등으로 가축이 전멸하는 경우에는 대책이 없었다. 이럴 때마다 타 부족에 대한 습격과 약탈 등 가까운 농경 사회를 침략해 규모를 확대해가면서 결국에는 새로운 국가를 건설해갔다.

가장 오래된 기마민족은 B.C. 8세기경 흑해 북쪽 크리미아반도에 출현했다. 이들은 소아시아의 시리아와 팔레스타인 등지에 침입해 이란고원에 최초의 기마민족 정복왕조를 세웠다. 스키타이 제국을 건설한 이 왕국은 중앙집권적 체제였으며 세계사에 끊임없이 등장하는 기마민족 국가의 모델이 되었다. 농경민은 유목민과 늘 충돌했다. 기마 전술을 당해낼 수 없는 것은 유라시아 대륙뿐만이 아니었다. 중남미의 농업 민족들도 모두 소수의 스페인 기마병에게 철저하게 짓밟혔다. 병력으로는 몇 백, 몇 천 배가 되는 잉카와 마야 제국의 군대도 기마민족에 의해 허망하게 무너졌다. 농경민 앞에 나타난 기마병은 문자 그대로 지옥에서 온 사자처럼 보였다. 농경민이 처음 보는 기마병은 인간과 동물이 하나가 된 마귀, 또는 인간도 동물도 아닌 괴물로 아예 처음부터 싸울 용기조차 갖지 못했던 것이다.

인구로는 겨우 중국의 1개 현에 불과한 흉노 때문에 한제국도 번번이 멸망의 위기에 빠졌다. 한무제(漢武帝) 이전의 한의 역대 황제들은 흉노(匈奴) 왕을 형으로 모시고 자신을 아래 것으로 칭하며 몸을 낮췄다. 한무제(漢武帝)는 흉노(匈奴)와 여러 차례 전쟁을 치루면서, 유능한 장군과 우수한 군사력으로 겨우 그들을 서방으로 몰아붙여 마침내 한제국을 건설할 수 있었다. 흉노족은 볼가 강 동녘 유럽으로 계속 이동해갔다. A.D. 370년경 유라시아 대륙 서쪽으로 이동한 흉노족은 유럽 세계에 기마민족 국가를 수립해 카자크나 헝가리족으로 분파되었다. 이들은 한국인과 같은 황색 인종인 몽골로이

┃한무제

드의 피가 섞인 민족이다. 5세기 전반 훈족의 왕인 아틸라(Attila)는 헝가리, 러시아, 독일 일대를 휩쓸어 도시를 파괴하고 대량 학살을 자행했다. 아틸라는 유목민다운 사고로 인간과 동물의 구별 없이 필요하면 모두를 도살의 대상으로 보았다. 그의 잔인한 정복에 유럽인들은 "전쟁의 신 아레스(Ares)의 검이 아틸라에게 주어졌다."며 공포에 떨었다.

이외에도 아랍 민족의 이슬람 제국, 칭기즈칸의 대제국 건설, 유럽인의 미국 정복 등 유목민은 한결같이 기마 전법을 사용해 원주민을 제압했다. 근대 이후 제국의 주인공은 대부분이 기마민족 출신이다. 말을 타고 소, 양 떼를 이리저리 몰아가는 카우보이의 나라 미국 또한 전형적인 기마민족 정복 국가다. 기마 전법은 말이 전차로 바뀌고 비행기가 등장하기 전까지, 수천 년 동안 최고의 전법이었으며 그 후에도 여전히 기마민족의 침략성은 변함없었다. A.D. 6세기경에는 몽골

▋아틸라와 교황 레오 1세의 회견 아틸라는 452년 로마에 진격, 밀라노를 점령한다. 레오 1세는 그를 만나 막대한 곡물을 제공하고 로마 진격을 포기시켰다.

고원의 동녘에서 유목 생활을 하던 터키계 유목민 돌궐(突厥)족이 대제국을 수립하고 중국의 수(隋), 당(唐) 제국을 괴롭혔다. 현 위구르족은 돌궐족의 일부이며 현재도 계속 중국인에게 테러를 감행하고 있다.

한민족과 일본 민족의 구성 요소를 살펴보면, 일본 민족은 고몽골로이드인(조몬(繩文)인, 아이누)을 포함하는 데 반해 한민족에게는 고몽골로이드인이 포함되지 않았다. 실제로 한반도에는 없던 조몬 시대, 즉 B.C. 3세기 이전 일본의 원주민이었던 조몬인과 같은 계통의 아이누족 집단 거주지가 열도 북단 홋카이도(北海道)의 여러 곳에서 발견되었다. 그러나 한국어에도 일본어와 마찬가지로 아이누어인 감(神), 뫼(山), 내(川) 등이 있고 한반도에도 조몬 시대의 토기가 출토되었다.

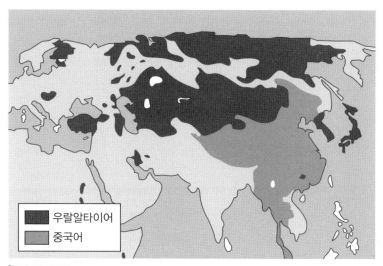

▍알타이어의 분포

한반도인의 DNA에 고몽골로이드인(조몬인)의 것이 있는 게 확실하다. 다만 대륙으로부터 벼농사민과 기마 유목민이 유입된 시기가 일본보다 수세기 더 빨라 민족 융합이 일찍이 진행되어 집단 거주지가 소멸한 것으로 보인다. 과거 한·일어는 터키, 몽골과 함께 우랄 알타이어로 분류됐으나 최근의 연구 결과는 알타이어와 우랄어를 분리해서 생각한다. 알타이 민족의 본관은 만주 흥안령(興安嶺) 동쪽의 유목민으로 약 4천 년 전에 퉁구스(東胡)와 한민족의 조상이 거주하고 있었다.

민족 융합의 용광로, 한반도

유라시아 대륙에서 이뤄진 민족이동의 마지막 파도는 어김없이 한반도로 밀려왔다. 흔히 한민족을 단일민족이라고 하지만 이는 정체성을 강고히기 위한 정치적 표어에도 불과하나. 유라시아 내륙은 '민족

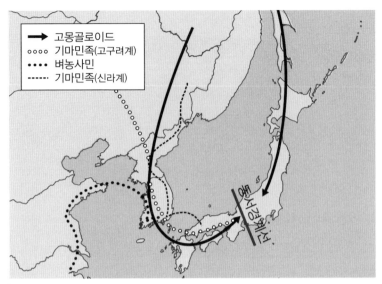

범례:
→ 고몽골로이드
∘∘∘∘ 기마민족(고구려계)
•••• 벼농사민
······ 기마민족(신라계)

│민족이동의 경로

집단의 당구장'이라고 표현될 정도로 여러 민족이 섞여 부딪히며 살았다. 한곳에서 발생한 충돌은 당구공처럼 이리저리 충돌하면서 흩어지고 모이는데, 그 여파가 곧바로 한반도에 큰 영향을 주었다. 처음에는 북방 고몽골로이드인이 이주했으며, B.C. 6세기경에도 이미 남방에서 벼농사민이 건너왔다. 그 흔적은 한반도 각지의 지석묘군에 남아 있다.

이들보다 약간 뒤늦게 기마 유목민이 한반도로 유입되어왔다. 전국시대의 한 제국 형성기에 대규모의 피난민이 한반도에 몰려왔으며, 신라인의 전신인 진한인도 진시황의 만리장성 건설 시 노역을 피해 남하한 무리로 생각된다(『삼국지』 「위서 동이전」). 마치 샌드위치처럼 고몽골로이드와 남방계 농경민, 북방계 이주민, 기마 유목민 등이 번갈아 뒤섞인 한반도는 민족 융합의 용광로가 되어 오늘날의 한민족을 형성했고 그 일부는 열도로 건너갔다. 한국어가 알타이어이면서도 많은 남방계의 낱말을 포함하고 있는 것이 그 증거다. '단군신화'는 아침을 '아사(다)'로 부르고 있는데, 이는 '고요한 아침의 나라(朝鮮, morning calm)'라는 뜻이다. 신화의 고유명사와 현 지명 등을 통해 아래와 같이 이동 경로를 짐작할 수 있다.

아사달(阿斯達)→九月(아달)山→阿里水(한강)→安羅(아라, 가야)
→아리타(有田, 규슈 북부)→아리아케(有明, 규슈 남부)→아라오(荒尾)→아소(阿蘇)→아숙(安宿, 오오사카)→아스카(明日香)달

이동의 주된 흐름은 백두산의 아사달, 곧 아침 언덕을 출발점으로 하여 일본열도의 나라(奈良) 현 아스카가 종착지가 되었다. 아사달과 아스카는 같은 뜻이다. '아사, 아름다움, 아리'는 동족어로, 여기서 달은 tal(達)–take(岳)이다. 한국인의 조상은 고향을 항상 아름다운 곳으로 여기며 민요 '아리랑'으로 고향 그리는 마음을 달랬다.

『니혼쇼키』에 실린 비극의 왕자 야마토 타케루(倭建)가 작시한 노래도 그리움의 마음을 노래하고 있다. 야마토 타케루는 정복을 위해 동국으로 갔으나 고향을 그리워하면서도 끝내 돌아가지 못했다. 다음은 야마토 타케루가 쓴 시노비(偲, 슬픔) 노래(歌) 가사의 일부이다.

고향 야마토(감터, 神市)는
나라의 한가운데 푸른 산에 둘러싸인 야마토
매우 아름나워라

시노비(偲) 노래(歌)인 〈고향 그리는 노래(詩)〉에서는 고향의 아름다움을 노래한다. 여기에 등장한 낱말은 모두 한국어와 동족어이다(수루부(슬프다). surubu-시노비(偲) sinobi). 접두어 시(si)는 '매우'라는 뜻을 지니고 있다. '시아름다움(しうるわし)'은 '매우 아름답다'라는 의미이다. 여기서 '아름(다워)'(arumu-uruwa(si))은 우루와시이(麗うるわし, 아름답다)와 같다.

한·일어에서 접두어 '시'는 공통적으로 그 뒤에 오는 말을 강조한다. '시건방(매우 건방지다)', '시샘(심한 샘)', '시끄러워(매우 괴롭다는 의미의 '시괴롭다'에서 나옴)' '시아름다워'는 매우 아름답다는 것이다.

한일은 공통적으로 기마 유목민적인 생활에서 농경민적인 생활로 바뀌었으나 원형에는 부분적으로 농경민의 것과는 다른 기마민족적 요소를 지니고 있었다.

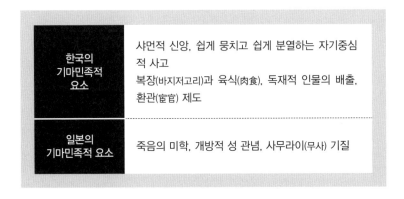

한국의 기마민족적 요소	샤먼적 신앙, 쉽게 뭉치고 쉽게 분열하는 자기중심적 사고 복장(바지저고리)과 육식(肉食), 독재적 인물의 배출, 환관(宦官) 제도
일본의 기마민족적 요소	죽음의 미학, 개방적 성 관념, 사무라이(무사) 기질

알타이어족의 건국신화

한국의 단군과 김수로왕 신화, 그리고 일본 천황가의 건국신화는 한결같이 천제(天帝, 천신)의 손자나 직손이 아닌 서자가 하늘에서 지상에 내려온다는 줄거리다. 이는 알타이어족, 즉 기마민족 건국신화의 전형적인 천손강림신화의 줄거리다. 일본의 천손강림신화를 보면 천신 아마테라스와 스사노오는 남매 간으로 그 부모는 이자나기, 이자나미였다. 『삼국사기』에는 고령 대가야(大加倻)의 시조는 이지아키(伊珍阿岐)로 그 후 16대가 520년간 이어졌다고 쓰여 있다. 이지아키(伊珍阿岐)의 '이지(伊珍)'와 이자나기, 이자나미의 '이자(伊邪)'는 동류어로, 이름이 비슷한 것은 결코 우연이 아니다. 강림한 주인공의 이름에서 일본 건국신화가 대가야 및 김수로 신화와 혼합되어 있음을 알 수 있다.

단군신화의 곰과 호랑이는 일본에서 누이 아마테라스와 남동생 스사노오로 변형되어 있다. 스사노오는 난폭한 기질 때문에 하늘나라에서 추방되어 동해에 면한 이즈모(出雲) 지역에 내려오고, 천손 니니기는 포에 싸여 규슈에 내려온다. '스사노오'는 뒤에 오는 낱말의 뜻 '사나운'을 강조하는 접두사 '스(시와 동계)'가 붙어 매우 사납다는 의미이며 단군신화의 호랑이족을 상징한다. 요컨대 한일 건국신화는 전형적인 알타이어족(기마민족계)의 신화다. 일본 건국신화의 천손이 포에 싸여 지상에 내려온 것과 가야의 김수로 왕이 포에 싸인 알로 내려온 내용은 같은 맥락인 것을 알 수 있다. 일본 천황가는 지금도 그 전통을 고수하고 있다. 천황이 대를 물려받을 때 죽은 천황의 옆자리에 요를 덮고 누워, 전 천황의 몸에 깃든 신령한 신을 새로운 천황의 몸에 옮기는 의식을 치른다.

천손강림신화는 기마민족 국가 수립, 즉 정복 사업을 미화한 것이다. 고구려 주몽과 백제의 비류, 온조는 왕권 투쟁에 패한 뒤 도망가서 새로운 땅에 건국했다. 이들을 천손강림신화로 윤색해주는 후손이 없었기에 신화 대신 인간의 역사로 기록되었다. 오늘날에 자손이 똑똑해야 조상을 빛내고 거창한 묘를 세우는 것과 같다. 그러나 새로운 건국은 곧 민족이동으로 이어지고 그 흔적이 언어에 남겨진다.

민족이동과 방향어

고대의 공간관도 지금과 다름없었다. 태양운동을 중심으로 동서남북으로 이동 방향을 정하고 한반도에서는 북에서 남으로, 열도에서는 서에서 동으로 진행되었다. 한·일어는 공통적으로 한자어와 토착어 두 종류의 낱말을 가진 이중 언어이다. 가라어와 야마토어는 한자어가 아닌 한국어와 일본어이다.

동서남북 방향에 관한 가라어는 한자어의 홍수에 휩쓸려 현 한국어에는 거의 남아 있지 않다. 그러나 다행히 야마토어가 남아 있으므로 옛 낱말의 모습을 추측할 수 있다. 예를 들면 '동(東)'은 야마토어로 아즈마(あずま)와 히가시(ひがし) 두 가지가 있는데 이들은 가라어였다. 히가시(higashi)는 해가(heakas)와 같은 의미이며, '해갓'은 해 뜨는 곳을 의미한다. 『니혼쇼키』의 「동국정벌기」에는 비극의 왕자 야마토타케루를 대신해서 아내가 바다의 신에게 몸을 던졌는데 왕자가 아내를 그리워하며 아즈마(吾妻, 나의 아내)라고 불렀다는 이유로 동국을 '아즈마'로 했다는 글이 있다. 이는 한낱 설화에 불과하며 한반도인은 처음부터 동쪽을 아즈마(아침)로 부르고 있었다.

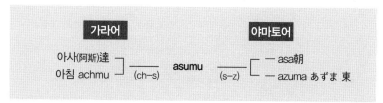

'東'의 가라어는 야마토어와 관련지어 '해갓과 아침' 두 개가 있다.

야마토어에서 갈라진 오키나와(沖縄)어에서 서(西)는 들어감을 뜻하는 '이리(入り)', 즉 해가 들어가는 곳을 의미하며 가라어로는 '해들이'이다. 일반적으로 닙→입으로 바뀌는 두음법칙이 적용되어 어두 '니'는 한국어에서 '이'로 바뀐다.(ni→i)

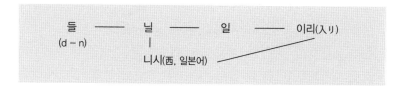

한반도에서는 북쪽(北)을 높은 것으로 생각해서 북을 윗녘으로, 南을 아랫녘으로도 여긴다. 서울도 북촌에는 양반이, 남산에는 벼슬을 못한 가난한 선비가 살았다. 높은 곳인 산(山)·악(岳)은 가라어의 달(아사달)이고 야마토어로는 '다케'이다. 『니혼쇼키』는 가라 연합의 남부, 남가라(南加羅)를 아리히(가라)로 기록하는데 '아리히'를 '아래', '앞, 남'으로도 본 것이다. 즉, 남쪽은 아래쪽으로 여겼다. 대마도까지도 북은 위(上)로 여기고 그 북단을 가미츠시마, 또는 가미아가타초(上對馬島, 上縣町)로 부르고 있다. 즉 北은 上과 같다.

전라도어의 '나부리'는 파도인데 바닷물이 나부낀다는 뜻이다. 광주에 가까운 남평(南平)의 옛 이름은 비나리이며 미나미와 동족어이다.

민족이동에서 남쪽은 해를 맞는 방향이었기에 야마토어의 마에(前, mae)와 미나미(南)는 동족어(mina-mae)이다.

남 ——— 아래 ——— 앞

북 ——— 위

빛 나부리 — 비나부리 — minabi — minami(南, みなみ) — mae(前)

남(南)은 햇볕이 많이 쪼이는, 빛이 나부끼는 곳으로 파도나 풀이 바람에 '나부리', 즉 나부끼는 것과 같이 햇볕이 나부끼는 곳이 남쪽이다. 이를 도식화하면 다음과 같다.

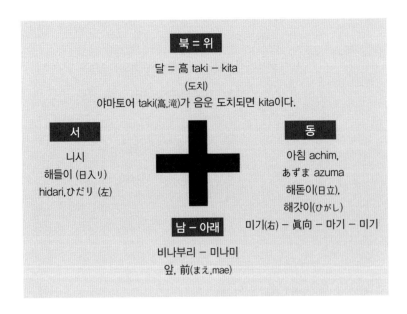

북 = 위
달 = 高 taki - kita
(도치)
야마토어 taki(高,滝)가 음운 도치되면 kita이다.

서
니시
해들이 (日入り)
hidari, ひだり (左)

동
아침 achim,
あずま azuma
해돋이(日立),
해갓이(ひがし)
미기(右) - 眞向 - 마기 - 미기

남 - 아래
비나부리 - 미나미
앞, 前(まえ, mae)

좌(左)는 야마토어로 '히다리'이며 가라어 '해들이'의 동족어다. 오른쪽은 해가 뜨는 곳, 왼쪽은 해가 지는 곳을 나타내고 야마토어의 좌우는 해가 출입하는 방향과 관련되어 있다.

『이와나미(岩波) 고어사전』이나 저명한 고대사학자 시라토리(白鳥庫吉) 교수 등은 필자의 생각과 반대로 중세의 문헌을 근거로 右=西, 左=東으로 설명하고 있다. 동양 사상에서는 제왕이 남면(南面)한다고 본다. 조선의 왕궁들도 북한산을 등지고 남산을 보는 모양을 취한다. 제왕이 남면할 때 左=東인데, 아마도 右=西로 믿는 일본 학자들은 이를 염두에 둔 것으로 보인다. 하지만 실제 일반인의 방향관은 이와 같지 않았다. 한국어의 우(右)는 '옳은, 바른'이며 좌(左)는 '왼쪽, 악, 틀리다'로, 좌우가 단순히 방향만이 아니라 선악귀천까지도 뜻하고

한 · 일어의 좌우와 방향에 관한 의식

한자	한국어	일본어
左	왼쪽, 악(惡)	히다리(hidari, 日入)
右	옳은 또는 바른	미기(migi, 眞向)
西	들이 해들이	이리(오키나와어) 니리, 니시
東	해갓이	히가시

있었다. 한·일어가 좌우에 정·사(正邪)의 개념을 결부시키는 것과 같이 영어권에서도 마찬가지로 right는 정(正), 선(善)을 의미하고 left에는 부정적 의미가 있다. 미국 남부에서는 왼손잡이 흑인 권투 선수를 'south paw'라 하는데, 이는 일본어에서 '깃초'(ぎっちょ, 바른 쪽이 아닌 어긴 쪽)와 같이 부정적인 의미를 갖는다(어긴 쪽 oginchok-gicho ぎっちょ). 왼손잡이는 비정상으로 여겼고 왼손으로 술잔을 권하는 것 역시 부정적으로 인식되었다.

신시(神市)와 야마토

열도에 처음으로 통일 정권을 수립한 야마토(大和)는 일본인의 마음의 고향이자 국가의 상징이다. 야마토를 포함한 그 지역 일대 나라(奈良)는 한국어와 같이 국가를 뜻하고 야마토는 그 안에 있는 도시 이름, 즉 고유명사이다.

야마토의 '야'에 관해서 생각하면 동아시아어에서 '산천'은 일본어의 야마(山), 가와(川)와 같이 으레 산과 강이 한 쌍으로 표시되는 경우가 일반적이다. 산에 관한 가라어, 야마토어 역시 동아시아어와 완전히 대응하여 한국어와 일본어의 한자음은 똑같이 '산'이다.

단군은 나라를 세워 신시(神市)를 열었다. 처음에 神市는 한자어가 아닌 가라어였을 것이다. 당시에는 한글이 없었으니 『삼국사기』의 저자 김부식은 그 뜻에서 神市로 표시한 것이다. 신시(神市)는 신경(神京)과 같은 뜻으로 나라의 서울이며 장터 곧, 시(市)가 중심이다. 한반도에서 고대 일본열도로 건너간 무리는 곳곳에 소부족 국가를 세우고 중심지를 야마등(夜馬登), 사마태(邪馬台), 산문(山門), 대왜(大倭) 등

으로 표기해 모두 야마토로 읽었다. 신(神)은 감(神)이다. 감(kam), 곰
(kom) 거북(kob)과 같이 kvm형(v는 모음)의 낱말들은 신을 뜻하는 고
어 '감'과 동류어들이었다. 신의 터를 '감터'라 했을 것이고 산(山)을 신
으로 보고 야마로 부른 것이다. 따라서 신시(神市)의 가라어도 야마토
(やまと)였다.

　　산=(山)=감 kam−ama−yama

　한·일어는 공통적으로 k가 h로 변하거나 탈락하기 쉽고, ama와
같이 모음 사이에 m, n, r, s와 같은 소실하기 쉬운 음이 끼어들어 갈
때는 모음충돌하기 쉬우므로 y, w를 개입시켜 정확히 두 음절화시킨
다.

　　보기 : 가라 ─ 가야
　　　　　kara　　kaya

　가라어 감탄사 아, 야가 일본어 아라(あら)에 대응하는 것도 모음
충돌 현상이다.

　제2차세계대전 당시 세계 최대의 전함 야마토(大和, 7만 3천 톤)는 일
본의 자랑이었으나 항공기의 등장으로 출격 기회가 없었다. 그러다
전쟁 말기에 드디어 승무원 3,000명을 태우고 비행기의 엄호도 없이
오키나와로 사살 공격을 나섰다. 때문에 야마토의 짐놀은 일본 패전

의 상징이 되었다. 그렇지 않아도 일본어가 한국어와 동족어라는 설을 받아들이지 않고 있는데 '야마토'가 한국어라는 설에는 더욱 질색을 한다. 필자가 일본에서 강연을 했을 때 "야마토어만은 한국어와 관계없는 완전 순 일본어이기를 믿는다."고 한 청중이 강변하기도 했다. 일본인의 심정은 이해하지만 야마토어, 즉 한자어가 아닌 일본어 낱말 가운데 일본적인 것일수록 어원이 한국어인 경우가 대부분이다.

화(和)의 변화

한반도에서 열도로의 이동 루트는 다음의 3가지가 있다.

> **제1루트 :** 백제계의 한반도 서해안으로부터 규슈 서부의 아리아케
> (有明), 아리타(有田), 아라오(荒雄)－아소(阿蘇)로의 이동
> **제2루트 :** 김해 지역에서 규슈 중동부로 이동
> **제3루트 :** 신라 동해안에서 이즈모(出雲, 현 시마네 현)로 이동

일단 일본에 도착한 세력은 루트는 달라도 모두 야마토(大和)로 향했다.

기마민족에게는 전쟁, 세금 등 중요한 일을 각 부족 우두머리의 합의로 결정하는 제도가 있었다. 이 제도를 몽골어로 '쿠릴타이'라 하고 고구려에서는 대로(對盧), 신라에서는 화백(和白)이라 했다. 일본어는 '和'를 '와'로도 읽는다. 화백은 한자음인데 경상도 말로는 '이바구'

를 뜻한다. 이는 '이야기'를 의미하며 야마토어 '이와쿠'(いわく)는 말한다는 뜻으로 이들은 모두 서로 동족어다. 열도의 화백 제도는 규슈(九州)와 이즈모(出雲) 등에서 그 흔적을 찾을 수 있다. 일본에서 음력 10월은 전국의 신(부족장)이 자리를 비우고 이즈모(出雲)에 모여 화백(和白)하는 달로 여겼다. 때문에 10월에 결혼하면 신의 축복을 받을 수 없기에 10월은 결혼하지 않는 달로 생각했다. 일본어는 신들의 회의를 신 모임(가미쓰도이, 神集)이라 부른다. 규슈의 후쿠오카(福岡) 근처에는 화백(和白)이라는 지명이 있는데 바다를 건너온 무리가 앞으로 나아가는 방향 등을 회의한 곳으로 보인다. 그러나 집단의 규모가 커지면서 전쟁과 개척을 위해 강력한 통제력이 필요했고, 따라서 족장회의에서는 독재적인 우두머리의 발언권이 강해졌다. 일본에서 처음 수립된 통일 정권은 율령 제1조에 "화(和)를 중요시한다. 반대는 없다(우두머리 또는 대세에 화하고 반대하지 마라.)."라고 명기해두었다. 몽골족의 쿠릴타이가 화백이 되고 열도(일본) 중앙에서는 대화(大和)가 된 것이다. '왈가왈부가 없이 하나가 된다.'가 곧 大和이므로 '야마토'의 지명도 그것으로 표시했다.

한편, 신라에서는 끝까지 '하고 싶은 말은 다 해야 한다.'고 믿었다. 원효대사는 '말은 다하면서 화(和)를 도출해야 한다.'는 철학 화쟁론

한일의 화(和)

- 한국 원효대사 : 말로 싸우면서 화(和)로 향한다.
- 일본 : 화(和)를 귀하게 여기며 대세에 따른다.(大和)

(和諍論)을 확립한다. 같은 이바구(和白)에서 한국은 화쟁(和諍), 일본은 야마토(大和)로 정반대의 사상에 도달한 것이다.

　고대 교토(京都)에는 백제인이 개척한 '우즈마사(太秦)'라는 지역이 있었다. 이는 '이즈모'의 경우와 같은 어원인 '우두머리'에서 변한 것이다. 이즈모(出雲, idumo-udumo(大秦) i-u 모음변화)는 우두머리를 중심으로 개척한 땅으로 지역 명에 반영되었다. 수령이나 두목을 의미하는 '머리'와 '마로'는 한일 공통어이다. 특히 계급어가 발달한 일본에서는 이 단어가 우두머리를 뜻하면서 지위에 따라 존칭에서 애칭으로 변하기까지 했다. 한반도에서 일본열도의 중앙으로 이동한 일본인 조상은 종교와 조직에 관한 낱말을 그대로 유지했다. 그러나 그 내용은 화백(和白)과 대화(大和)의 차이와 같이 정반대의 내용으

▌**이즈모 신사** 음력 10월이 되면 전국의 신들이 이곳에 모여 회의를 한다.

로 발전했다.

노르만과 일본의 정복왕조

유라시아 대륙의 중심부에 있던 두 무리의 기마민족이 서서히 대륙의 가장자리인 극동과 극서로 이동하면서, 양 극단에 있는 한반도와 유럽 반도 프랑스 지역에 공통된 현상이 나타난다. 그들은 바다 가운데 섬에 대한 유혹을 물리치지 못하고 말을 배로 바꿔 타서 동으로는 일본열도로, 서로는 영국 섬으로 이동한다. 그리고 각 지역에 정복왕조를 수립한다. 일본열도에 기마민족 정복왕조가 건설된 시기는 4세기경이다. 프랑스의 노르만족은 일본열도보다 6세기 뒤늦은 11세기 중엽에 노르만 정복왕조(Norman Conquest)를 건설했다.

근세 이전, 동양 문명은 서양 문명보다 앞서 있었으며, 유라시아 대륙의 정복왕조가 극서보다 극동의 섬에 대한 지배권을 노린 시기도 그만큼 빨랐다. 왕권 확립에서 기마민족들 사이에 흔한 왕권 다툼을 계기로 삼은 것도 공통적이다. 잉글랜드 앵글로색슨족의 왕이 왕자를 낳지 못하고 죽은 것이 문제의 발단이었다. 사망한 왕의 생모가 노르만 왕실 출신임을 구실로 삼아 프랑스의 노르만공이 잉글랜드의 왕위 계승권을 주장하자 로마 교황은 이를 인정했다. 이후 노르망디 공(公) 윌리엄(William, 1027~1087)이 부하를 이끌고 잉글랜드에 침입하여 잉글랜드 왕이 된다. 물론 토착 세력의 강한 반항이 있었으나 결국 이들은 단숨에 철저하게 유린당하고 만다. 이때 잉글랜드의 지배 계급은 5,000~7,000명의 노르만족이었고 피지배 계급인 앵글로색슨족은 120~150만 명으로 추정된다. 그 후 약 400년에 걸쳐 노르만족

│노르만 정복왕조

과 앵글로색슨족의 언어와 풍습, 문화 등이 융합되어 근세 영국이 형성되었다.

　고대 일본 정복왕조는 한반도에서 건너간 기마민족계였고 가라계 (가야계와 동일)에서 시작하여 비류 백제계와 온조 백제계로 이어졌다. 영국에는 'Prince of Wales'가 있으며, 일본에는 'Prince of Kyusyu'가 있다. 5세기 말엽에 마지막 온조 백제계로 교체되어 오늘날까지 이어졌다.

　한일 고대사의 쟁점 중 하나가 '왜오왕(倭五王)'에 관한 것이다. 일본 역사는 왜곡이 심하고 특히 중국에 조공한 사실을 감추었다. 『니혼쇼키』에는 없지만, 왜왕(倭王)이 송나라에 사신을 빈번하게 보낸 사실이 『송서(宋書)』에는 기록되어 있다. 421년부터 478년 사이의 왜에 대한 기록을 중국은 『송서(宋書)』에 남긴 것이다. 당시 유럽에는 팍스 로마나(Pax Romana, 로마의 질서)가, 동아시아에는 팍스 시니카(Pax Sinica, 중국의 질서)가 형성되어 있었다. 로마 법왕이 노르망디 공에게 영국 왕권의 계승권을 인정한 것과 같이 중국(宋) 황제는 왜왕에게 같은 행동을 취했다. 왜왕(倭王)은 본래 자기 본관의 땅 백제는 물론 신라, 가야 등의 왕권을 인정해 달라고 송(宋) 황제에게 줄기차게 요구했다. 이는 유라시아 대륙에 공통되는 흥미로운 사실로, 이 유사성은 왜왕이 한반도에서 건너갔음을 강력히 시사한다. 해외의 정복왕조 건설은 기마민족 특유의 행동 양식이다. 고대 한국과 일본의 관계가 프랑스(노르망디)와 영국의 관계와 같은 것은 이들이 기마민족 출신이기 때문으로 결코 우연이 아니다.

노르만 정복이 5~6년 사이에 완성된 것은 일본의 백제계 정권이 일본열도를 통일한 기간에 비해 훨씬 짧다. 정복 기간의 장단의 차이는 시대 차이 때문만이 아니라 지형 차에 있다. 영국은 대부분이 평야로 기마병의 역할이 커서 한 번 대세가 기울어지면 숨어 지낼 곳이 없어 전멸 아니면 항복의 길밖에 없는 지형이다. 반면 일본열도는 심산 유곡이 첩첩이 이어져 군대(주로 기마병)가 자유로이 행동할 수가 없다. 영국을 포함한 유럽이 하나의 세계로 단일화될 수 있는 것도 도버 해협이 좁고 대륙과의 왕래가 쉽기 때문이다. 반면 일본은 지형상 통일 정권을 세우기가 어렵다. 게다가 한반도와의 해협이 넓고 대륙과의 접촉도 비교적 적어 이웃이면서도 이질적인 나라로 변했다.

기마민족의 직극적인 해외 신출이 새로운 시야를 가져온 것이다.

대항해 시대 이후 미국을 비롯한 신대륙 발견이 이어지자 유라시아 대륙과 영국의 관계는 유럽과 미국의 관계로 이행되었다. 반면 동양 삼국 중에는 어느 나라도 신대륙 발견에 기여하지 못했다. 명대(明代)에 정화(鄭和)의 대항해가 있었지만 농경민적 사고로는 신대륙 개척에 관심이 없었기 때문이다.

민족이동의 종착점, 극동과 극서

영국과 일본은 유라시아 대륙의 극서와 극동에 위치한 섬나라이다. 두 나라 모두 왕실에 대해 호의적인 것은 비슷한 지리 조건뿐만 아니라 두 섬나라가 공통적으로 기마족에 의한 정복 국가라는 점에서 이해할 수 있다. 영국이 로마에 정복되었던 시기는 B.C. 55년~A.D. 410년으로, 일본이 한국으로부터 벼농사 문화를 받아들인 야요이(彌生) 시대(B.C. 4세기~A.D. 3세기)와 시기가 겹친다. 그 후 영국은 11세기 노르만 정복 때까지 게르만족과 바이킹의 침입이 계속되었다. 이런 역사적 배경을 잘 반영하고 있는 영국과 일본의 원형에는 공통적으로 정복 국가적인 성격이 짙게 남아 있다.

일본 귀족 제도가 제2차세계대전 후까지 유지되었던 것도 영국의 경우와 비슷하다. 반면 조선 시대의 양반은 원칙적으로는 세습이 아니다. 일정한 세대를 내려올 동안 벼슬아치가 배출되지 않으면 양반이 되지 못했다. 양반을 대대로 유지하기가 어려워 결국 서민과의 경계선이 애매해지는 경우도 있었다. 오죽하면 '화무십일홍 권불십년(花無十日紅 權不十年, 꽃은 열흘 피우는 일이 없고 권력은 10년을 가지 못한다.)'이라고 노래했을까. 신라와 고려, 조선은 세계적인 장기 왕조인데도 불구하고 실제 권세는 짧았으며 벼슬자리도 빈번히 교체되었다. 그러나 영국과 일본에서는 그 권위가 수백 년, 특히 일본에서는 천 년이나 넘게 지속된 가문이 있다.

영국인의 사상과 철학에 관한 무관심은 일본인의 무사상성과 통한다. 영국인과 일본인은 어린이와도 같이 탐정소설을 좋아하고 특히 일본인은 사소설(私小說)과 만화를 탐독한다. 양 국민은 공통적으로 구기 종목은 물론 하찮아 보이는 것조차 취미의 대상으로 삼는 취미 대국이다. 실무적·실제적인 면에서도 이들 두 민족은 한결같이 유능하고 타협에 익숙하며 원리 원칙에는 집착하지 않는다. 일본인과 영국인은 현실적이며 정치적인 난국도 타협으로 잘 수습한다. 영국인이 가장 귀하게 여기는 것은 의무로, 자기가 해야 할 일이라고 믿으면 몸을 내던져서라도 책임을 다한다. 이는 분수와 의무에 충실한 일본인의 '가외(可畏)' 사상과 통한다. 영국과 일본이 일찍부터 신용 제도를 만들어 경제활동을 중시한 것은 의무 관념이 뒷받침되어 있기 때문이기도 하다. 도망갈 곳이 없는 섬나라 피정복민의 선택은 강자에게 순종, 충성하는 것밖에 없다. 메이지유신이 성공하자 곧바로 영·일 동맹을 맺은 것도 이 같은 여러 공통점에서 오는 친밀감이 한몫했을 것이다.

또한 '영국과 프랑스의 관계'와 '일본과 한국의 관계'는 미묘한 평행선을 그린다. 일본이 근대화에 성공하는 것을 본 조선의 계몽가 유길준은 처음에는 일본을 조선 근대화의 본으로 삼았다. 그러나 재빨리 일본과 한국의 인형 차이를 인식해 일본은 아시아의 영국이고 한국은 아시아의 프랑스가 되어야 한다는 생각으로 바꾸었다. 한국인과 프랑스인의 공통점은 무엇일까? 프랑스와 한국의 공통점은 예술성을 지니고 있다는 점이다. 양 국민 모두 평등성과 보편성에 대한 갈망이 있다. 또한 전제주의를 싫어하면서도 프랑스는 나폴레옹, 드골 등을 한국에는 대원군, 이승만, 김일성, 박정희 같은 독재자를 많이 배출했다.

프랑스 국회의원에게 중요한 것은 결의안이 아니라 법률이며 원론적인 경향이 있는 것도 한국과 비슷하다. 한국인과 프랑스인은 공통적으로 말이 많다. 서로 다른 이데올로기에 대해서 열을 올리고 혁명에는 필요 이상의 유혈 사태를 벌이곤 한다.

유럽에는 영국·프랑스 양 국민에 관한 재미있는 말이 있다. '한 사람의 프랑스(한국)인은 총명하다. 두 사람의 프랑스(한국)인은 보수(정통)주의자이다. 세 사람의 프랑스(한국)인에게는 질서가 없다. 한 사람의 영국(일본)인은 어리석다. 두 사람의 영국인은 스포츠(두 사람의 일본인은 취미)를 즐긴다. 세 사람의 영국인은 영국 제국을 수립한다.' 이들 항목은 한국과 일본에도 그대로 적용될 수 있다. 이들 조상이 유라시아 대륙 오아시스에서 동서로 갈려 종착점에 당도하기까지의 역사 체험은 다르다. 그러나 마지막 섬나라와 반도의 풍토가 적지 않은 유사점을 갖게 했는지도 모른다.

미국과 러시아

19세기 서양의 동양 진출(西勢東漸)로 한반도의 지정학적 구조는 세계적 규모로 확대되었다. 러시아와 미국은 각각 기존의 대륙과 해양 국가인 중국과 일본 세력에 결합하고 확장해 오늘날까지도 '미국과 일본' 대 '중국과 러시아'의 대립으로 이어져 왔다.

러시아의 역사, 풍토와 원형

민족이동의 십자로, 러시아

슬라브족은 A.D. 2세기경부터 중부 유럽의 원시림에 거주하던 북유럽계의 인종으로 7세기경 우크라이나 지역에 진출해 러시아인의 조상이 되었다. 러시아의 국가 형성은 15, 16세기경이지만, 이미 9세기에 해적 집단인 스웨덴인, 즉 바이킹늘이 키예프에 정복 국가를 건

모스크바 성바실리 사원

설했다. 그들은 바다로부터 강을 거슬러 내륙으로 들어가 원주민인 슬라브 농민을 지배하고 비잔틴(Byzantine, 동로마) 문화를 도입했다. 러시아 문자도 비잔틴문화를 통해 유입된 그리스 계통의 것이다. 서유럽이 로마의 가톨릭교회와 밀접한 관계인 것과는 대조적으로, 비잔틴의 정통 교회(그리스정교, 러시아정교)는 로마 가톨릭과는 독립적이며 서방 문화의 영향이 적다. 슬라브족은 몽골족의 침입을 받아 15세기까지, 3세기에 달하는 긴 시간 동안 몽골계인 킵차크한국(汗國)의 강압 정치에 지배당했다. 그 후 이반 3세(Ivan Ⅲ, 1462~1505년 재위)가 모스크바를 중심으로 나라를 세워 킵차크한국(汗國)을 멸망시켰다. 이반 4세(雷帝)는 스스로 동로마 제국의 후계자임을 자처하고 처음으로 러시아 황제의 칭호를 썼으며 영토 확장에 힘썼다.

넓게 벌어진 초원 지대에 자리 잡은 러시아는 유라시아 대륙 민족 이동의 십자로였다. 고트족, 훈족, 불갈족, 카자흐족 등이 파도처럼 번갈아 민족 대이동을 감행하고 약탈과 습격을 일삼았다. 러시아인은 그 고통으로 신음하며 초원 지대와 이어지는 산림지대에 근거지를 형성했으며, 침입해오는 유목민의 습격을 피해 숨어 살았다. 특히 훈족의 서방 이동은 잔인한 정복으로 인해 로마제국 내 백성들에게도

3부 인류 문명의 기원

큰 공포의 대상이었다. 어릴 때 얼굴에 칼자국을 내어 일부러 흉악스러운 표정을 만들고 모피로 몸을 덮은 그들의 모습은 지옥의 사자처럼 보였다. 원래 훈족은 한국인과 같은 몽골계였지만, 몽골고원에서 러시아 평원에 침입하여 슬라브계 원주민과 섞이면서 헝가리 대평원으로 도착했을 때는 지금과 같은 서양적인 얼굴로 변했다.

러시아 농민은 넓은 땅과 자유를 찾아 볼가 강 근처까지 이주했으나 그 후 계속 몽골계의 침략자로부터 동녘 이동을 강요받았다. 그래서 산림지대에서 초원 지대로 진출했는데, 피신할 곳이 없는 대평원 지대에서는 안전을 위해 항상 주변에 완충지대를 설치해야만 했다. 광대한 광야에 치는 울타리는 모순이다. 그러나 너무나 광대하기 때문에 오히려 자신의 존재를 규제하는 울타리가 필요했던 것이다. 러시아어로 '도시, 읍'을 뜻하는 '고로도'는 본래 '울(울타리)'을 의미한다. 모스크바의 중심지 '크렘린'은 '안전한 곳'을 의미하며 큰 나무와 돌, 호 등으로 외부와 차단된 지역이었다. 러시아의 도시는 크렘린(안전한 곳)을 중심으로 건설되었다. 러시아인은 마을을 먼저 만들고 방어벽(울타리)을 치는 것이 아니라 우선 방어벽부터 만든 후에 생활을 시작했다. 넓은 광야에서 자연과 더불어 살아왔을 것이라는 통념과는 달리 끝없는 광야에서 사방에 벽을 짓고 생활공간을 구축해온 것이다. 이들 원형에는 어김없이 공간관이 반영되어 있다.

러시아는 중세적인 농노 국가에서 갑작스럽게 사회주의 혁명을 겪었다. 제2차세계대전에서는 2천만의 인명과 전 재산의 1/3을 잃었지만 한때 소련은 미국에 맞먹을 만큼 부흥하고 스푸트니크 쇼크로 우주여행에서 미국을 앞지르기도 했다. 그러나 또 한 번 역전되어 소비에트 유니온의 붕괴를 겪었다. 불과 수십 년 사이에 역전, 재역전이 연속적으로 일어났다. A. 토인비는 러시아의 특징을 '모순'이라는 단어로 표현했는데 실제로 온갖 수수께끼와 미스터리에 싸인 모순덩어리로 보인다. 지금도 러시아 국경에는 애매한 부분이 많다. 세계 제일의 대국이면서도 역사 이래 30년간 연속적으로 국경이 일정할 때가 없어 항상 확대·축소, 축소·확대로 고무줄처럼 변하는 신축자재(伸縮自在)의 나라다. 백여 년 전까지만 해도 블라디보스토크와 하바롭스크는 러시아 영토가 아니었고 300년 전의 광대한 시베리아는 러시아 땅이 아니었다. 다른 나라들은 제2차세계대전 이후 대부분 식민지 독립을 인정했으나 러시아만은 계속 방대한 인접 지역을 끌어안고 있었다. 특히 일본 북방 영토에 관해서는 국제법이 뭐라 해도 곰처럼 한 번 잡은 먹이를 놓치지 않았다.

러시아의 풍토와 원형

러시아 하면 맨 처음 떠오르는 것이 양파처럼 생긴 지붕의 사원과 아이콘(Icon), 곧 러시아 정교(正敎)다. 러시아에 기독교가 수용된 것은 989년으로, 블라디미르 키예프 대공이 고대 그리스의 식민 도시였던 케르소네소스에서 세례를 받고 기독교를 공식적으로 수용하게 되면서부터다. 블라디미르 대공은 스스로 세운 토착 신의 우상을 파괴해 불태우고 다음 날 모든 시민을 강가에 모아 집단 세례를 받게 했다. 러시아에는 기독교와 함께 고도의 유럽 문화가 들어왔고 러시아 통일에 많은 영향을 주었다.

토착 종교와 외래 종교 사이에는 반드시 알력이 있다. 러시아인의 무의식에는 여전히 토착 종교의 영향이 남아 있어 지금도 그 흔적이 동방정교 속에 살아 숨 쉬고 있다. 러시아 정교는 종교를 아편 취급하는 공산 사회를 겪고도 지금까지 면면히 계속되어왔다. 러시아는 서방의 로마 가톨릭에 맞서서 마지막까지 동방정교의 전통을 이어받았다고 자부한다. 곧 모스크바가 '동방의 로마'라는 자부심이 철학의 차원에서 구세자(救世者) 사상(메시아니즘)으로 이어져온 것이다. 러시아의 동방 개척은 물론, 최근의 공산주의에 의한 '세계혁명 사상'의 배경에도 멸망해가는 세계를 구한다는 나름의 사명감이 잠재해 있다.

러시아는 유라시아 대륙의 북방 지역에 위치해 있고 아시아도 유럽도 아닌 유라시아적인 독특한 성격의 나라다. 러시아의 지형과 기후는 전 국토 어디나 거의 같다. 아기자기한 한국 땅에 익숙한 우리 눈에는 숨 막힐 정도로 단조롭다. 혹한의 겨울을 견디기 위한 강한 인내심이 곧 생존 조건이며, 원시 슬라브인들에게 가장 두려운 존재는 일기를 지배하는 신 '페론'이다. 봄가을은 짧고 여름은 기온이 높으며 곳에 따라서는 '백야(白夜)' 현상이 나타난다. 환상적이면서 엉뚱하기도 한 여름은 변덕이 많으며 지속성이 없다. 곡창지대인 서부 러시아는 일기가 불순해 가뭄이 흔하고 심한 경우 백만 명을 헤아리는 아사자를 발생시킨 때도 있었다.

러시아 국토의 반 이상은 평원으로 유럽과 아시아를 나누는 우랄 산맥도 최고점이 겨우 1,200m에 불과하며, 대평원은 그대로 서시베리아로 이어진다. 유라시아 중심부의 일부 지역을 빼고는 100m 이상의 고지가 없는 세계 최대의 하천(河川)국가이다. 특히 볼가 강은 러시아 민족의 어머니로 불린다. 러시아의 국민 작가 N. 고골(N. Gogol)은 "흐르는지 멈춰 있는지도 구별할 수 없는 강이 무한으로 뻗어 넓어져 갈 뿐이다."라고 묘사했다. 무한으로 이어지는 지형적 단조로움은 자칫 지루함을 유발할 수 있다. 이런 조건 때문인지 러시아 문학에 나오는 대부분의 주인공은 슬라브 민족 특유의 지구력과 집념의 정신세계를 갖고 있다.

거듭 강조했듯이 민족 원형은 민족 형성 시 구성원의 체험이 반영된 것이다. 러시아의 역사학자 V. O. 클류체프스키(V. O. Klyuchevskii)는 러시아 민족의 중심을 자처한 대러시아인의 성격을 다음과 같이 묘사하고 있다.

대러시아인은 고립된 마을에서 생활해 서로 교류가 적었으므로 큰 집합체, 특히 잘 조직화한 집단에서 일하는 데 익숙하지 않았다. 그들은 혼자서 사람이 드문 산림에서 자연과 싸웠고 대체로 내향적이고 신중하며 겁이 많다. 언제나 속으로만 생각하며 남들과 잘 어울리지 않고 혼자 있기를 좋아한다.

실제 I. 투르게네프(I. Turgenev)의 『엽인일기(獵人日記)』나 A. 톨스토이(A. Tolstoy)의 여러 작품에 등장하는 러시아의 농민상에는 이런 유형의 인간상이 잘 묘사되어 있다. 이는 그들을 둘러싼 자연과 역사 체험의 결과일 것이다. 묵묵히 원시림을 개척하고 흑토(黑土)지대에서 농사짓는 과정을 통해 그러한 심성을 기른 것이다. 또 하나의 러시아 국민 작가 A. 체호프(A. Chekhov)는 작품『시베리아 여행』을 통해 다음과 같이 묘사하고 있다.

사람들은 볼가 강을 대할 때 처음에는 자유분방한 마음을 느낀다. 그러나 얼마 후에는 일종의 무력감, 페시미즘(염세주의)적 체념으로 변한다.

러시아는 북에서부터 차례로 4개의 지역으로 구분된다.

1. 동토(凍土)지대
2. 삼림(森林)지대
3. 스텝(草原)지대
4. 사막지대

이들 가운데 주요 부분은 삼림과 스텝(초원)지대이다. 그래서 흔히 러시아인의 성격을 삼림적 성격과 평원적 성격을 모두 지니고 있는 이중적 성격이라 말한다. 이에 대해 A. 체호프는 작품『스텝』에서 다음과 같이 묘사하고 있다.

스텝은 죽 늘어서 있고 7월 말에는 특유의 경관을 즐길 수 있다. 풀은 시들어버리고 생의 숨결을 끊는다. 불그스레한 녹색이며 멀리서 본 그림자처럼 단조로운 색조의 보라색으로 보이는 해에 그을린 언덕, 저 멀리서 어렴풋이 보이는 평원, 숲도 높은 산도 없는 스텝의 하늘은 무서우리만큼 깊고 맑다. 그런 것들이 지금은 끝없는 외로움에 몸을 움츠리고 있는 것처럼 보인다.

그들 특유의 심리를 나타내는 '니체보(할 수 없다.)'나 '도스카(우울증)' 같은 기분이 스텝의 묘사에서 잘 나타나고 있다. 러시아 민요 〈볼가 강의 뱃노래〉, 〈스텐카 라진〉 등 반복되는 멜로디의 단조로움은 대륙의 애수를 느끼게 한다. 특히 P. 차이콥스키(P. Tchaikovsky)의 〈비창 교향곡〉, 〈바이올린 협주곡〉 등에는 대러시아인의 애수와 열광적 도취감이 잘 표현되어 있다. 항공기에서 내려다보면 얼음과 눈으로 뒤덮인 시베리아는 도저히 한국인이 살 수 없을 것 같이 황량하게 뻗어 있다. 그러나 크고 작은 하천이 많아 철도가 완성되기 전에는 이를 이용한 교통이 발달했다. 겨울에는 여러 마리의 말이 끄는 썰매를 이용해 얼어붙은 하천을 왕래했다. 그러나 이것만으로는 도저히 식량과 물품을 충분히 공급할 수 없었다.

러시아는 국가가 성립된 후 계속 서쪽으로부터 폴란드와 프랑스, 그리고 제2차세계대전 중에는 나치 독일의 침략에 시달렸다. 러시아인은 신중하게 인내심을 갖고 상대의 틈을 엿보다가 기회가 생기면 여지없이 공격을 가하는 성격이 몸에 배어 있다. 따라서 모략성이 짙으며, 'Bear Hug(곰 끌어안기)'라는 말이 있듯이 한 번 적을 가슴속에 끌어안으면 놓아주는 일이 없다. 대표적인 러시아의 오페라 〈이반 수사닌(Ivan Susanin)〉은 침입해온 폴란드군에게 길잡이를 강요당한 농부 이반 수사닌의 이야기이다. 이반 수사닌은 동족을 위해 일부러 폴란드군을 추운 겨울의 깊은 산림으로 유인해 길을 잃게 만들고 자신은 사살당한다. 러시아에 침입해온 나폴레옹과 나치 독일의 대군은 모두 이런 식으로 러시아의 무서운 동장군(冬將軍)의 추위에 빠져 대패했다. 유럽인과는 비교가 안 될 정도로 강한 인내심을 지닌 러시아군 앞에서는 유럽의 어떤 강력한 군대도 굴복할 수밖에 없었다.

러시아 정치의 전통은 공포 분위기를 조장하는 것이다. 이반 4세도 공포정치를 펼쳤고, 스탈린에 의해 숙청된 사람의 수는 2천만에서 4천만 명으로 추산된다. 하지만 아무도 그 내용을 정확히 밝히지 못했다. 제정러시아 이래 시베리아에 유형(流刑)을 당한 자도 그와 맞먹을 정도의 수였고 그 비참한 상황은 A. 솔제니친(A. Solzhenitsyn)의 『수용소군도』에 묘사되어 있다. 소련 시대의 스탈린이 이반 4세의 통치 양식을 따랐던 것은 우연이 아니라 러시아 원형의 탓이다.

19세기 초에 쓰인 N. 카람진(N. Karamzin)의 『러시아 국사(國史)』에는 다음과 같은 글이 실려 있다.

야만인(달단인)의 그림자가 러시아의 지평을 어둡게 하고, 러시아로부터 유럽을 멀리 감추어버렸다. 그 무렵 유럽에는 좋은 지식과 습관이 보급되어 갈 때였다. … 우리는 긍지를 잃고 약자들 사이에서 힘 대신 교활한 습성을 온몸에 지녔다. 달단인을 속이고 또 우리 서로가 속이며 지냈다. 돈으로 야만인의 폭력을 피하는 사이에 탐욕스러워지고 이민족의 폭군에게 염치없는 태도를 보였으므로 굴욕과 치욕에 둔해졌다. … 우리 조국은 국가라기보다는 대낮에도 어두운 산림과 같아졌다. 기능한 힌 도직길을 했디. 님의 깃뿐민 아니다 내 깃도 도직질했나.

길, 집에서조차 안전한 곳은 없었다. … 러시아인은 천한 노예의 교활
성을 몸에 익혔다. … 오늘날 러시아인의 성격은 몽골인의 야만 때문에
오염되어 있다. …

칭기즈칸의 서방 침략으로 몽골인은 러시아 땅에 킵차크한국을 수
립했고 혹독한 압제, 이른바 '달단의 족쇄'를 채웠다. 이민족 달단의
250년간의 압제는 피지배 민족을 억압해 중세적 상황에 머물게 했다.
그 사이에 유럽은 번영하여 눈부신 근대화를 이룩했으며 러시아는 후
진국이 된다.

　러시아인이 '달단의 족쇄'로부터 해방된 것은 1480년 우크라이나
강변 전투에서 승리하면서부터이다. 총포로 무장한 이반 4세(뇌제)
는 칭기즈칸 이래 화살을 주 무기로 삼은 동방의 유목국가 킵차크한
국을 멸망시켰다. 그러나 '고로도(요새)', '크렘린'과 같은 이름이 시사
하듯 두꺼운 벽의 존재는 러시아인에게 스스로의 행동을 제한하는
또 하나의 족쇄가 되었다. 러시아인에게 주어진 족쇄는 달단인(韃靼
人, 몽골계의 타타르인)의 것 못지않은 심각한 영향을 끼쳤다. 러시아는
15세기 이후 '농노제'를 강화하고 농노들에게 법적인 권리와 이사, 여
행의 자유를 박탈했다. 18세기 근대화 과정에서는 오히려 통제가 더
욱 강화되어 국내 여행에도 여권이 필요했다. 그 후 잠시 완화되었다
가 소비에트연방 시대에 다시 강화됐다. 이처럼 러시아인은 역사적·
물리적·제도적 족쇄 속에서 오랫동안 살아왔다.

　마침내 모스크바를 중심으로 국가가 건설되었다. 17세기경 로마노
프왕조가 설립된 것이다. 하지만 여전히 농노(農奴)제에 기반을 둔 왕

　　　　　　　3부 인류 문명의 기원

조였고 본질에서는 킵차크 왕국과 크게 다르지 않았다. 무자비하게 무력으로 이민족 지역을 확보했으며, 러시아혁명 이후 최근 공산 체제가 무너질 때까지도 절대 독재국가를 유지했다. 러시아, 우크라이나, 벨라루스 세 나라는 현재도 존속해 있지만, 언어·문화적으로는 저마다 독립적이다. 그러나 본래 이들의 언어는 모두 공통적인 동슬라브어로 유사점이 많다. 소련이 붕괴된 직후 이들 나라는 모두 독립했으나, 2014년의 크리미아, 우크라이나 사태는 또 한 번의 인종 분쟁을 예고하고 있다.

초원의 무법자 카자크

무서운 독재로 '벼락(雷)'이라는 별명을 얻은 이반 4세(雷帝)는 철권정치로 휘하의 귀족이 다소라도 반란의 조짐을 보이면 그 영토 내 주민들까지 모두 학살했다. 그러나 각지에서 군사적 성공을 거둠으로써 그는 러시아 대제국의 기초를 마련했다. 러시아 농민에게 이반 4세의 통치는 킵차크 왕국의 통치와 별반 차이가 없었으나, 서방과의 교역을 활성화시키고, 모피 상인을 적극적으로 보호해 모피를 수출했으며, 서방의 무기를 적극 수입했다.

유목 사회는 씨족 연합의 집단으로 결성된다. 유목민은 회의(크릴타이)를 통해 수장을 선출하고 수장은 초원을 나누어 각자에게 유목 지역을 정해준다. 할당된 초원이 없으면 마치 논 없는 농민이 남의 논에 모심기를 못 하는 것처럼 방목을 못 한다. 그런 관례를 무시하고 자기 마음대로 남의 초원에 가축을 기르거나 가축을 훔치는 무리들

│ 카자크 부대

이 있었는데, 이 무리를 모아 조직화한 것이 카자크(Kazak)이다. 카자크는 초원의 무법자이며 원래 '자유인'이라는 뜻이다. 15~16세기경에 러시아 남부로 도망간 농노와 도시 빈민 집단을 중심으로 형성되었다.

여러 번 영화화된 N. 고골(N. gogol)의 소설 『대장 부리바』에서 대장 부리바는 여러 번 독립운동을 일으켜 총독의 성을 포위하고 식량 공급로를 끊는다. 총독의 딸과 사랑에 빠진 아들이 몰래 성에 식량을 공급해 아버지에게 총살당하는 것이 기본 줄거리다. 마지막에 나오는 카자크들의 합창 장면이 굉장히 인상적이다.

예르마크와 시베리아

카자크들은 귀족이나 지주의 지배 밖에서 자유롭게 흩어져 살며 자치적인 세력을 만들었다. 이들은 거친 생존 조건에 적응해 살아가는 과정에서 표독스럽고 교활해졌다. 이들은 러시아인의 용모를 가진 타타르인(tatar)이며, 몽골인의 심성을 가진 슬라브족으로 알려졌다. 흉노 피도 많이 섞여 있어 기마전에 능숙했을 뿐 아니라 무인적인 기질을 지녔다. 러시아의 수많은 강은 중요한 교통망의 기능을 한다. 카자크는 마적으로 알려져 있으나 실은 마적도 해적도 아닌 강적(江賊)이었다. 이반 4세의 동방 정책의 앞잡이 역할을 한 T. 예르마크(T. V. Ermak)는 카자크 두목으로, 게릴라전을 펼쳐 시베리아의 문턱에 있는 몽골계의 여러 부족국가를 제압해 러시아 국토를 넓혔다. 그는 이에 대한 공을 인정받아 이반 4세가 착용한 갑옷을 하사받을 정도로 큰 신임을 받고 러시아 황제의 친위대로 승격되었다. 카자크는 러시아혁명에서 황제 편에서 혁명군과 싸웠고 그 결과 혁명 후에는 스탈린에게 혹독한 탄압을 받았다.

카자크 출신 예르마크는 시베리아를 개척했던 F. 마젤란(F. Magellan)의 세계 일주 여행(1519~1521년) 이후 우랄산맥을 넘어 시베리아 넓은 지역에 발자취를 남겼다. 러시아의 수많은 강은 중요한 교통망이었다. 러시아의 동녘에는 거대한 동토(凍土)와 습지대, 초원, 산림이 펼쳐져 있다. 이 지역을 침입한 선봉대가 예르마크가 인솔하던 카자크였다. 이들은 총으로 무장했는데 몽골족은 여전히 활과 칼이 주 무기였다. 마지막 유목 정복 왕국인 시비르한국(汗國)은 산림지대의 부족을 무력으로 누르고 모피를 생산해왔다. 카자크가 시비르한국을 무너뜨리자 이 암울한 산림지대가 모피의 보고임이 알려지게 된다. 이곳에 서식하는 흑초(黑貂, 검은넘비)의 가죽은 시구 귀부인들 사이에

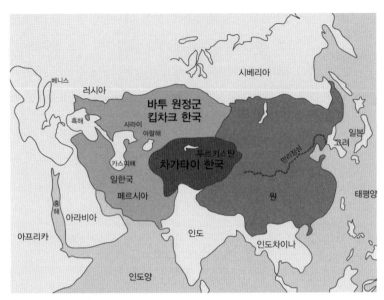

서 대인기였고 파리에서 고가로 매매되었다. 제정러시아의 군비와 기술도입 비용은 모두 모피로 충당되었다. 시비르한국이 무너진 후에는 모험적인 카자크가 앞다투어 시베리아 정복에 나섰다. 그들은 성을 구축하면서 원주민을 제압해 흑초를 빼앗았다. 모피 상인이 그들 뒤를 따르고 마지막으로 개척 농민이 진출했다. 동쪽으로 진출한 카자크 앞에는 수렵·채집을 하는 원시 상태의 작은 무리가 흩어져 있었고, 카자크가 이들을 지배하는 일은 식은 죽 먹기였다. 러시아 세력이 시베리아 동녘 땅 끝에 당도한 것은 1648년으로, 조선 인조 26년 병자호란으로부터 14년 후의 일이다.

시베리아는 분명 보물 창고였으나 개척자는 식량, 특히 채소가 모자라 비타민 C 부족으로 인한 괴혈병에 시달렸다. 러시아는 노동력을 보충하기 위해 시베리아에 유형(流刑)된 죄수들을 많이 이용했다. 이런 상황은 제정러시아 이래 공산 치하의 수용소 군도 때까지 이어졌다. 정복 과정에서는 미국의 개척 시대와 마찬가지로 인간이 지닌 야만성이 적나라하게 노출되었다. 원주민 남자는 학살당하고 여자는 성 노예 등으로 학대당했으며 성폭행은 다반사였다. 러시아의 시베리아 동진은 몽골계의 유목국가를 차례로 멸망시켰다. 마침내 1755년 몽골족의 일파 중가르(Jungar) 유목 제국이 청(淸)에 멸망당함으로써 한때 유라시아 대륙을 주름잡았던 몽골계 유목 제국은 지구상에서 사라졌다.

시베리아의 흑초가 멸종되어 갈 무렵이었다. 러시아군은 대륙의 동녘 끝 거대한 킵차크 반도 산림지대에 흑초가 많이 서식하고 있다는 정보를 입수했다. 예르마크가 5~600명의 부하를 이끌고 시베리아로 출발한 것은 1581년, 콜럼버스의 아메리카 대륙 발견 약 90년 후의 일이었다. 그 후 1695년에 V. 아틀라소프(V. Atlasov)가 러시아 정부의 명을 받아 대포 4문과 카자크 부하 60명을 이끌고 킵차크로 출발했다. 킵차크의 원주민은 예상대로 쉽게 정복되었고 모피 수집에 사역되었다. 겨우 60명의 카자크 군사만으로 한반도의 넓이(221,000㎢)보다 훨씬 넓은 358,000㎢의 킵차크 반도를 완전히 정복하는 데 6년도 채 걸리지 않았으니 무서운 정복 속도다. 모피에 대한 탐욕에 눈이 멀어 폭력으로 정복을 진행한 무리 가운데는 범죄자가 많이 섞여 있었다. 징역 대신 강제 노동과 탐험의 의무가 부과된 것이다. 시베리아 진체가 완전히 러시아 영토에 편입된 것은 18세기 초였고, 그 후에는 계속 바다로 나갈 숙명만이 기다리고 있었다. 이 무렵 이미 러시아는 일본열도 홋카이도(北海道)에 대한 정보도 가지고 있었다.

1741년 덴마크 출신의 V. J. 베링(V. J. Behring)은 러시아 정부의 후원으로 알래스카 탐험을 시작했으나 항해 도중 배가 난파해 죽는다. 그러나 생존자들이 그곳에 서식하는 해달의 가죽을 가지고 돌아가면서 알래스카에 대한 관심이 높아졌다. 1784년 에스키모가 살던 알래스카에 최초의 러시아 식민지가 건설되었다. 1799년 러시아 황제가 노미(露美)회사 건립을 허가했고 모피 획득을 위한 독점적 기업이 만들어졌다. 이 무렵 미국과 영국도 북태평양에 진출하기 시작했고 남하하는 러시아인은 캘리포니아 해안에서 저지당했다. 그 후(1867년) 노미(露美)회사는 사업 부진으로 미국에 알래스카를 720만 달러에 매각했는데, 미국이 알래스카에서 금광을 발견하자 뒤늦게 그 중요성이 인식되기 시작한다. 러시아의 '신성한 사명 (Holy Mission)'을 구실로 하는 팽창주의와 미국의 '명확한 숙명(Manifest Destiny)'을 의식한 팽창주의가 충돌하는 서막이 열린 것이다.

미국 신대륙

C. 콜럼버스(C. Columbus)는 자신이 처음 발견한 미대륙을 인도로 착각했다. 이후 지리에 밝은 이탈리아 상인 아메리고가 그곳이 독

립된 대륙임을 밝혔고 자신의 이름이 신대륙의 이름으로 불리는 영광을 안았다. 프랑스 노르망디의 윌리엄 공이 영국을 침공한 노르만정복(1066년)이 있은 지 약 600년 뒤인 1620년에, 메이플라워호(Mayflower)를 타고 온 영국 청교도들이 미국 매사추세츠만(灣)에 상륙했다. 1776년 7월 4일에는 영국의 식민지 상태에 있던 미국 13개 주의 지도자들이 필라델피아의 인디펜던스 홀에 모여 통합과 민주주의, 청교도 정신과 자유경쟁을 보장하는 독립을 선언한다. 정복자가 토착민 위에 군림하는 것은 정복 국가의 공식으로 이들은 귀족화되어 WASP(White Anglo-Saxon Protestant)임을 자랑했다. 여기에는 같은 백인인 폴란드인과 아일랜드인 등은 포함되지 않았다. 이후 이탈리아와 슬라브족의 이민이 이어져 폴란드인과 아일랜드인의 격이 높아지긴 했다. J. 케네디(J. Kennedy)는 아일랜드계이자 천주교도였으므로 WASP가 아니었으나 그가 대통령이 된 시기에는 그 정의도 애매해졌다. 이제는 흑인 대통령 B. 오바마의 등장으로 WASP의 의미가 사라졌다. 이는 한국에 양반이 없어진 것과 같다. 그러나 건국 당시의 원형인 민주주의와 자유경쟁은 더욱 확고해졌다.

인류가 동서로 갈라진 길고 긴 역사의 척도로 본다면, 태평양과 대서양의 폭의 차이는 의미가 없다. 미국은 유라시아 대륙을 서향한 아벨(유목민)의 후손으로 유목·기마민족 이동의 연장선상에 있다. 일본 열도는 유라시아 대륙 동녘 끝 한반도에서 바다 하나 건너에 있다. 유럽은 목축에 적합한 풍토였고 미대륙 또한 그러했으므로 유라시아의 유목민은 서쪽으로 미대륙을 횡단해가면서 그 원형이 한층 더 세련되게 다듬어졌다. 미국에서 유라시아의 유목민적인 원형과 유럽의 근대 합리주의가 결합함으로써 기마민족의 기질은 한층 더 날카로워졌다.

다양한 이민 집단으로 형성된 사회는 서로 다른 가치 체계를 잠재우고 오히려 단순한 척도로 환원하여 새로운 사회를 위한 공통의 의지가 응결된다. 미국적 합리주의와 균질성은 먼 옛날 유라시아 대륙을 효과적으로 통치했던 기마 제국의 전통이 세련된 형태로 재현된 것이다. 교통과 정보를 최대한 이용하는 인위적인 조직과 계약 사상과 상업 중시, 개척의 찬미 등이 프런티어 정신의 이름으로 구체화되었다. 예리한 현실감각과 종교적 정열로 기독교 신앙과 근세 유럽을 휩쓴 합리주의 사상은 미국 사회 구석구석에 침투되었다. 미국 이민과 함께 유럽에서 형성된 공동체의 경험이 미국에 전파된 것이다. 특히 청교도들은 영국의 사회의식을 미국에 전파했다. 뉴욕, 뉴저지, 뉴올리언스 등 '뉴(New)'가 붙는 많은 지명이 그 초기조건을 잘 보여주고 있다.

그러나 이들 공동체는 급속히 해체되었고 독립된 개개인이 '사회계약설'에 기반을 둔 미국적 정치철학을 수립했다. 이때 이민의 조건은 대서양 건너 유럽에 두고 온 과거의 기억에서 벗어나 합리적인 자유경쟁의 신념을 신봉하는 것이었다. 미국은 선주민(인디언)에게도 전통적인 가치를 포기하거나 그렇지 않으면 거류지(Reservation)에 들어갈 것을 강요했다. 좋고 싫고를 떠나 질서를 유지하는 것이 계약이었으므로 감정에 휘둘리지 않는 보편적인 인간관계를 추구했고, 무기 사용을 주저하지 않는 미국식 평화공존과 정의를 구현했다. 미대륙으로 이민 온 유럽 여러 나라 국민들은 고국의 습관과 말을 잊고 표준어인 영어를 말하며 계약을 따랐다. 이들은 누구나 쉽게 수용할 수 있는 미국의 문화에 수렴되었다.

미국의 기마민족적 원형

미국은 동부 식민지 개척에서 시작하여 프런티어 확장을 계속했다. 개척이 곧 미국의 유아 체험이며, 토착의 인디언 문화가 근세 유럽 문화에 압도당하는 과정에서 미국의 원형이 형성된다. 1607년, 용맹한 캡틴 J. 스미스(J. Smith)가 부하 105명과 함께 신세계 식민지 건설을 목적으로 버지니아에 도착한다. 위태로운 상황에서 토착민 추장의 딸 포카혼타스(Pocahontas)에게 구출된 것도 그의 극적인 생애 중 일부다. 아름다운 포카혼타스는 그리스도교도가 되어 버지니아의 명문가 롤프의 아들 존과 결혼한다. 이들의 결혼은 식민지 총독과 인디언 추장 포우하탄의 피의 융합으로 단군신화와 같은 신천지 개척의 뜻에서 많은 의미가 있다. 미국의 프런티어를 넓혀 간 용사는 산사나이, 즉 마운틴맨으로 스코의 신세를 진다. 미국 인디언의 딸, 또는 백인의 현지처를 '스코(squaw)'라고 하는데 일반적으로 추녀란 뜻으로 쓰였다. 이는 원주민의 도움을 받았음에도 결국 그들의 존재를 무시하려 하는 전형적인 기마민족적 수법이다.

능력 있는 자를 4년마다 국가 원수로 선출하는 발상도 그들에게는 극히 자연스러웠다. 미국 건국의 공로자들이 옛날 유라시아 대륙에서의 일을 기억해서 하는 것은 아니겠지만, 같은 상황에 당면하면 무의식에서 조상의 지혜가 되살아난다. 즉, 원형을 자각하는 것이다. 흉노족은 매년 봄가을에 유목 생활이 일단락되면 일정한 장소에서 국가적인 행사를 연다. 이는 『위지 동이전』에 기록된 고대 한민족의 동맹(東盟)이나 무천(舞天) 등과 같은 맥락이다. 이들 행사에서 유목민의 왕을 추대하면서 공동체에 대한 충성심을 일으킨 것과 같이, 미국인은 대통령 선거로 애국심을 고취했다. 같은 맥락에서 대통령 선거는 미국의 축제이기도 했다. 대통령 제도가 불안해 보이면서도 확고하게 국책을 추진해가는 것은 그 축제(대통령 선거)를 통해 전 국민적 공감대가 형성되기 때문이다.

이동 사회에서는 모든 것을 제도로 정해놓아도 안심하고 있을 수 없으며, 돌발 사태가 벌어질 때마다 모두의 합의가 필요하므로 민주제가 더 적절하다. 또한 현실적인 힘을 바로 인식하고, 노인의 경험보다 젊은이의 과감한 행동력을 더 높이 평가한다. 기마 유목민과 개척민의 공통점 중 하나는 젊은이에 대한 존중이다. 기마민족 체제는 전사(戰士) 귀족이 중심이며 이동 시 선두와 끝은 항시 그들의 몫이었다. 좋은 것은 젊은 사람이 먹고 노인은 그 나머지를 먹었다. 건장함을 존중하고 노약자를 천시하는 풍조도 있었다. 정복왕조는 전사 귀족을 중심으로 연합체를 수립하는데, 신라의 화랑도 그 전통을 이어받고 있었다. 오리엔트 사회에서는 인구계(印歐系, 아리안)의 이란인, 인도의 크샤트리아족 등이 잘 알려져 있다. 젊은이를 귀하게 여기는 것도 미국의 특징이며 평소 '추한 노인(ugly old man)'이라는 말을 자주 사용한다. 젊었을 때 미국 생활을 즐기던 동양인들이 나이가 들면서 미국에

정을 붙이지 못하는 것도 그 때문일 것이다.

미국 철학은 현실주의, 즉 프래그머티즘이다. 아랍이나 몽골과 같은 기마 유목민 사회에서는 능력 본위로 인물을 등용했다. 칭기즈칸 시대의 거란인(契丹人) 야율초재(耶律楚材)의 등용이 그 좋은 예이다. 그는 금(金)나라의 관리였고 금이 멸망하자 포로가 되었다. 칭기즈칸은 정복한 금나라 유신들이 전왕을 험담하는 것과 달리 오직 야율초재만이 망국의 왕을 긍정적으로 평가하는 것이 마음에 들어 총리로 발탁했고 그 능력을 충분히 발휘케 하여 원(元)의 기초를 확고히 했다. 이처럼 편견 없는 인재 등용은 실용주의 정신으로 기마민족 사회의 특징이다. 미국에서 유대인 출신의 H. A. 키신저(H. A. Kissinger)가 국무 장관에 임명되었던 것도 좋은 예라고 할 수 있다. 미국 헌법에 따르면 대통령만은 상징적으로 미국 태생이어야 하지만 실제적인 기타 요직에는 누구에게나 취임의 기회가 주어진다. 고급 두뇌의 유치를 중요한 국책으로 삼고, 불법 입국자라도 7~8년 사이에 적발되지 않으면 정식 이민으로 인정된다. 숨어 살게 하는 것보다 오히려 따뜻하게 시민으로 인정해주어 적극적으로 일하게 해주는 것이 유리하다는 현실적인 생각을 갖고 있는 것이다. 이는 건국 이래 수많은 이민을 받아들인 결과 얻은 원형이다.

아메리칸인디언 학살

카우보이와 프런티어로 상징되는 미국 개척 과정에서 유라시아 대륙 기마민족의 학살 전통이 이어진 것은 당연하다. 이는 문명국 미국의 어두운 일면이다. 미국은 건국 이래 피를 두려워하지 않는 전통을 지니고 있다.

　미국의 인디언 학살은 계획된 살인이었다. 미국 개척사는 한마디로 인디언의 학살사라고 말할 수 있다. D. 브라운(D. Brown)은 그의 저서 『나를 운디드니에 묻어다오(An Indian History of the American West)』에서 '1492년 10월 12일 콜럼버스가 산살바도르 섬 해안에 상륙한 이래 10년도 채 못 되어 모든 부족민들 수십만 명이 몰살되었다.'고 적었다. 백인에게는 인디언이 자신과 동등하지 않은 동물로 보였던 듯하다(유대야, 기독교 단절의 논리). 미국인은 그들이 전진하는 길 앞에 놓인 인디언 촌락을 모두 불태우고 몰살했다. 브라운은 『쇼우니족 태고무세』에서 다음과 같은 처절한 글을 인용하고 있다.

　피그미족은 어디로 갔는가? 내러갠셋족, 모히칸족, 포카노케트족 등 헤아릴 수 없이 많았던 강대한 인디언 부족들은 어디로 간 것일까? 여름 태양에 녹아 버리는 눈(雪)과 같이 이들은 모두 백인의 억압과 욕망 앞에 녹아 없어졌다. 그렇다면 다음은 바로 우리 차례가 아닌가? 위대한 신이 주신 소중한 땅과 집, 선조의 묘지를 그대로 포기해야 할 것인가? 싸우지 않고 귀중한 성스러운 것을 모두 버리고 멸망해야 하는가? 아니다. 다 함께 외치자. 절대로 절대로 그럴 수 없다.

　콜럼버스가 미국에 도착했을 때 인디언은 약 6천만 명이 살고 있었다는 추측이 있다(420만 정도라는 숫자도 있지만 과소 추측임에 틀림없다.). 그 후 백 년 사이에 그들 중 80%가 죽었다. 인류 사상 최대의 비극이다. '살인'이야말로 동물 사냥과 도살이 전업인 기마 유목민의 중요한 특성이다. 미국이 필리핀을 식민지화했을 때 필리핀 인구의 1/6 이상을 죽였다는 설도 있고 중국 인민을 죽였다는 기록도 있다. 이는 인도(人道)주의와 정의를 내세우는 미국의 국시와는 전혀 다른 일면이자 치부(恥部)다. 원래 인도주의는 인간과 인간 사이의 도덕이다. 따라서 상대방을 자신들과 단절된 족속으로 간주하면 유목민의 원형 그대로 얼마든지 죽일 수 있다. 독일인의 유대인 학살도 마찬가지다.

미국인의 유목민적 시간관

루스벨트가 스탈린에 말려들어 결정한 38선 분할도 금방 후회할 유치한 발상이었다. 그 결과 수많은 청년이 무의미하게 죽었고 지금까지도 전쟁 위기를 걱정해야 한다. 미국의 외교정책은 실패에 대해서는 후회가 없고 지난 일은 과거로 간단하게 치부해버린다. 제2차세계대전 중의 소련에 대한 원조, 베트남 분단은 실패했지만 '그때는 그랬다.'로 끝이며 이에 대한 비판은 전혀 없다. 미국이 일본에 강요한 인류 사상 전례가 없는 '평화헌법'도 전형적인 미국적 사고의 결과다. 아무리 불리해도 항복하지 않는 일본의 옥쇄(玉碎) 전법에 고생한 미국은 단순히 일본이 다시는 전쟁을 못 하도록 평화 헌법을 강요했다. 일본은 수동적 태도로 순순히 그것을 받아들였으며, 결국 일본은 군비에 돈을 쓰지 않고 경제대국을 이루었다. 그러나 미국은 소련과 냉전에 돌입하면서 일본의 군비 확장이 필요했고 지금은 중국의 부상으로 더더욱 일본의 군사력이 절실하다.

미국인이 즐겨 쓰는 말에 '그것으로 모두 끝이다(That's It).'라는 말이 있다. 아무리 큰 실수를 하더라도 어깨를 한 번 움츠리고 손바닥을 내보이면 그야말로 끝이라는 것이다. 미국인은 낙관적이고 때로는 어리숙해 보인다. 한때 한국군에 미군 고문관이 배치되던 시절이 있었는데, 요령 좋은 한국 병사에게 '고문관'은 속여 먹기 쉬운 대상이어서 바보의 대명사로 불린 시절이 있었다. 미국의 저명한 외교 전문가 G. 캔난(G. Kennan)은 "미국은 전략적으로 전쟁을 하지 않고 화났을 때 싸운다."고 했다. 진주만 기습과 9·11테러가 각각 제2차세계대전과 이라크 공격으로 이어진 것은 그 좋은 예이다.

A. 링컨(A. Lincoln) 대통령과 케네디 대통령 형제의 암살, M. L. 킹(M. L. King) 목사의 암살, R. 레이건(R. Reagan) 대통령에 대한 암살 기도, 이라크와 아프간 정책과 같이 힘으로 밀어붙이는 외교군사정책, 특히 CIA 등의 도청과 포로 학대 등은 쾌활하고 솔직한 미국인의 이미지와는 다른 악랄한 면이다. 공정하고 밝은 시민 생활과 억척스러운 외교정책은 한결같이 미국식 흑백논리가 행동화된 것으로 이들 원형에서 나온 미국식 행동이다.

미국인의 합리성 밑바닥에는 유목민 특유의 시간관이 내재되어 있다. 이미 지난 일은 역사적 사실이며 언제까지나 직선으로 흘러가는 시간의 띠에 찍힌 한 점으로만 남을 뿐이다. 이러한 관점에서 미국인에게 가장 어려운 상대는 한국인일 것이다. 한국인은 기정사실을 사실로 인정하지 않으며 시간은 돌다가도 다시 원점으로 되돌아올 수 있다. 박근혜 대통령이 미 의회에서 한 연설은 TV에 직접 방영되었다. 대통령 연설 가운데 '일본의 역사 문제'를 비난할 때 필자가 미의원의 당혹스러운 표정을 포착한 것은 착각이었을까? 사실 미국인은 역사 문제에서 일본인의 역사 문제 이상의 큰 치부를 갖고 있다.

청교도적 근로정신

기독교는 현실과 많은 마찰을 빚으면서 면면히 이어져 왔다. 동양의 종교처럼 심산유곡에 몸을 숨겨 수행하지 않고 시중에서 현실적인 위험을 늑대 무리에 비유하면서 종교적인 목적을 실천한다. '뱀같이 지혜롭고 비둘기같이 순결하게(「마태복음」 10장 16절)'라는 마음가짐은 어떤 현실에도 맞설 수 있는 의지를 기른다. 어떤 표어나 캠페인도 필요 없이 '신은 미국을 축복한다(God bless America).', 이 한마디로 모두가 뭉친다. 민주당과 공화당이 아무리 심하게 대립해도 일요일에는 교회에서 같은 신을 모시는 경건한 신도가 된다. 미국인의 종교와 현실 생활은 고대 유대인의 생활이 미국의 퓨리턴(청교도)으로 이어진 것이지만 종교성의 강조가 결코 제정일치(祭政—致)를 의미하지는 않음은 물론이다.

미국 공립학교에서 진화론을 가르칠 수 있게 된 것은 겨우 1950년대의 일이었고 요즘도 가끔 진화론을 가르치는 것은 헌법 위반이라는 주장이 나온다. 『성서』는 모든 생물은 신이 직접 만들었으므로 인간은 처음부터 완전한 형태로 창조되었다는 창조설을 따른다. 이에 따르면 최초의 생명의 씨에서 진화를 거듭하면서 오늘날의 인간이 되었다는 진화론은 맞지 않다. 최첨단 과학기술을 가진 미국에서 새삼스럽게 『성서』를 내보이며 진화론에 정면 대립하는 것은 희극적이지만 이런 고순이야말로 미국의 실상이기도 하다.

미국 기업에는 청교도적인 사상과 서부의 철도 갱 같은 강도(強盜)적인 발상이 공존한다. J. 스미스(J. Smith)는 미국 서부 역사학자들이 입을 모아 격찬하는 최고의 프런티어적 자질을 갖춘 독실한 기독교인이다. 그의 본업은 사냥꾼이자 모피상으로 한 손에는 총, 또 다른 손에는 성경을 들고 서부의 오지를 헤맸다. 원래 '오른손에는 칼, 왼손에는 코란'이 기마민족의 전형적 유형이다. 그러나 돈만이 목적이던 거친 서부 개척시대에 그의 존재는 대단히 미국적이었다. 그는 기독교 신앙이 두터운 서부의 사나이로 미국 서부 역사상 최고의 영웅이다. 그의 탐험은 로키 산맥을 넘어 캘리포니아로의 길을 개척했고, 그의 두터운 종교심은 미국인 의식의 심층을 흔들었다. 강한 힘과 신의 존재가 결합되어 미국적 정의와 인도주의의 실현 가능성을 믿게 한 것이다.

서부 개발과 확장에 관한 과장된 모험담들이 많지만 스미스 같은 이들은 단순히 모험이나 개척만 한 것이 아니었다. 게으름을 죄로 여기고 일을 통해 신의 뜻에 응하려는 소명 의식이 깃들어 영웅시된 것이다. 더 좋은 일을 행함으로써 신의 구원을 믿고, 자신의 행위를 심사하며 살아가는 청교도적 근로정신을 실천하였다. 이는 기업가와 정치가는 물론 CIA 스파이에게까지도 요구되는 중요한 자질이다. 다른 한편에서는 이런 사고가 미국적 억지가 되어 남이야 어찌 됐든 신의 이름으로 자기 생각을 일방적으로 강요하는 경향이 생겼다.

미국인 스미스와 시베리아 개척의 영웅인 강적(江賊) 출신 예르마크의 성격 차이는 러시아와 미국 개척의 성격 차를 상징한다. 전자는 독실한 기독교인이었고 후자는 볼가 강의 강적(江賊) 출신으로 우랄 산맥을 넘어 처음으로 시베리아에 진출한 러시아 동진의 선구자다. 현재도 미국과 러시아의 외교 정책에 있어서 그 성격 차는 뚜렷하다.

미국과 러시아의 동북아시아 진출

서부로 향하는 미국

1853년 미국의 페리 제독이 이끄는 함대가 태평양을 건너 일본에 개항을 강요했고, 1860년에는 일본 사절단이 태평양 동쪽을 건너 워싱턴으로 향했다. 당시 미국의 프런티어 전선은 겨우 중부 미주리(Missouri) 강을 건너간 때였다. 캘리포니아에서 골드러시(Gold rush)가 일어난 직후였다. 이미 캘리포니아에서 고조되었던 프런티어 정신은 또다시 바다 건너 서쪽으로 향한다. 부의 획득과 자유경쟁은 미국 원형의 중요한 요소로서 낙천성(American dream)을 길러냈다. 미국인은 '명백한 팽창의 천명(Manifest Destiny)'을 발휘하여 민주주의를 전 세계에 전파하는 것을 사명으로 여기기 시작한다.

미국과 러시아는 역사가 짧고 서구 계몽사상을 이어왔다는 점에서 공통적이다. 고르바초프, 푸틴을 비롯하여 러시아 지도자는 서구 지식인과 다름없는 계몽주의적 경향을 지니고 있으며 루소, 칸트, 밀 등의 영향을 받았다. 이들은 같은 기마 유목민 출신이다. 최근 러·중 간의 밀월이 시작되었지만 실제 원형 이론상 심정·사상적으로 미·러기 오히려 께기민 있다면 디 가끼워질 가능성이 높다. 미국과 러시아의 공통점은 기마민족계란 점이다. 카우보이와 카자크는 말을 타고 대륙을 개척했다. 특히 러시아인은 썰매에도 말을 이용한다.

유라시아 대륙의 기마 유목민이 이익을 위해 교통망을 넓혀 진출해 나간 일은 원형에 따른 것이지만, 미국은 러시아와는 대조적으로 남의 나라 영토를 점유하는 데 있어 비교적 금욕적이었다. 미국은 오키나와와 필리핀을 점령했으나 자국의 영토화를 시도하지는 않았다. 지금도 오키나와와 필리핀에 기지는 있지만 영토를 접수하지는 않고 있다. 미국이 1846년 멕시코와의 전쟁을 통해서 캘리포니아와 텍사스 서부 일대를 병합한 것은 사실이지만 캐나다와 멕시코를 합병할 생각은 거의 없었다. 본래 기마민족은 교통망과 기지(역)를 중요시하고 영토에는 큰 관심이 없다. 러시아가 동진하여 악착같이 알래스카까지 영토화한 것과는 대조적이다.

미국은 처음 일본에 군함을 앞세워 개항을 요구했으나 영토에 대한 야욕은 없고 이권에만 주목했다. 일본으로 하여금 한국을 침략하게 하고 그 뒷전에서 이익을 얻으려는 것이 미국의 정책이었다. 미국이 러일전쟁 이후 일본에게 만주의 철도 부설권을 강하게 요구했으나 일본이 그 요구를 거절하고 만주를 독점했을 때 제2차세계대전의 씨가 뿌려졌다.

미국의 농담 중에 '우유를 마시기 위해 젖소를 기르는 바보는 없다.'라는 말이 있다. 이는 성적인 욕구를 목적으로 결혼을 하지는 않는다는 의미로 가끔 남자 사이에 오가는 농담이다. 미국은 소보다는 우유를 취하는 세련된 국제 전략을 택해왔다. 미국의 중요한 외교정책 중 하나가 먼로주의이다. 먼로주의는 미국의 5대 대통령 먼로가 발표한 외교정책의 기본 방향으로 유럽 세력의 신대륙에 대한 간섭을 배제한다는 내용이다. 이러한 태도가 반영되어 미국은 신대륙 이외의 영토에 대해 금욕적인 태도를 보이게 된 것이다.

원형에 따른 영토 확장 욕구

러시아와 미국은 왜 영토 확장에 그토록 열을 올렸을까? 두 나라는 유목민의 후손으로 농경민과는 영토에 대한 관념이 크게 달랐다. 농경민에게는 농토가 필요했을 뿐, 유목 지대의 초원에 대한 욕심은 없었다. 20년 전의 일이지만 두만강 하구에서 러시아와 중국의 국경과 광대한 평원을 본 필자는 농경민의 후손답게 그 넓이에 압도당하고 말았다. 완전히 농민화된 한민족이 북방 진출을 하지 않은 심리적 이유를 알 것 같은 기분이었다. 한무제(漢武帝)는 흉노를 멀리 유럽까지 추방하면서도 흉노의 영토를 차지할 생각은 없었고 겨우 그들의 명물 한혈마(汗血馬)를 얻는 데 만족했다. 유목민은 광대한 초원을 필요로 하지만, 일반적으로 유목 제국의 인구는 영토의 넓이에 비해 놀라울 만큼 적다. 번번이 한제국을 위협한 흉노, 명을 타도하고 청을 수립한 여진족의 인구는 겨우 중국의 한 현(縣) 정도에 불과했으며 세계 최대의 제국 원(元)을 수립한 몽골족의 인구도 200만 정도로 추산된다.

러시아의 시베리아 개척, 미국의 대륙 개척 시기는 중국의 청(淸)대와 동시대로 청(淸)이 외몽골과 서내란 몽골고원을 영토화한 것은

1690년, 조선 왕조 숙종 16년이었다. 청은 역대 중국 왕조와는 다르게 예외적으로 몽골과 위구르, 티베트 등 유목민의 땅을 영토화했다. 여진족의 유목적 원형이 초원의 가치와 전략적 의미를 파악하고 있었던 것으로 해석할 수 있다. 이집트와 잉카제국은 예외적인 농업 제국이었으나 근세 이후의 대제국 수립은 한결같이 아벨의 후손의 몫으로 농경 이외의 목적으로 영토를 넓힌 것이다.

시대는 변하여 인류의 생활은 과거의 단순한 농경과 유목 사회에서 산업사회로 바뀌어 석유와 가스, 희금속 등 지하자원에 의한 영토적 가치에 무게가 실리게 되었다. 또한 전술 무기의 발달로 영토 넓이가 지정학의 중요한 평가 대상이 되었다. 러시아는 미국에게 자원의 보고인 빙설의 땅 알래스카를 매도한 일을 이제서야 엄청나게 후회하고 있다. 오늘날의 세계 대국은 미국과 중국, 러시아로 영토 면에서 다른 나라를 압도하지만 이들은 한결같이 근세 이후에 팽창했다. 특히 중국은 청의 영토적 유산을 상속한 것에 감사해야 할 것이다. 반면 한반도는 유목 기마민족이 수립한 국가에서 시작했으나 신라 통일 이후 완전히 농업국이 되어 영토 확장에는 거의 관심이 없고 천수답에만 의존하는 은자(隱者)의 나라로 일관했다.

러시아는 과거 300년간 1년 평균 100km 정도씩 영토가 확대되어 온 세계 최대의 대륙 제국이다. 제2차세계대전이 끝나자 소련 영토는 지구의 1/6이 되었다. 러시아인은 원래 광대한 평원에 벽과 울을 치고 살기를 좋아해 항상 국경선을 염두에 두었다. 시베리아 진출 후에는 국경선이 더 확장되어 러시아인을 안심시켰다. 시베리아의 광대한 영토에 겨우 100명의 카자크 용병과 20명 정도의 정규군만이 있었다는 사실은 지금의 상식으로는 도저히 믿을 수 없다.

러시아가 낳은 대문호 L. 톨스토이(L. Tolstoy)의 작품 중에 『사람에게는 얼마만큼의 땅이 필요한가(How much land does a man need?)』라는 단편이 있다. 가난한 농부 바흠은 자신의 발로 온종일 걸어가서 돌아온 만큼 땅을 얻을 수 있다는 말에 많은 땅을 갖기 위해 필사적으로 걸어다닌다. 드디어 해가 지기 직전 출발점에 돌아왔으나 그는 그 순간 심장마비로 쓰러지고 만다. 신체는 겨우 한 평도 못 되는 땅에 파묻혔다. 필사적으로 온종일 걸어 얻은 것보다 진정 그에게 필요한 땅은 그만큼에 불과했음을 시사한다. 영토 확장의 욕구도 원형에 따라 다르다. 충분한 땅에 울타리를 치고 살았으면서도 늘 더 많은 땅을 원한 러시아 농민의 욕망이 집단화되어 영토를 확장시킨 것이다.

중·러의 국경 마찰

1690년, 외몽골 일대의 넓은 몽골고원이 청(淸)나라에 편입되었다. 이 무렵 청(淸)은 동진해온 러시아와 청(淸) 왕실의 본관의 땅인 만주의 북녘에서 대치하게 되었다. 시베리아를 영토화한 러시아는 여세를 몰아 남하했으며 청과 정면충돌하는 것은 시간문제였다. 청은 1685년 대포로 무장한 1만 8천의 군대로 헤이룽 강변 안디잔의 러시아 성새(城塞)를 공격해 항복을 받아냈다. 러시아는 헤이룽 강변에서 청(淸)에게 패배당하자 팽창주의의 방향을 크게 바꾸어 남하보다는 동진을 택했다. 청(淸)의 입장에서는 만주 땅에 외국 군대인 러시아 군

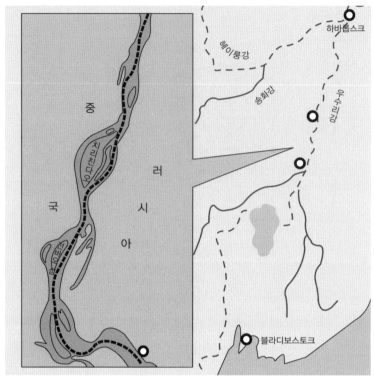

헤이룽강

하바롭스크

송화강

우수리강

중

국

러

시

아

치린친다오

얼다오거우

블라디보스토크

▎전바오 섬은 중·러 사이에서 분쟁의 씨가 될 수 있다.

이 출몰하는 것부터가 용납할 수 없는 일이었다. 1689년 청(淸)과 러시아는 국경 조약을 맺는다.

아편전쟁(1840) 이후 청(淸)은 계속 서구 세력에 시달리는 처지가 되었고 러시아와는 재협상 내용이 불리해도 받아들일 수밖에 없었다. 러시아는 1858년 헤이룽 강 북녘 유역을 자기 영토로 삼았고 시베리아 전부가 러시아 영역임을 중국에 확인시켰다(1860). 1969년 중·소 국경분쟁은 헤이룽 강의 지류 우수리 강에 있는 전바오 섬(진보도, 珍寶島)의 영유권을 중심으로 대규모 군 충돌이 발생하면서 시작되었다. 마오쩌둥은 핵전쟁도 각오했으나 일단은 정치적으로 해결되었다. 그러나 양국의 4,380km의 국경선에 대한 중국의 불만이 완전히 해결된 것은 아니며 언젠가는 다시 일어날 수도 있는 문제다.

러·일의 접촉

일본 에도(江戸)막부는 쇄국정책을 국시로 삼았으나 자극받은 개척원형이 다시 발동하여 홋카이도와 그 북방 섬에 대해 많은 관심을 갖게 된다.

1795년, 러시아는 농장에서 도망 나온 농노와 카자크 등 무법자를 모집하여 당시 쿠릴열도의 해달을 구하기 위해 홋카이도 동북방에 진출했다. 일본 막부(幕府)가 쿠릴(일본 명 : 千島)열도에 관리를 파견한 것은 1798년이었고, 일본과 러시아는 쿠릴열도에 관해 분할 조약을 맺었다. 1803년 I. F. 크루젠슈테른(I. F. Kruzenshtern)은 3년에 걸쳐 러시아 최초로 세계 일주 항해를 감행했다. 그는 캄차카반도, 쿠릴열도, 사할린, 알류샨, 알래스카 연안을 탐험하던 중 1804년 일본 나가사키(長崎)에 당도해 통상을 요구했다. 미국 페리가 일본에 개항을 요구할 때보다 51년이나 앞선 것이다. 러시아인은 미국인보다 동북아시아에 훨씬 많은 관심을 쏟았다. 크루젠슈테른의 항해기는 지리학상 귀중한 자료였고, 일본을 포함한 여러 나라 말로 번역되었으나 유독 한국에서만 번역되지 않았다.

러·일의 충돌

1697년 일본인 덴베(傳兵衛)가 캄차카에서 표류된 채 발견되었다.

그는 모스크바에서 표트르대제(Pyotr 1세)를 배알하고 러시아 최초의 일본어 학교 교사가 된다. 이 무렵 러시아는 비타민 C를 공급받기 위해 일본과의 교류를 갈망했고 한편으로는 일본과 조선을 정복할 준비에 착수하고 있었다. 그들은 북방의 쿠릴(Kuril)이 캄차카반도의 남단에서 이어지고 있음을 발견했다. 러시아인이 일본열도의 북단 홋카이도에 발을 딛는 것은 필연적인 일이었다. 러시아의 기미를 알아차린 일본 또한 북방 탐험을 시작했다. 1781년 구도 헤이스케(工藤平助)는 목숨을 걸고 쇄국정책에 맞섰다. 그는 자신의 저서에서 러시아의 시베리아, 캄차카의 개발에 대해 경계했다(『캄차카풍속고(赤蝦夷風俗考)』).

1803년 막부의 명을 받은 마미야(間宮林藏)는 사할린과 헤이룽 강(黑龍江)을 답사하고 사할린이 시베리아와 떨어진 섬인 것을 최초로 발견했다. 이 사실은 일본에 체류 중인 화란 무역 상인을 통해 유럽에 알려져 세계지도에 실렸다. 일본의 팔굉일우(八紘一宇) 식 팽창과 러시아의 모험적 팽창주의가 부딪힌 셈이다. 완전히 벼농사국이 된 일본이지만 무사 통치로 상무(尙武) 정신은 건재했으며 기마민족과 팔굉일우 정신은 연동될 수 있었다. 이제 러시아와 일본의 충돌은 시간문제였다. 러일전쟁(1904~1905)에 맞추어 1904년에 시베리아철도가 완공되었다.

러시아가 일본열도에 큰 관심을 가졌던 것은 시베리아에 없는 식량 특히 채소를 구하기 위해서였다. 그렇기 때문에 당연히 같은 이유로 한반도에 대해서도 관심을 가졌을 것이다. 안타깝게도 한국인은 러시아에 대한 관심은커녕 러시아의 존재조차도 모르고 있었다. 당시 조선은 정조에서 순조로 넘어가는 시기였고, 마치 후원 초당의 처녀처럼 바깥 세계에 전혀 관심을 보이지 않았다. 한국을 둘러싼 러시아와 일본의 움직임에 거의 무관심했던 것이 이후의 운명을 비극으로 몰아갔다.

러시아와 조선

시베리아 청동기 시대의 시작은 B.C. 1500년경으로 한반도보다 훨씬 빨랐다. 러시아인이 들어오기 전에는 여러 유목제국이 있었으므로 러시아의 시베리아 개척 이전에도 무인 지대는 아니었다. 러시아인은 시베리아를 손에 넣고 계속 일방적으로 만주로 남하해 동면(冬眠) 중인 조선을 넘보고 군사교관을 파견하는 등의 조건으로 압록강 산림의 벌채권을 손에 넣었다(한·러 조약). 이 과정에서 연해주 일대에 거주했던 조선족은 러시아 아니면 중국의 소수민족으로 전락하는 신세가 되었다. 서양은 중국과 일본에 대한 관심에 비하면 한반도에 대한 관심이 놀라울 만큼 적었다. 이는 지정학적 이유도 있지만, 조선인 스스로 은신한 탓도 있다. 해난 사고를 당한 네덜란드인 H. 하멜(H. Hamel)과 같이 우연히 표류한 경우 이외에는 서양인이 한반도를 찾는 일은 거의 없었기 때문이다. 외국 상인의 관심을 끌 만한 경제적 대상도 없었다. 러시아의 무정부주의자로 알려진 지리학자 A. 쿠로팟킨(A. Kuropatkin)은 『만몽노분론(滿蒙露分論)』에서 만주와 조선을 러시아의 직할지로 만들고 부산은 군항으로, 대마도는 요새화해 일본을 식민지로 삼을 것을 주장했다.

1853년 미국 해군 제독 페리는 군함 6척을 이끌고 동경 만에 당도해 에도막부에 개항을 요구하고 목적을 성사시켰다. 하지만 1861년 남북전쟁이 발생하자 미국은 극동 문제에 관심을 쏟을 수 없었고, 러시아는 그 틈에 단독으로 조선과 일본을 넘보았다. 러시아의 조선에 대한 움직임을 연대별로 살펴보면 다음과 같다.

1854년 러시아인이 함경도 경흥부(慶興府)에서 한국인을 살상하고, 10년 후인 1864년 1월 러시아 정부가 경흥부사에게 서신을 보내 통상을 요구하다 거절당했다. 조선은 러시아를 경계하고 같은 해 5월에 러시아 통모자(通謀者)를 처형했다. 다음 해인 1865년에도 러시아인은 경흥부를 다시 방문했으며, 1880년 러시아 관리가 경흥부에 와서 통상을 청했다. 1884년 한·러 수호조약이 조인되고, 러시아 대표부가 서울에 설치되었다. 러시아 대표 베베르는 능란한 외교 수단으로 궁궐에 드나들면서 조선 조정에 친러 세력을 키웠다. 이후 한·러 육로 통상 조약이 체결되어 경흥이 러시아와의 무역에 개방되었다. 또한 러시아인 거류지를 허용하여 러시아인은 두만강을 자유로이 항해할 수 있게 되었다. 이어서 원산과 절영도에 저탄소(貯炭所)를 설치하기도 했다. 1895년 명성황후가 살해되자(을미사변), 베베르는 국왕을 궁궐에서 러시아 공관으로 데려와 모셨다(아관파천). 국왕이 러시아 공사관에 있던 1년간 조선에 대한 러시아의 영향력은 커졌다. 군대와 재무부에 러시아 고문관이 고용되고 러시아어 학교가 설립되기도 했다. 일련의 한·러 관계에서 러시아의 모험적 팽창주의의 마지막 종착점이 한반도였음을 알 수 있다. 한국에 대한 러시아와 일본의 영향력이 결국 러일전쟁으로까지 이어졌음은 잘 알려져 있다. 일본이 패배했다면 조선은 분명히 러시아 식민지가 될 형국이었다.

3부 인류 문명의 기원

인류는 유라시아 대륙의 오아시스에서 농경민과 유목민으로, 그리고 동양과 서양으로 갈렸고 이들 후손은 극동의 땅에서 제국주의적 방식으로 만나게 되었다. 하지만 인류사에는 영원한 승자도 패자도 없다.

모피와 금의 길

제국주의 국가의 영토 확장 의욕은 많은 재물(財物)을 획득하기 위한 인간의 욕망에서 출발한다. 유라시아 대륙의 방대한 영토에는 실처럼 가느다란 실크로드가 이어져 있다. 실크로드는 독일의 지리학자 F. 리히트호펜(F. Richthofen)이 지은 이름이다. '실크로드'의 '실크'에서 알 수 있듯이 중국 비단을 서방세계에 옮겨놓은 길이다. 그러나 이보다 먼 옛날에는 금이 이동하는 경로가 있었다.

▌아시아에서 이탈리아까지의 통상로 실크로드

스키타이의 이름에서 맨 먼저 떠오르는 것은 금이다. 실크로드의 중간에 가로놓인 산맥의 이름 '알타이'는 황금을 뜻한다. 스키타이 와 알타이는 금으로 이어져 있었다. 한국의 많은 김(金)씨 성은 먼 조 상이 살았던 땅이 알타이 산맥 기슭이었기 때문이라는 설도 있다. 한 편, 실크로드의 사막지대를 넘으면 양질의 모피를 산출해내는 산림 지대가 있다. 좋은 말을 산출한 지역도 그곳이었다. 모피, 황금, 말, 보석 등의 교역을 위해 실크로드는 동과 서로 뻗어 나갔다.

미국 서부 개척도 이와 같은 이유에서 감행되어 1848년 태평양 해 안에 '골드러시(gold rush)'가 일어난 것이다. 모피 장사로 인해 서부로 향하는 길이 차츰 넓어지고, 서부 대륙 횡단 철도가 건설된 것은 캘 리포니아에서 금이 발견되었기 때문이기도 했다. 일확천금의 꿈을 안 은 10만 명의 무리가 캘리포니아에 모여들었다. 이후 캘리포니아가 독 립하면서 샌프란시스코와 새크라멘토가 대도시로 발달했다. 모피와 황금이 방대한 미국의 동과 서를 관통시킨 것이다. "미국은 두 번 발 견되었다. 첫 번째는 콜럼버스에 의해, 두 번째는 캘리포니아의 금의 발견에 의해서이다."라고 한 마르크스의 말은 이미 2천 년 전 실크로 드를 뚫고 간 인류적 행동을 강조하고 있다. 고대 실크로드 이래 인간 의 욕심이 시베리아와 미 대륙에 개척의 길을 뚫은 것이다. 금과 모피 는 자석처럼 인간을 끌어당겨 유라시아 대륙을 뚫었으며, 같은 이유 로 시베리아와 미 대륙의 동과 서를 뚫었다.

자생적으로 발생한 것이 아니라, 전통을 무시하고 인위적으로 발생한 인공 국가 러시아와 미국 두 나라에는 여러 가지 공통점이 있다. 모피와 금을 찾아 서진해온 미국과, 역시 같은 이유로 동진한 러시아가 충돌하게 된 것은 당연한 결과이다. 시베리아에서 캄차카반도, 알류샨열도, 알래스카에서 미 서해안으로 남하한 러시아의 동진 정책과 애팔래치아산맥을 넘어 캘리포니아 해안으로 서진하는 미국의 정책은 근본적으로 같은 구도였다.

또한 러시아는 일본과의 사이에 '한국 만주 양분론'을 제기했고 미국과 일본은 가쓰라·태프트 밀약에서 한국·필리핀의 양분을 결정했다. 이 구도는 마치 2차원 연립방정식과도 같다. 일본이 패전으로 소거되면 한반도는 38선 분할로 낙착된다. 금과 모피의 자력이 궁극적으로 한반도까지도 넘보게 한 것이다.

쌀밥 때문에 미 대륙으로 못 간 일본인

노르망디에서 잉글랜드로, 잉글랜드에서 뉴잉글랜드(미국)로 기마족의 진출이 확대되어 간 과정을 보면 유럽과 미국과의 관계는 구조적으로는 일본과의 관계와 크게 다르지 않다. 일본으로 간 기마민족 정복자들은 왜 북상을 계속하지 않았을까? 유럽으로 간 기마 유목민의 후손과 같은 에너지를 지녔다면 홋카이도(北海道)에서 알류샨 제도를 건너 미국 대륙에 갔을 수도 있었을 것이다. 태평양이 대서양보다 넓은 것은 사실이지만, 기마민족 출신 바이킹은 콜럼버스보다 500년이나 앞서 미 대륙 보스턴 만에 도달했다. 선사 시대 이전에 알류샨열도에서 알래스카를 거쳐 미 대륙에 닝노한 에스키모는 아메리칸인디언들의 조상이 되기도 했다. 이러한 사실을 감안하면 열도로 건너간 무리 가운데 한 부족 정도는 충분히 미 대륙으로 건너갔을 만도 하다.

『니혼쇼키』와『고지키』의 천손강림신화는 하늘나라(高天原)에서 천손이 일본으로 강림한 이야기다. 이는 기마민족 집단이 한반도에서 분가해 외지로 나간 사실을 신화로 꾸민 것이다. 천신은 귀여운 손자를 일본에 보내면서 "지금 네가 가는 곳은 갈 데가 많고 벼가 잘 자라는 곳이므로 개척해서 좋은 정치를 하라."고 말한다. 손자에게 "벼농사를 잘하라."고 한 것이다. 또한 천손의 이름도 '니니기'다. '니'는 '이'로 이밥, 쌀밥을 뜻한다. 일본어도 이 낱말을 한자 飯(반)으로 표시한다. 니기는 '익'을 의미하므로 이를 조합하면 '니니기=니+익', 즉 쌀이 잘 익는다는 뜻이다. 일본의 천손강림신화는 일본으로 건너간 기마민족의 후손이 본업인 유목이 아니라 쌀농사에 관심을 둔 것을 시사하고 있다. 일본열도로 건너간 기마민족 정복자, 즉 천손강림의 주인공 니니기가 천신(할머니)으로부터 벼농사를 보급하라는 지시를 받았다는 사실은 상징적이다.

일본열도는 고온다습(高溫多濕)하여 벼농사의 적지이다. 쌀은 다른 곡물에 비해 영양가가 많고 뿌린 씨에 대해 생산량이 수십 배이다. 또한 일단 벼농사에 눈을 돌리게 되면 토지 관리와 치수 정리를 계속해야 하며 오직 그것에만 열중하게 된다. 유목에는 넓은 땅이 필요하지만 벼농사는 노동 집약적이라 좁은 땅으로도 많은 인구를 먹일 수 있다. 따라서 일본열도의 정복자는 열도 밖으로 눈을 돌릴 이유가 없었다. 벼농사민은 수십 명 단위의 가족 중심의 소집단에서 시작하였으나 마을을 형성하면서 다른 집단과의 사이에 농토를 쟁탈하는 일이 발생했고 이 과정에서 싸울아비(사무라이, 武士)가 탄생했다.

9세기 초에 천황 세력이 동북지방의 호족을 굴복시켰으나 완전히 정복한 것은 1192년 무사 정권이 동국에 수립된 시기였다. 하지만 홋카이도(北海道)는 추운 기후로 당시 기술로는 벼농사를 못하는 지역이었으므로 방치되어 있었다. 러시아와 미국의 개척자들이 땅보다 금이나 모피 등에 관심을 가졌던 것과는 달리 일본인은 쌀에 발목이 잡혀 있었고, 홋카이도는 백여 년 전까지 처녀지로 남아 있었다. 당시 농업기술 수준으로 후쿠시마(福島)를 포함한 동북의 끝 지역에 있는 무쓰 지역은 벼농사에 불리했으며 잦은 흉년에 시달렸다.

만일 일본열도의 기온이 높아 북방 지역에 벼농사가 가능했다면 기마 기질을 발휘해 단숨에 홋카이도까지 북상했을 것이다. 유럽인이 미국에 진출한 일을 고려하고 일본인의 팔굉일우(八紘一宇)적 행동에 비추어 본다면, 말을 배로 갈아타고 알류샨열도로 건너갈 수도 있었을 것이다. 그렇다면 1941년 하와이 공격에 수백 년 앞선 사무라이(武士)와 카우보이의 충돌도 가능했을 것이다. 19세기 말 어업을 목적으로 한 무리가 서서히 홋카이도에 진출하기 시작했고 완전히 정복이 완료된 것은 메이지유신 이후이다. 그사이에 러시아인은 알래스카까지 진출해 있었다.

오늘날 미, 러, 일의 우주개발 현황은 미국의 서무, 러시아의 시베리아, 일본의 북방 개발 연장선상에 있는 것처럼 보인다. 일본은 벼농사민으로 열도를 개척했으나 기마민족 기질은 무사단에 그대로 간직되어 있다. 염소를 기르는 유목민은 그 무리 속에 두세 마리의 산양(山羊)을 섞어 넣는다. 염소는 풀을 뿌리까지 먹어 치워 초원을 고갈시킬 수 있으나 산양은 부드러운 잎만 먹고는 이동한다. 산양이 이동할 때 나머지 염소도 따라서 이동한다. 일본 사회의 염소를 농민이라 한다면 무사(사무라이)는 산양 격으로 공격적이고 개척을 추진해왔다. 이와는 대조적으로 한반도는 모두 농민이며 백의(白衣) 일색으로 전에 있던 산양(기마민족계)은 모두 염소화되어 판이한 사회 성격과 패턴을 보였다.

미·러와 다른 중국의 팽창 방법

중국은 세계적인 대국이지만 미, 러, 일 등과는 달리 독특한 방법으로 영토를 확장했다. 초기에는 황하 중류 유역의 소국에서 시작했다. 중국은 미국이나 러시아의 영토 확장과 같이 보물을 찾아 무엇이 있는지도 알 수 없는 곳을 헤매는 일은 생각하지도 않았다. 중원의 한족은 농경민으로 주변의 유목민이 아무리 광대한 땅을 가져도 하나도 부러울 것이 없었다. 유목민의 땅은 당시 기술로는 농토로 사용할 수 없었기 때문이다. 이민족 국가가 번번이 중원에 수립되었으나 그들이 통치한 지역은 그대로 중국 영토가 되어 결과적으로 정복당하기 이전보다 넓어졌다. 중원의 황제는 오직 농민에게 농업을 시켜 세를 거두어들이는 게 목적이었다.

유목민의 인구는 땅의 넓이와 비교하면 매우 적은 숫자이다. 여진족은 겨우 70만 정도의 인구로 장성 내에 들어왔다. 청(淸)이 중국 전 국토를 지배하던 시기의 총인구는 많아 봤자 200만 명 정도였다. 원(元)도 비슷했다. 이들이 수백 배의 인구인 한족을 지배하기 위해서는 대단한 통치기술을 필요로 했다. 1636년, 만주 여진족이 명(明)을 무너뜨려 정복왕조 청(淸)을 수립했고 중국 역사 이래 최대의 판도로 영토를 확장했다. 1690년에는 외몽골을 완전히 영토화했으며 1750년에는 티베트를 보호국으로 삼았다. 1755년(건륭 2년)에는 유목 제국 중가르를 멸망시키고 신강(新疆) 위구르를 청(淸)에 편입시켰다. 또한 강희(康熙)제, 건륭(乾隆)제, 옹정(雍正)제 등 3대 명군이 계속 배출되어 중국 역사상 보기 드문 선치(善治)가 계속되었다. 그러나 아편전쟁 이후 열강의 침략으로 반식민지화되자 한(漢)족은 청의 통치에 실망해 멸만흥한(滅滿興漢)을 구호로 혁명을 성공시킨다. 신중국은 곧 오족(五族, 漢滿蒙回西)의 구호로 청의 판도를 그대로 인수한다. 오족(五族) 중 한(漢)족을 제외한 나머지 만주족(滿), 몽골족(蒙), 위구르(回), 티베트(西)는 모두 청 왕조에서 편입시킨 부족들이다.

왜 여진족 출신 청(淸)이 어느 한(漢)족 출신 왕조보다 중국 문명이나 국토 양면에서 더 많은 기여를 할 수 있었을까? 이들의 인구는 겨우 중원 한 현(縣)의 인구인 70만 명 정도에 불과한데 수억 명의 한(漢)족을 다스렸다. 그동안 원(元), 금(金) 등 오랑캐의 정복왕조가 여러 차례 있었으나 한 번도 이와 같이 중국과의 융합에 성공한 적은 없었다. 청(淸)은 반농, 반유목으로 반농의 부분만큼 한(漢) 문화를 수용할 요소가 있었고 반유목의 부분만큼 군사적이었다. 여진족이 중원을 성복했으니 조선도 당연히 그럴 수 있는데 그렇게 못하는 것을 한탄한 조선 시대 지식인도 있었다. 그러나 조선의 원형에는 유목민적 요소, 즉 군사적 기질이 없어서 중원을 정복하기란 쉽지 않았을 것이다.

한편, 일본은 사무라이(무사) 국가였고 그 기질로 중국 대륙을 침략해 점령했다. 만일 미·영의 방해가 없었다면 청(淸)과 같이 정복 국가 수립도 가능했을 것이다. 시진핑이 박근혜 대통령과 같이 일본의 역사인식을 공격한 것은 원형론의 입장에서 해명할 수 있다. 일본은 주변국가 중에서 가장 짙은 상무적 가치관을 지니고 있다. 본래 중국의 통치 이념에는 주변국을 멸망시켜 자국화하는 발상은 적었으며 국경, 국토 개념도 유럽과는 다르다. 하늘 아래 전 세계는 모두 중원의 황제가 통치하고 주변국은 비록 황제가 직접 통치하지는 않아도 중원의 황제의 덕화를 입고 수시로 조공을 하며, 황제는 조공한 나라에게 그 몇 배의 것을 보답해주는 식이었다.

중국이 러시아와 처음 만나 당황한 것은 러시아가 조공은커녕 중국 황제가 직접 통치하는 국토와 국경을 두고 흥정했기 때문이다. 이를 계기로 중국의 전통적 세계관과 국경의 개념이 무너지기 시작했다. 러시아나 미국의 국토 팽창은 공통으로 원주민이 국가를 건설하지 않았고 무주공산과 같은 광대한 땅을 옆에 두고 있었기에 가능한 일이었다. 인류사의 관점에서 보면 영토 확장 과정에서의 소수민족 말소는 일반적인 결과였고, 이미 수많은 소수민족은 이 땅에서 사라졌다.

한반도는 대륙 세력과 해양 세력이 대립되는 지정학으로 인해 결정된 특수한 경우이다. 한반도 근대화의 막을 연 주된 세력은 미국과 러시아로 전형적인 기마민족의 후손들이다. 미국이 군함을 타고 태평양으로 서진했다면 러시아는 말을 타고 우랄산맥을 넘어 계속 유라시아 대륙을 동진해 동북아에 접근해왔다. 따라서 한반도의 시련은 한층 더 가혹해졌다.

대륙과 해양 세력의 한반도에서의 충돌 구도와 결과

역사적 사건	대륙세력 ↔ 해양세력	결과
백강전투	당(신라) ↔ 왜(백제)	신라 통일, 백제와 고구려의 멸망, 일본의 통일과 발해 건국
몽골 침략	몽골 → 한반도 점령 → 일본 공격	몽골군의 대패
도요토미(豊 臣) 침략	명(조선) ↔ 일본	도요토미(豊臣) 멸망 명의 멸망
청일전쟁 러일전쟁 조선 식민지 한반도 분단	청 ↔ 일본 러시아 ↔ 일본(미국, 영국의 후원) 태평양전쟁 소련 ↔ 미국	청 멸망 러시아혁명 조선 식민지화 8 · 15광복 38선 분단
6 · 25전쟁	소련, 중공(북한) ↔ 미국(한국)	휴전선 분단

↔ 전쟁, → 일방적 침략

04

한 · 중 · 일의 근대화

01
근대화의 시작

미국과 러시아의 아시아 진출은 결국 동양에 끼친 서양의 문화적 충격으로 이어진다. 한국을 포함한 주변 여러 나라의 원형은 변함없고 한반도의 지정학도 여전했으니 국제적 역학 구도가 과거와 같은 역사를 확대 재생산했던 것이다. 이 장에서는 서양이 한·중·일에 끼친 영향과 근대화의 바람이 각국의 원형을 자극할 때 저마다 어떤 고유의 방법으로 반응했는지 그 양상을 살펴본다.

서양의 동양 개입이 한·중·일 삼국에 서양 사람을 얕잡아 보는 양이(攘夷) 운동과 혁명을 불러일으킨 것은 공통적이다. 그러나 한국의 원리주의, 중국의 융합, 일본의 순응적인 대응 태도 등 각각의 원형은 달랐으므로 그 결과에 있어서는 엄청난 차이를 낳았다. 이 양상은 토인비가 말한 '도전에 대한 응전'의 구조이지만 응전 방법은 저마다 달랐다. 이는 '원형이 역사의 방향을 결정한다.'는 사실을 보여주고 있다. 오늘날 한반도를 둘러싼 국제적 구도는 100여 년 전과 흡사하다.

현재 미국과 일본은 1905년 '가쓰라−태프트 밀약'을 맺었던 때와 같이 매우 가까운 관계이며 중국과 남한도 과거 청과 조선의 관계를 연상시킨다.

자본주의 수용의 사상적 토양

과거 농업국에서는 중농억상(重農抑商)이 원칙이며 농민은 노동과 근로를 미덕으로 삼아 열심히 일했다. 이들은 상인이 쉽게 농산물에서 이익을 얻는 것을 못마땅하게 생각해 상인을 사농공상 중 제일 하위 직종으로 간주하고 천대했다. 하지만 항구가 개방되고 근대화와 함께 상업이 발달함에 따라 상인의 사회적 위치도 높아지기 시작했다. 처음 상인은 사찰(寺刹)이나 서원(書院)같이 세속적인 것과는 관계없는 곳에서 종교적 금욕을 실천했다. 하지만 상업이 발달함에 따라 상행위 자체에 윤리 의식이 요청되어 적극적 의미를 자각하게 되었다. 일상생활에서 종교적 사명감을 갖는 세속 내 금욕의 윤리가 형성되었다. 상업을 통해 얻은 재물을 사회에 환원하거나 값싸게 재화를 유통시키는 것을 신의 뜻에 따르는 것으로 여기는 사상이 등장했고, 이는 자본주의를 더욱 발전시켰다. M. 베버(M. Weber)는 저서『개신교의 윤리와 자본주의의 정신(Die protestantische Ethik und der Geist des Kapitalismus)』에서 자본주의의 발전과 프로테스탄트의 세속적인 금욕의 관계를 해명했다.

중국은 9세기 선종(禪宗)의 작무(作務) 사상, 즉 노동 자체를 종교적 행위 또는 수양으로 인정했으며 '하루 일하지 않으면 하루 먹지 마라.'

는 사상이 보급되어 상인 사회에도 많은 영향을 주었다. 양명학의 창시자 왕양명(王陽明)은 "사민(四民, 사농공상)은 업이 다르지만 길(道)은 같다."고 주장해 큰 호응을 얻었다. 일부 유학자들도 생업에 따라 하는 일은 다르지만 '열심히 노력하는 것은 독서와 같은 가치 있는 일'이라고 생각하기 시작했다.

일본은 전국시대 이후 분업 존중 사상이 발달하기 시작했다. 분업은 곧 경제 활성화로 이어졌다. 근세에 이르자 일본 천태종(天台宗)의 '한 가지 일만을 철저히 하는 것이 곧 국보(照一隅卽國寶)'라는 사상이 종교화되어 농민에게는 근로, 상인에게는 성실, 정직 등의 윤리가 강조되었다. 근세에는 세속 내 금욕 정신을 앞세우는 수양 조직 세기몬(石門心學) 등이 서민 사이에 보급되어 사농공상의 귀천이 없고 생업을 통해 사회에 도움이 되는 일을 하라는 교리가 큰 호응을 얻었다. 근대화 이전 일본에서는 자본주의에 진입하기 위한 상인의 윤리와 상인도가 이미 형성되어 있었다.

동양 삼국 중 중국과 일본에서는 세속 내 금욕 사상이 형성되었으나 유독 조선만은 상공인을 장사치, 또는 장인(匠人)으로 부르며 잡놈 취급해 상공업이 성숙해질 수 없었다. 사대부는 상인과의 교류를 기피하고 평소에는 돈을 화제로 삼지 않았다. 심지어는 돈 자체를 만지기를 피해 직접적인 돈 수수(授受)를 하인에게 시키기도 했다. 조선 말기 한 왕족은 은행 개설의 이권을 얻었으나 상인이 많은 종로 거리를 피하고 양반촌에 은행을 개설해 상인이 찾아가지도 못했다고 한다. 조선 사회는 건전한 상업이 자본주의의 출발점이 된다는 것을 이해하지 못했다. 이런 세속에서 금욕 사상이 형성될 리 없다. 결국 한국은 근대화 과정에서 윤리성이 결여된 채 자본주의가 도입되었다. 그 결과 요즘의 탈세, 비자금 조성과 같은 비윤리적인 부작용을 낳고 있다.

　시대마다 사회에서 가장 흥한 것을 긍정하는 윤리적 분위기가 형성된다. 가난이 심각했던 조선 시대에 가장 명예로운 사람은 청빈(淸貧)한 사람이었다. 아무리 글을 읽어도 벼슬길은 열리지 않고 노동을 천시하니 가난할 수밖에 없어 오히려 가난을 찬미하는 분위기가 형성된 것이다. '거친 밥을 먹고 물을 마시고 팔을 굽혀 베개 삼고 있어도 즐거움이 그 가운데 있다(『논어』 「술이편(述而篇)」).'와 같은 가난의 미학도 있었다. 조선은 오히려 치부하기 쉬운 관리 사회에서 청빈(淸貧) 사상이 형성되었다. 삼대의 왕 밑에서 정승을 지낸 황희는 비가 새는 초가집에서 살았다는 이야기가 미담으로 전해져 많은 이들의 귀감이 되었다. 또한 백지 부채 하나 들고 부임한 한 지방 사또가 귀임길 배 안에서 그 부채에 그림이 그려져 있자 "올 때 없었던 것은 갈 때 가져갈 수 없다."며 강물에 던졌다는 이야기도 있다. 조선 시대 최고의 명

세속 내 금욕 정신

	세속 내 금욕	적용 범위
한국	청백리	공직, 선비 사회
중국	작무(作務)정신	사농공상은 하나
일본	상인도, 무사도	사회 전체

예는 강직하고 청빈한 행적에 주어지는 청백리 칭호를 얻는 것이었다. 어설픈 재물보다는 청백리의 후손이라는 명예가 존재 가치를 높이는 유리한 조건이 되면서 부분적이지만 청빈 경쟁을 심화시키는 요인이 되었다.

축재의 방법

중국 관리에게는 청백리 사상과 완전히 반대 의미인 '한 사람이 벼슬하면 3대가 먹고 산다.'는 말이 있다. 그들에게는 재물의 비율이 문제될 뿐, 공금이건 사금이건 자기가 만지는 돈에서 그 일부를 주머니에 넣는 것은 상식이다. 공평을 내세우는 공산당 사회가 되어도 권력가의 자제는 태자당(太子黨, 부모나 관계가 밀접한 선후배를 이용해 직업을 계승하거나 높은 자리를 차지하는 것)을 형성해 한국인이 생각 못 할 정도의 강한 유대감을 맺는다. 따라서 건전한 자유경쟁을 이상으로 하는 자본주의의 길이 열릴 수 없었다.

일본은 봉건시대에 무사는 조세권만 갖고, 상인은 장사만 할 수 있었고, 오직 농민만이 토지를 가질 수 있었다. 그러나 사회가 변해가면서 서서히 그 균형도 무너졌다. 서양의 문화적 충격으로 앞서 지배계급이었던 무사의 경제력이 상인에 못 미치게 되었고, 이는 실질적으로 근대화 혁명의 도화선이 되었다. 큰소리치며 명예만을 중요시한 무사가 돈 많은 상인에게 고개 숙여 조세를 담보로 고리대금을 빌려 쓰기 시작하자 사회 기능이 제대로 작동하지 않은 것이다. 상인의 축재는 자본주의 사회로의 제일보였고 윤리성을 강조하는 상인도(商人道)와 함께 순조롭게 자본수의 체제로 진입할 수 있었다.

전통적 가치관과 근대화

한국	청빈 사상으로 학문만 내세웠다.	자본주의 개념이 형성될 수 없었다.
중국	축재(蓄財)를 긍정적으로 본다. 권력의 축재	권력의 부패, 건전한 자본주의 정신을 형성하지 못했다.
일본	돈, 권력, 명예 중 하나만 택했다.	자본주의 사회와 근대국가를 형성할 준비가 되어 있었다.

유교 사상과 근대화

원래 유교는 고대 농업 사회에서 발생한 윤리로 보수적인 마을의 질서를 중요시하고 자급자족, 조상 숭배와 가부장적 질서를 윤리화한 것이다. 삼국이 모두 농업국이었기에 한결같이 쇄국을 단행했고 권위적인 사회가 된 것은 당연했다. 그러나 농업만이 국가 정책의 기본이면 경직화 현상이 나타나게 된다. 자본주의의 출발인 상업과 교역은 농업적 사고와 정반대이기 때문에 유교 정신 침투의 농도와 자본주의 발전의 속도는 반비례한다.

한반도의 비산비야의 풍토에는 개발보다는 자연주의적 생활이 가능하고 상고(尙古)적 유교 사회가 잘 어울린다. 유교는 지식인의 골수에 스며들어 주자학을 반대하면 '사문난적(斯文亂賊, 유교 반대자를 비난하는 말)'의 이름으로 역적 취급을 당했다. 동학의 인권 사상이 반유교적이었기에 동학이 좌절된 이유 중 하나가 유생의 강한 반발 때문이기도 했다. 한·중·일 삼국 중 조선만이 유일하게 주자학을 생활화했다. 본고장 중국이 아닌 종묘의 유교식 전례가 유네스코 문화 재산으로 지정된 것은 상징적이다.

일본은 농업국이면서도 무사 방식으로 통치했으므로 주군을 우선시하는 무사 사회에 부모를 가장 중요시하는 유교적 교양이 침투되는 데 모순이 없었다.

1911년 제정한 신해(辛亥)혁명 신헌법에서는 "중화민국 인민은 공자를 숭상한다."고 하면서도 한편으로 "종교 신앙의 자유를 가진다."는 구절을 병기했다. 그러나 이미 당시에도 대부분의 지식인은 반유교적이었다. 일본의 중국에 대한 '21개의 이권 강요'가 계기가 되어, 위안스카이(袁世凱) 군벌정치에 실망하고 궐기한 1918년 5·4운동에서는 타도공노(打倒孔老, 공자와 노자를 타도한다)의 구호를 내걸었다. 5·4운동의 중심적 인물인 베이징대학 문학부장 천두슈(陳獨秀)는 중화 5년에 『신청년(新靑年)』을 발간하여 "충효절의(忠孝節義)는 노예의 도덕."이라고 비난했다. 또한 오우(吳虞)는 "유교는 가정 도덕의 기본이지만 중국인에게 2천 년 동안 고통을 주어왔다."고 주장했다. 루쉰(魯迅)은 작품 『공부자(孔夫子)』에서 과거 준비에만 열성을 다해 온 수재가 혁명으로 제도가 폐지되는 바람에 폐인이 되는 모습을 사실적으로 묘사함으로써 주자학이 근대화 이후 아무 소용이 없었음을 모

| 5·4운동

▎루쉰

여준다. 이들은 유교적 생활관을 통렬히 비판했고 중국 혁명의 아버지 쑨원(孫文)은 삼민주의와 함께 타도공노(打倒孔老)를 표방했다. 이후 1960년대 말에 일어난 문화혁명에서도 '비림비공(批林批孔, 공자와 당시의 마오쩌둥을 반대한 린뱌오를 비판하는 운동)'이라는 구호가 나왔다.

일본의 반유교운동은 중국의 반봉건주의와는 전혀 다른 국수주의적 입장이다. 반유교운동의 대표 격인 모토오리(本居宣長)는 아름다운 것을 즐기고 남녀 간의 애정을 긍정하는 것은 자연스러운 것이므로, 유교 윤리는 관념적, 비인간적이라고 비판했다.

일본은 성리학을 받아들였으나 실천적인 양명학을 선호하고 주자학을 충(忠) 중심으로 변질시켜 천황주의에 이용했다. 근대화 이후의 교육 방향을 제시한『교육칙어(敎育勅語)』에서 주자학적 덕목을 언급하긴 했지만 생활화된 적은 없고 '충' 하나만이 군국주의에 적용되었다. 일본의 반유교와 주자학은 공통으로 천황을 '충'의 대상으로 삼아 전혀 모순되지 않았다.

또한 천황주의는 산업화를 중심으로 하는 근대화 의식과는 전혀 상관이 없었다. 저명한 작가 시바 료타로(司馬遼太郎)는 메이지유신으로 번(藩)이 해체된 후 각 번의 발전 정도가 주자학의 침투 농도와 반비례한다고 보았다. 즉 "근대화 이후 주자학을 열심히 한 번일수록 원활한 처신을 못해 좌절했다."는 흥미로운 지적을 하고 유교적 윤리감에 자승자박한 결과 운신의 폭이 좁아져 적절한 행동을 하지 못한 실례를 들고 있다.

실제 한·중·일의 근대화도 전통 사회에 주자학이 침투한 농도와 반비례하고 있다. 격렬한 반유교운동이 있었던 중국은 식민지화되지 않았고 마지막까지 제대로 된 반유교운동이 없었던 조선은 식민지화된 반면, 주자학을 관념적으로만 받아들인 일본은 근대화의 모범생이 되었다.

근대화와 유교

한국	유교에 대한 실질적인 비판이 없었다.
중국	5.4운동, 홍위병운동은 맹렬한 반봉건, 반유교운동이었다.
일본	메이지유신 후, '충'을 중심으로 군국주의에 이용하였다. 국학자의 반유교의식은 국수주의적 입장으로 근대화와는 상관이 없었다.

유교의 부활

한마디로 종교란 안심입명(安心立命), 즉 마음이 편해지고 스스로 세상에 태어난 의미를 깨닫는 것이라는데 근대화에서 유교를 추방한 후 현대 중국인은 무엇으로 정신적 만족을 얻고 있을까. 종교적 욕망은 같은 풍토와 역사를 공유한 무리의 집단 무의식, 즉 원형에서 솟아나는 것이므로 다른 분야에 비해 문화적 특성이 가장 구체적으로 나타난다. 설령 정치권력이 탄압해도 민중의 집단 무의식이 집합된 초월자에 대한 바람은 반드시 되살아난다. 공산주의는 종교를 아편으로 몰고 기독교를 탄압했다. 그러나 오히려 폴란드는 종교적 욕망(천주교)이 공산주의 권력을 타도했고 소련은 공산 체제가 붕괴되자 맨 처음으로 옛 러시아인의 종교를 부활시켰다. 중국 5·4혁명은 반유교 의식으로 출발했으며 마오쩌둥도 '유교는 진보를 방해하는 최대의 장애'라고 규정했다. 실제 그의 충실한 추종자 홍위병은 비공(批孔)의 이름으로 유교를 탄압했다. 하지만 유교는 중국인의 원형에서 발생했고 3천 년간 중국 문화의 중추적 역할을 해왔다. 기존의 문물을 파괴하는 혁명 단계에서는 반유교 에너지의 효력이 컸다. 그러나 혁명이 그치고 그 주체가 체제화되는 시기가 되면 맹목적인 파괴의 에너지가 진정되어 오히려 '중국인은 유교 말고 무엇을 믿고 살아야 할까.'라는 심각한 문제에 당면하게 된다. 정부 지도부가 티베트, 몽골, 위구르를 제외한 중국인 대부분의 마음에 자긍심을 갖게 하는 정신적 기반은 결국 유교밖에 없다는 것을 알아차린 것이다. 2005년, 중국 최고의 정책 수립 기관인 중국 사회과학원은 유교 연구 센터를 설치했다. 이곳은 유교의 적극적인 역할을 검토하고 해외에 공자 학원을 설치해 유교를 중심으로 중국어, 중국 문화를 홍보하는 공보원 역할을 담당한다. 유교는 중국의 상징이 되어 보기 좋게 부활한 것이다.

반면 조선의 유교는 지금까지 탄압받은 적이 없으며 자기반성의 소리도 없었다. 조선 유교는 자생적이 아니었고 중국의 것을 원리주의적으로 받아들였으나 그 뿌리에는 신 내림과 공통점이 있는 무교적인 인내천의 열정이 있었다. 신라와 고려 불교의 뿌리와 같다. 한국인에게 일체감을 느끼게 하는 정신적 기반은 인내천 사상으로, 표피는 어떤 종교적 형태(기독교, 불교 등)를 취하든 뿌리는 여전히 샤먼적이다.

일본 유교는 군국주의, 천황 중심주의와 결부되어 충(忠) 중심의 유교를 도입했으나 8·15 패전으로 사라지고 말았다. 그러나 그 원형인 공(公) 사상은 바뀌지 않으며 조직을 우선시하는 의식이 새롭게 포장되어 재등장할 것이다. 중국은 유교로 복귀하고 한국은 인내천, 일본은 공(公) 우선 사상에 기반을 두고 외관만 바뀐 모습으로 다시 나타날 것이다.

혁명

대표적인 혁명 지도자 안중근과 이토 히로부미(伊藤博文)

유럽 사상계는 F. 니체를 반드시 '19세기 말의 독일에서만 태어나야 하는 인물'로 지목했다. 민족은 거대한 생명체와 같아 변혁기에 예민하게 시대정신을 발휘하는 상징적인 인물을 배출해낸다. 비단 독일만이 아니라 근대화의 대변혁기, 말 그대로 질풍노도(疾風怒濤, Sturm und Drang)의 시기에 근소한 시차를 두고 한·중·일 삼국도 민족의 대표적인 로맨티스트를 등장시켰다.

안중근 의사와 이토 히로부미(伊藤博文)는 각각 이상주의와 현실주의의 대립을 보여주는 한국과 일본의 상징적인 인물이다. 만일 한국

▎안중근　　　　　　▎이토 히로부미　　　　▎쑨원

근대사에 안중근 의사가 없었다면, 사상적인 면에서 독일에 니체가 없었던 것 이상으로 쓸쓸했을 것이다. 안중근은 강대한 군대를 거느린 일본 제국주의에 홀로 맞서 이토 히로부미를 제거했다. 안중근 의사와 이토 히로부미는 완전히 대조적이지만 자기 나라를 위해 전력을 다한 혁명가라는 점에서는 공통적이다. 안중근 의사는 사상가로서 세계적인 안목을 가지고 동양 평화(弘益人間)를 위해 세기를 초월한 동양의 질서를 구상하고 이를 실천하기 위해 노력했다. 그는 이토로 상징되는 침략 야욕이 궁극적으로 동양은 물론 일본 자신에게도 불행의 씨가 될 것을 통찰하고 한국, 일본, 중국을 하나로 아우르는 '동양 평화론'을 구상했다.

　한국인에게 이토 히로부미는 절대 악이며 감히 안중근 의사에 비교하는 것조차도 역겨운 일이다. 하지만 그는 일본 근대 혁명에 참여한 유능한 정치지도자였다. 그는 국익과 천황제를 위해 '팔굉일우'의 이념으로 헌법을 제정했으나 동양의 운명과 인류의 미래에는 일절 관심이 없었다. 이토 히로부미는 메이지유신(혁명) 운동에 참여했고 일본 제국주의 정책을 주도한 인물이지만 책략만 가졌을 뿐 사상은 없는 인물이었다.

조선의 국시는 사색적인 주자학이었고 지행합일(知行合一, 앎은 곧 행해야 한다.)의 행동적인 양명학을 이단시했다. 그러나 선(善)을 실천하는 안중근 의사의 의지와 신념은 양명학의 창시자인 왕양명(王陽明)을 방불케 한다. 그는 이토 히로부미가 나라의 원수일 뿐만 아니라 한일 양국, 나아가 동양의 평화를 해치고 있음을 심사숙고하고 그를 처단한다. 안중근 의사가 지적한 이토 히로부미의 죄목은 15가지 항목인데, 그중 대표적인 죄목으로는 명성황후를 시해한 것과 조선의 국권을 빼앗은 것 등이 있다. 안중근 의사는 위대한 성선론자로서 마지막까지 메이지 천황의 선언문 '한국을 보존한다.'는 글을 믿고 이토 히로부미를 천황의 말씀을 어긴 불충한 간신으로 여겼다. 메이지 천황도 이토 히로부미의 정략을 알면 자신을 이해하게 될 거라고 믿었다.

안중근 의사가 바라는 한일 관계는 양국이 서로 신뢰하고 하나가 돼 전 세계의 모범이 되고 동양의 평화를 유지하는 일이었다. 그는 죽음을 앞두었으면서도 머지않아 일본인도 자신의 뜻을 알게 되고 동양의 평화를 파괴한 것을 후회하게 될 날이 올 것이라고 믿었다. 실제 역사적으로 판단하면 일본 정부는 안중근 의사의 구상에 따랐어야 했다. 8·15 직후 있었던 '일본인의 총 참회'는 안중근 의사가 예견한 제국주의의 말로를 보여준다. 2014년 5월 일본 관방장관 스가 요시히데(菅義偉)는 기자로부터 안중근을 어떻게 생각하느냐는 질문에 "그는 테러리스트."라고만 답했다. 이는 한일 간의 험난한 외교 관계를 반영하는 것이지만 일본 관방장관의 난선은 한심하나. 이내로 산다면 노

다시 '총 참회'의 말을 되풀이하게 될 것이다.

쑨원(孫文)

국민정부의 장제스와 중공(中共) 마오쩌둥의 정치 노선은 서로 상반되지만 이들은 모두 쑨원의 정치적 제자이다. 2014년 2월 대만과 대륙의 고위 회담이 열리고 양측 대표가 나란히 쑨원의 동상 앞에서 경례하는 모습은 인상적이었다.

쑨원은 신해혁명의 주도자이자 중공과 대만 양측에서 '중국 혁명의 아버지', '국부'로 추앙받은 초대 중화민국 임시 대총통, 중국 국민당 총리였다. 그는 일찍이 홍콩에서 외국계 의과대학을 나와 의사로 개업했다. 그러나 열강의 침략에 시달리는 모국의 참상을 외면하지 못하고 사람을 구하는 것보다 죽어가는 나라의 병을 치유하기 위해 국의(國醫)가 된 민족주의 운동의 중심 인물이다. 그는 청일전쟁 직후 광주(廣州)반란을 일으켰다 실패한 뒤 일본에 망명해 전 세계의 화교 사회에 중국 혁명의 기지를 만들었다. 1911년 신해혁명에 성공하자 중화민국 총통에 취임했으나 스스로의 정치적 판단으로 위안스카이(袁世凱)에 양보하게 된다. 그러나 곧 위안(袁)의 독재에 반대하고 제2혁명을 주도하다 실패하여 다시 일본으로 망명한다. 쑨원이 고베(神戶)에서 한 연설에서 "일본은 서구 제국주의 추구에서 벗어나 동양으로 돌아오라."고 설파해 일본 지식인에게 큰 감명을 준 것은 잘 알려져 있다.

특히 1906년에는 삼민주의가 중국 혁명의 기본 정신임을 선포하고 민족·민권·민생이라는 세 항목을 골자로 오족(한(漢), 만(滿), 몽(蒙),

회(回), 장(藏) 모두가 중화민국에 융합할 것을 주장했다. 그러나 꿈을 이루지 못한 채 "혁명은 아직 멈추지 않았다."는 말을 남기고 병사하고 만다. 삼국의 세 혁명가 안중근, 이토 히로부미, 쑨원은 20세기 초, 한·중·일의 시대정신이 요청한 인물로서 저마다의 민족 원형을 구현하고 있다.

	인물	기본 사상	사상적 뿌리
한국	안중근	동양 평화론	홍익인간
중국	쑨원	삼민주의	대동(大同)
일본	이토 히로부미	일본 제국주의	팔굉일우(八紘一宇)

취미의 효력

한·중·일의 취미 생활

한국은 몽골의 침략과 같은 정치적 혼란기에도 팔만대장경 판각, 고려청자 등 국가적 문화 사업을 일으켰다. 그러나 훌륭한 인쇄술, 도예 기술이 서민의 취미와 결부되지 않아 서민 사이에 취미생활은 거의 성행하지 않았다. 그 이유는 주자학 이외에는 모두 잡학(雜學, 순수하지 못한 잡스러운 학문)으로 보는 정치제도와 취미에 관심을 갖지 못하는 사회 분위기 때문이었다. 국민들은 정치를 향한 열망이 커서 개인적 호기심과 취미 생활의 가치에 큰 관심을 두지 않았다. 유교의 '평천하(平天下)' 사상은 정치 지상주의로 전 국민의 관심을 정치에만 쏟게 한다. 미국 외교관 출신 동양학 교수 G. 헨더슨(G. Henderson)은 『조선의 정치사회(Korea vertex of politics)』에서 조선 정치를 소용돌이에 비유한다. 모든 국민적 에너지가 정치로만 향하고 감투에만 관심을 갖는 것은 바람이 일시에 골짜기로 몰려들어 소용돌이가 되는 물리적 현상처럼 당파 싸움, 정치 탄압 등을 일으킨다는 것이다. 그러나 국민들 모두가 취미에 집착하면 정치보다는 자신의 호기심, 미학에 몰두하게 되므로 취미 풍조는 정치 참여 의식을 분산시킬 수 있다. 또한 다양한 취미는 다양한 상품의 생산을 자극해 자본주의를 발달시키는 요인이 되어 근대화를 촉진한다. 반대로 정치에 관심이 많을수록 정치는 소용돌이를 야기하고 불안정해진다.

중국에서는 군자의 전통적인 육예(六藝 : 글씨, 예, 음악, 말타기, 궁술, 수학)를 존중했고 서민들은 『삼국지』, 『수호전』 등의 국민문학, 경극(京劇)과 같은 연극, 시, 종달새 기르기, 방울벌레 기르기 등 다양한 취미를 즐겼다. '너는 너, 나는 나의 세계가 따로 있다.'는 식으로 '사(私)'의 세계를 즐겼다. 중국식 개인주의라고나 할까? 늘 주변 사람의 시선을 의식하는 한국인과는 전혀 다른 사회 분위기를 조성한다. 중국의 공원, 고궁 등에는 취미를 즐기는 서민들이 남을 전혀 의식하지 않고 자신만의 취미를 즐기는 모습을 흔히 볼 수 있다. 요즘은 한국 공원에도 동호회 모임 등 취미 생활을 즐기는 사람들이 많이 있지만, 대부분 자신이 하기보다는 남이 하는 것을 구경하는 사람이 더 많은 것과는 대조적이다. 취미에 대한 한·중·일 삼국의 태도는 각각 다르다. 중국인은 자신의 취미를 주변 의식 없이 즐기는 반면 한국인은 구경하러 나오는 사람이 더 많고 일본인은 남몰래 혼자서 즐긴다.

일본의 인명록에는 반드시 취미를 쓰는 칸이 있고 그것을 앞세워 '어느 분야에서도 자신이 좋아하는 것을 해야 명인이 될 수 있다(すき(好)こそ物の上手なれ).'는 속담이 있다. 근세 일본에는 조선 주자학과 같은 지배적인 사상은 없었으나 문학, 시(하이쿠, 俳句), 노래, 연극, 회화(우키요에, 浮世繪) 등 다양한 취미가 발달했다. 심지어 수학까지 취미화되어 지방을 순회하며 수학을 지도하는 방랑 수학자가 있었으며 동호회 모임을 만들어 문제를 내걸면서 경쟁적으로 즐긴다. 이들의 취미에는 경쟁적 요소가 있다는 점에서 중국인의 태도와는 좀 다르다. 명인이 모두 신격화되는 것은 분업 존중과 관련되는 것이지만 어디에나 신이 있다는 애니미즘적 정신 풍토의 영향이 크게 작용하고 있다. 분야마다 천하제일의 명예를 경쟁하고 심지어 수학, 시가(詩歌) 등도 유파(流派)를 만들어 그 시조를 신사에 모신다. 바둑과 장기를 일본화하고 취미로 수학을 보급시키는 데 재산을 탕진한 사람도 있다.

필자의 친구 구로다(黑田敏郎)는 도쿄대학 수학과 출신으로 원하면 충분히 대학교수도 될 수 있었지만, 그의 취미는 중·고 수준의 수학을 알기 쉽게 가르치는 일이다. 자원하여 입시와는 상관없는 공고 야간부 수학 교사가 되었고, 정년을 맞이하자 자비로 한국에 유학해서 한국어를 익혔고, 한국 중·고 교사를 대상으로 스스로 개발한 '실험 수학'이라는 교수법 강의를 위해 방학 때마다 한국 교사 연수회에 참여하고 있다. 비행기 값, 숙식비는 모두 자비이며 강사료도 겨우 식비 정도인데 실험 기구를 넣은 배낭을 지고 오는 그의 모습에서 개인적 취미가 국가적으로 얼마나 큰 힘이 될 수 있는가를 실감한다. 일본인 가운데 세계적 권위의 수학상인 필즈상(Fields Medal) 수상자가 3명, 노벨상 수상자가 22명 배출된 것은 결코 우연이 아니다.

일본어 '스키(好き)'와 한국어 '쓱'은 같은 말이고 한자 好는 女+子로 이성에 끌리는 자연스러운 마음을 의미한다. 공자도 이성에 끌리는 것과 같은 열정으로 공부하면 안 되는 것이 없다고 했다.

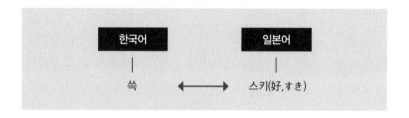

'스키(好)'와 같은 의미인 한국어 '쓱'은 '가슴이 쓱 시원해진다.'는 뜻으로 생리적인 만족감에서 나온 것이다. 일본인은 그만큼 취미를 중요시하여 사농공상의 세습 제도 아래에서도 오직 취미만은 계급에 관계없이 자유롭게 선택하며 삶의 보람을 느꼈다. 특히 수학은 신사에 문제를 쓴 현판, '산액(算額)'을 걸어 경쟁적으로 시합을 했다. 새로운 수학 문제를 현판에 써서 신사에 걸면 다른 사람이 문

┃산액 신사에 바친 수학 문제

취미 생활

	취미 내용	취미관	정치 · 사회적 영향
한국	주자학(과거용) 이외는 모두 잡학. 상설 극장도 없었다.	잡기(雜技, 점 잖지 않은 일)로 본다.	정치에 대한 지나친 관심
중국	육예(六藝)의 전통과 취미. 국민문학, 전통 사회의 경극(京劇) 등 상설 극장이 있었다.	남을 의식하지 않고 나만 즐긴다.	교양으로 생각
일본	한 가지 일에 투철하면 명인(天下第一). 문학, 연극 상설 극장이 있었다.	경쟁적으로 즐긴다.	명인을 성인, 신격화

제를 풀기도 하면서 서로 시합을 하는 것으로 일본만의 독특한 취미 문화이다.

한국의 과학혁명

세종의 과학 철학

일찍이 과학혁명을 일으킨 서양 세력에 의해 19세기~20세기 전반에 걸쳐 동북아 삼국이 압도당했고, 전근대의 두터운 벽도 과학의 힘으로 무너지기 시작했다. 근세 약 150년간의 국력 수준은 서양 과학을 수용하는 각국의 태도에서 결정되었다. 지금도 나폴레옹의 '과학(수학) 수준은 국력과 비례한다.'는 말이 유효하다. 서양 문명이 동양을 앞지르기 시작한 것은 과학혁명 이후지만, 이에 앞서 중국의 나침판이 발명되었고 이를 통해 서양의 대항해 시대가 열리게 된다. 그 여파로 천주교 신부가 중국에 서양 과학을 전달했으며 조선에서는 그 영향을 받아 실학운동이 일어났다. 과학혁명의 중요한 계기가 인쇄술의 발명 덕분이었는데, 이 역시 중국의 종이 발명으로 가능한 일이었다. 과학은 결코 서구 혼자만의 창조물이 아니며 동양의 지혜도 개입되었다. 일반적으로 과학은 사회적 요청을 계기로 삼아 발달한다. 전통 과학은 한결같이 사회적 필요를 충족한다는 점에서 그 수준에 우열이 없다고 할 수 있다. 요컨대 동서양 간의 과학능력에는 차이가 없으나 사회적 조건과 상황이 과학 발전에 각기 다른 계기로 작용했던 것이다.

조선 세종 시대에는 언어학, 수학, 천문, 본초학, 음악, 종교 등 당시 거의 모든 학문과 예술 수준이 세계 어느 나라에도 뒤지지 않았다. 세종의 과학 철학은 인간·풍토 일체설, 즉 한국 중심주의로서 '조선인은 조선 풍토의 소산이므로 학문·예능도 조선적이라야 한다.'는 철학으로 동양(중국) 학문의 방법론을 조선의 현실에 최대한 반영한 것이었다. 세종은 '조선인의 글은 조선인의 목소리와 기운(聲氣)에 맞는 것이어야 한다.'는 점을 전제로 하여 음양오행의 동양철학과 스스로 개발한 데카르트식 분석과 종합, 즉 대상을 최소 단위로 '분석'하고 계획에 따라 종합하는 과학적 방법으로 한글을 창조했다. 가령, 음을 음소 'ㄱ, ㅏ'로 분석해 '가'로 종합했다. 현재 지구상에는 자신의 언어가 없는 민족이 많고 그중 일부 국가는 한글을 채택한 나라도 있을 정도로 한글은 보편성을 지닌다. 인류의 꿈 가운데 하나는 언어 통일이며 그 취지로 에스페란토어가 발명되기도 했으나 그보다는 한글이 가장 적합할 것이다.

한국의 천문학은 중국 천문학에 조선의 지리 조건을 반영하였다. 음악은 조선인의 정서에 동양적 삼분손익법(三分損益法)을 적용하는 등 탁월한 창조력을 발휘했다. 그러나 세종의 과학은 계속 발달할 수 없었다. 원래 유교는 평천하(平天下)가 최고 목적이므로 세종시대 이후에 출세나 정치 입문에 목적을 둔 과거(科擧)와 결부되지 않은 과학 연구는 위축될 수밖에 없었다.

실학의 합리주의 운동

조선 실학은 성리학 일변도의 지적 풍토에 반발하여 백성의 생활에 도움이 되는 후생(厚生)을 위한 실용적 학문에서 돌파구를 찾았다. 실학자의 지적 활동 역시 당시 풍조에 따라 주자학적 교양에서 출발했으나 경서보다는 유학의 본질을 성찰하였고 경직화된 주자학에 반발했다. 격물치지(格物致知, 사물의 본질을 깊이 규명하는 것)의 정신은 관념적인 사상보다는 실험 정신을 중시한다. 실학자들은 역경(易經)의 "이(理)를 궁(窮)하고, 성(性)을 다해서 명(命)에 이른다(사물 이치의 극에 도달할 수 있다.)."에 주목하고, 전통 유학이 주로 마음을 대상으로 해 온 반면, 자연을 대상으로 실천했다. 선교사를 통해 건너온 서양 근대과학에 자극받고 연구 대상을 넓히면서도 유교적 궁리의 지적 기반인 '격물치지'를 그대로 유지했다. 이 점에서 조선 실학운동은 전적으로 서양의 문물을 모방한 일본의 난학(화란학)과 큰 차이가 있다.

홍대용(洪大容, 1731~1783)은 혼천의(渾天儀)를 비롯한 각종 천문기기가 구비된 사설 천문대를 설치하고 수학서『주해수용(籌解需用)』을 저술했다. 그는 "자연(천지) 탐구는 그 의미에서 접근하거나 이(理)에서 진리를 구하는 것은 의미 없는 과학관으로 기기(機器)로 측정, 계산해서 도달할 수 있다."고 주장했다. 여기서 말하는 '의미'와 '이'는 주자학적인 개념이 아니며 자연 관측과 수학을 중요시하라는 뜻이다. 홍대용의 자연 관찰은 실험을 중시하는 근대의 과학관과 연결된다. 그가 천문대를 설치한 것도 이러한 방법을 실천하기 위해서이다. 근대 서양 과학의 태도가 아리스토텔레스의 박물학을 부정하고 실험정신을 자각한 데 있다면 대조적으로 조선 실학파의 지적 태도는『대학』의 격물치지를 새롭게 해석해낸 데 있다. 실험을 중시한 전자가 고전을 부정했다면 후자는 고전을 재인식한 것에서 차이점을 찾을 수 있다. 홍대용의 저서『의산문답(醫山問答)』은 경직화된 주자학자 허자(虛子)와 실옹(實翁)의 문답을 통하여 전통적인 자연관을 통박한다.

허자 : 예부터 하늘(天)은 동글고 땅(地)은 사각형(天圓地方)이라는데 대지가 원이란 무슨 말씀이요.

실옹 : 일식은 달이 태양과 겹칠 때 나타나며 그 그림자는 원이고 달의 그림자는 동그란 것, 월식은 대지의 그림자가 달에 겹칠 때이며 달은 대지를 비추는 거울과도 같습니다. 월식을 보고도 대지가 동그란 것을 모른다면 거울을 보고도 자신의 얼굴을 못 보는 어리석음과도 같습니다. 하늘이 위, 땅이 아래에 있다는 이론도 겉보기만 그럴 뿐, 사실은 아닙니다.

『의산문답』의 등장인물인 실용은 중화가 지구의 중심은 아니며 지구도 우주의 중심이 아니라고 말한다. 그는 전통적 화이(華夷)의 질서를 과학적 우주관의 입장에서 반박하고 적극적으로 근대과학을 수용할 것을 주장한다. 서양과 동양 어느 쪽도 중심이 아니라는 입장으로 중원 중심의 세계관을 부정한 것이다. 우주는 무한하며 별에서 지구를 보면 또 하나의 별에 불과하다고 했다. 세종의 과학이 조선 중심주의였다면 홍대용은 화이(중국, 조선)가 동등하게 진일보했다고 주장하고 과학 합리주의로 중국 중심의 사상을 배격했다. 홍대용은 청에 입국한 서양 천주교 신부와 그들의 저술에 자극을 받았으나 이를 맹목적으로 수용한 것은 아니었다. 서양의 과학을 조선 성리학(性理學)의 유물론과 상통하는 '氣의 자연철학'으로 보고 무한 우주론과 지구 자전론을 독자적으로 생각해냈다. 서양의 스콜라 철학과 같이 경직화된 지적 풍토인 주자학의 교양에서 출발하면서도, '격물치지'의 정신을 추구하여 서양의 과학 사상에 필적할 수준에 근접한 것은 매우 신선한 일이었다. 그는 또한 합리주의적 입장에서 현실 사회의 모순을 지적하면서 과거제의 폐지, 실질적 의무교육 등을 주장했다. 과학에 관한 합리적 정신으로 사회적 모순과 부조리에 대해 민감하게 반응한 것이다.

박지원(朴趾源)은 홍대용의 실학 동지로서 학문의 목적을 백성으로 보았다. 그는 과학기술의 도입을 적극적으로 주장했으며 청을 오랑캐로 보는 비현실적인 주자학자를 통렬하게 비판했다. 박지원은 신, 귀신, 조사선석 손새, 선인삼웅(天人感應), 오행설 능의 형이상학을 배격하고, 자연은 그 내부의 필연성에 따라 운동하는 것으로 설명했다. 이는 자연현상을 내부적 요인 사이의 인과관계로 보는 근대과학의 내재론적인 입장이다. 박제가(朴齊家)는 박지원의 제자로 정치, 사회 개혁을 시도하고 외국무역, 산업 개혁, 화폐경제를 강조한 중상(重商) 주의자로 반상(班常)의 폐지, 신분제도 개혁 등 대담한 정치 개혁을 건의하였다.

이익(李瀷) 또한 천주교 신부의 저서에서 많은 영향을 받았다. 구형의 하늘이 4모의 대지를 덮고 있다는 천원지방(天圓地方)의 전통적 우주관에 반대하고 서양의 천문, 역법, 수학 등을 동양에 없는 우수한 과학으로 받아들인 점에서 홍대용, 박지원의 입장과 같다. 그러나 이익은 기독교의 지옥 천국의 사상을 불교의 지옥 극락과 같은 것으로 비난한 황당한 이성주의자이다. 이익과 그 문하생 안정복(安鼎福), 권철신(權哲身), 정약용(丁若鏞) 등 성호학파는 문화, 산업, 기술, 사회제도의 혁신을 주장하며 영정조(英正祖) 시대의 조선 르네상스를 주도하고 세종 시대의 문화 재현을 가능하게 했다. 이들은 조선 통신사의 기행문을 통하여 일본에 관한 정보를 습득하며 일본의 실체를 파악했다. 특히 서양의 근대과학이 가져온 사회 변화에 주목하고 그 기술의 우수성을 인정했다. 그들은 조선의 기술 쇠퇴가 기술을 경시하는 제도 때문이라고 인식했다. 따라서 통신사의 왕래를 3년에 1회씩으로 늘릴 것을 건의하고 일본에 관한 정보 수집의 중요성을 강조했다.

안정복은 일본의 역사와 사회에 대해 많은 관심을 갖고 연구했다. 그는 『왜국지세설(倭國地勢說)』에서 일본 정국의 변화와 권력관계를 분석했으며 "상대를 알고 자기를 알아야 한다."는 손자의 사상을 강조했다.

정약용은 본격적으로 일본 유학(儒學)을 연구했다. 그는 정신적 우월성을 내세우는 조선의 관념적 견해에서 벗어나 일본을 편견 없는 눈으로 보았다. 당시 조선 사대부들은 청을 오랑캐로 여겨 비현실적인 북벌론을 주장하며 군비를 확장하고 있었다. 그러나 홍대용, 박지원 등의 실학자들은 자주적 과학 활동을 위한 과학사상과 철학의 토양을 마련하고 있었다. 일본을 야만시하는 풍조 속에서 일본의 새로운 변화를 예민하게 감지하고 적극적으로 이해하려는 태도는 고루한 주자학의 전통을 벗어난 것이었다. 임진란의 기억이 생생했던 시절 일본 문화를 적극적으로 평가한 실학자의 태도는 오히려 지금보다 더 합리적이었고, 이는 또한 한국인의 가능성을 보여주고 있다.

유교의 근본 윤리는 효(孝)와 충(忠)이지만, 천주교에서는 '아버지신'이 절대적이며 부자지간이나 군신지간은 '아버지 신과의 관계'보다 아래로 여긴다. 보수주의적인 노론(老論)파는 서양 과학이 선교사와 관련된 사실을 빌미로 실학파를 부모도 왕도 없는 사교, 즉 '무부무군사교(無父無君邪敎)'라고 몰아붙였다. 종교든 순수 과학이든 불문하고 서양서적을 소지하는 것만으로도 유배 또는 사형을 당하는 등 모진 탄압의 대상이 되었다. 이로 인해 스스로의 힘으로 근대과학을 맞이할 정신을 함양하고 실질적 준비를 해온 실학파는 완전히 좌절하고 만다.

서양 과학 수용의 태도

서양 과학혁명의 기원은 구텐베르크의 인쇄술 발명으로『성서』와 『원론(유클리드 기하학)』이 널리 보급된 것과 깊은 관련이 있다.『성서』의 보급은 고루한 사제 계급의 권위를 떨어뜨렸고,『원론』은 합리주의 정신을 크게 자극했다. 고려 인쇄술이 구텐베르크보다 200년이나 앞섰지만 주로 경서만을 인쇄해 오히려 유교 원리주의를 조장한 것과는 크게 대조적이다. 모처럼 싹튼 조선 과학의 기초를 이룬 세종 과학과 실학의 합리주의 운동은 유교적 원리주의에 의해 무너지고 말았다.

갈릴레이, 코페르니쿠스의 종교 재판과 같은 시련을 겪으면서도 서양 과학이 꾸준히 발전할 수 있었던 이유는 무엇일까? 실학파가 좌절한 이유는 그들이 소수파였기 때문인 점도 있지만 개혁성이 정치 문제화된 것이 가장 큰 이유일 것이다. 한편, 서양 과학의 발전에는 그리스의 철학적 전통이 중요한 역할을 했다. 서양 근대 과학혁명의 사상적 배경은 데카르트의 '나는 생각한다, 고로 존재한다(cogito ergo sum.).'처럼 그리스 이래의 존재론의 전통이었다. 학자들은 가장 기본적인 존재를 찾고 그것을 '생각, 곧 이성'이라고 보았다. 갈릴레이는 "지리는 자연의 교과서에 쓰여 있고 거기에는 수학의 문자와 기호가 쓰여 있다."고 했다. 즉 철학 중심의 문헌주의가 아니라 직접 측정하고 셈하라는 것이었다. 그는 아리스토텔레스의 전통적인 접근 방식에 반대함으로써 서양 근대과학의 창시자가 되었다. 자연의 교과서는 문자가 아닌 자연 그 자체이므로 독서보다는 자연 관찰을 중시한 것이다. 이와 같이 이성주의와 갈릴레이의 실험 정신이 결합되어 서양 근대과학의 토양을 이루었다. 서양 과학의 기반이 존재론에 있었으므로 아무리 탄압을 받아도 뿌리는 그대로 남아 이어진 것이다.

19세기 전반 한·중·일 삼국은 모두 서양 과학의 영향을 받았으나 그 수용 양상은 크게 달랐다. 과학을 중시한 조선 실학자들은 '사교신앙'이라는 죄목으로 탄압받아 자멸했으나 중국과 일본의 상황은 달랐다. 청(淸)은 명제에 대한 근거 명시를 중요시하는 고증(考證)학이 대두해 지적 분위기가 형성되어 있었고 1, 2차의 아편전쟁, 태평천국의 난 등 몇 차례의 위기를 맞아 지식인들 역시 국제적 현실을 인식하게 되었다. 군비를 위한 공업의 근대화를 시도했고 선교사를 적극적으로 활용했으며 전통적 중국 과학과의 융합을 시도했다. 포용적인 중국인에게는 천주교에 대한 저항 의식도 없었다. 그러나 당시 천주교 교파 사이에 내부 갈등이 벌어졌다. 본래 기독교는 부모의 제사를 금하지만 예수회(제수이트)에서는 포교의 전략상 제사를 허용했다. 뒤늦게 중국에 온 다른 파의 선교사가 이를 이단으로 몰고 가 결국 중국 정부에 의하여 금교를 당하게 된다.

일본은 천주교를 앞세운 서양의 침략을 두려워하여 모진 탄압을 강행하고 쇄국을 단행했으나 신교와 구교를 구별하여 위험성이 적은 신교국 네덜란드와는 교역을 계속했다. 일본은 조선처럼 무작정 서양 문물을 탄압하지는 않았다. 오히려 전통 과학, 특히 한방의학을 지양하고 적극적으로 서양의 과학 서적을 수입했다. 일본은 메이지 유신 이후 근대 과학기술을 전면적으로 수용해 과학 발전의 기반을 마련했다.

그런 근대 과학기술의 발진이 좌질된 직접적인 이유는 실학사 탄압

과 철저한 쇄국정책을 유지한 결과이다. 재일 사학자 강재언(姜在彦)
교수는 조선의 근대화 좌절 이유에 대해 "일본에는 나가사키(長崎, 네
덜란드와의 무역의 중심이 된 항구)가 있었으나 조선에는 없었다."며 안타
까워했다. 하지만 근본적으로는 조선의 주자학적 원리주의가 자생적
과학의 숨통까지 완전히 끊었다. 1882년 미국과의 수호통상조약이
성립될 때까지 80년간 조선은 과학 공백 상태였다. 천주교에 대한 강
한 탄압은 실학자를 완전히 없애려는 정치적 의도에서 시행된 것이지
만, 결과적으로는 해양 세력인 기독교와 대륙 세력인 유교라는 사상
적 대립을 낳았다. 한·중·일의 서양 과학 수용의 태도는 원형의 차이
가 그대로 근대화의 진로에 반영된 것이다. 한국이 원리주의적 입장
에서 서양 과학을 탄압한 반면 중국은 서양 과학을 적극적으로 중국
화시켰다. 일본은 전통 과학을 지양하고 서양 과학 지상주의를 추구
하며 서양 과학을 적극적으로 수용했다.

공(公)과 사(私)의 개념

'나'의 일본어는 '와타쿠시(私)'로, 그 어원은 한국어에서 아랫 것을
뜻하는 '얕은 것(奴)'이다(얕은 것―yatuko―watakushi). 공(公)과 반대
방향인 사(私)인 것이다. 두 방향 중 하나를 선택하는 것은 일정한 에
너지의 한쪽이 확대되면 반대쪽이 축소되는 물리법칙과 같이 '확대
(공)와 축소(사)의 법칙'을 성립시킨다. 일본은 주로 공에 헌신하고 사
회질서를 우선시한다. 가라어에는 일본어 오오야케(公)에 대응하는
낱말이 없고 야마토어에는 '사랑'이라는 낱말이 없는 것은 한국인은
오오야케(公)에 관심이 적고 일본인은 상대적으로 정, 사랑을 가볍게

여기는 것을 반영한 것이다. 일본의 '공 확대, 사 축소'와 한국인의 '공 축소, 사 확대'의 심성은 서로 반대되는 관계이다. 公은 '八'과 '厶=私'의 결합으로 八, 즉 권력이 私를 덮는 것을 뜻한다. 중국은 권력과 私의 크기가 같아 상유정책(上(公)有政策)과 하유대책(下(私)有對策)이라고도 하고 공(公)과 사(私)의 세계가 따로 있다.

따라서 공과 사의 의미는 나라 별로 미묘하게 다르다. 八(公)과 厶(私)의 크기에 따라 다음과 같이 표시할 수 있다.

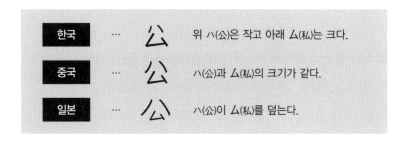

한국	⋯	公	위 八(公)은 작고 아래 厶(私)는 크다.
중국	⋯	公	八(公)과 厶(私)의 크기가 같다.
일본	⋯	公	八(公)이 厶(私)를 덮는다.

근대는 사보다 공을 앞세우는 국민국가를 목적으로 했는데 公과 私의 상대적 크기가 그 형성에 영향을 주었다. 그러나 현대의 정보화 시대에는 오히려 私의 역할이 커지고 있고 실제로 한국은 눈부신 발전을 해왔다. 이 현상은 '원형에 우열이 없고 시대 상황에 따라 순기능 또는 역기능도 할 수 있다.'는 원형론을 입증하고 있다.

일본의 아마에(어리광) 의식

'인간은 정치적 동물'이라고 한 아리스토텔레스(Aristoteles)의 말처럼 정도의 차이는 있어도 누구에게나 다소의 지배욕이 있다. 니체는 권력 의지와 남을 지배하려는 욕망을 인간의 본성으로 보았다. 권력에 대한 복종의 정도는 사회적 성격을 정하는 중요한 기준이 된다. 짐승도 우리에 갇히는 것을 싫어하지만 오히려 인간은 제도적으로 순치되면 스스로 복종할 수도 있다.

정복 국가는 무력으로 성립되는데 여러 추종자가 조직 내에서 지위를 얻어 지배자의 뜻을 이어받아 협력하고 이익의 일부를 얻는다. 그리고 추종자들 중심으로 여러 협력자가 파생되어 자발적인 복종 세력을 확장해간다. 일본의 초기조건이 정복 국가였으므로 피정복민이 받는 압력은 심했으나 오히려 오랜 세월 동안에 순치되어 스스로 순종할 수 있는 고유의 미학도 형성되었다. 처음에는 폭력에 못 이겨 억지로 고개를 숙였지만, 폭력이 계속되면서 자발적으로 복종하게 된 것이다. 특히 일본인은 자발적 복종에 달콤한 도취감을 느끼고 독특한 '아마에(甘え, 어리광)' 심리를 갖게 되었다. G. 오웰(G. Orwell)은 『1984』에서 독재국가의 평범한 한 시민이 사상범으로 체포되어 사형당하는 날을 기다리면서 당(党)을 사랑하게 되는 마음의 변화를 묘사했다. 반항심으로 고통을 받는 것보다 차라리 자신의 팔자소관으로 달게 받아들여 억압자를 사랑하는 것이 자신의 비참한 처지를 달래는 방법이 된 것이다.

일본어 '엿'은 아메(飴)로서 '어리광'이라는 뜻도 가지고 있다. 한국어로 '엿 먹인다.'는 상대를 어린애 취급하는 말이지만, 일본에서 '엿을 빨다(어리광부린다.).'는 '아마에'한다는 표현으로 상대의 호의에 매달린다는 것이다. 자신을 하찮은 존재(엿을 빠는)로 여기고 권력(上)의 품에 적극적으로 자신을 맡겨 도취하는 심리가 '아마에'다. 심리학자

도이 다케오(土居健郎) 교수는 '아마에(甘え)'를 일본에만 있는 특수한 낱말로 보았다. 즉 어린 시절의 '어리광' 부리는 심정을 극복하지 못한 채 성인이 되어서도 이어가는 일본인에게만 있는 특수한 낱말로 생각했다(『甘えの構造』). 아마에(甘え)는 한국어 '맛'의 동류어로 일본에만 있는 것은 아니다. 한국 아이도 일본 아이 못지않게 어리광(응석)을 부리지만 성인 이후의 태도나 조직에 대한 태도는 일본인과 판이하게 달라지므로 일본인의 아마에(어리광) 심리는 다른 곳에서 이유를 찾아야 할 것이다. 어린이의 어리광인 '아마에(甘え)'가 권력·조직에 평행이동되는 것이 아니라 엄격한 계급성을 적극적으로 수용하는 마음인 가시코(可畏, 두려움)로 의식화되어 자발적 복종으로 이어지고 조직에 대한 아마에(일체화, 어리광)로 지향된 것이다. 그 심리가 언어에 반영되어 수동체 어법(아마에 의식)으로 표현되고 있다. 이는 언어와 의식의 관계를 보여주는 좋은 예다.

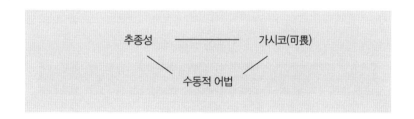

혁명으로 해방된 러시아의 농노가 옛 주인에게 "주인님 제발 불쌍한 저를 버리지 마십시오."라고 했다는 일화가 있다. 여기서 '불쌍한 저'라는 심리가 '아마에'이며 복종의 극치라고 할 수 있다. 맥아더가 일본인의 정신연령을 12세 정도로 본 것은 그 정도의 나이 또래 아이들이 어리광 부리며 점령군에게 순종하는 것처럼 보였기 때문일 것이다.

일본에는 다른 나라에는 없는 천황이라는 존재가 있다. 천황제는 일본인의 내면적 정체성이자 종교성으로 자리매김하고 있다. 외국인에게 천황의 존재는 이해하기 어렵다. 메이지유신 이후 8·15 전까지, 표면상 천황은 친정(親政), 즉 모든 것을 직접 결재하는 것으로 되어 있다. 그러나 실상은 천황에게 실권은 없고 내각이 결정한 것을 추인하는 입헌군주(立憲君主)제였다. 일본이 전쟁을 개시한 책임은 누구에게 있는가? 8·15 때는 전쟁을 계속하려는 내각의 결정을 뒤엎고 천황이 직접 항복을 결정했다. 그러면 전쟁은 누가 결정한 것일까? 전쟁을 중지시킬 수 있다면 전쟁의 시작도 반대할 수 있었을 것으로 보인다. 그러나 맥아더는 천황이 내각의 결정을 추인할 수밖에 없었다는 일본인의 논리를 인정하고 전쟁에 대한 책임이 없다고 보았다. 천황은 8·15 이전에는 신적인 존재로 일본인들에게 숭앙받았으나 이후에는 내각이 결정한 것을 추인만 하는 '일본의 상징'으로 전락했다. 하지만 일본인은 이에 대해 전혀 모순을 느끼지 않는다.

천황의 기능			
메이지유신 이전	메이지유신~ 8·15 패전	8·15 당시	8·15 이후
일본 신도의 제사장	현인신(現人神) (형식상의)친정(親政) (속)상징	인간 내각의 선전포고 결정을 추인하는 역할을 했다.	인간 선언, 일본의 상징

조선적 주체사상과 천황주의

근대화 과정에는 자본주의와 공산주의 두 가지 길이 있었다. 같은 원형을 공유해 온 남한과 북한은 해방 이후 근 70년 동안 정반대의 체제 아래 살아왔고, 이는 한국인의 근대화 의식에 관한 적성검사와도 같은 결과를 낳고 있다. 대부분의 남한인은 북한의 거친 언행에 당혹해하고 이해할 수 없는 상대로 여기지만 북한은 남한보다 더 조선적 요소를 간직하고 있다. 단지 조선의 동방예의지국 사상 바탕 위에 조선적 주체사상이라는 외피를 입혔을 뿐이다.

북한 체제의 초기조건은 조선의 원형에 김일성의 게릴라적 사고를 융합한 것이다. 김일성의 신출귀몰한 축지법의 전설과 함께 수단 방법을 가리지 않고 목적 달성만을 절대적으로 여기며 밀수, 위조지폐, 마약 밀매, 인질, 납치와 테러 등을 거룩한 혁명 사업으로 치부한다. 공산주의를 내걸면서도 '어버이 주석', '인민은 어버이에게 매달린다.'는 적자(赤子) 식 표어가 많은 것도 조선 왕조의 가부장적 성격을 이어받은 것이다. 특히 유훈(遺訓, 죽은 사람이 남긴 훈시) 통치는 조부, 아버지의 정책을 이어받은 것으로 조상의 무덤처럼 절대로 바꾸지 못한다. 조선 시대 곳곳에 만들어진 관리의 송덕비(頌德碑)보다 김일성 부자 동상이 더 많이 세워졌고 김일성, 김정일, 김정은이 수여해주는 배지는 조선 시대 양반의 상징인 '갓'과 같이 자랑스러운 공산 엘리트의 신분을 표시한다. 감투를 선호하는 것도 조선적이며 당원이 되는 것을 양반이 되는 것과 같은 명예로 생각하는 것도 조선적이다.

원형을 무시하고 북한의 사상을 주도한 황장엽은 일본의 천황주의 세례를 받은 세대로 김일성 주체사상 구상에 천황주의 이론을 도입한 게 분명하다. 김일성은 민족의 생명을 상징하는 태양이며 그의 생

일은 태양절로 국경일이다. 독재국가에는 자연 발생적으로 비슷한 현상이 발생하는데, 6·25전쟁 중에 공산 게릴라와 병사들은 죽음을 앞둔 마지막 순간에도 "김일성 장군 만세!"를 부르고 죽었다고 한다. 이는 일본군이 "천황폐하 만세!"를 부르고 전사하는 것과 똑같다. 그들은 김일성을 위한 죽음을 영광으로 여긴다. "우리는 살아서는 김일성 수령님에게 모든 것을 바치고 죽음으로써 그 이름과 함께 영생한다."는 것이다.

일제강점기를 겪은 세대라면 김일성이 일제의 천황과 같은 방향을 지향하고 있음을 직감할 수 있다. 일본의 천황은 일본 건국신화에서 강림한 천손의 직계 자손이며 국민은 천손과 함께 하늘에서 성산 다카치호(高千穗)에 내린 부하의 후손임을 내세웠다. 천황과 국민의 관계는 어버이와 자식으로서 국민은 오직 천황의 은덕으로 살아가는 갓난아이(赤子)와 같다. 천황가는 영원히 계속되며 천황 없이는 하루도 살아갈 수 없는 것(天皇族父說)으로 믿었다. 같은 논리로 김일성이 사망하자 김정일이 뒤를 이어받고 그 후에 김정은이 그 자리를 계승한 것은 천황족 만세일계(万世一系, 일본의 황통은 영원히 같은 혈통이 계승된다.)설과 같은 생각에서 나온 것이다. 국명은 조선민주주의 인민공화국이지만 민주주의, 공화국, 인민 등 어떤 어휘에도 삼대 계승의 근거는 없으며 오히려 천황주의 신화와 일치한다. 김일성을 절대 신의 논리로 설명할 수는 없지만 역대 수령은 백두 정기를 받은 지존(至尊)이며 그에 대한 비판은 천황에 대한 불경죄(不敬罪)보다 더 엄한 처벌을 받았다.

필자는 2003년 북한 방문에서 성역화(聖域化)된 굉장한 규모의 단군 묘지를 보고 '단군 직계손 김일성' 신화를 꾸미고 있음을 직감했다. 그리고 일본 천황계의 만세일계에 대응하는 백두 정기 헌법이 만들어질 것을 예상했다.

김일성 체제와 천황제는 다음 같이 같은 구도 아래 만들어졌다.

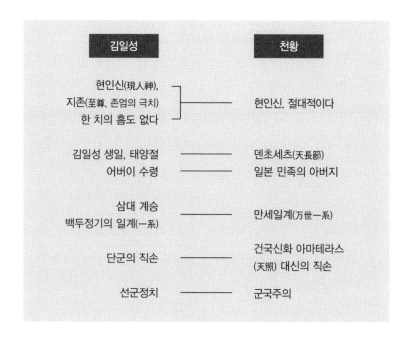

김일성	천황
현인신(現人神), 지존(至尊, 존엄의 극치) 한 치의 흠도 없다	현인신, 절대적이다
김일성 생일, 태양절	덴초세츠(天長節)
어버이 수령	일본 민족의 아버지
삼대 계승 백두정기의 일계(一系)	만세일계(万世一系)
단군의 직손	건국신화 아마테라스 (天照) 대신의 직손
선군정치	군국주의

그러나 큰 차이는 김일성 체제에는 비밀경찰(보위부)과 전 인구의 1%에 해당하는 정치범을 가둔 강제 수용소가 있는 반면 제국 시대 일본에는 그와 같은 것이 없었다는 점이다. 한국인과 일본인은 같은 부여계의 천손강림신화를 공유하고 있으나 그 원형은 자존(自尊)과 수송, 아마에로 정반대이다. 따라서 어버이 김일성에 대한 북한 주민

의 태도와 천황에 대한 일본인의 태도 또한 반대될 수밖에 없다.

　조선 왕조가 망하자 격렬한 독립운동을 벌이면서도 이씨 왕조를 복구시킬 생각이 없었던 가장 큰 이유는, 중국 역성혁명(易姓革命)의 영향을 받은『정감록(鄭鑑錄)』이 보여주는 순환적, 숙명론적 사상 때문이다. 왕가의 성씨는 교체하는 것이 상식인 한국인은 이씨 왕가의 운이 다한 것으로 생각한 것이다. 이는『니혼쇼키』사관이 천황가의 '만세일계'를 주장하고 천황가가 영원히 계속될 것으로 믿는 것과는 근본적으로 다르다. 일본인은 아마에 정신이라는 종교적 정열로 자진해서 천황을 받든다. 하지만 북한은 황장엽이 주체사상을 만들었지만 김일성의 만세일계신화만은 만들지 못했다. 김씨 왕조는 언제 교체되어도 이상하지 않다. 이를 막기 위해 북한 주민을 통제할 수 있는 정치보위부(비밀경찰)와 강제수용소를 만든 것이다.

　일본 건국신화는 고구려와 같은 계통인 백제 신화를 변조한 것이며 큰 줄기는 단군신화와 거의 같다. 그러나 일본인의 추종적 원형(公사상)과 한국인의 자존(自尊)적 원형은 구심 에너지가 정반대로 작용한다. 같은 사회제도 내에 살아도 원형에 따라 구성원의 태도는 전혀 달라질 수 있다. 제국 시대의 일본 서민은 적극적으로 정책에 호응하며 천황(권력)을 따랐다. 일본 원형에는 '아마에(어리광)'라는 특수한 요소가 있기 때문이다. 일본인은 엄한 칼의 법에 2천 년 동안 순치되어 오히려 권력에 어리광 부리는 국민이 된 것으로 보인다. 북한 체제가 이대로 천 년 이상 계속되면 북한 주민도 일본과 비슷하게 될까? G. 오웰은 "그렇다."고 답할 것이다. 하지만 진시황은 천하를 강권으로 통치했으나 불과 3대가 15년 만에 멸망함으로써 중국 원형에는 '강한 군사력과 엄격한 법만으로는 국가를 지탱할 수 없다.'는 교훈을 남겼다. 사회제도가 원형과 어울릴 수 없으면 파탄 날 수밖에 없다.

근대화의 성적표

원형은 정치 지도자의 능력 이상으로 근대적 국민국가 수립에 중요한 역할을 한다. 하나의 사회가 근대화되기 위해서는 최소한 다음과 같은 조건이 있어야 한다.

1. 세속 내 금욕 정신
2. 개혁을 수용하는 능력(진취성)
3. 과학 정신
4. 취미와 가치의 다양함
5. 조직관, 공개념

안타까운 일이지만 조선 말기의 한국인들은 이 모든 항목에 부정적이었고, 중국은 5번 항목에서 부정적이었다. 반면 일본은 1번에서 5번까지의 전 항목에서 긍정적이었다. 실제로 일본은 근대화 혁명을 이루었고 군사 대국, 경제 대국 수립에 성공했다. 그러나 앞으로의 정보화, 국제화에는 다음과 같은 항목이 더 필요하다.

ㄱ. 빠른 변화에 대한 적응 능력
ㄴ. 하향식(top down) 조직보다는 수평적 개인 능력

ㄷ. 창의성

위의 세 가지 요소는 한국의 다음 세 가지 요소와 대응된다.

가. 임기응변하는 천수답(잠수교)적 사고
나. 인내천의 인간 중심주의(보편성)
다. 한글 창제에서 보이는 보편적 합리주의 사상

지금까지 살펴본 것처럼 원형은 서로 간에 우열이 없으며 시대 상황에 따라 긍정적(순) 또는 부정적(역수)으로 적응해가는 것이다. 한국이 미래에 요청되는 ㄱ, ㄴ, ㄷ에 대해서 가, 나, 다와 같은 소질로 대응한다면 정보화, 국제화 시대에서 앞으로 더 많은 발전과 가능성이 열릴 수 있을 것이다.

02
지정학

한반도의 지정학

사회는 풍토에 적응하고 국가는 지정학에 따라 역사를 전개한다. 일반적으로 지정학은 국제정치와 연관해서 지리 조건을 생각하는 것이다. 특히 한반도의 지정학은 역사에 매우 중요한 영향을 끼쳐왔다. 하지만 한국인의 지리에 관한 관심은 정치와 관련이 없는 한국적 자연주의 즉, 풍토와 인간의 상관관계를 생각하는 풍수지리설이 주류였다. 특히 이중환의 『택리지(擇里誌)』를 비롯한 지리지는 모두 한반도 여러 지역의 지리와 주거 조건과 인심, 역사의 관계를 논할 뿐, 가까운 중국 및 일본과의 정치 외교 문제에는 관심이 없었다. 조선 지식인의 시야는 소수의 실학파를 제외하고는 거의 한반도 안에 머물러 있었다.

널노가 바로 앞에 가로놓인 반도의 지정학은 한국인의 해외 진출을 막았으며, 대륙 세력 중국은 항상 한반도 세력이 강성해지는 것을 경계했다. 이로 인해 한국인은 자의 반, 타의 반 내향화(內向化)되었다. 반면 일본열도 세력은 힘이 결집되면 곧바로 그 에너지를 바깥 세계에 방출해야 하는 외향성(外向性)을 지닌다.

한국인의 방어 능력은 독특하다. 고구려의 을지문덕과 강감찬 장군이 소가죽으로 막았던 강물을 터뜨린 전략과 이순신의 조류를 이용한 해상 작전은 공통적으로 한반도의 풍토와 자연조건을 이용한 독특한 전략이다. 이들은 조선적 자연주의, 다시 말해 이 나라의 풍토 조건을 이용한 것이다. 조선 여인은 평소에는 조용히 있지만 부당한 폭력에는 은장도를 품고 끝까지 맞서는 춘향의 미학을 지닌다. 이는 한민족의 대외 전략 특성이 바깥 세계에 적극적으로 진출하지는 않지만 외부로부터의 침략에는 철저하게 저항해온 것과 맥을 같이한다. 조선 과학이 신토불이(身土不二) 신념에서 출발한 것과 같은 맥락으로써 외국을 믿지 못하게 만든 지정학과도 무관하지 않다.

우리나라 정사에 따르면 신라는 거의 연중행사처럼 왜의 침략을 받았고 고려는 실질적으로 왜구로 인해 멸망했다. 그러나 한반도 세력이 왜에 공격을 가한 기록은 세종 1년(1419년) 대마도 공격 때 딱 한번뿐으로, 그 외에는 왜에게 금품과 관위를 주면서 달래왔다. 조선 초기에도 왜구를 막기 위한 대책은 중요한 국가정책이었고, 조선 통신사가 일본에 왕래한 약 270년간만 평온했다.

고구려는 한때 광개토대왕이 신라 땅까지 내려왔으나 백강전투 후에는 결국 당(唐)군에 밀려 압록강 이북으로 넘어갔다. 6·25전쟁 중

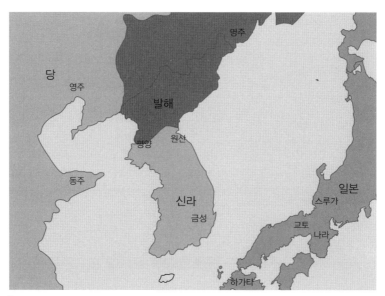

8세기 발해, 신라, 일본의 지도

에도 북에서 남녘 끝까지 내려왔지만 다시 위로 올라가고 결국은 휴전선에서 머물렀다. 통일신라의 국토는 6·25 이후 현재 대한민국의 국토와 큰 차이가 없다. 무엇 때문에 한반도는 밀고 밀리는 전쟁을 되풀이하면서 국민들만 고통 속에 몰아넣는 것일까? 근본적인 이유는 오직 심술궂은 지정학 때문이다. 발해가 한국 국토였다면 랴오둥반도에서 연해주까지 한국인의 거주지가 될 수 있었고 러시아의 남하 야욕을 시베리아 남단에서 막을 수도 있었을 것이다.

38선은 8·15로 정해진 것이지만 사실상 백강전투 이후 외세가 생각해온 한반도 분단선은 평양 원산 근방을 통과하는 한반도의 가장 좁은 부분인 39도선이었다. 실제 당(唐)은 신라의 영토를 그 이남으로 한정했다. 임진왜란이 발생했을 때도 조선은 즉각 명(明)에 원조를 구했지만 명(明)은 즉시 출동할 것을 주저하고 사태를 관망하면서 조선의 태도를 주시했다. 유구(琉球, 현 오키나와)의 조공사를 통해 왜군의 조선 침략 계획에 관한 정보를 입수하고 있던 명이지만 조선이 왜와 합세해 대륙을 침략할 것을 의심했던 것이다. 그러나 왜군이 평양을 넘자 위기의식을 갖고 군을 파견한다. 그 후 명(明)과 왜가 조선을 장외에 두고 비밀리에 한반도 분단을 협상할 때도 39도 분단선이 기준이었다. 조선 왕조 말기 러시아가 일본에 제안한 분단선도 마찬가지였다. 최근 전 미 국무장관 H. 키신저(H. Kissinger)는 저서 『세계 질서(World order)』에서 '6·25전쟁에서 미국이 평양─원산선에서 북진을 멈췄다면 중공군의 참전은 없었을 것이다.'라는 논리를 전개하고 있다. 한반도와 대륙의 관계를 흔히 치순지간(齒脣之間, 이와 입술의 관계)이라고 하는데 중국은 39도선을 자기 입술로 생각해 왔으며, 한반도의 역사는 그 지정학과 깊이 관련되어 분단의 역사를 되풀이해 온 것이다.

대국과 소국은 국토 조건에서 결정되었다. 미국과 러시아는 처음부터 세계 대국은 아니었지만, 광대한 대지가 원시 시대의 상태로 무주공산(無主空山) 격으로 있었기 때문에 대국을 이루었다. 이러한 확장 사업의 주인공들은 해적(바이킹)과 마적(기마적), 강(江)적(카자크) 등 한결같이 폭력적인 무력 집단의 후손들이었다. 이들은 거의 저항 없이 영토를 차지했고 더 이상 공터가 없어졌을 때 그 에너지가 한반도에 몰아치는 것은 필연적인 결과였다. 미국은 태평양을 건너와 지리적 조건에 따라 먼저 일본을 군함 외교로 개항시켰고, 일본은 자신이 당한 방식대로 조선을 대했다. 도적의 후손들은 압도적인 무력을 배경으로 교역과 문명의 이름으로 접근해왔다.

백강전투 이전 고구려는 랴오둥반도에서 수(隋)와 당(唐)의 대군에 맞서 싸웠으며 백제인은 바다를 이용한 왕성한 해상 활동으로 요서를 비롯한 대륙 연안에 수많은 거류지를 건설하고 일본열도에는 여러 분국(식민지)을 건설했다(김석형, 『일본분국론』). 인도 시인 타고르가 노래한 '일찍이 아시아의 황금 시기에 빛나는 등불의 하나인 코리아'의 시대는 일본열도에 독립된 통일 세력이 없었던 시기였다. 그러나 백강전투 이후, 백제·왜의 열도 통일은 한반도의 지정학을 대륙 세력과 해양 세력 사이에 끼워놓는 형국(形局)이 되어 양쪽으로부터 시달림을 당하게 된다. 동이족의 후손인 조선인은 이미 완전히 농민화되어 있었고, '동방예의지국'을 국시로 예를 중시해왔으므로 서양의 야성에 맞설 수 없었다.

반도국의 숙명

일반적으로 반도국의 지정학은 뒷면에 험준한 산맥이 있을 경우 대륙으로부터의 침입을 막을 수 있다. 앞과 옆 삼면이 바다로 열려 있어 활발한 해상 활동을 통해 대제국이 될 가능성을 갖는다. 예외적으로 한니발(Hannibal)의 알프스 횡단이 있긴 했지만, 이탈리아반도에 로마제국이 형성되었고 그리스 반도는 지중해 연안 일대에 식민지를 건설하여 서구문명의 모태가 되었다. 또한 이베리아반도의 스페인과 포르투갈은 대항해 시대의 발상지 역할을 했다. 발칸반도는 세계의 화약고고 불리며 대륙으로부터의 통로가 되어 민족이동의 중세시 신세를 면할 수 없었다. 제1차세계대전 직전 중국에서 뻗어나온 산둥반도와 랴오둥반도는 독일과 러시아가 장악했고 일본과 러시아가 다투어 한반도를 노린 것도 우리의 숙명이었다. 일반적으로 지정학상 반도는 해양 세력이 대륙으로 진출하는 데 있어 교두보가 되어왔다.

호주와 미국은 광대한 대륙을 하나의 언어를 통해 인위적으로 통합시킨 인류사적인 일을 해낸 나라다. 지구상 한국과 같이 단일 인종이면서 역사적으로 국경선이 분명한 나라도 없다. 독일의 대시인 E. M. 아른트(E. M. Arndt)는 "지리적 한계가 분명하고 하나의 언어로 된 국가는 모든 신으로부터 축복을 받고 있음에 감사해야 한다. 이것은 시민적 행복인 동시에 인간적 발전의 씨앗이 될 수 있다. 이 자연의 경계를 무시한 나라는 신의 저주를 받을 것이다."라고 말한 바 있다. 독일 민족은 30년간의 종교전쟁 등으로 여러 인종과 국가로 분열되었고 그 고통이 원형에 투영되어 두 번에 걸친 세계대전을 일으켰다.

그러나 신이 주신 최고의 선물인 단일민족과 단일국가, 단일 언어와 명확한 국경선을 가진 한국은 축복보다는 오히려 불행한 지정학적 조건의 영향을 더 많이 받았다. 제1차세계대전 후 미국 윌슨 대통령은 더 이상의 희생을 막기 위해 국제 연맹을 구상하고, 민족이 저마다 스스로의 운명을 정하는 민족자결주의를 내걸었다. '민족 자결'의 취지는 식민지화된 한국인에게는 복음이었고 그 실현이 곧 역사를 바로 세우는 길이었다. 그러나 당시 서구인의 시야에는 한국이 없었다. 강대국은 일본이 한국을 식민지화하는 것을 당연한 것으로 여겨 이를 적극적으로 후원했던 것이다.

크리미아반도와 한반도

크리미아반도는 황금 예술로 유명한 스키타이 문명의 고장으로 최초의 유목민이 등장한 곳이다. 뒷면에 산맥이 없었기 때문에 비잔틴 문화가 러시아 평원으로 흘러 들어가는 길목이자 반도의 운명으로 여러 번 전쟁을 경험했다. 2014년 우크라이나의 크리미아반도는 구미 세력과 러시아 사이에 150년의 시차를 두고 같은 이유, 같은 구도로 전쟁과 대립을 하며 지난 역사의 되풀이를 재현하고 있다.

일본은 대국에 의해 침입당하는 불행을 겪은 적이 없다. 오히려 중세의 왜구 침략과 임진란 등으로 고려와 명(明)의 멸망을 유도할 만큼 일본은 강력한 무력을 지녔다. 반면 한반도는 중국과 몽골, 그리고 일본열도의 도요토미(豊臣秀吉)와 제국주의자들의 육교로 이용당하며 수시로 발생하는 대륙과 열도의 정세에 민감하게 영향을 받는 처지가 되었다.

한국에만 있고 일본에는 없는 속담 중에 '고래 싸움에 새우 등 터진

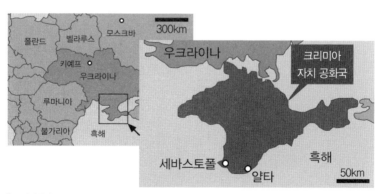

▌크리미아반도

다.'라는 말이 있다. 이는 백강전투 이후 한반도 지정학의 실태를 상징한다. 미국의 국제 정치학자 H. J. 모겐소(H. J. Morgenthau)는 6·25 당시의 한반도를 '자치기 놀이'에 비유했다. 막대처럼 강국이 치는 대로 이리저리 날아가는 가엾은 처지라는 것이다. 분한 일이지만 사실이었다. 나폴레옹도 "지리학을 보면 그 나라의 외교정책을 파악할 수 있다."고 천명했듯이 18세기는 각 나라가 국민국가를 향해 부국강병을 지상 목표로 하던 시기였다. 반면 스스로 외교 정책을 구상할 수 없었던 근대의 한반도는 지정학이란 가혹한 운명 앞에 놓여 있었다.

최근 크리미아 문제의 발생으로 새삼 역사의 되풀이와 지정학의 중요성을 실감하는 계기가 되었다. 크리미아반도는 한반도와 지정학상 구조가 기묘하게 닮은꼴이며 인연도 깊다. 흑해에 돌출한 반도인 크리미아는 고대 이래 러시아에게는 그리스 문명을 받아들이는 문턱이었고 군사적으로는 서방 진출을 위한 부동항(세바스토폴)이었다.

나이팅게일의 활약으로 더 잘 알려진 19세기 크리미아전쟁은 서구와 러시아 사이에 전형적 반도 지정학 조건에 따라 발생한 것이다. 러시아의 남하 정책을 경계한 영국과 프랑스, 터키가 연합해서 싸운 것이 크리미아 전쟁이다. 결국 러시아는 연합국에 대패했다. 러시아는 대신 시베리아철도를 부설하여 동방의 부동항을 노렸다. 유목과 농경의 차이는 있지만, 크리미아반도는 문명의 통로로서 고대에는 한반도와 같은 역할을 했고 근세 이후에도 한반도와 같은 지정학상의 조건으로 번번이 전쟁터가 되는 고난을 겪었다. 특히 38선을 책정한 회의가 열린 얄타도 크리미아반도의 해안에 있는 항구도시다.

한국에 맨 처음 크리미아전쟁을 알린 것은 청(淸)의 황준헌(黃遵憲)이었다. 그는 중국에서 외교관보다는 시인으로 더 잘 알려져 있으며, 중·일 문화 비교론인『일본국지(日本國志)』의 저자이기도 하다. 황준헌이 쓴『조선책략』은 크리미아전쟁에 실패한 러시아가 조선에 끼친 영향과 외교적 전략을 논한 것이다. 이 책의 주요 골자는 '영국과 프랑스 등 유럽 세력에게 패하고 크리미아반도 탈취에도 실패한 러시아는 부동항을 얻는 게 목적이므로 한반도에 진출할 것이 분명하다. 따라서 조선은 결(結)미국, 친(親)일본 정책으로 러시아의 남하를 막아야 한다.'는 것이었다. 그 내용은 청(淸)의 입장과도 같고 근대화 과정에서 양무(洋務)운동과 정치 외교의 중심인물이었던 이홍장(李鴻章)의 의도를 반영하고 있었다. 당시만 해도 중국은 육지로 이어진 러시아를 일본보다 더 경계하고 있었다.

미국 대통령(1869~1877)을 지낸 U. 그랜트(U. Grant)가 임기를 끝내고 세계 일주 여행 도중 청(淸)과 일본을 방문해서 실력자 이홍장과 이토 히로부미(伊藤博文)를 각각 만난 적이 있다. 미국은 남북전쟁의 후유증으로 평화 노선을 추구하고 있을 때다. 그랜트는 서양 열강이 동양 진출을 노리고 있음을 한탄하고 특히 오키나와의 일본 귀속 문제로 청일전쟁이 발생하자 프랑스와 독일, 러시아 등 서양 열강에게 아시아 침략의 기회를 주게 될 것을 우려했다. 오키나와는 청(淸)에 조공하고 있었으므로 일방적으로 일본에 귀속되면 충분히 두 나라 간에 전쟁의 원인이 될 수 있었다. 청·일의 양 지도자는 큰 감명을 받았고, 특히 이홍장(李鴻章)이 황준헌(黃遵憲)에게 그 뜻을 전달한 것이 분명했다. 외교 전략을 독립적으로 세워본 일이 없고 국세 관계에 관한 지식이 전무한 조선으로서는 황의 의견은 귀담아 들어야 할 가치 있는 책략이었다. 김홍집(金弘集)이 일본에서 『조선책략』을 가지고 돌아오자 조선의 중요 인사가 이 책을 읽고 한미수호조약을 맺게 된다.

결론적으로 크리미아전쟁은 러일전쟁으로 이어지고 일제의 조선 식민지화 정책에도 큰 영향을 주었다. 한반도와 크리미아반도는 공통항목인 '반도'라는 조건으로 연동했던 것이다.

일본의 외교 책략

유럽의 후진국 프로이센왕국의 철혈재상(鐵血宰相)인 O. 비스마르크(O. Bismarck)는 프로이센·프랑스전쟁(1870~1871)에서 당시 유럽의 최대 강국 프랑스를 이겨 독일 통일을 성취했다. 그를 찾아온 일본 신정부의 지도자(구미시찰단)에게도 '약육강식'의 국제 관계론을 설명해 큰 감명을 주기도 했다. 이토 히로부미(伊藤博文)도 그를 찾은 사람 중 하나였다. 특히 일본 헌법 제정과 외교의 기본 방침, 육군 조직 수립에 비스마르크의 영향을 많이 받았다. 비스마르크의 군사 대국은 결국 제2차세계대전에서 독일을 멸망케 했고 그것을 모범으로 삼은 일본 또한 같은 운명을 강요당한다.

조선이 겨우 중국의 의도를 반영한 결(結)미국, 친(親)일, 반(反)러의 『조선책략』을 외교 교과서로 삼고 있을 때 일본은 이미 독일 제국주의의 정수를 직접 전수받고 있었으니 이후 조선과 일본 양자의 운명은 정해진 것이나 다름없었다. 임진란 직전 정보 수집을 목적으로 일본을 방문한 황윤길과 김성일의 보고 내용은 '왜가 조선을 침략할 것이다.'와 '왜는 침략 못 한다.'로 서로 엇갈려 있었다. 하지만 군비에 부담

▌1871년 1월 18일 베르사유궁전 거울의 방에서 백색 옷을 입고 중앙에 서 있는 비스마르크

을 느낀 조정은 김성일의 '침략은 없다.'는 주장에 따라 전혀 준비하지 않아 피해를 증폭시켰다. 희망적 판단을 한 조선 말기의 외교 또한 마찬가지로 '친일본'인 황준헌의 말만 믿고 있다가 당한 것이다. 복원력 강한 풍토에 순치된 한국의 원형은 낙관적인 판단을 선호한다. 한국 속담 '명주 바지에 오줌싸개'식으로 우선 추위를 면하기 위해 취하는 고식적 사고가 외교에서는 희망적 판단이 된 것이다.

청(淸)이 동학운동을 계기로 한반도로 출병하자 일본도 즉시 한국에 올라와 청일전쟁을 벌였다. 이어 러일전쟁 등의 단계를 밟을 때마다 일본은 미국과 영국의 후원을 받았다. 무자비한 지정학의 주술 앞에서는 친구도 적도 상황에 따라 결정된다. 러시아의 동방 진출에 불안해진 영·미 세력은 일본에 손을 내민다. 영국은 근대화에 성공한 일본과 영일동맹 관계가 된다. 미국은 일본과 가쓰라·태프트 밀약을 맺어 각각 필리핀과 한반도를 취할 것을 약정하고 일본을 후원해 러시아와 싸우게 했다. 러일전쟁이 일본의 승리로 돌아간 것은 미국과 영국의 도움 덕분이었고 조선 식민지화는 피할 수 없는 결과였다. 조선이 외교 실력만 있었다면 그 반대가 될 수도 있었을 것이다.

크리미아전쟁이 준 교훈은 지구상 어느 한곳에서 발생한 사건이 꼬리에 꼬리를 물고 엉뚱한 결과를 낳을 수 있다는 것이다. 지금 세계 어떤 곳에서 발생한 일이 과거 역사의 절편과 연계되어 언제 어디서 한국의 진로에 영향을 줄지 모른다. 수백의 국가가 참여하는 세계 외교 정세는 복잡계이며 나비효과가 수시로 발생하는 세상이다.

오늘날의 한국은 어떨까. 중국과 손잡고 역사 문제로 일본을 공격하는 사이에 미국과 일본의 유대는 더욱 확고해지고 북한은 일본에 접근해가고 있다. 과연 새로운 한국 책략은 무엇일까? 지금 한일 관계가 악화되면 미국은 어느 편을 들까? 6·25는 당시의 미 국무 장관 D. G. 애치슨(D. G. Acheson)이 "미국의 방어선이 한반도를 제외한 일본열도."라고 선언하면서 발생했다. 이승만이 반일주의를 내걸면서도 일본과의 대화를 중단한 적이 없었던 것은 한반도의 지정학을 익히 알고 있었기 때문이었다. 외교 관계에서는 감정이 아닌 냉정한 계산이 필요하다. 미국은 아베 총리의 야스쿠니신사 참배를 비난했으나 미국의 진의는 다시 한 번 일본을 앞장세워 러시아와 중국을 경계하는 것이다. 중국이 역사 문제와 위안부 문제 등과 관련하여 한국을 이해하는 것처럼 보이지만, 한국과 미국을 가르려는 전략일 수도 있다. 따라서 한국이 중국의 선의만 믿는 것은 다시 한 번 19세기 말의 국제 구도를 재현하는 결과가 될 것이다.

한 · 중 · 일 외교와 지정학

백강전투의 결과에 따라 한반도와 일본열도의 지정학은 서로 엇갈리며 정반대 방향으로 작용해왔다. 한국은 자기 뜻과는 상관없이 언제나 열도로 침입하는 대륙 세력의 방어벽 역할을 해왔다. 이를 정리하면 다음과 같다.

1. 백강전투 결과 일본은 당의 원조로 천황제를 확고하게 수립하고 번영을 누렸다. 신라가 당 세력에 눌려 한반도 남쪽 한구석에 움츠린 상황과는 정반대로 앞뒤 걱정할 것도 없이 열도를 적극 개척해 나갈 수 있었다.

2. 몽골 침략으로 고려인은 엄청난 인명과 재산의 희생을 강요당한다. 20만 6,800여 명이 포로가 되었으니 사상자 수는 헤아릴 수도 없었다. 고려인과 삼별초의 적극적 저항이 없었다면 일본은 분명히 잔인한 몽골의 침략을 받았을 것이다.

3. 제2차세계대전 후 소련은 미국과 더불어 홋카이도(北海道) 또는 일본의 동북(東北) 지역을 분단할 계획이었으나 미국의 의도에 따라 대신 한반도를 38선으로 분단

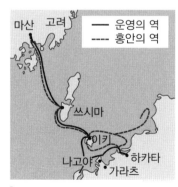

￭ 몽골의 일본 침략도

했다.

4. 한반도인이 6·25로 인해 엄청난 인명과 재산의 피해를 입는 동안 일본은 이를 경제 부흥의 계기로 삼았다.

과거의 역사 구도는 새로운 시대의 옷을 입고 또 다시 나타날 가능성이 있다. '한 번 있었던 일은 또 한 번 있는 것.'이 되풀이의 전 단계다. 중국인에게는 한무제(漢武帝)가 위만조선을 치고 그 땅에 한사군(漢四郡)을 설치한 기억이 생생하다. 그는 몇 번이나 한반도를 직할지로 삼아 군현화(郡縣化)하려고 했다. 당고종은 웅진(熊津), 낙랑(樂浪) 심지어 계림(신라)에 도독부를 설치하려 했고 조선 말에는 이홍장(李鴻章)의 주변 인물들도 같은 의도를 가지고 있었다. 최근 조선일보 칼럼(2014년 5월 14일, 배성규)에 한·중 정부 관계자들의 정규 교류 모임에서 중국 당국자가 한국 정부 인사에게 "조공 외교로 돌아가는 것이 어떠냐."고 넌지시 떠보는 말을 했다는 글이 있다. 언중유골로 그 의도가 분명하다.

조선이 문화적으로 중국화되고 어휘의 75%가 한자어화되기까지 했는데도 중국어에 흡수되지 않은 것은 기적과도 같다. 한반도는 일본에만 혜택을 준 것이 아니다. 조선은 명운을 걸고 명(明)을 침략하려는 왜군을 막았다. 명(明)은 고작 20만 정도의 인구를 가진 여진족에 멸망당한 나라다. 청(淸) 누르하치(Nurhachi)의 군대는 100년의 전국 시대를 겪은 왜군 20만에 훨씬 못 미치는 전력이었으므로 조선군이 없었다면 쉽게 왜군에게 무너졌을 것이다.

시대가 바뀌어도 지정학적 위치가 변하지 않는 이상 기회만 있으면 한반도를 노리고 늘 같은 욕심을 내는 국제 관계는 계속 이어진다. 한반도의 지정학은 해양 세력에게는 교두보를 제공하고 대륙 세력에게는 방어벽을 제공하는 구조로 이들의 싸움터가 되어왔다. 우리가 명심할 것은 외세의 한반도 개입이다. 한반도는 백강전투와 조선 말기처럼 해양 세력과 대륙 세력 중 어느 한쪽을 끌어들여 오면 다른 쪽이 자동으로 들어오는 자력을 발생시키는 것이다.

조선 왕조에는 근대적 외교 개념이 없어 아무런 대책도 세울 수 없었다. 지식인은 비분강개(悲憤慷慨)만 할 뿐이었고 조정도 아무런 대책을 내놓지 못했다. 현재 대한민국의 외교 또한 크게 달라져 있지 않다. 조선 말기 조정에는 지정학의 개념이 없었다. 한미수호조약을 맺자 영남의 유생이 만인소(萬人疏)로 데모하고 조선왕조가 중국의 눈치를 보는 사이에 한반도에는 열강의 외교전이 벌어지고 있었다.

한반도인은 외침에는 철저하게 항거하면서도 외국에 나가 싸울 생각은 전혀 하지 않았으니 일본열도에게 이렇게 좋은 이웃이 또 있을까? 일본의 전 역사를 보면, 한국처럼 고마운 나라는 없다.

전두환 대통령이 일본에 안보 협력의 명목으로 100억 달러의 돈을 내라고 고답적으로 요구할 때, 한국이 일본열도를 공산 세력으로부터 방어한다는 구실을 내걸었다. 실제 그동안 지정학의 역사와 일본의 경제성장 과정을 고려하면 엉뚱한 요구만은 아니었다. 그러나 이제는 일본이 스스로 자신의 나라를 지킨다는 의사를 분명하게 하고 있다. 집단 자위권을 갖고 유사시에는 한반도로 출격할 생각도 하고 있다. 이미 일본은 스스로 지정학의 이점을 재인식하고 있는 것이다.

인간의 본질이 변하지 않고 지리 조건이 그대로 있는 한 '역사는 거울'이다. 현실적 외교로 이름을 날린 비스마르크는 "슬기로운 자는 역사에서 배우고 어리석은 자는 경험으로 판단한다."고 했는데 경험도 제대로 판단 못하는 어리석은 정치가들이 많은 것이 안타깝다.

03

한·중·일의
국제관

중국의 국제관

인류 탄생 이래 지구상에 전쟁이 없는 날은 단 하루도 없었다. 특히 넓은 대륙에 여러 민족이 함께 살던 중국의 전국시대에는 평화를 추구하는 사상이 널리 형성되어 있었다. 맹자는 평화를 위해 왕도(王道)와 패권(霸權)을 구별했고 '예(禮)가 무력보다 효과적으로 국제 질서를 유지한다.'는 신념으로 '이소사대(以小事大)'를 내세웠다. 즉 소국이 대국의 국력을 인정하고 대국을 예로 대하며 대국 또한 소국을 예로써 답하는 것이 왕도이며, 반대로 대국이 무력으로 소국을 병합하는 것은 패권이라 했다. 요즈음 말로 하면 왕도는 인권과 문화의 국제 질서이고 패권은 제국주의로, I. 칸트(I. Kant)의 『영구 평화론(Zum ewign Frieden)』보다 2천년 이상이나 앞선 것이었다.

전설적인 요순(堯舜) 이외의 역대 중국 왕조 창시자는 모두 무력으로 왕조를 수립했다. 그러나 예(禮)를 통해 평화의 질서를 추구했고 왕도적 평화 사상을 내세웠다. 진시황은 중국 통일 이후 중국이 문명의 중심이고 주변국은 야만국이라는 중화사상을 정착시켰다. 주변의 소국들은 중국에 사대하고 예(禮) 사상을 받들어 대국 중심의 질서를 형성할 수 있었다. 고대의 한반도와 열도의 나라들은 자진해서 중국의 질서, 팍스 시니카(Pax Sinica, 중국이 주도하는 세계 평화)의 체제에 편입했다. 일본 규슈의 소부족 국가들도 앞다투어 중국에 조공사를 보냈다. 후쿠오카 근처의 섬에서 발견된 도장과 옥새(玉璽)인 인수(印綬)는 A.D. 57년에 후한의 황제 광무제가 왜노(倭奴) 국왕을 왕으로 인정하여 하사한 것으로 확인되었다. 특히 A.D. 239년에 야마토 여왕 히미코(卑彌呼)는 위(魏)에 여러 차례 조공사를 보냈다.

우리에게 잘 알려진 『삼국지』도 이러한 중국인의 국제관을 잘 보여주고 있다. 위(魏), 오(吳), 촉(蜀) 삼국은 한결같이 겉으로는 왕도적 평화 사상을 내세워 항복한 적군을 받아들이는 등 민심 얻기에 힘을 썼고 왕도 실천이 곧 민심을 얻는 길로 생각했다. 마오쩌둥이 지휘한 공산군이 국민당 장제스 정부에 승리한 최대 요인은 민심을 얻은 데 있었다. 국민당이 대만으로 도망가자 전쟁을 그치고 왕도적 모양새를 갖췄다. 이민족이 한민족과 왕조를 교체할 때도 으레 명분을 가지고 왕도적 방법으로 인접 민족을 흡수해왔다.

한(漢)족은 배만흥한(排滿興漢, 만주족을 배척하고 한(漢)족을 부흥시키자)이라는 구호로 신해 혁명에 성공하자 곧바로 왕도적인 오족공화(五族共和, 한족, 만주족, 몽골족, 티베트족, 위구르족의 공화정치를 표방)를 표어로 내걸었고 신중국은 청(淸)의 본관의 땅 만주와 그 민족을 몽땅 흡수했다. 또한 모든 민족이 하나로 크게 뭉친다는 대동사상으로 마찰을 최소화하고 무력보다는 예와 덕의 모양새를 갖추어 대국화했다. 중화사상은 이상이지만 현실적으로도 대국화에 효력이 있는 외교정책이다.

조선의 국제관

조선 외교의 근본 노선은 '사대교린(事大交隣, 중국에는 사대하고 그 이외의 나라와는 화평하게 지냄)'으로 평화 제일주의였다. 조선 외교는 예(禮)사상을 기반으로 중국과의 관계를 가장 중요시했으며 인조 15년(1637)에서 고종 15년(1881)까지의 약 250년 동안 연행사(燕行使, 燕京=北京)를 502회나 보냈다. 이퇴계 같은 대학자도 왕의 부름에는 응하지 않으면서도 중국 사신이 서울에 오면 모든 것을 멈추고 자진해서 상경하여 중국 사신을 영접했다. 동방예의지국의 진면목을 중국에 알리는 것을 조선 사대부의 사명으로 여겼기 때문이었다. 고대 이래 국가 간의 외교력에서는 경제와 무력, 현실적 힘이 중시되었으나 조선은 '예(禮)'와 '시문(詩文)' 등과 같은 문화적 가치를 외교 수단이자 국력으로 생각했다.

임진란 직전에 조선은 김성일(金誠一)과 황윤길(黃允吉) 두 사람을 일본에 보내 도요토미(豊臣秀吉)의 침략 의도를 탐색하게 했다. 그러나 이들의 관심사는 주로 왜의 문명(예) 수준이었다. 왕을 비롯한 고관들은 "왜는 문명국이 아니기에 조선을 침략한다."는 황윤길의 현실적인 판단을 외면하고, 김성일의 "일본은 미개한 나라이므로 문명국 조선을 감히 침범할 수 없다."는 '예(禮)는 곧 국력'이라는 관념적 의견을 받아들인다. '예가 없는 나라는 국력도 없다.'는 사고로 일본에는 예가 없으니 조선을 침략할 수 없다는 어처구니없는 결론으로 비약한 것이다.

조선은 일본을 왜구(倭寇), 즉 해적들만 있고 침략을 일삼는 무도한 나라로만 보고 가능하면 교류하고 싶어 하지 않았다. 일본에 군사력으로 대처할 생각도 없었기에 쓰시마와 세토나이카이(瀬戸内海), 규슈 어민의 해적질을 막기 위해 열도의 유력자에게 식량이나 관위를 주어 단속을 맡기는 수밖에 없었다.

중국의 대일 외교

일본은 청일전쟁에서 승리한 후 대만을 빼앗고 조선을 식민지화했다. 1931년 만주사변 이후 1945년까지, 일본은 중국 영토에서 15년간 전쟁을 벌이며 30만 명의 대학살(남경사건, 1931)을 자행하고 중국인 포로 생체 실험 등 온갖 만행으로 2천만 명(최근 시진핑은 3,500만 명으로 주장하고 있다.)을 희생시켰다. 희생자 수로만 따진다면 나치의 유대인 학살보다 더 심각하다. 8·15 패전 이후 일본인 자신은 물론 전 세계가 중국인의 심한 보복을 염려했다. 중국 외교의 진면목은 이때 발휘되었다.

국민정부 장제스 총통은 노자의 '보원이은(報怨以恩, 원수를 은혜로 대한다.)'이라는 문구를 인용하면서 자국민을 달래고 중국에 주둔했던 일본군과 시민 120만 명을 무사히 돌려보내라고 지시했다. 마오쩌둥 수석 역시 중국의 적은 일본 제국주의자들이며 일본인 병사나 시민은 중국 인민과 같이 제국주의로 인해 고통받는 처지이므로 관용으로 대한다고 하면서 배상금 명목으로 한 푼도 받지 않았다. 일본인은 중국 지도부의 관대한 언행에 감동했고 언론은 연일 입을 모아 '우리(일본)가 중국인에 한 짓을 생각하면 얼마나 고마운 말씀인가. 중국인의 은혜를 통감하고 잊지 않는다.'고 대대적으로 보도했다. 패전 후 일본은 재정 파탄으로 배상금은 물론 아무것도 내놓을 수 없는 처지였다. 중국 지도부는 실질적으로 아무것도 없는 일본에게 배상을 요구하지 않고 말로 관용을 베풀어 일본의 자본과 기술을 도입하는 실리를 얻었다. 그 후 일본이 경제 대국이 되자 ODA(Official Development Assistance, 일본외무성 국제협력개발 원조)를 통해 상당액을 중국에 지불했다. 결과적으로 인심 쓰면서도 받을 것은 받아 실리를 취한 것이다. 심지어 최근 중·일 외교 정상 회의에서는 현재 분쟁 중인 센카쿠 열도(尖閣列島)의 영유권 문제에 대해서도 앞으로 머리 좋은 후손이 나올 것이니 미래에 논의하자며 중·일 외교 정상화를 성사하는 데 주력했다.

중국이 일본에게 입은 피해는 한국이 당한 것과는 비교도 안 될 정도로 막대했다. 그러나 일본에 대한 중국인의 분노는 일본에 대한 한국인의 반감보다 크지 않다. 중국 정부는 일단 일본의 사과를 받아들인 후에는 중국을 자극하지 않는 한 일본에 대한 공식적인 비난에는 신중했다. 대인다운 태도로 일본을 대하지만 결코 과거사를 잊거나 면죄부를 준 것은 아니다.

비근한 예로 중·일 정상 회담 당시 일본 총리 다나카 카쿠에이(田

中角榮)가 "지난 전쟁에서 일본은 귀국과 국민에게 매우 실례했습니다(大変迷惑をかけました)."라고 사과도 아닌 일본 특유의 얄팍한 인사말로 얼버무린 적이 있다. 그러자 저우언라이(周恩來) 수상은 곧 정색하며 "그런 말은 식당 종업원이 손님 옷에 차를 잘못 엎질렀을 때에나 하는 말이요."라고 점잖으면서도 엄한 한마디를 던졌다. 참석한 일본 요인들은 모두 창피해서 얼굴을 들 수 없었다고 한다. 지금도 일본 당국자들이 다나카 총리처럼 중국과 한국에 대한 만행을 '메이와쿠(迷惑, 실례)' 정도로 우물쭈물 표현하는 것은 안타까운 일이다.

최근 시진핑 수석이 일본의 과거사를 노골적으로 비난하는 것은 중국의 인권 문제에 대한 미국의 간섭에 맞서기 위한 것이라고 본다. 일본을 편드는 미국에 대한 은근한 공격의 의미도 포함되어 있는 것이다. 외교는 남에서는 지고 북에서 이익을 보는 도남이재북(圖南利在北) 식으로 전개하는 것이기에 표면만으로는 상대방의 진심을 알 수 없을 때가 많다.

중국 외교가 자신의 체면(面子)을 살리고 인심 쓰면서도 실리를 얻는 데 능한 것은 소련과의 비교를 통해 더욱 확실히 알 수 있다. 소련은 거의 피해를 입지 않았는데도 러일전쟁에 패한 보복을 가혹하게 했다. 소련군 점령 지구의 일본 여성은 거의 성폭행을 당했고 일본군 약 107만 명이 시베리아에 억류되어 10년 이상 강제 노동을 해야 했는데, 그중 약 5만 3천 명이 사망했다. 러시아 원형에는 '오랜 타타르(韃靼)의 멍에(오랜 몽골인의 착취)'에 시달린 설움의 흔적이 내재되어 있어 타민족에 대한 포악성을 노골적으로 드러낸다.

일본의 국제관

일본은『니혼쇼키』를 편찬한 720년 이래 패전(1945. 8. 15) 때까지 군사적 가치관을 원형에 각인시켜 왔다. 특히 허망한 신화를 근거 삼아 번이사관(蕃夷史觀)으로 한국을 얕보고 한반도를 정복해야 할 땅으로만 여겨왔다. 이 초기조건은 근대화 이후 더욱 분명하게 제국주의 노선으로 나타난다.

1868년 무사 정권에서 교체된 신정부는 초기조건인 팔굉일우(八紘一宇) 정신에 입각해서 수립 6년 후 1874년의 대만 출병 결행을 시작으로 1945년 패전까지 계속 전쟁과 영토 확장에만 날뛰었다. 1873년에는 청(淸)이 서구 제국주의에 침략당하는 틈을 악용하여 청의 조공국인 류규(琉球) 왕국을 재빨리 오키나와(沖繩)현으로 이름을 바꿔 일본에 편입시켰다. 열도 근해의 섬들인 오가사와라(1878)를 비롯해 치시마(1875), 센카쿠 열도(尖閣列島, 1895), 독도(1905), 오키노시마(沖の島, 1936) 등을 영토화했다. 특히 오키나와와 오가사와라 섬은 미국도 영유화를 시도했으나 한발 앞서 일본이 편입시켰다. 미국의 군함 외교로 개국한 일본이 오히려 미국보다 한발 빨랐던 것은 상징적인 의미를 갖는다. 일본은 초기조건 팔굉일우 정신으로 단숨에 13개 섬을 일본에 귀속시킨 것이다.

어디 그뿐인가? 하와이제도의 영유를 목표로 천황가가 하

┃대동아회의 왼쪽부터 버마의 바 모, 만주국의 장징후이, 난징 국민정부(중화민국)의 왕징웨이, 일본제국의 도조 히데키, 타이의 완 와이타야쿤, 필리핀의 J.P.라우렐, 인도 임시정부의 찬드라 보세.

와이 왕가와 혼인 관계를 맺으려 하자 미국은 불안을 느꼈다. 결국 1905년, 미국이 필리핀을 갖고 일본은 하와이를 포기하는 대신 조선을 식민지화하기로 한 '해적 약정' 가쓰라(桂)–태프트(Taft) 밀약이 맺어졌다. 메이지유신(1868) 이후 겨우 37년만의 일이다. 1910년대에는 '만주와 몽골은 일본의 생명선'이라고 하는 슬로건을 내세워 만주 등 아시아 각지를 침략했고 중국 본토의 지배권까지 노리는 바람에 미국 및 영국과의 전쟁은 피할 수 없었다. 일본의 태평양전쟁을 대동아전쟁이라고도 하는데 처음 '대동아공영권'이라는 표어를 사용한 것은 1940년으로, 북으로는 시베리아, 만주, 몽골, 중국 북부, 남으로는 오스트레일리아, 뉴질랜드, 동으로는 하와이, 알래스카, 서인도를 포함한 돈키호테적 정복 구상이었다. 이 망상은 이미 임진란을 감행한 도요토미(豊臣秀吉)가 동남아, 인도까지 영토를 확장하려던 것을 답습한 것으로, 팔굉일우 의식을 재확인한 되풀이에 불과하다.

일본의 영토 확장 야욕은 원형의 성격 말고는 그 이유를 제대로 설명할 수 없다. 팔굉일우 정신은 제국주의와 다름없고 서구 열강의 침략 노선의 공식대로 영토 확장과 부국강병을 최고의 국가적 '선(善)'으로 삼았다. 일본 국민 또한 이를 적극적으로 지지해 일장기를 흔들었다. 팔굉일우의 원형은 피정복민의 반항에는 수단을 가리지 않는 무자비한 죽음으로 대응한다는 것이다. 1930~1931년 대만 무사(霧社)의 반란 진압에는 독가스까지 사용하여 현지인 천 명 이상을 학살했다. 제2차세계대전 당시 싱가포르 점령시에는 화교의 저항을 진압한다는 구실로 4만 명을 학살했다. 1923년 도쿄 대지진 후 조선인

6,661명을 학살했고, 3·1운동의 희생자에게 아무런 사과의 말도 하지 않았다. 일본은 힘이 약할 때 겸손한 외교로 대응하고 국제법을 준수하지만, 일단 자신이 유리한 입지에 있다고 판단되면 고압적으로 돌변한다. 청일전쟁, 러일전쟁, 미일전쟁 모두 일방적으로 기습 공격을 한 뒤에 선전포고를 한 것이며 이는 '결과만 좋으면 된다.', '승리는 곧 정의.'라는 사고방식에서 나온 것이다.

1915년, 제1차세계대전 이후 열강이 중국에서 후퇴한 틈을 타 일본은 산둥반도와 만주, 내몽골에 관한 특수 권익 보장과 중국 정부와 군대, 경찰 등에 일본인 고문관을 배치하겠다는 등 황당한 21개 항목을 강요했다. 이는 반일 운동을 격화시켜 5·4운동의 계기를 제공했다. "일본의 대외 공작은 공갈, 뇌물, 음모 외에 아무것도 없다."고 한 중국의 지일(知日)파 장백리(蔣白里)의 말은 조금도 과장이 아닌 일본의 주특기이다. 조선에 대해서도 명성황후 시해를 포함해 온갖 모략과 공갈 수단을 구사했다.

1933년의 국제연맹총회에서 일본의 괴뢰 만주국 승인이 부결당하자 일본 대표는 "국제연맹의 일원이 될 수 없다."고 선언한 후 사절단을 이끌고 회의장을 박차고 나갔다. 일본 국민과 언론은 일본 전통에 따른 일도양단(一刀兩斷)의 무사적 외교라면서 박수를 보냈다. 그 후 일본은 독일과 이탈리아와 손을 잡고 제2차세계대전 진입의 결정적인 계기를 만들었다.

맥아더 장군은 일본과의 전쟁을 통한 경험에서 일본의 원형을 "강자에게는 비굴하고 약자에게는 오만하다."고 갈파했다. 일본군이 싱가포르를 점령했을 때 야마시타(山下奉文) 사령관은 영국군 사령관 퍼시벌(A. E. Percival)과의 항복 회담에서 "Yes냐 No냐 빨리 답하라."고 다그친 장면을 찍은 사진은 전 세계를 놀라게 했다. 어느 나라든 군인 정신과 기사도에는 공통적으로 패자에 대한 배려가 있지만 그에 관한 최소의 배려조차도 없는 일본의 오만함을 보여주는 좋은 예였다. 이러한 '비굴과 오만'의 행동 양식은 일본의 외교 현장에서도 그대로 나타난다.

추종적이고 오만한 일본 외교

유신 후 메이지 신정부 외교의 중요 목표 중 하나는 개항과 함께 서구 열강과 맺은 불평등조약을 수정하는 것이었다. 이 무렵 일본은 외교술에 능했고 열강은 일본을 개국시키고는 '문명국이 아니므로 서구인이 관련된 사법 문제를 맡길 수 없다.'는 구실로 사법, 관세 등에 불평등조약을 맺었다. 일본은 이 구실을 불식시키기 위해 국제법을 충실히 준수했다. 특히 러일전쟁에서는 포로 대우에 모범적인 태도를

■로쿠메이칸 무도회

보였고, 사교장 로쿠메이칸(鹿鳴館)을 개설하여 기회가 있을 때마다 파티를 열어 미인계로 외교관들의 환심을 얻으려고 노력했다. 불리한 조약이지만 한 번 맺은 것은 충실히 준수하면서 문명국의 인정을 받아 결국 적절한 시기에

개정을 받아냈다. 일본 속담 중 '상대의 판에서 씨름한다(相手の土俵で 相撲する).'는 말 그대로 수동적(受動的)인 태도를 유지했다. 이 외교 노선은 2차세계대전 이후 대미 외교에도 그대로 재현되어 '인류 역사상 점령군과 비점령군 사이의 가장 모범적인 관계'라는 말도 나왔다. 미국이 헌법을 만들어주면 순순히 받아들이고 오히려 역이용하여 평화 국가임을 내세우면서 군비 부담 없이 재빨리 경제를 부흥시켰다.

전후 일본 외교의 최대 성과는 천황의 전쟁범죄 면책이었다. 서구 열강은 점령 초기에는 '카이로선언'에 따라 일본을 징벌(懲罰)하는 데 주력했으나 점령 말기에는 호의적으로 전환했다. 특히 샌프란시스코 강화조약에서는 한국보다 일본의 편을 들었고 독도의 한국 영토화를 반대했다. 이승만 대통령이 "도쿄 미군정 간부는 모두 친일파."라고 매도했으나 이미 그들은 일본의 어리광 외교에 녹아 있었다. 한국이 전후의 일본 연합국 강화회의에 참석하지 못한 것은 천추의 한이지만, 이 또한 일본의 어리광과 한국의 원리주의 외교의 결과로 볼 수 있다. 2014년 4월 오바마 대통령의 아시아 방문과 관련해서 발생한 한일 간의 외교 마찰 또한 같은 식이었다.

일본 외교는 힘이 없을 때는 상대가 내놓은 조건을 일단 수용하고 상황이 변하면 180도 바뀌는 무가적(武家的)인 실리 위주의 태도다. 8·15 패전 이후에는 다시 메이지 시대와 같이 추종적 외교를 벌였고 최근에는 그것을 뒤엎는 되풀이를 시작한 것도 같은 패턴이다. 아베 네카의 다음 순서로는 군국최기 예상된다. 메이지(明治) 신정부는 국제적 모범생으로 출발했으나 러일전쟁에 승리하자 태도가 돌변하여 오만해지고 세계의 무법자가 된다. 이는 내부에서 순종적이고 모범적이던 사람이 아무에게도 배려할 필요가 없는 곳에서는 "객지의 수치는 수치가 아니다."라는 태도로 돌변하는 것과 같으며, 타국에 대해서는 최소한의 배려도 없고 기회만 있다면 영토 강탈을 서슴지 않았다.

1918년 러시아혁명이 발생해 시베리아가 일시적으로 무정부 상태가 되자, 그 틈을 탄 일본은 거류민의 보호 명목 아래 처음에는 미국과 영국, 프랑스, 일본 4개국 연합군으로서 시베리아 점령을 시도했다. 그러나 일본군은 연합군이 철수한 뒤에도 단독으로 4년 이상 러시아 빨치산과 치열한 전투를 벌였고 주둔군 1/3 이상이 살상당하고 난 뒤에야 철수했다. 이때 러시아인의 원형에 새겨진 일본에 대한 불신은 제2차세계대전에서 어김없이 발휘되었고 지금까지도 이어져오고 있다. 시베리아 출병과 함께 일본이 전 세계로부터 불신을 받게 된 계기는 1915년 중국에 부당한 21개 조항을 요구하면서부터였다. 일본은 러일전쟁 승리 이전에는 모범적으로 국제법을 준수하며 능숙한 외교술을 발휘했으나 청일, 러일전쟁 승리로 오만해지자 국제사회의 무법자가 된 것이다.

일본 우파의 대부분은 조선 식민지화를 전혀 죄로 생각하지 않는다. 오히려 조선총독부가 문화 진흥에 힘쓰고 한국 근대화에 도움을 준 것으로 여기고 있다. 일본은 자신의 만행을 독일과 비교하면서 일본이 한국인에 가한 희생은 독일의 600만 유대인 학살과 비교할 수

없을 뿐만 아니라 일제강점기 광주 학생 사건에서는 한 명도 죽지 않았고, 오히려 한국 군부는 5·18 광주 민주화 운동에서 수백 명을 학살했다고 강변한다. 제2차세계대전 후 세계 조류는 제국주의를 부정했고 식민지는 모두 독립했다. 일본은 이런 상황을 두고 태평양전쟁(제2차세계대전)을 백인의 식민지 통치에 대한 해방전쟁으로 미화했다. 일본이 백인과 싸운 결과라고 주장하면서 한국의 38선 분단이 식민지화의 결과라고는 전혀 생각하지 않는다. 또한 조직에 대한 헌신만을 미덕으로 삼고, '승자가 정의(勝てば官軍)', '침략은 선, 패배는 악 아닌 죄'라는 속마음으로 제2차세계대전에서 용감하게 싸웠다고 자랑했다. 또한 '모르는 것이 부처님(약)(知らぬが佛)'이라는 속담과도 같이 과거를 묻지 않는 것을 처세훈으로 여기고 있다.

군국주의 미학을 되새기는 일본

8·15 직후 황족 출신인 히가시쿠니(東久彌) 총리는 '일억(전 국민) 총참회'의 구호를 내걸며 국민 모두 "잘못했다. 반성하고 참회하자."고 선언한다. 국민은 모두 순순히 그 말에 따랐다. 처음엔 침략 전쟁을 범한 것을 참회했으나 세월이 지나면서 패전에 대한 참회로 바뀌었다. 근본적으로 일본의 제국주의 팔굉일우(침략주의) 노선을 반성한 것은 아니며 더욱이 군국주의적 원형을 부정하거나 죽음 찬미의 미학을 버린 것도 아니다. 패전의 충격으로 전쟁을 후회했을 뿐, 원형은 그대로다. '패전'을 '종전(終戰)'으로 부르는 것부터가 상징적이다. '힘이 모자랐을 뿐, 아직 패하지 않았으니 힘이 생기면 다시 할 것인데 반성은 무슨 반성!'이라는 심리다. 실제로 현 수상 아베 신조(阿部晋三)의

외조부이며, A급 전쟁범죄로 감옥에 수용되었던 기시노부스케(岸信介)는 패전 12년 후인 1957년에 정계에 입문해 총리로 임명되었다. 전후 역대 총리를 비롯한 고급 관료는 거의 일본 군국주의에 충실한 인사였다.

원형은 죽지 않는다. 일본이 다시 군국주의 미학을 되새기는 것은 시간문제이다. 일본의 총 참회는 패전의 충격으로 정부가 하라고 해서 따라 한 것뿐이다.

패전 70년, 그동안 일본은 한국과 중국으로부터 많은 수모를 당했다. 전두환 대통령은 "우리가 한반도에서 공산군의 남하를 막고 있으니 돈 내라."는 식으로 100억 달러 차관을 요구했고 북한은 일본 영토에서 국민을 납치해갔다. 이제는 일본 스스로 무장해서 자신을 방어하겠다고 한다. 반성보다는 민족적 자존심이 되살아나고 있다. 하시모토 오사카 시장과 이시하라 전 도쿄시장 등 주요 인사들의 언행은 침략 전쟁의 찬미로 일관되어 있다. 2013년 4월 일본 부총리 아소우 타로(麻生太郎)를 비롯한 많은 정치인이 야스쿠니를 참배했고, 아베(阿部晋三) 총리까지 동참한 것은 예정된 코스다. 이는 이명박 대통령의 독도 방문과 천황 사죄 요구에 대한 노골적인 반발이 깔려 있지만 밑바탕에는 팔굉일우, 『니혼쇼키』 사관이 발동한 것이다. 전후에 일본 국민이 자국의 과오를 참회하고 천황을 비롯한 일부 고관들도 나름대로 사과를 했으나 이제는 과거에 구애받지 않겠다는 '역사 되풀이 극'이 개막한 것이다. 요즘 일본의 표어 '다시 한 번 일본(もう一度

日本)!'은 지진 피해의 복구를 위해 만들어진 것이지만 점차 그 의미가 확대되어 갈 것이 분명하다.

일본과 연합군 사이에 맺은 샌프란시스코강화조약에서 '일본은 한국의 독립을 승인하고 제주도, 거문도, 울릉도를 포함하는 한국에 대한 모든 권리 및 청구권을 포기한다.'고 명기해 일본이 저지른 전쟁범죄를 단죄했다. 그러나 일본 정부는 전쟁범죄인을 야스쿠니신사에 합사하여 그들에 대한 면죄부를 부여했다. 침략 전쟁을 벌였음을 시인하고 위안부에게 사과한 고노(向野)와 무라야마(村山)의 담화를 부정하고 있는 것이다.

일본인은 '산처럼 쌓인 배(梨)를 쉬운 것부터 하나씩 뽑아내면 저절로 전체가 무너진다(梨くずし, 배 더미 무너뜨리기).'는 사고로 사업을 진행한다. 목적을 한 번에 달성하지 않고 하나씩 서서히 하기 쉬운 것부터 차례로 야금야금 접근하는 것이다. 현재진행 중인 우경화 또한 예외가 아니며, 다음과 같은 방식으로 진행되고 있다.

1. 패전을 패한 것(敗戰)이 아닌 그친 것(終戰)으로 인식
2. 패전으로 금지된 건국 기념일, 국가(國歌), 기미가요 등 제국주의 일본의 상징물을 서서히 부활시킴
3. 전쟁범죄인의 야스쿠니 합사
4. 총리의 야스쿠니신사 참배
5. 집단 자위권 인정
6. 헌법 개성

7. 고노, 무라야마 담화의 부정

8. 일본 무죄론

9. 재무장 등

위에 나열한 일련의 일을 차례로 시행하다가 어느새 전쟁 전의 일본이 부활할 것이다. 아베 일본 총리는 결국 "일본은 침략 전쟁을 하지 않았다."고 말하며 "샌프란시스코조약은 무효."라고 선언하는 것이나 다름없는 행동을 취하고 있다.

일본의 흰토끼 신화

신화는 정신분석의 기본 자료이다. 특히 '흰토끼' 신화는 일본인의 심리를 잘 나타내고 있다.

동해 작은 섬에 살던 흰 토끼가 본토에 가고 싶어 꾀를 냈다. 토끼는 바다 악어에게 "우리 족속은 너희보다 많다(세력이 크다.)."고 자랑했고, 악어는 "아니다, 우리 악어족이 더 많다."며 성을 냈다. 그러자 토끼는 "너희가 이 섬에서 저 건너 육지까지 일렬로 줄을 지어 서봐라. 내가 그 수를 셈해보겠다."고 제안했다. 이 말에 악어는 줄을 지어 육지와 섬을 연결했고, 토끼는 악어의 등을 밟아 셈하면서 육지에 당도했다. 그제야 토끼는 뒤돌아보고는 "에이 바보야, 나는 육지에 오고 싶어 그랬는데 멍청한 너희는 나의 다리 역할을 했다."며 악어를 놀린다. 토끼에게 속은 악어족은 화가 나 토끼를 붙잡아 가죽을 벗겨버렸다. 토끼는 아파 견딜 수가 없어 길가에서 울고 있는데 여러 명의 신이 지나가면서 "왜 그런 꼴로 울고 있느냐."고 물었다. 토끼가 자초지종을 말하자 신들은 토끼의 행동이 나쁘니 좀 더 고생하라는 마음으로 "좋은 방법이 있다. 바닷물에 들어갔다 햇볕을 쬐면 나을 것이다." 라고 말하고는 가버렸다. 토끼는 소금물에 들어갔다 나와 햇볕을 쬐니 더욱 아파 죽을 지경이 되어 더 큰소리로 울었다. 앞에 간 신들의 짐을 지고 뒤따르던 막내 신이 그 옆을 지나가면서 우는 이유를 묻자, 토끼는 또 한 번 자기가 겪은 이야기를 들려주었다. 막내 신은 "안됐구나. 약수터에서 몸을 씻고 약초 위에 누워 있으면 나을 것이다."라고 일러준다. 토끼가 막내 신의 말대로 하자 아픈 것이 씻은 듯이 나았다. 토끼는 막내 신을 축복하고 막내 신은 앞서 간 신들이 찾았던 좋은 처녀를 만나 대왕이 된다.

   이 신화는 고구려 건국신화에서 주몽이 형들에게 구박받고 고향을 떠나 강가에서 어구(魚龜)의 도움으로 위기를 면해 건국한 이야기를 일본적 어리광인 '아마에(甘え)'를 가미해 바꿔놓은 것이다. 이 신화에서 토끼에게 밟힌 악어는 한국과 중국을 의미하며, 이들을 밟고 성장한 토끼(일본)는 군사 대국으로 성장한다. 마지막에 미국·영국과 싸워 껍질이 벗겨져 고통받고 전쟁범죄 재판 등으로 고생했으나 자비로운 미국의 점령군에게 어리광(甘え) 부리며 다시 부흥해 잘살게 된다. 패전으로 가죽을 빼앗긴 토끼(일본)는 잠시 근신 처분을 당했으나 결국 모두 복구되고 이전과 같이 되어 앞으로 8·15 이전과 같은 군사 대국으로 돌아갈 것이다.
   일본은 연합국의 보복으로 피해자가 되었다고 생각하기 때문에 자

신이 지은 죄에 대해 사죄할 생각은 전혀 없다. 일본은 미국에 진 것이지 특히 한국과는 싸운 일도 없으며 오히려 한국의 근대화에 도움을 주었다는 억지 주장을 펼친다. 또한 중국을 침략하긴 했으나 이미 배상도 해줄 만큼 해주었다고 큰소리친다. 죄를 어리광으로 면제받은 국민에게 진정한 반성이란 없다.

독일에서는 반나치 운동이 있었고 스스로 나치 당원을 배반자, 범죄자로 처단해 나치 시대의 국기와 노래는 모두 폐기했다. 독일 전 대통령 바이츠제커(Richard von Weizsacker)는 유대인 학살의 현장에서 땅에 엎드려 진심으로 참회의 눈물을 흘렸으나 일본인은 야스쿠니신사로 갔다. 일본에서는 반침략 운동이 전혀 없었고 오히려 침략 전쟁의 추종자를 애국자로 여겨 야스쿠니신사에 합사했다. 독일에는 기독교 문화가 있으나 일본은 애니미즘과 천황 신앙으로 양심을 무시하고 오직 위만 두려워해 조심스러움과 순종하는 것만을 최고의 슬기로 여기는 가외(可畏=賢=恐, かしこ) 정신을 지니고 있다.

대부분의 독일 전쟁범죄인들은 자신의 행위를 "옳은 일이었다."고 주장해 독일의 연합군 검찰이 전쟁범죄인을 명확히 지목할 수 있었다. 이는 일본 전쟁범죄인들이 무조건 "잘못했습니다."라며 고개를 조아린 것과는 전혀 상반된 태도였다. 일본에서는 지도자들까지도 "명령에 따라 했을 뿐."이라며 책임을 남에게 떠넘겼다. 심지어 천황도 "아랫것들이 하라는 대로 했다."고 말해 책임자가 분명하지 않고 당혹스러운 경우가 많았다.

04

한 · 중 · 일의 혁명관

한 · 중의 역성 혁명관

중국에는 임금이 제대로 왕 노릇을 못하면 새로운 정권으로 바뀌어도 좋다는 유교 사상(易姓革命)이 있다. 하늘의 뜻을 받은 왕이 제대로 정치를 못하면 다른 성씨의 인물로 대치(易姓)되고 혁명이란 하늘의 명(命)이 새로워진다(革)는 것이다. 특히 맹자(孟子)는 나쁜 왕은 한낱 범죄인에 불과하기 때문에 범죄인을 국민이 처벌하는 것은 옳은 일이라고 여겼으며 악정(惡政)에 대한 혁명으로서 그 의미를 긍정적으로 보았다.

명나라 말기, 고염무(顧炎武)는 '나라는 망할 수 있어도(可亡國) 문명은 망할 수 없다(不可亡天下).'는 사상을 펼쳤다. 타 민족과의 빈번한 왕조 교체를 경험한 중국인이 정권보다 문명을 중시한 것은 현실적인 요청이기도 했다. 문명이 제대로 있는 한 중국이 반드시 한(漢)족의 세상으로 돌아오는 것은 역사가 증명한 사실이기도 했다.

한반도는 백성의 자율 의식과 인본주의 사상으로 외침(外侵)만 없으면 스스로 땅을 갈고 우물을 파 물을 마시는 격양가(擊壤歌)적인 국가관을 갖고 있다. 조선 선비들은 왜 가족을 돌보지 않고 의병에 나섰을까? 교과서적으로는 애국심 때문이라지만 그것만으로는 충분한 이유가 되지 않는다. 조선 선비에게는 문명 의식, 즉 주자학적 신념이 자신의 존재 이유가 되었기 때문이다. 한편, 격렬한 항일운동을 일으키면서도 조선왕조의 복고를 위해 임금을 다시 왕위에 올리는 복벽(復辟) 운동이 없었던 것은 이(李)씨 왕가는 수많은 가문 중 하나에 불과했기 때문이다. 한국인은 안중근 의사를 가장 존경하는데, 안중근 또한 조선왕조의 복고에는 별로 관심이 없었다. 그는 오히려 동양 평화론과 함께 제국주의를 비판하는 문명 주의자였다.

초기 왕국의 건설에 등장한 천손강림신화(박혁거세, 김수로 왕)는 농민이 주체였고 혁명 의식은 인간 중심 사상에서 나왔다. 가령 고려 만적의 난(萬積乱)의 구호를 보면 '정승, 장군에게는 특별한 성씨(氏)가 없다. 억울하게 권력자에게 당하고만 있을 수 없다.'이다. 조선 말기 동학운동의 구호 또한 '사람을 하늘처럼 대하라(事人如天).'로 4·19혁명과 광주혁명 등 모두 힘없는 계층에서 자연 발생적인 항거가 일어났고 때로는 일시적이기는 했지만 동학운동처럼 농민이 자치 정부를 만들기도 했다.

한국은 소중화(小中華) 사상을 내세운 철저한 문명주의 국가다. 한국이 일본에 반발하는 가장 큰 이유도 일본 식민지화로 국권을 빼앗겼을 뿐만 아니라 망문명(亡文明)이 되었기 때문이다. 하지만 조선의 식민지화 원인을 무조건 일본의 침략 때문으로 보는 것은 지성적이지 못한 태도이며, 이에는 조선 사회의 내부적인 이유도 부정할 수 없다. 한반도의 지정학은 스스로 외부로 나갈 의지가 없으면서 완전히 고립된 항아리와 같은 형태이다. 전통 사회의 생산양식은 외부로부터의 자극 없이는 스스로 변화할 에너지를 발생시키지 못했고 심지어 원래 지닌 진취적 기상마저도 잊은 형편이었다. 조선 사회는 의식주 모두 자급자족으로 기존의 생산양식에 만족했으며 금속 인쇄술과 한글, 복식부기같이 조상이 만든 창조물에조차 무관심했다. 조선 왕조는 세계적인 장수 왕조이면서도 너무나 허망하게 국권을 빼앗겼다. 민비가 일본인에게 살해되고 왕이 러시아 대사관으로 도망간 이유는 한마디로 왕이나 국가를 지키는 군대가 없었기 때문이다. 왕권은 외국의 침략에 맞서는 일보다는 내부의 반란을 경계하고 '까닭 없이 군병을 기르는 것은 화를 기르는 것(無故養兵養禍).'이라는 엉뚱한 괴변으로 율곡의 '십만 양병설'을 오히려 공격했다. 쿠데타로 왕조를 수립한 이씨 왕조는 극도로 군비 확장을 기피하고 의도적으로 문명 의식만을 고취한 것이다.

일본의 혁명관

일본에는 문명 의식이 없고 국가 의식만 있었다. 근세의 대표적 유학자 야마자키 안사이(山崎闇齊)는 제자들에게 "공자, 맹자가 직접 지휘한 군대가 일본을 공격해오면 어떻게 할 것이냐?"라고 묻고, 대답을 망설이는 제자들에게 큰소리로 "당연히 맞서 싸워 그들을 포로로 붙잡이야지. 그깃이 곧 공·맹의 길이나."라고 외쳤나. 문닝(공자, 맹자)

보다 국가를 앞세우라고 호령한 야마자키의 태도는 일본 유학의 대표적 해석이며, 공맹의 자구(字句) 하나라도 잘못 해석하면 사문난적으로 매도한 조선 선비와는 극과 극의 관점이다. 메이지유신에서 활약한 혁명가에게 많은 영향을 준 유학자 요시다 쇼인(吉田松陰)은 『맹자』를 강의하면서도 '군신 일체', '군주 절대화'를 내세워 "맹자의 백성을 중하게 여기고 군주를 가볍게 보는 '민본주의'는 못난 중국인(중국인, 조선인)의 헛된 소리."라고 공격했다. 조선과 중국인에게 유교는 문명이지만 일본인에게는 한낱 지식에 불과했고, 무(武) 숭상의 패권 논리로 사상보다 국가를 우선시했다. 사상, 종교 등 정신문제에 구애받지 않고 빨리 부국강병(富國强兵)이 되는 것이 제일이라는 것이다.

보편 의식이 없는 일본의 원형은 현실적인 권력에 대한 순종을 미화하고 공(公)에 매달려 어리광(甘え)을 부린다. 일본식 충(忠)은 본질을 무시한 '개(犬)의 충'으로서 '간간이 집을 비운 주인보다 꼬박꼬박 끼니를 주는 하녀에게 꼬리를 많이 흔드는 격.'으로 표현된다. 일본 무사도 철학(하가쿠레, 葉隱)은 "신(神), 석가모니(佛)나 천황도 알 바가 아니다. 오직 녹을 주시는 영주님에게 충을 다할 뿐."이라 호언하면서 스스로 '개의 충'을 자랑한다. 농민은 누가 정치권력을 잡아도 상관하지 않는다. 메이지유신 직전 서민들은 세기말적 불안을 발산하며 "좋다, 좋다."를 외치고 신사참배의 이름으로 수백만 명이 거리로 뛰어나왔으나 무사단의 혁명운동이 시작되자 곧 해산하고 말았다. 농민반란은 겨우 조세제도의 완화가 목적이었으며 인권이나 정치·권력의 교체는 바라지도 않았다.

한 · 중 · 일의 혁명과 문명

	문명의식	혁명사상
한국	소중화 문명	원리주의적 문명관
중국	중화사상	역성혁명
일본	문명의식이 없다	혁명 아닌 '유신(維新)'

이상의 내용을 종합하면 중국에는 문명과 국가가 양립하는데 조선은 문명만을 중시하고, 일본은 문명에 대한 관념이 없이 오직 공(公), 즉 국가만을 중시한다. 동양 삼국은 문명관에 있어서도 뚜렷한 차이가 있었다.

삼국의 왕권 교체

대부분의 유럽인은 메이지유신으로 도쿠가와 정권이 타도되자 일본이 공화제를 택할 것으로 예상했다. 역사의 법칙성을 믿는 서구 지식인은 모처럼 봉건제를 타도한 혁명운동이 싱겁게 왕정으로 돌아가는 것을 이해할 수 없었다. 이때 혁명의 주체인 무사 정권은 정치적 실권 없이 신도(神道) 제사장 노릇을 600여 년이나 해온 천황을 복구시켰다. 그 무렵 소수의 지식인을 제외한 대부분의 일본인은 천황의 존재는커녕 이름도 몰랐으며 그에 대한 이미지는 겨우 '요를 몇 겹으로 깔고 앉아 담뱃대를 물고 있는 사람'으로 상상하는 정도였다. 혁명이 그린 주민상이 혼란스러워지자 혁명파는 이와 전혀 무관하면서 오식

무색무취의 권위 있는 상징적 인물이 필요했던 것이다.

하지만 메이지유신 이전과 이후 천황에 대한 일본인의 태도는 판이하게 달라졌다. 어제까지 소속되어 있던 번(藩)이 해체되자 금방 번주를 잊고 새로운 구심점을 갈구했고, 일단 천황이 자리매김되자 신으로 격상시켜 전 국민이 우러러보며 '천황 만세'를 불렀다. 그의 명이라면 자살 공격까지도 감행했다. 게다가 패전까지 여러 차례 전쟁을 겪으면서 일본의 '공과 어리광' 의지는 더욱 강해졌다. 복벽(復辟) 운동조차도 전혀 없던 조선과는 딴판이었다.

한국인의 역사관은 『정감록』이 보여주는 것처럼 순환적, 숙명론적이다. 하늘이 미리 정한 순서대로 김씨, 왕씨, 이씨 왕조로 이어졌다는 식이다. 장장 500년, 어제까지의 통치자 이씨 왕조가 일단 멸망하자 치열한 독립운동을 벌이면서도 이씨 왕조의 복구를 거론하는 사람이 없었던 것은 조선왕조의 수(運)가 다하고 새 왕조가 수립될 것을 기대했기 때문이다.

조선왕조는 청에 사대하면서도 청나라 몰래 망한 명 황제의 제사를 지냈고, 조선 말기에 격렬한 양이론(攘夷論)을 전개하면서도 존왕론(尊王論)에 결부시키지 않았다. 이는 왕을 보호하고 외국의 침략을 막는다는 일본의 '존왕양이(尊王攘夷)' 사상과는 대조적이다. 조선은 끝까지 문명론적 입장이었고 일본은 천황 중심의 『니혼쇼키』 사관에 매여 있었다. 그 결과 조선은 좌절하고 일본은 성공했다. 조선의 원리주의가 민족적 구심점을 마련하지 못하고 세계의 흐름에 적응할 수 없었기 때문이다.

중국 왕조의 평균수명은 3대 15년(3명의 왕이 15년간 통치)인 진(秦)나라를 제외하면 평균 200년 정도이고 한국은 신라 천 년, 고려 450년, 조선 500년으로 모두 장기 정권이다. 더욱이 한반도의 비산비야의 자율적 풍토와 주자학이 더해져 세계에 둘도 없는 유교·원리주의 국가가 되었다. 3년에 한 번씩 침략을 받았으나 장기 정권이 계속된 것은 첫째가 원리주의(보수성) 때문이며, 둘째로 지방에 무력을 지닌 대체 세력을 배출할 수 없는 지리적 조건 때문이었다. 고려 시대의 짧은 기간을 제외하면 무가(武家) 정권이 없었으며, 무기가 없는 가문들만이 산재한 곳에는 반란의 기회가 적었다.

고대 일본 정권은 정확히는 알 수 없지만 한 왕조가 영원히 이어지는 만세일계(万世一系)였다는데 고대에는 적어도 3번의 교체가 있었고

한·중·일의 왕권

	왕에 대한 태도	왕이 될 가능성	권력의 평균수명	민심	사상
한국	원리주의 (정통성에 집착)	어느 가문도 왕이 될 수 있다.	500년	자존(自尊)	정통 주의
중국	역성혁명 왕의 성씨는 바뀐다.	하늘의 명을 받든 자가 왕이 된다.	200년	평등, 대등	현실 주의
일본	위(上)는 신(神)이다.	만세일계(万世一系)로 현 천황은 절대적이다.	100년	추종(追從) 어리광(甘)	대세 사관

정권과 관련이 없을 때는 관심의 대상이 되지 않았다. 그러나 13세기 이래 19세기까지 무사 정권은 7번이나 교체되었다. 이른바 대세사관으로 수시로 대세가 바뀌면 앗사리(あっさり, 깨끗이) 교체해버린 것이다.

한국의 원리주의, 중국의 천명(天命)사상, 일본의 대세사관은 서로 다르며 정권의 수명에도 그 특성이 반영되었다.

근대화 혁명에 나타나는 한·중·일의 태도

근대화는 전통적 정권을 부정하는 것이므로 보수 세력은 이를 무력으로 탄압할 수밖에 없다. 혁명은 대중과 정의, 집합적 무의식이 수시로 발동하여 전혀 예상치 못한 결과로 몰고 가는 카오스로, 이성보다는 감정이 앞선다. 한·중·일의 혁명 진행 방법에는 원리주의로 끝까지 싸우는 것, 적당히 타협하는 것, 대세가 기울면 순순히 그 흐름에 따르는 것으로 나누어지는 등 원형의 성격이 분명히 반영된다.

유럽인들의 원형과 혁명관에 관한 재미있는 농담이 있다. 프랑스인은 "왕이 죽어야 혁명인데 영국인은 죽이지 않고 혁명이라 한다."며 명예혁명을 비꼬았다. 그러자 영국인은 "실리만 얻으면 그만이지 번거롭게 왕을 죽이고 말고 하느냐."라고 대꾸한다. 그 광경을 본 독일인은 "너희들은 겨우 왕을 죽였다 살렸다 야단인데 우리는 신을 죽였다."고 큰소리쳤다. 이는 M. 루터(M. Luther)의 종교 혁명, 니체의 '신은 죽었다(『자라투스트라는 이렇게 말했다』).'를 말한 것이다. 프랑스인의 원리주의와 영국인의 실용주의, 독일인의 관념주의적 성격을 각각 풍자하고 있는 것이다.

프랑스혁명이 반전에 반전을 거듭하는 동안 감정적인 프랑스의 원형이 어김없이 발동해 왕과 왕비를 단두대에서 처형하고 바보스러울 정도로 많은 유혈 사태를 치렀다. 반면 영국인은 명예혁명으로 왕위를 그대로 지속시킨 결과 프랑스 혁명 희생자 수의 1/50 정도의 사상자밖에 나오지 않았다.

혁명에 나타나는 한·중·일의 태도에도 영국, 프랑스, 독일 못지않게 뚜렷한 차이가 있다. 동학혁명은 호남 중심이었고 희생자 수는 기록이 분명하지는 않으나 3만 명 정도로 추산되며, 인구 비율로는 프랑스 혁명보다 많은 희생자를 냈다. 쉽게 타협할 줄 모르는 원리주의적 태도가 필요 이상의 희생자를 내게 한 것이다.

중국 근대화 혁명은 신해혁명(1911년)과 그 후의 5·4운동, 중공과 국민정부의 전투, 홍위병운동 등으로 계속 만리장성처럼 천천히(漫漫的, 만만디) 이어가는 양상을 보인다.

일본 메이지유신의 근대화 혁명은 일부 무사단이 미국의 군함 외교에 자극받아 뚜렷한 목적 없이 충동적으로 일으킨 것이며 상황에 따라 이리저리 노선을 변경하다가 혁명 주체인 무사단 스스로 특권을 포기했다. 혁명 주체가 스스로의 무사로서의 특권을 버리고, 새로운 주도자가 아닌 낡은 왕(천황)을 600여 년 만에 복고시키고, '혁명'이 아닌 유신으로 300개에 가까운 작은 번을 해체해 하나로 통일함으로써 끝을 맺었다. 작가 시바 료타로는 그 중재를 맡은 사카모토 료마(坂本龍馬)를 소설을 통해 나름의 미학으로 묘사했다.

일본의 근대화 혁명은 전 세계 혁명사에 일찍이 예가 없는 것만을 택해서 진행된 셈이다. 특유의 대세사관으로 판세가 기울어지면 '앗사리 마잇타(졌다)'로 끝냈다. 어디 그뿐인가? 일본의 근대화 혁명의 희생자는 약 3만 명 정도다. 혁명군의 총지휘자 사이고(西鄕隆盛)는 신정부의 중심적 위치에서 활약하다가 조선과의 외교 문제에 대한 자신의 의견이 관철되지 않자 그만 자리를 박차고 나가버린다. 이후 낙향해 지내다가 반혁명운동의 지휘자로 추대받았으나 실패하자 할복 자살한다. 그러나 신정부는 그의 전공을 감안하여 도쿄 중심 우에노 공원에 그의 동상을 세웠다. 일단 판세가 기울어지면 대세에 따라 유행가의 가사 '과거를 묻지 마세요.' 식으로 불필요한 과거사는 흘려버리는 것이다. 반면 한국은 원리주의적 사고로 일관한다. 그 사고의 차이는 오늘날 외교의 현장에서 그대로 나타난다.

한국인의 원리주의와 비타협성

지금도 한국인은 정쟁(政爭) 중에 곧잘 정의나 윤리를 거론하는 경우가 많다. 본질은 조선 시대의 당쟁과 다름없다. 예를 들어 왕의 장례식 절차나 왕세자의 책봉 등 현실적 문제가 아닌 것에 어마어마한 주자학적 대의명분을 정면에 내걸어 자기 파에 유리하게 해석한다. 그 뿌리에는 초기조건인 단군신화의 곰과 호랑이의 대결과 같은 패턴이 있고, 타협보다는 원리주의 논리에 스스로 도취해 있다.

일제강점기에 대부분의 한국인은 불가항력적으로 일본 통치하에 살면서 강요에 못 이겨 일본 국가를 부르며 '천황 만세'를 외칠 수밖에 없었다. 이른바 친일파 신세가 되었으나 속마음은 그렇지 않았다. 증산교 강일순(호 증산)은 오히려 새로운 세상이 도래한다는 후천개벽(後天開闢)을 내세우며, 일본의 식민지 통치를 '잠시 하인(일본)에게 조선왕조의 정치를 청소시키는 것이며, 곧 좋은 날이 돌아올 것이다.'라고 생각하기도 했다.

김구 선생은 분단 세력 사이의 중재를 시도했으나 소련의 후원을 입은 김일성과 미국의 뒷받침을 등에 업은 이승만 양쪽의 반대로 좌절하고 결국 암살당했다. 김구 선생의 비극도 원리주의에서 나왔다. 한반도 지정학은 타협과 중재를 배신으로 보는 경향이 많아 성공하는 일이 별로 없다. 중국 춘추전국시대 말기에 7국 간의 중재를 위해 활약한 합종연횡(合從連衡), 종횡가(縱橫家) 등 중재자의 전통은 대동과 융합의 기풍과 무관하지 않다. 장쉐량(張學良)은 일본 침략에 당면해 국민군과 중공군의 전투를 중재(시안사건, 西安事件)하면서 "중국인끼리는 싸우지 말자."는 구호로 국공(國共) 합작을 시도하여 일본에 공동 대항하였다. 이러한 장쉐량의 결단이 오늘날의 중국을 만들었다.

양이론은 주자학과 함께 조선에 들어와 당쟁과 원리주의를 조장했다. 근세 조선 외교는 비타협적인 '척화양이(斥和攘夷)' 사상과 '동방예의지국' 의식에 물들어 '우리는 정의, 외국인은 모두 오랑캐, 야만인' 식으로 매도했다. 조선이 병자호란으로 남한산성에서 간신히 명맥을 유지하면서도 강화와 주전의 두 파로 갈린 것은 모두 주자학의 발생지 남송이 북방의 야만족들의 침략을 받았을 때와 비슷한 양상이었나. 이후 수사학은 국학이 되어 다른 사상을 모두 사문난적으로 몰아붙였다. 임진란, 병자호란, 조선 말기의 일본 제국주의 등 여러 차례의 외침을 당할 때마다 국론은 주전파와 타협파(강화파)로 갈렸다. 대립적 상황이 일상화되어 당쟁은 그치지 않았으며 원리주의와 비타협의 농도는 짙어질 수밖에 없었다. 독립운동 시기에는 국외파와 국내파, 또 국외파는 중국과 미국 두 파로 갈라지고 국내파는 민족파와 공산파, 그리고 6·25 때는 도강파(渡江派)와 잔류파가 서로 대립했다. 앞으로 남북이 통일되어도 또 한 번 새로운 남북 두 파로 갈라질 것이 걱정이다.

한국은 원리주의적 사고로 쉽게 과거를 잊지 못한다. 해방된 지 70년이 지난 오늘날에도 친일파가 최대의 욕으로 쓰이고 있다. 자신만은 한 점의 오점도 없는 완전한 애국자로서, 속된 표현으로 '까치배 바닥' 같은 논리로 친일과 반일을 억지로 분류한다.

"오늘의 이 슬픔에 큰소리 내어 곡하라(是日也 放聲大哭)."고 한 장지연(張志淵) 선생(한성매일 주필), 그리고 총독부 건물이 보기 싫어서 집을 북향으로 짓고 딸을 일본 학교에 보내지 않은 한용운 선생까지도 어쩔 수 없이 일시적으로 일본에게 고개를 숙인 때가 있었다. 일제 치하의 한국 땅에 살았기에 백이숙제와 같이 고사리만 먹다 굶어 죽을 수 없어 한두 편의 친일적인 글을 썼다 해서 그들을 친일파로 매도할 수 있는가? "죄 없는 자, 돌로 그 여자를 쳐라(『성경』)."라는 예수의 말도 있다. '우리는 일제 때 같이 고생한 한민족.'이라는 마음으로 하나가 되어야 남·북한도 원만하게 통일될 수 있을 것이다.

05

한·중·일의
갈등과 전후 처리

    오늘날 한·중·일 삼국 간의 문제는 '역사 인식'이다. 해방 70년, 그동안 국교도 정상화되고 일본은 배상금을 내고 공식적으로 여러 차례나 사과했으며 법적으로는 모든 절차가 끝났다. 그러나 대부분의 한국인은 일본의 사과에 대해 실감을 못 하고 여전히 감정을 가지고 있다. 한국 대통령은 취임한 지 2년이 지났는데도 아직까지 일본과의 정상회담을 거부하고 있다. 한국이 일본의 무성의를 비난하면 일본 측은 한국의 고집불통에 될 대로 되라는 식으로 대응한다. '한국적 원념이 빚은 한(恨)'과 일본의 '구린 것에 뚜껑을 덮어라.', 즉 '과거사는 묻어버려라(臭い物には蓋をしろ).'라는 '앗사리' 정신이 서로 충돌하고 있다.

    분명히 한일의 관계는 정상이 아니다. 원형은 부조리한 역사의 결과이며 합리적인 것이 아니므로 원형은 더욱 불합리할 수밖에 없다. 백강전투와 임진란의 전후 처리는 한마디로 '서로 안 보면 된다.'는 식으로 증오심만 원형에 새기고 교류를 끊는 것으로 그쳤고 조선은 일편단심으로 중국에 사대만 했다. 오늘날 한일 관계를 한 번 더 그런 식으로 내버려 두면 일본은 탈아론 노선을 택하고 한국은 중국에 가까워질 수밖에 없다. 변함없는 원형으로 역사의 되풀이를 연출할 것이다.

제1부에서 백강전투를 다룬 것은 그것이 한·중·일 관계의 구조를 결정하고 오늘날까지도 같은 역사가 되풀이되는 것을 설명하기 위해서였다. 오늘날의 한일 관계를 이해하기 위해서는 백강전투가 임진란에 준 영향, 그리고 임진란과 조선 식민지를 하나의 시야에서 해명해야 할 것이다. 문제는 원형에 대한 서로의 투철한 인식 여부이다.

E. 카(E. Carr)는 "역사가에게 중요한 일은 사건 자체보다는 그 시대 상황을 이해하는 일."이라고 했다. 한일 갈등을 풀어나가는 길은 원형에 대한 시대적 상황의 이해를 통해서만 가능하다. 한국 속담에 '의가 좋으면 천하도 반분한다.'는 말도 있듯이 우리는 의외로 쉽게 상대를 받아들일 수 있을 것이다.

2011년, 일본 동북지방에 대지진이 발생했다. 쓰나미와 방사능의 피해가 겹쳐 일본 역사상 최대의 피해를 입었고 일본인 모두가 하나가 되어 대처하는 모습은 감동적이었다. KBS가 중심이 되어 한국인 모두가 아낌없이 격려하는 방송을 지켜보았다. 놀랍게도 일본에 가장 많이 욕을 당한 위안부 할머니까지도 열렬히 "일본 힘내라."고 외쳤으며, 한국 국민에게 인사말을 전하는 일본 대사의 상기된 얼굴은 금방 눈물이 터질 것만 같았다. 이처럼 양국 관계는 전후 처리가 절망적인 것은 아니며 계기만 있으면 쉽게 서로 받아들일 수도 있다.

통신사 외교

겐지와 헤이시

백강전투의 후유증으로 호남(백제)과 영남(신라)이 대립한 것과 같이 일본에서도 헤이시(平氏, 백제)와 겐지(源氏, 신라)의 대립이 형성된 것은 정치 역학의 당연한 결과였다. 백제계 왕권(천황)이 열도의 서국(교토 서부지역 일대)을 장악하자 황실과 밀접한 헤이시(平氏)는 서국 해양민에 기반을 둔 무사단을 형성했다. 중앙 세력(천황)에 의해 미개척 상태의 동국(현 도쿄 지역)으로 추방당한 신라계는 개척민의 자경단을 통솔하고, 겐지(源氏) 가문을 형성한다. 한반도의 주류가 신라계인 반면 일본열도는 백제계가 주류였으며, 이러한 미묘한 역사의 연쇄는 현재의 국제 정세에까지 이어져 왔다. 일본의 한반도 침략, 즉 왜구(해

┃세키가하라 전투도 병풍 1600년대의 겐지(源氏)와 헤이시(平氏)의 결전

적), 임진란, 조선 식민지화의 주도 세력이 모두 백제계인 것은 우연이 아니며 백제계 일본인에게는 반신라적 의식이 강했다. 저명한 작가 사카구치 안고(坂口安吾)도 중세 일본 헤이시(平氏, 백제계) 가문과 겐지(源氏, 신라계) 가문의 숙적 관계를 백제와 신라 간 대립의 연장선상으로 보고 있다.

도쿠가와(德川家康)는 도요토미(豊臣秀吉) 정권을 타도한 후 민심을 수습할 목적으로 국교 정상화를 위해 조선에 사신을 보내 도요토미 정권이 멸망해 정권이 교체되었음을 알렸다. 도쿠가와는 겐지(源氏) 가문으로 조선 침략에 참가한 적이 없었고 조선의 원수인 헤이시(平氏) 도요토미를 무너뜨렸으니 조선과는 서로 같은 입장이라는 구실도 내세웠다. 조선이 신라의 정통성을 이어받은 정권이며 백제와는 무관함을 인식하고 있었던 것이다.

한일 관계 2천 년에서 매우 특별한 270년

임진란에 대한 조선과 일본의 인식은 전쟁의 개념에서부터 달랐다. 침략자 왜군은 의병의 성격을 전혀 이해하지 못해 '점령 지구의 농민이 조선 정부에 바치는 세곡을 점령군(왜군, 倭)에게 주면 그만인데 군인도 아닌 농민이 왜 덤비느냐!'는 식으로 생각했다. 왜군에게 조선인은 비이성적인 완강한 족속으로 보였다. '죽여도, 죽여도 파리처럼 덤비는 의병을 파리 떼로 보고 파리가 많은 곳에는 살 수 없기에 철수한다.'는 기록도 있다. 일본은 전국시대 100년간 오히려 인구와 농지가 넓혀졌으나, 임진란 이후 조선은 침략 피해를 복구하는 데만 100년이 걸렸다. 무자비한 침략군의 탓도 있지만, 무엇보다 조선 의병의 투철한 저항 의식 때문에 인적, 물적 피해가 더 컸다.

조선인의 왜에 대한 증오심은 극도에 달해 있었으나 납치당한 백성의 송환을 서둘러야 했고 북방 국경 일대의 풍운도 심상치 않았으므로 속으로는 왜와의 국교 회복을 바라고 있었다. 결국 조선은 화해의 조건으로 침략한 왜군 중 조선 국왕과 왕비의 묘를 파헤친 범인을 인도할 것을 제시한다. 조선 외교를 담당한 쓰시마(對馬) 번은 나이로 보아 침략 전쟁에 참전하지 않은 것이 분명한 젊은 두 죄수를 넘겼고 조선은 이 사실을 모른 체하고 받아들임으로써 통신사 외교가 시작된다.

조선 정부는 늘 사절을 보냈다. '회답쇄환사(回答刷還使)'라고 '회답(回答)'은 일본 사절에 대한 답이고 '쇄환(刷還)'은 돌려받는다는 뜻으로 납치된 조선인을 데리고 오는 임무를 명시한 것이었다. 12회의 통신사 중 처음 3회는 일본 사절에 대한 답례의 형식이었고, 나머지 9회는 도쿠가와 정권의 수장과 장군의 교체를 축하하는 명목이었다. 조선이 일본 사절의 방문을 거절한 것은 임진란의 경험을 통해 전략적 정보의 탐색을 두려워했기 때문이다.

또한 조선이 왜의 국교 수립 요청을 받아들인 배경에는 조선의 문화 수준을 과시함으로써 무력으로 당한 굴욕감을 씻으려는 의도도 있었다. 여기에는 문화 수준이 곧 국력이라는 의식이 여전히 깔려 있었다. 일본 측에서는 자국민에게 조선 통신사의 왕래를 보이면서 전국시대가 완전히 끝나 평화로운 세상이 도래한 것을 실감시키고자 했다. 그래서 일부러 길을 돌아가게 하고 예성에노 없던 일성인 도쿄에서 멀리 떨어진 도쿠가와 정권의 수립자 이에야스(家康)의 묘까지 참배할 것을 요구했다.

왜구의 침입, 임진란, 식민지 지배 등 조선 초기부터 바람 잘 날이 없었는데 이 시기 조선과 도쿠가와막부(德川幕府) 사이에는 270년간 이례적인 평화의 시대가 지속되었다. 따라서 통신사 외교는 한일 관계 2천 년 역사에서 매우 특별한 의미를 지닌다. 본래 일본은『니혼쇼키』사관에 기초한 '팔굉일우, 번이사관'으로 조선 초기부터 정복과 침략으로만 일관했으나 100년의 전국시대와 조선 침략 전쟁을 겪은 후 평화를 갈망하게 되었다. 특히 도쿠가와막부의 창시자 이에야스(德川家康)가 정권 유지를 위해 평화 노선으로 택한 제1차 통신사는 접대비만 해도 100만 냥(兩)으로 당시 도쿠가와막부의 1년 예산 76만 냥을 훨씬 웃도는 액수였다. 하지만 전쟁보다는 평화 유지가 유리하다는 판단 아래 엄청난 비용을 감수했던 것이다.

모처럼 평화 분위기가 조성되고 문화의 바람이 고조되자 일본에도 무술보다 학문을 중시하는 경향이 두드러졌다. 특히 조선 주자학이 유포되어 이퇴계(李退溪)를 비롯한 저명한 유학자들이 일본에도 잘 알려져 퇴계(退溪)의 글에 대한 해설, 그의 가족, 생활 등에도 많은 관심이 쏟아졌다. 대부분의 일본인 한시는 일본 발음의 특성상 제대로 음운(音韻)을 갖추지 못했고 소위 왜취(倭臭)로 인하여 조선 학자의 능력에 크게 못 미쳤다. 때문에 조선인에게 첨삭(添削)을 받는 것을 큰 덕으로 여겼다.

조선 통신사의 한 사람인 신유한(申維翰)은 외교 석상에서도 '왜놈'

이라는 말을 사용해 상대로부터 항의를 받고도 "너희가 조선에 한 짓을 생각해봐라. '왜' 아니면 무어라 부를 것이냐?"라고 큰소리를 쳤다 (『해유록』). 외교적 언사는 상대방이 듣기 좋게 하는 것이다. 그러나 시종일관 일본을 얕보고 스스로를 '동방예의지국'으로 자처했는데, 이런 조선 사절의 태도는 1965년의 한일 국교 정상회담에서도 재연되었다. 이 회담에서 한국은 침략의 부당성, 압제 등 과거를 중심으로 한 윤리적인 면을 강조한 반면, 일본은 한국의 근대화에 기여했다는 주장을 펼쳐 양쪽은 서로 평행선을 그을 수밖에 없었다. 오늘날 한국이 일본 천황에 대해 왜왕이라 부르고 역사 인식과 위안부 등을 이유로 외교적으로 일본을 몰아치는 것도 같은 패턴이다.

니혼쇼키 사관 vs 동방예의지국

임진란 같은 국제 전쟁을 치르면서 조선은 일본에 대해 국수적 감정을 드러내기 시작했다. 한편, 통신사 담당 총책임자인 아라이(新井白石) 또한 평화적 기류를 타고 있었지만 근본적으로는 조선에 대한 멸시, 즉 『니혼쇼키』 사관을 갖고 있었다. 니혼쇼키 사관이 발동되자 그는 조선인에게 많은 돈을 쓸 필요가 없다는 생각까지 하게 되었다. 특히 아라이는 '조선에는 무(武)가 없고 시문(詩文)만 내세워 일본을 무시한다.'고 생각했다. 조선이 통신사를 통해 일본의 정보를 수집하고 일본과의 평화 덕분에 조선에서 명(明) 주둔군을 철수시켜 북방으로부터의 침략 세력에 대응할 수 있게 되었다는 점을 들어 조선을 탐탁하게 여기지 않았다. 결국 아라이는 조선이 일본(도쿠가와막부)의 은혜를 모른다고 주장했다. 이런 아라이의 생각은 한국 식민사와가 안국의 근대화에 도움이 되어 오늘날의 발전도 일본의 덕이라는 논리와 같은 맥락이다. 한반도 분단의 책임을 전혀 생각지도 않는 일본의 태도는 예나 지금이나 전혀 변하지 않고 있다. 아라이(新井)를 비롯한 대부분의 일본인은 도요토미에게 침략을 당한 조선인의 고통에는 전혀 관심이 없었다. 이는 현 일본인들이 식민지 시대 조선인의 한을 이해하지 못하는 것과도 같다.

『니혼쇼키』에 나오는 진구(神功皇后)의 삼한 정벌 신화는 왜군이 신라를 정벌하고 삼한의 조공을 받았다고 날조해놓았다. 일본인은 왜곡된 내용을 그대로 믿고 일본에게 한반도는 조공받아야 할 나라로 각인되었다. 안타까운 것은 오늘날 반한 데모의 깃발에도 '한국 정벌'이라 쓰여 있는데 이는 진구의 삼한 정벌 신화에서 삼한 땅은 원래 일본의 것이었고 한반도인은 피정복민이라는 생각에서 비롯된 일본인의 선입견이다. 도쿠가와(德川家康)는 조선과의 외교 정상화에 적극적이었고 의지도 있었으나 일본 지식인 모두가 지닌 『니혼쇼키』 사관을 불식시킬 수는 없었다. 반면에 조선 정부는 왜는 야만이라는 생각으로 대일 외교의 중요성을 인식하지 못했다.

조선과 도쿠가와(일본) 모두 국가 차원에서 통신사 외교의 중요성을 인식했고 노력도 대단했으나 두 민족의 집단 무의식은 서로 상대를 받아들이지 않았고, 미래 지향적인 말도 없었고 야만인을 마지못해 상대해준다는 태도로 일관했다. 외교적 언사는 상대방이 듣기 좋게 하는 것이지만 조선은 시종일관 일본을 얕보고 스스로 '동방예의지국'임을 내세웠다. 결국 통신사의 12회 왕래는 진실한 우호로 이어지지 않았다.

상놈나라 vs 꽁생원

원래 일본인은 맨살을 드러내는 데 별 거부감이 없었다. 통신사는 일본인의 개방적인 성 풍속에 놀랐고 특히 음화의 보급과 남창에는 질색을 했다. "집집마다 목욕탕을 만들어 낮부터 남녀가 함께 목욕하면서 장난질한다(신유한, 『해유록』)."는 기록도 있다. 서민에 대한 교화를 사명으로 하는 조선 사대부가 일본을 금수의 나라로 여긴 것은 어찌 보면 당연했다. 한국인이 일본 식민지하, 탄압 속에서도 일본인을 예(禮)를 모르는 야만인으로 여겼던 것도 같은 맥락이다. 반면에 일본 측 외교관은 조선 사대부들의 딱딱한 논리와 철학(유교)적 언행에 "인생의 즐거움을 모르는 꽁생원."이라고 비웃었다. 그 무렵 일본은 상업의 발달과 화폐 유통으로 난숙한 시민사회가 형성되어 유곽도 많았고 회화와 연극, 소설 등 오락과 취미가 크게 유행하고 있었으므로 조선과 일본 사회는 완전히 판이한 문명 세계를 형성하고 있었다.

특히 조선 통신사들이 전하는 일본에 대한 인상을 시골 농부들도 듣고 '일본인이 조선 통신사에게 관을 묻길래 '관(冠)'에는 신고 있는 버선을 벗어 던져주고, 예복에는 여자 치마를 주었더니 일본 관(冠)은 버선을 거꾸로 세워 썼으며 남자가 여자같이 치마를 두르고 예복으로 삼았다.'는 식의 농담을 즐겼다. 실제로 조선 통신사의 기행문에는 '일본의 관(冠)은 '풍로' 같다.', '남자는 모두 청포 조각으로 배꼽 아래를 가리고 심한 놈은 아예 감추지도 않는다.'고 기록되어 있다(김경직, 김세겸). 결국 통신사 외교로도 양국의 선입견을 씻을 수 없었고 상대에 대한 감정은 호전되지 못했다.

니혼쇼키 사관 vs 삼국사기 사관

모처럼 성립된 교류를 적극적으로 이용하지도 못하고 조선 말기의 한일 관계는 파탄에 이른다. 일본은 메이지유신으로 도쿠가와를 타도하고 천황을 복위시켰으며 조선과의 외교 관계 재개를 시도했다. 그러나 그 외교문서에는 『니혼쇼키』 사관에 따라 칙(勅), 천황 등 중국 황제만이 사용할 수 있는 호칭이 쓰여 있었다. 조선은 일본 신정부가 우호적인 도쿠가와 정권을 타도했으니 외교 관계를 맺을 수 없다는 등의 불쾌감으로 답장도 보내지 않고 묵살했고, 조선이 답장하지 않은 것을 빌미 삼아 일본은 정한론을 내세웠다. 백강전투 이후의 신라와 일본, 임진란 후의 조선과 일본, 그리고 식민지 통치를 겪은 오늘날의 한국과 일본은 한결같이 『니혼쇼키』 사관과 『삼국사기』 사관의 대립으로 불신의 역사가 끝없이 되풀이되고 있다.

한일 양국은 엄청난 비용과 노력을 기울여 270년간의 통신사 외교를 벌였으나 현 일본 역사 교과서는 그에 관한 사실을 한 줄도 쓰지 않고 있다. 이는 일본과 조선이 동등한 외교를 벌였다는 사실을 인정하고 싶지 않기 때문이다. 통신사 외교가 남긴 중요한 교훈은 원형이 다른 두 나라의 관계는 외교 접촉만으로는 적극적인 상호 이해로 이어질 수 없고 서로의 편견과 오만이 그대로 계승되고 있다는 사실이다.

통신사 외교와 조선 말기의 회담 광경은 1965년의 한일 국교 정상회담에서 재현되었고, 현재의 역사 인식 문제와도 맥을 같이하고 지금도 같은 일이 벌어지고 있다. 한일의 지정학이 고정되어 유

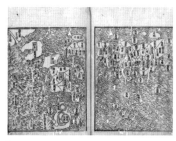

해동제국기

사한 역사적 상황이 빈번히 발생하는데, 양국의 관계는 달팽이의 두 뿔과 같이 영원히 고정되어 있다. 양국 사이의 갈등과 알력은 달팽이의 두 뿔이 다투는 모양새로 와우각상(蝸牛角上)의 어리석음을 보여준다. 신숙주(申叔舟)는 1471년(성종 2년) 임진란 이전에 일본을 방문한 다음 저술한 『해동제국기(海東諸國記)』에서 일본을 소개했다. 그는 왕에게 일본과의 교류의 중요성을 강조하며 "일본과의 화(和)를 유지할 것."을 유언으로 남겼다. 비록 조선과는 다른 문명이지만 군사력과 경제력이 있는 이웃 나라를 무시해서는 안 되며 양국의 지정학을 제대로 인식해 해양 국가 일본을 경계하라는 것이다. 그러나 그의 충언은 지금까지 무시되어왔다.

그동안 한국과 일본 사이에는 이에야스를 비롯하여 김대중 대통령과 오부치 총리 등 여러 차례의 미래 지향적 정책이 거론되어 왔으나 결국 실패한 것은 근본적인 원인에 대한 진단도 없었고, 치유책도 생각하지 못한 채 그저 시간이 해결해줄 것으로만 믿고 방치해왔기 때문이다. 이제는 양국이 공동의 구체적 목표를 가져야 할 때다. 상호 증오가 아닌 서로 존중할 수 있는 나라가 되어야 할 것이다. 양국의 공통 목표에 관해서는 마지막 장에서 구체적으로 제시할 생각이다.

조선은 '大'자만 붙여주면 간단히 승낙하는 나라

역사관이 다르다 해도 중요한 것은 실속이다. 한일 합병 교섭에 참여한 일본 외교관의 수기 중에는 아무리 분해도 꼭 참고 읽어야 할 글이 있다.

"조선 측은 내용이 아무리 불리해도 '大'자를 붙여주고 형식적인 '독립'의 글자만 넣어주면 완강히 반대해온 태도가 갑자기 바뀌어 간단히 승낙하는 데 놀랐다(야마베 켄타로(山辺健太郎), 『일한합병소사』, 岩波출판사)."

이 글은 조선의 외교가 실리보다 형식만 중요시한 것을 비웃고 있다. 오늘날 일본에 대한 한국의 강경한 외교 노선도 형식적인 일본의 태도 변화에 간단히 넘어가지 않을까 걱정이다. 일본인은 몇 번이고 되풀이해 사과를 요구하는 한국을 이해할 수 없다고 한다. 반대로 한국인은 일본의 팔굉일우 정신, 즉 침략을 미화하며 욱일승천기(旭日昇天旗)를 흔드는 일본인의 열기를 이해하지 못한다. 일본은 지난 제2차 세계대전에서 350만 명의 전사자를 냈으나 외국에 대한 사죄는 고사하고 자국 내 전사자 가족에 대한 미안한 마음도, 책임자를 색출해내어 재판에 회부할 생각도 없었다. A급 전쟁범죄인을 고발한 연합국을 오히려 보복적이라며 비난했다. 야스쿠니신사에 전쟁범죄인을 일반 전사자와 같이 합사했다. 또한 전쟁은 범죄적 행위가 아니며 국가 생존의 수단이라고 믿는다.

서로의 원형을 이해해야 외교 관계가 제대로 유지될 수 있다. W. 처칠(W. Churchil)은 유럽인과 전혀 다른 원형을 지닌 러시아인과의 외교 회담에 대한 기억을 되새기면서 "나는 항상 크렘린을 상대하는 사람의 마음가짐으로써 '인내심을 가져라.'라고 스스로에게 말했다. 아무리 그들이 악쓰거나 비난해도 가만히 듣고만 있었다(『제2차세계대전』)."라고 말했다. 처칠의 눈에는 러시아 외교관이 땡깡 부리는 아이로 보인 것이다. 아무리 상대가 하고 싶은 대로 말해도 필요한 것을 얻어내는 것이 외교이다.

06

원형과 외교

한국인의 지나치게 우호적인 중국관

신라 통일 이후 한반도의 역대 왕조는 중국에 사대하고 중국 문화 수용에 적극적이었다. 한무제(漢武帝)가 설치한 한사군(漢四郡)은 실질적으로 중국의 식민지였으나 한민족의 강한 저항으로 철수하였다. 백강전투 이후 오랑캐 호족(胡族)의 침략은 빈번했으나 한(漢)족의 직접적인 침략은 없었다. 한국인의 집단 무의식에는 중국에 대한 악감정이 각인된 일은 거의 없었고 일본에 대한 태도보다는 호의적이다. 중국의 중화사상에는 인종차별이 없으며 문명으로만 화이(華夷)를 구별했다. 사대 외교는 대국과 소국의 평화 공존이 목적이며, 대국은 소국의 공물보다 많은 것으로 답례하여 실질적으로는 소국의 입장에서도 손해 보는 일은 아니었다.

중국은 6·25에 참전해 80~100만 명의 의용군을 전사시키면서 남한과 싸웠다. 대한민국 입장에서는 통일의 기회를 앗아간 원수지만 맥아더 장군 동상을 헐어버리자는 운동은 있어도 중국을 공격하거나 비난하는 일은 거의 없다. 본래 원형은 불합리한 것이라지만 미국이 한국에 많은 원조를 해주었고 중국이 북한을 도와 대한민국의 통일을 반대해왔음에도 한국인의 중국에 대한 태도는 이상할 정도로 우호적이다.

중국과 조선의 외교에는 인간적인 야사(野史)도 나온다. 조선 역관 홍승언(洪承彥)이 기루(妓樓, 기생집)에서 억울하게 하옥된 아버지를 구하기 위해 몸을 팔러 나온 한 처녀를 만났다. 그녀의 효심에 감동한 그는 공금으로 임시변통을 해 처녀를 구한다. 자신은 죄인이 되었으나 처녀는 무사히 몸을 보전해 양가에 시집가고 남편은 명(明)의 고관이 되었다. 왜군이 조선에 침략해오자 홍승언은 다시 역관에 기용되어 원병 요청의 임무를 띄고 북경에 갔는데 예전에 도와주었던 처녀의 남편에게 도움을 받아 임무를 완수하고 돌아올 수 있었다. 이 이야기에는 과장된 부분도 있지만, 조선과 중국의 외교에는 간간이 인간적인 교류도 있었음을 보여준다.

시시포스 신화 같은 대일 외교 패턴

중국보다 일본에 대한 유별난 감정은 문명국을 자처한 조선이 야만국 왜에게 지배당한 굴욕감 때문이기도 하다. 예(禮)를 중심에 둔 중국과의 외교에서는 굴욕감보다 우월감을 앞세우는 경우가 많았다. 외교는 이해타산으로만 따지는 것이 아니라 과거의 기억과 감정이 투여된 원형에 좌우되므로 우수한 지도자는 상대의 속사정을 알고 불합리한 외교 노선은 눈감아줄 때가 있다.

국교 정상회담 이후의 한일 관계는 양측의 노력으로 겨우 안정된 듯 소강상태를 유지하지만 사소한 계기로 금방 냉랭한 상태로 돌아가는 구도를 되풀이해왔다. 정치학자 이근관(李根寬) 교수는 이 구도를 산 밑에 있는 큰 돌을 정상에 올리는 벌을 받은 그리스 신화의 주인공 시시포스에 비유한다. 시시포스는 전력을 다해 큰 돌을 산 위로 밀어 올리는데 그것이 정점에 닿는 순간 굴러 떨어지고 다시 처음부터 올려야 하는 무의미한 일을 되풀이하는 운명을 지녔다. 이는 사실은 국교 정상회의 이후 50년이 아니라 663년의 백강전투 이후 1300년 동안 계속되어온 패턴이다.

이처럼 이성으로 설명 못 하는 충동적 감정의 원인은 집단 무의식에서 찾을 수 있다. 인류의 조상이 겪은 지구상의 마지막 생존 경쟁의 상대가 파충류와 뱀이어서 오늘날까지 인간 본능에 잠재되어 뱀을 싫어하게 됐다는 설도 있다. 한일 사이에는 이와 같은 상호 증오의 역사가 원형에 있다.

일본의 보호막이 된 한국의 원형

2013년 5월 박근혜 대통령은 취임 후 처음으로 미국을 공식 방문해 미 의회에서 '일본의 역사 인식과 반성'을 언급했다. 이는 우리나라는 '동방예의지국'이며 왜(倭)는 야만으로 본다는 선언과도 같은 맥락이다. 과연 미국인은 순순히 그 말을 들었을까? 오바마는 일본의 흉을 보는 시진핑의 말을 도중에 끊고 "일본은 미국의 친구요. 친구에 대한 험담은 듣기 좋지 않습니다."라고 말했다고 한다. 최근 아베 총리가 야스쿠니신사 참배를 함으로써 박 대통령이 취임 이후 "일본은 역사 인식을 모르는 나라."라고 한 비난이 입증된 것은 그나마 다행스러운 일이다.

오늘날 반일 운동은 독도 문제로까지 이어지고 국토 수호 차원의 애국 운동으로 번지는 양상을 보인다. 국가 외교에는 공개할 수 없는 미묘한 책략이 필요하고 시민이 진정하고 있을 때 오히려 유리한 경우가 많은데 한국은 시민과 학생이 앞장서는 경우가 있어 외교 전략에서 선택의 범위가 좁아질 수 있다.

한국은 한 번도 남을 침략할 생각을 가진 바 없지만 대신 침략자에게는 맹렬하게 반항하는 원형을 갖고 있다. 이것이 일본에게는 중요한 보호막이 되었다. 일본 침략을 시도하는 세력은 한반도를 통과해야 되므로 우선 한민족의 거센 저항을 받아야 했고 역사적으로 한민족은 몽골의 일본 침략을 실질적으로 약화시켰다. 이 구도는 8·15 이후 더욱 분명하게 나타난다. 제2차세계대전 전후 처리 문제에 있어 소련은 일본열도의 분단을 원했다. 그러나 미국이 반대해 대신 한반도가 38선으로 분단되었다. 일본이 패전의 폐허에서 실질적으로 복구될 수 있었던 것은 6·25전쟁의 덕이었다. 한민족이 엄청난 희생을 강요당하고 있을 때 일본은 군수물자 생산으로 호경기를 즐기고 있었다. 이 구조는 이미 백강전투에서 결정된 것으로 한국의 고통이 일본의 번영이라니 너무나도 안타까운 일이다.

국제 사회에서 민족 공동체가 부조리를 겪으면, 국내의 구성원 개개인에게 몰아닥칠 때는 몇 갑절의 타격을 준다. 한국인은 역사 이래 엄청난 부조리의 구조 아래 살았다. 하지만 이 사실은 누구에게도 호소힐 길 없는 부조리었고, 구역질 니는 부조리었기에 오직 힌으로 승고시킬 수밖에 없었다.

인내천 사상과 땡깡 애국

춘향의 어머니 월매는 딸이 옥에 갇히자 "동네방네 다 듣소! 이제
는 나도 죽을 것이요! 우리 집에 줄초상 났소!" 하며 울고불고 마당에
뒹굴며 외쳤다. 악질이기는 하지만 변 사또도 월매를 동정하는 마을
사람들의 입방아는 견딜 수 없을 터, 특히 조선 시대 벼슬아치들의 치
국(治國)의 첫째 조건이 수신(修身)에 있었으므로 권력 남용으로 서민
을 괴롭히는 것이 소문나면 신세를 망치는 치명타가 될 수 있다. 월매
는 '인심이 천심'임을 믿고 마당에 나뒹굴었으며 월매의 행동은 조선
국내에서는 나름의 효과가 있었다.

『삼국유사』의 수로 부인 이야기에서는 용이 수로 부인을 훔쳐가자
마을 사람들이 모두 나와 무서운 용을 못난 거북으로 얕보고 "거북
아 빨리 여자를 돌려주지 않으면 잡아 구워 먹어버린다."고 외쳤고,
용은 할 수 없이 여인을 돌려준다. 뭇사람의 입은 쇠도 녹인다는 중
구삭금(衆口鑠金)이라는 말이 있다. '한국 민중은 용도 못난 거북으로
만들 수 있고, 권력도 민중의 목소리에는 맞설 수 없다.'는 믿음이 있
다. '인심이 천심'이라는 '인내천(人乃天)' 사상은 자주 문학에도 모티프
가 되었다.

한국에서는 피해자는 무엇을 말해도 좋다는 권리 의식이 곁들어
피해가 과장되기 쉽다. 금방 효력을 나타내는 약이 극약이 될 수 있
는 것은 정치도 마찬가지다. '땡깡'은 사전에는 없지만 '떼를 쓰다.', '억
지 쓰다.'에서 나온 말로 '심하게 억지 쓴 것.'이라는 뜻으로 쓰인다. 흔

히 보는 무력한 자의 최후의 전술이기도 하다. '간질'의 일본어 덴칸(て んかん, 癲癇)으로 생각하기 쉬우나 분명한 한국어다. 해방 후 일본어 를 금기시한 시절에 생성된 말이므로 한국어화된 일본말은 아닐 것이 다. '땡깡'은 아이가 부모에게 떼를 쓴다는 것과 같은 '억지'에 '깡'이 붙 어 심한 떼를 쓴다는 것을 의미한다. 그러나 '땡깡'은 부조리에 항거하 는 유일한 수단이기도 하다. '기왕 나는 버린 몸, 너도 당해봐라. 너 죽 고 나 죽자.'는 심리가 발동한 것이다.

일제강점기에 고향 마을에는 일본에 징용으로 끌려가 탄광에서 일 하다 발 하나를 잃고 돌아온 사람이 있었다. 그는 술만 마시면 면사 무소에 가서 "야, 이놈들 내 발 좀 봐라. 네놈들이 나를 징용 보냈지." 라고 악을 쓰다가 면장실 마루에 드러누워 버리곤 했다. 결국 그는 일 본인이 두고 간 작은 텃밭이 딸린 적산 가옥을 얻었다. 그가 부조리에 대항할 방법은 땡깡밖에 없었고 그것으로 성공한 것이다.

땡깡은 선(善)과 악(惡)을 떠나 세력화될 수 있으므로 위험 요소도 많다. 한반도의 지정학이 한국인의 땡깡 문화를 형성케 하는 데 큰 영향을 끼쳤다. 일본 속담에 '우는 아이와 마름에게는 못 당한다(泣く 子と地頭には勝てぬ.)'는 말이 있다. 도리를 모르는 아이나 마름같이 권 력을 가진 자에게는 이치가 통하지 않는다는 말이다. 우는 아이나 무 리한 요구를 하는 마름같이 억지를 쓰면 도리 없이 그 말에 따를 수 밖에 없다는 것이고 하물며 관리(公)에 대항하는 일은 일본인들은 생 각도 못 한다. 전 일본 수상 나카소네(中曾根康弘)는 "일본 정치가는 20년간 불황이 계속되는데도 데모 한 번 안 하는 국민에게 감사해야

한다. 세계 어디에 이런 착한 국민이 있느냐."며 국민에 고마움을 전했다. 데모는 땡깡적 요소가 많은데 일본인은 땡깡을 제대로 못 한다. 이런 한일의 의식 차이도 지정학에서 원인을 찾아야 할 것이다.

한국인의 원리주의적 사고로는 사사건건 현실에서 모순을 발견할 수 있고 특히 국내 정책에 대해서는 정부와 맞선다. 외교적 문제는 오히려 '손은 안으로 굽는다.'는 식으로 적극적으로 정부 노선에 동참하고 내셔널리즘(국수주의)을 애국으로 여긴다. 국내 문제에서는 맹렬하게 당쟁을 벌여도 대외적으로는 모두가 동방예의지국 사상으로 뭉친다.

2012년 런던 올림픽 축구 경기의 독도 세리머니, 2013년 7월 29일 한일 축구 시합에 나타난 플래카드의 반일 구호는 국제 스포츠 시합을 애국 운동으로 착각하고 결과적으로 국가적 품격을 손상시킨 일이었다. 실제 외국인들 사이에는 한국을 못마땅하게 생각한 사람도 많았다. 요즘 반일 구호는 조선 말기의 척화양이(斥和攘夷, 타협을 배척하고 오랑캐를 물리친다.), '땡깡은 즉 애국.'이라고 해야 할 것이다. 이런 '땡깡 애국'은 화즉매국(和則賣國, 타협은 곧 매국이다.)의 구호처럼 이성을 마비시키는 주술(呪術)이 될 수 있다. 운동경기와 외교를 구별 못한 것은 안타까운 노릇이다.

외교 전쟁에서의 불문율

약 20년 전 일본에서 박태혁이란 한국 이름으로 쓴 『추한 한국인(Ugly Korean)』이라는 책이 베스트셀러가 된 일이 있었다. 한국이 일본의 조선 식민지화로 근대화될 수 있었으므로 한국인은 일본을 고맙게 생각하고 있다는 내용이었다. '일제강점기를 겪은 세대가 보면 '창씨개명은 은덕'이다.', '일본 나막신을 신고 마을을 활보하는 것이 자랑이었다.' 등 도저히 한국인이 쓸 수 없는 내용이 있었다. 필자는 젊은 혈기로 일본인도 얼마든지 추한 면이 있다며 그 저자가 한국인을 가장한 일본인이거나 또는 매수당한 자임을 밝히고, 『추한 일본인(Ugly Japanese)』이라는 책을 일본에서 출간하여 이에 대항했다. 결국 흑막이 드러나 일본인에게 매수된 한국인의 정체가 밝혀졌고, 양심적인 일본 지식인들은 부끄러운 소치라며 필자를 격려해줬다. 그러나 결과적으로는 일시적인 분풀이로 피차 상처만 크게 남긴 격이었다. 지금 와서 돌아보니 좀 더 건설적인 방법이 있었을 거라는 생각이 든다.

전 세계에 번지고 있는 '위안부 소녀상'이 한국의 국격을 높이고 대일 외교에 긍정적 결과가 될 수 있을까. 동정은 곧 비하로 이어질 수 있다. 신중히 생각할 문제이다. 한국이 일본의 식민지였고 양가의 처녀가 위안부로 끌려갔다는 사실은 생각만 해도 자존심이 상한다. 치유되기 어려운 아픔이고 상처이지만, 자랑할 것은 아니다. 비록 일본이 전쟁 중 범죄 행위를 부정하고 있는 데서 불거진 것이지만, 위안부 소녀상은 자칫 스스로 자기 상처를 선전하는 월매

■잔 다르크

외교로 보일 수 있다. 월매가 한국인의 양심을 믿고 한 것을 과연 국제사회가 이해할 수 있을까. 프랑스의 잔 다르크나 미국의 자유의 여신상 등은 소녀상이지만 그 나라의 기백을 자랑하고 있다. 잔 다르크의 순수한 신앙심과 애국심은 프랑스 국민을 고무했고 그 결과 프랑스는 영국과의 백년전쟁에 승리했다. 잔 다르크는 1431년 영국군에게 포로로 잡혀 마녀의 이름으로 화형당했다.

일본 역사는 백강전투에 패한 열등감을 뒤엎고 오히려 삼한을 정벌했다고 날조해 교과서에까지 실었다. '대밭에서 장기 두기' 격으로 큰소리 치는 쪽이 이긴 것으로 역사에 일단 기록되고 나면 몇천 년은 그대로 간다. 그리고 국민은 그것을 진실로 여긴다. 그런데 우리가 오히려 일본인에게 당했다고 소리만 치는 것이 국가 전략상 유리한 일이 될 수 있을까? 일본을 비난하는 것은 좋다 해도 우리 후세대의 자존심을 위해 바람직한 일이 될 수 있을지 생각해봐야 한다.

현재진행 중인 한일 간의 위안부 문제를 중심으로 한 외교 전쟁의 전략이 일본의 품위와 국격을 손상시킴으로써 한국이 국제사회의 동정을 얻는 것을 기대하기는 어려울 것이다. 무기를 들고 하는 전쟁에도 사용 못 하는 무기가 있고 포로에 대한 대우 등 국제법과 관례가 있다. 외교 전쟁에도 나름의 불문율이 있다. 모멸감, 혐오감보다 스스로 잘못을 깨우치게 하는 논리가 있어야 한다. 한일은 아무리 싸우더라도 상대가 혐오하는 말로 반성을 강요할 게 아니라 스스로 반성할 수 있도록 유도해야 한다. 아무리 상대가 싫어도 이웃이라는 지리적 조건은 영원히 바꾸지 못하고 결국에는 서로 도움을 주고받으며 살아야 하는 사이다. 국제사회가 과거를 용서한 남아공 대통령 N. 만델라(N. Mandela)에게 노벨상으로 보답했던 사실을 우리는 알아야 한다.

이제 대한민국은 당당한 일류 국가이다. 예전의 상처를 보이는 일, 자학으로 여겨지는 일은 삼가고 자랑거리를 내세워야 할 것이다. 따라서, 서로의 원형을 이해하는 이성적 태도가 바람직하다.

한·중·일의 시간관의 차이

한·중·일 외교 분쟁의 근본적인 원인은 원형, 특히 시간관(역사)에 있다. 이민족 왕조 교체를 여러 차례 경험한 중국인은 한족과 이민족을 구별하지 않고 정사를 편집하여, 60갑자를 기반으로 되도록 공평하게 기록했다. 역사 이래 500번이나 외침을 당하고도 민족성을 계속 유지해온 한국인은 '호랑이에게 열두 번 물려가도 정신만 차리면 산다.'는 속담대로 불사조의 정신을 지니고 있다. 또 죽음도 '돌아가는 것'으로 원점으로 회귀하는 구조의 사유 방식도 재생해왔다. 침략군이 철수하면 다시 원점에서 민족 역사를 편집하고 부조리의 쓰라림을 원형에 새겼다. 박근혜 대통령이 "천 년이 지나도 가해자와 피해자의 관계는 변함이 없다."고 말한 것에서 넋두리가 아닌 기백이 보이는 것도 이런 우리의 원형이 있기 때문이다.

외침을 당한 일이 없는 일본인에게 한국인의 '한'은 불합리하고 이해가 되지 않는 정신세계이다. 일본인에게 흘러간 것은 없는 것이 된다. 꽃노 시번 _1반인 섯처럼 찰나적이다. 이러한 사고는 역사관에 그대로 반영되어 있다. 따라서 한일 사이에는 과거사에 대한 해석 차이가 필연적으로 발생할 수밖에 없다.

한·중·일은 역사 인식의 시간부터가 서로 일치하지 않는다. 한일 간 시간관의 차이는 이미 한일 국교 정상회담에서도 배상의 시기를 두고 극명하게 나타났다. 일본 정부는 스스로 의병 운동을 일으키는 한국인을 전혀 이해하지 못하고 한국 정부만을 상대했으며, 배상금에 대해서도 일괄 타결로 개인에 관한 보상 문제도 끝난 것으로 여기고 모두 잊었다.

한국 정부는 빈곤 극복을 최우선으로 여긴 나머지 일본에서 받은 돈 모두를 산업자금에 투입했고, 국가 경제 발전만으로 식민지 시대의 피해자도 간접적으로 보상받은 것으로 착각했다. 그러나 식민지 시절에 고통받은 군인이나 위안부, 징용 피해자, 원폭 피폭자 등은 늘 아픔을 되새겼으며, 한일 국교 정상회담은 한일 권력자 사이의 부당한 타협이자 유착에 불과할 뿐 자신들과는 아무런 관계가 없는 것으로 여겼다. 더욱이 한일 간에 검은 유착이 있었다든지 일본 정치가와 한국 정치가 간에 거금이 흐른 것으로 알려지면서 상황은 더욱 나빠졌다. 피해자의 불평을 입막음하는 중앙 정보부의 악명이 높아질수록 반일 감정도 악화되었다. '때리는 남편보다 시어머니가 더 미운 심정'으로 오늘날까지 반일 감정은 증폭되어온 것이다. 안면에 화상을 입은 한 원폭 피폭자는 노상에서 한일 정상화 외교의 주역이었던 정치인의 옷을 붙잡고 "네가 일본에서 받은 내 돈 내놔라."라고 악쓰는 경우도 있었다. 식민지 시대의 피해자에게 일제강점기의 상처는 절대로 흘러가지 않고 시간은 다시 원점으로 돌아와 역사를 '바로 세워야 한다.'는 생각으로 모아지는 것이다.

07

한 · 중 · 일의
바람직한 방향

중국 팽창의 모순

영토 확장 정책은 필연적으로 전쟁을 유발시킨다. 고전적 제국주의는 사라졌고 어떤 나라도 인류를 전멸시킬 핵전쟁을 감당할 수 없다. 제2차세계대전 이후 지금까지 세계 규모의 냉전은 있어도 열전만은 피해왔다. 토인비는 미소 대립이 극에 달하자 '핵전쟁을 할 바에는 차라리 우리(서방)가 공산주의가 되는 것이 낫다.'고 말해 큰 물의를 일으킨 바 있었다. 그러나 그렇게 되기 전에 소련이 먼저 붕괴했다. 인류의 생명력은 인간이 만든 어떤 정치제도보다 강하다. J. 나이(J. Nye)는 소련 붕괴 이후 핵전쟁의 불가능성을 전제로 군사력(하드 파워)보다 문화력(소프트 파워)을 우선시했다. S. 헌팅턴(S. Huntington)의 '문명 충돌론'도 이와 같은 맥락에서 등장했다. 중국이 소련을 대신해서 미국과 대립하고는 있지만(시진핑, '신대국관계론'), 그 내용은 새로운 세계 질서를 향한 몸부림이지 동북아에서 핵전쟁을 일으킬 의도는 없다.

최근 한국은 역사 문제로 중국과 손을 잡고 일본에 대립하고 있는데 중국의 오늘날 국가 목표는 시진핑이 주장하는 '중국의 꿈(Chinese dream)'이다. '꿈'이라는 말은 맨손에서 출발한 사람이 세속적인 성공을 이루는 아메리칸 드림(American dream)을 연상시킨다. 하지만 그에 대한 중국 정부의 해설문 내용은 크게 다르다. 실제로는 미국과 일본을 의식한 '부강, 민주, 문명, 조화의 사회주의 현대 국가 완성'인 것이다. 특히 학생들은 항일 전쟁 박물관에서 일본군을 물리친 중공군의 영웅적 활동을 마음에 새기라는 내용도 있다. 이는 실질적으로 반일 감정을 이용한 공산당 중심의 사회주의 국가 건설을 의미하고 있다.

　　중국의 실상은 경제성장률만으로는 판단하기 어렵다. 늘 그래 왔던 것처럼 경제 확장과 더불어 사회 모순이나 갈등도 거대화되기 때문이다. 원래 공산당 관료가 자유 민주제를 지향하는 자본주의사회를 지배하는 것 자체가 모순이다. 공산당 간부와 서민이 같은 인민복을 입고 있을 때는 사소했던 모순이 공산당 엘리트가 우아한 양복을 입기 시작하자 그 경제 수준 차만큼 모순도 확대되어갔다. 중국의 성장을 뒷받침한 것은 거대한 미국 시장이었으므로 서로의 협조가 필수적이다. 영토 확장을 목적으로 하지 않으면서 경쟁적으로 군비를 확장하고 무력을 과시하는 것은 국가적 위신 때문이다.

　　1990년 이후 중국과 미국, 일본의 GDP 변화 하나만 살펴보아도 중국 굴기(崛起, 중국의 빠른 성장이 일어난다는 의미)의 무서운 실태를 알 수 있다.

1990년 : 중국 GDP는 일본의 1/8, 미국의 1/15

2000년 : 중국 GDP는 일본의 1/4, 미국의 1/8

2010년 : 중국과 일본 관계가 역전되어 중국이 세계 제2의 경제 대국이 되었다.

2030년 : 중국은 미국의 1.2배 그리고 일본의 4.4배쯤 될 것으로 예상되고 군사력과 경제력은 일진월보해 세계 1위로 동북아 운명을 좌우할 것이 예상된다.

중국 국력의 신장은 지난날 중국이 당한 수모(受侮)를 되돌아보게 한다. 중국의 외교 노선은 굴기와 함께 무력 과시를 일삼으며 왕도가 아닌 패권(覇權)을 보이고 있다. 주변국을 예전의 조공국(朝貢國)으로 삼은 화이질서(華夷秩序)의 길을 가고 있는 것은 아니냐는 우려의 소리도 나오고 있다. '동북 공정'의 이름으로 고구려사를 중국사에 편입한 지도 오래다. 한국인이 아무리 '고구려가 한국의 나라'임을 외쳐도 소용이 없다. 필자는 지린 성(吉林省) 연변대학의 한 세미나에서 '고구려 역사는 한국사'라는 한국인 학자의 주장에 대해 '그러면 한반도도 중국사'라고 맞받아치는 조선족 출신 교수의 말에 놀랐던 적이 있다.

2011년 경영문화포럼 아타미(熱海)회의에서 오오타(大田典也)

▮주구 이무성 홈페이지에 게재되었던 '2060년의 중국', 오오타 박사 제공

박사는 2010년 5월 일주일 가까이 중국 외무성 홈페이지에 게재된 '2050년의 중국'이라고 지도를 소개해 큰 충격을 주었다. 한반도 전역과 일본 서부가 중국 영토로 표시되고 일본열도 중부 이서가 동해성(東海省)이라는 이름의 자치 지역으로 되어 있었다. 변함없는 중화사상과 탁월한 인종 융합 능력, 그리고 계속 늘어가는 영토 분쟁을 생각할 때 위 지도에 섬뜩한 인상을 받을 수밖에 없다. 아이러니하게도 동해(일본해)는 동북해(東北海)로 표기되어 있었다.

한국과 일본이 동해 명칭과 독도에만 신경 쓰며 두 나라가 닭싸움을 하는 동안 중국이라는 큰 구렁이가 함께 삼켜버리는 상황에 빠질 수도 있다. 최근 한반도 서남 해안의 이어도(파랑도, 波浪島)에 대한 소유권 주장과 빈번한 대중국 어선단의 한국 영해 침범으로 피차간에 희생자가 나오기도 했다. 또한 중국은 남중국해도서와 댜오위다오(釣魚島, 일본명 센카쿠)의 영유권을 주장해 중국과 주변국 사이에 심각한 긴장을 발생시키고 있다. 실제 댜오위다오 근해에 나타난 중국 대선단의 모습은 금방 무력 충돌이라도 발생시킬 것처럼 보였다. 신중국 수립 이후 중국과 인접국과의 사이에는 30건 정도의 영토 문제가 발생했다. 그중에는 1988년 남사(南沙) 군도에서 베트남 해군 수송선을 격침하는 등의 분쟁이 있었지만 국력성장에 힘입어 대부분 유리하게 처리된 것이 사실이다. 정보화, 다양화, 국제화되는 오늘날 중화 문명만을 내세운다면 인류사에 역행하는 일이 될 것이다. 바람직한 외교는 문명적 태도를 갖고 군사력이 아닌 평화적인 수단으로 국제 관계를 유지하는 것이다.

굴기 정책과 패권주의

그렇다면 과연 중국의 굴기 정책은 계속될 수 있는 것일까?

중국이 넓은 영토에서 수천 년 동안 수억의 여러 민족을 하나의 문명으로 통합할 수 있었던 것은 군사력이 아닌 사상적 힘 덕분이었다. 인종차별이 없고 포용력 있는 사상적 뿌리는 『예기(禮記)』의 대동사상과 공양가(公羊家)의 평등과 공정을 기반으로 하는 세계주의에 있었으며 중국인은 그 이상을 계속 유지해왔다. 특히 맹자는 왕도를 주장하며 '예(禮)의 왕도'와 '무력의 패권'을 구분했다. 중국인은 예가 국제 마찰을 완화하는 윤활유 역할을 하며, 예 없는 패권주의 정권은 오래갈 수 없음을 역사에서 터득했다. 진시황은 문자, 법 제도, 도로망 등 모든 제도를 정비해 완벽한 통일 정권을 수립했으나 결국 3대 16년만에 멸망했고 이후 중국에는 중앙집권형 군현제(郡縣制)는 등장하지 않았다.

1920년대, 중국은 근대화에 몸부림치고 있었으나 대부분의 유럽인은 그 정체(停滯)성을 비웃고 있을 때였다. 예외적으로 영국의 두 지성인 B. 러셀(B. Russell)과 A. 토인비는 한결같이 서구 문명의 한계를 경고하면서 중국 문명의 안정성, 특히 자연과 어우러진 역사를 높이 평가하고 앞으로의 비약을 예견했다.

사실, 중국과 서양 역사의 진행 양식은 전혀 다르다. 서양 문명의 기본은 헬레니즘(그리스)과 헤브라이즘(유대)으로 알려져 있는데 이들도 초기에는 한 지방의 문명에 불과했다. 상업 발달과 기독교의 보급으로 한낱 방언에 불과했던 라틴어가 카톨릭 교회의 공용어기 되었고 유럽 사회는 왕후(王侯)와 가톨릭 교회로 이중 구조화되었다. 유럽 문명의 중심은 고정되어 있지 않고 이집트, 수메르, 그리스, 로마 순으로 멸망했으며 문명의 중심은 그 시대마다 바뀌어왔다. 반면 중화 문명의 발달 양식은 왕조 교체와는 상관없이 항상 중원에 있었다. 이처럼 동서양은 중심지의 이동 형태부터가 대조적이었다.

러셀의 중국에 관한 예언 중 지금까지 유일하게 빗나간 것은 '중국이 연방제를 택할 것'이라는 견해였다. 그는 광대한 영역의 균질화에서 오는 불안정성을 우려했다. 반면에 토인비는 중국의 포용성을 기대했다. .

중국은 무력으로 한반도를 침략하지는 못할 것이다. 조선의 모화(慕華)정책 강행으로 사상적으로 중국화될 수도 있었으나 그렇게 되지 않은 여러 이유 가운데 가장 중요한 하나는 우리 의식 곧 정체(正體)성을 지키는 한반도인의 강한 기백 덕분이었다.

현재 중국이 쓰는 굴기 정책은 영토 확장보다는 아편전쟁 이후 서구, 일본 제국주의 세력에 당한 굴욕적인 반(牛)식민지 시대의 좌절감을 극복하고 국가적 위신을 확립하기 위한 정부의 의도를 반영한 것이다. 현재 중국에는 '가지 많은 나무에 바람 잘 날이 없다.'는 격언대로 민족문제와 경제 격차 등 여러 문제가 산적해 있다. 특히 중국은 소수민족 티베트나 위구르의 독립운동으로 골머리를 앓고 있어 패권주의의 한계를 인식하고 있을 것이다.

478

이키(粹)의 일본 외교

사토 마사루(佐藤優)는 일본 외무성 국제 정보 분석 주임으로 근무한 전문직 외교관이다. 그는 전후 러시아에 넘어간 북방 4개 섬의 반환을 위해 외무성의 정규 루트가 아닌 방법으로 국회의원 스즈키 무네오(鈴木宗男)와 같이 러시아 정부와 비밀리에 접촉하다 파면되어 2년에 가까운 옥살이를 겪었고, 현재 정부를 상대로 소송 중에 있다. 그는 일본 외무성에서 '라스푸틴'이라는 별명으로 불리기도 한다. G. E. 라스푸틴(G. E. Rasputin)은 제정러시아 말기 왕실의 두터운 신뢰를 받고 정치를 좌지우지하다 러시아를 망국의 나락에 빠트린 괴승(怪僧)이다. 사토는 현재 평론가로 왕성하게 활약 중이며 최근 유력지 『문예춘추(文藝春秋)(2012년 12월호)』에 외교 문제를 일본 문화론과 연관시키면서 일본 고유의 문화 의식 '이키(粹)'로 당면한 한국·중국과의 외교 공세에 대응할 것을 주장했다.

1930년 철학자 구키 슈조(九鬼周造)는 일본인의 정신적 특성을 외국어로 번역하기 어려운 고유의 낱말인 '이키'에서 찾았다(『이키의 구조』). 구키는 이 낱말을 일본어에만 있는 것으로 오해했으나 그것 또한 가라어 '씩'과 동류어이다. '씩씩이'가 일본어로 '이키'가 된 것이다(sik-iki). 이키는 '사나이다운 멋', '생기', '수(粹)'로 이해할 수도 있고 순수함, 멋, 담백한 남자다움을 뜻하기도 한다.

구키 슈조는 '이키'의 마음을 일본의 역사적 색깔 또는 문화의 상징으로 보고 당면한 외교 마찰을 극복할 정신적 기반으로 삼을 것을 주장했다. 요컨대 '할 말을 다 하지 않고, 마지막 단계의 한 발자국 앞에서 이유를 삿고 내응함으로써 일본의 이익을 최대화할 수 있다.'고 생각한 것이다. 외교에 원형을 반영한다는 점에서 원형사관의 발상과도 같아 신선미가 느껴진다.

오리엔탈리즘과 동방예의지국 사상

최근 군사적 시위를 앞세우는 중국의 행동은 왕도가 아닌 패권 노선으로 보인다. 1세기 전 중국 신해(辛亥)혁명의 아버지 쑨원(孫文)은 일본 고베여자고등학교의 강연에서 "일본은 계속 서구 제국주의자의 앞잡이가 되어 동양을 무시할 것인가, 아니면 동양의 이상인 왕도 정치 노선으로 돌아와 우리(동양)와 공존할 것인가? 영국이 인도를 지배한 뒤 네팔에 경의를 표했으나, 네팔은 영국의 제국주의를 외면하고 인의도덕(仁義道德)을 내세우는 중국을 상국(上國)으로 삼아 조공했다."며 왕도의 보편성을 강조했다. 쑨원(孫文)이 1세기 전에 내세운 왕도는 고전적 책봉 체제가 아닌 예를 통한 대·소국 간의 공존 질서로 승화되어야 현대적 의미를 갖게 될 것이다.

최근 중국 내부에서 오건민(吳建民) 전 외교 학원 원장의 주목할 만한 논문이 나왔다. 2012년 12월 12일, 당 기관지 인민일보(人民日報, 국외판) 1면에 게재된 그의 글 일부는 다음과 같다.

"덩샤오핑(鄧小平)이 도광양회(韜光養晦, 빛을 감추고 힘은 어둠에 돌아가야 한다.)를 내세우고 있던 시기인 2004년에 처음으로 '평화 굴기'라는 말이 나왔으나, 중국인이 말하는 굴기(崛起)에 호의적이었던 주변국들이 요즘은 불안을 감추지 못하고 있다. 중국은 제국주의자들의 사냥터였고 특히 일본은 신정부 수립(1868년) 이후 서구 열강의 뒤를 따라 대만 침략, 청일전쟁 등 계속 중국 본토를 짓밟았다. 세계가 중국의 굴기(崛起)에 박수를 보낸 것은 지난 1세기 이상 중국인이 겪은 고통과 노력을 이해하기 때문이다. 그러나 중국은 2009년 세계 금융위기 이후 굴기를 구호로 노골적으로 힘을 과시해 왔다. 덩샤오핑(鄧小平)의 도광양회 정책은 귀중한 유산이고 중국은 어떤 주저나 동요 없이 그 길을 걸어야 한다. 13억 인구의 굴기는 선례가 없는 일이기에 중국이 아무리 평화적이라 해도 다른 나라들은 의심한다. 전 세계에는 공산당에 대한 편견(의심)도 있다. 중국의 일방적인 행동은 결국 중국의 굴기 노선에 해가 된다."

전 싱가포르 수상 리콴유(李光耀) 역시 중국의 화평굴기(和平崛起)를 주장하고 덩샤오핑과 같은 '도광양회' 정책이 세계와 자신을 위하는 지혜임을 강조했다(『One man's view of the world』, 2013). 쑨원(孫文)은 제국주의 일본에게 동양으로 돌아와 예(禮)의 문화를 존중하라고 충고했고 덩샤오핑은 도광양회 외교를 주장했다. 시진핑은 친(親), 성(誠), 혜(惠), 용(容), 즉 '친해지고 성의를 다하고 혜택을 주며 포용한다.'는 구호를 내걸었다. 시진핑의 주장은 덩샤오핑(鄧小平)보다 한 발 앞섰다. 그러나 최근 타이, 베트남, 필리핀과의 분쟁 등 현실적으로 나타난 것은 대국의 횡포로만 보인다. 일본과의 댜오위다오 분쟁은 고사하고 주변 약소국에 대한 무력시위는 예(禮), 친(親), 성(誠), 혜(惠), 용(容)이 아니라 쑨원(孫文)이 경계한 패권이 아니던가?

맹자의 왕도 외교가 오늘의 국제 관계에 그대로 적용될 수는 없지만 대·소국 간에는 고전적 '예' 대신 국제 기준에 의한 '절도 있는 공존 의지'와 모두가 공유하는 '절도 있는 질서'가 성립될 수는 있다. 동북아권의 외교는 군사적 시위가 아닌 문화와 멋, 미(美)와 예(禮)의 외교로 난제를 극복해야 AU(Asia Union, 아시아 연합체)의 구상이 현실화될 수 있다. 중국이 세계 평화에 이바지할 수 있음을 보여주는 실례로 8·15 직후 장가성이 말한 '보원이덕(報怨以德, 원수를 원수로 갚으면 한이 없다. 원수를 덕으로 대한다.)'을 들 수 있다. 이 한마디는 그야말로 왕도 외교를 상징하는 것이다.

한·중·일이 서로 빈정대고 악담하는 모습은 아이들 수준이다. 일본은 '오는 말이 고와야 가는 말이 곱다.', '역지사지(易地思之)' 등 한국 속담을 그대로 인용해 우리를 도발하고 있다. 이유는 어디에 있든 한국도 어른스러운 태도를 보여주기를 바란다. 일본이 '이키' 외교로 나선다면 우리도 나름의 '멋'이 있는 민족이다. 일찍이 신라의 최치원은 해동(신라)의 고유 심성을 풍류(風流)로 보았고 조윤제 박사는 한국의 미학에 '은근과 끈기'를 내세운 바 있다. 이는 중국의 '도광양회'에도 견줄 수 있는 심성으로 외교 현장에서 일본인이 뭐라고 하든 이러한 마음가짐으로 응하면 실익도 있을 것이다. 2013년 3월 11일 일본 동해 대지진 2주년 기념행사를 거행한 다음 날 아침 NHK 방송은 "이날 행사에 한국 대사관은 사무 실수로 대표를 보내지 않았다."고 보도했다. '초상 마당에서 원수를 푼다.'는 한국 속담도 있는데 안타까운 실수였다.

서양의 미술, 예술 용어로 자신에게 없는 이국적 정서와 풍속에 대한 동경과 호기심을 '동방 취미' 또는 '오리엔탈리즘(Orientalism)'이라고 한다. 19세기 프랑스 인상파 화가 고흐에게 일본 우키요에(浮世繪) 작품이 영향을 끼치면서 생긴 '자포니즘(19세기 중·후반 유럽에서 유행하던 일본풍의 사조)'도 그 일부다. 팔레스타인 출신 E. 사이드(E. Said)는 『오리엔탈리즘(Orientalism)』을 통해 서구 내부에는 없는 이질적 문명 요소를 오리엔트(동양)로 불러온 사실을 지적하고, 지역적 의미만이 아닌 가치관과 권력 구조 등과 같은 더 넓은 의미를 포함한 것으로 보았다.

일반적으로 자기 문명을 중심에 두고 다른 세계를 주변에 배치하는 입장은 선입견과 우월감, 오만을 유발한다. 한국의 동방예의지국 사상, 중국의 중화사상(중국 중심주의), 일본의 야마토고코로(大和心)도 나름의 오리엔탈리즘이라고 할 수 있다. 오리엔탈리즘에 패권주의가 결합하면 추악한 제국주의가 되는 것은 나치즘에서 보면 알 수 있다. 그것은 쉽게 '모두 하나가 되자.' 식의 중국 대동주의 또는 일본 팔굉일우 침략주의로도 전이될 수 있다. 반면에 무력을 개입시키지 않고 문화를 강조하는 한국의 동방예의지국 사상은 오늘날 세계성을 가질 수 있는 바람직한 노선이고 어떤 형태로도 '오리엔탈리즘'이 될 위험이 없는 21세기형 문명 사상이다. 그러므로 한국인은 자신 있게 세계 평화를 외칠 수 있는 백성이다.

정치가의 위험한 역사관

때로 정치가의 역사관은 충동적인 대중의 애국심만큼이나 위험하다. 유고슬라비아 연방의 해체 과정에서 전쟁으로 이익을 힐으러낸 S.

밀로셰비치(S. Milosevic) 대통령은 자국민에게 병적인 애국심을 부추겨 어제까지도 함께 이웃으로 지낸 사람들을 분열시키고 민족 청소라는 이름으로 원자폭탄보다 더한 참극을 자행했다. 남아공의 N. 만델라 대통령이 원수에 대한 용서와 화해로 노벨평화상을 받은 것과는 대조적이다. 밀로셰비치 대통령은 민족 간의 적개심을 부추기고 대량 학살과 인종 개조 등을 유도해 세계의 적이 되어 사형선고를 받았다.

과거로부터 자유로운 나라는 하나도 없다. 미국의 인디언 학살과 흑인의 노예화, 영국의 아편전쟁과 인도 식민지화와 독립운동 탄압, 백호(白濠)주의라는 명목의 호주의 원주민 학살, 러시아의 폴란드 카틴 숲 대학살, 스탈린의 대숙청과 수용소군도, 중국의 티베트인 탄압, 체첸의 여성에 대한 집단 폭행 및 민족 청소 등 모두가 마이너스적 유산을 지닌 부조리 덩어리다. 법은 가치적인 것이 아니라 현실의 질서에 중심을 둔다. 개인의 실존과도 같이 국가적 실존 또한 부조리이며, 일찍이 사마천이 "천도(天道)는 시(是)냐 비(非)냐 (하늘의 뜻은 옳은 것이냐, 틀린 것이냐.)"라고 절규한 바와 같이 역사에는 정의가 없다. 역사의 史는 '口 +人'으로 '깃발을 든 사람 즉, 승리한 사람이 기록하다.'라는 뜻이며 권력에 의한 과거의 해석에 불과하다. E. H. 카 또한 "역사가의 수만큼 역사관이 존재한다."라고 했으며 역사에 보편적 가치 기준이 있는 것은 아니라고 했다(『역사란 무엇인가』). 오직 우리가 할 수 있는 것은 역사의 부조리를 밝히고 현실을 보다 좋은 방향으로 이끌어가는 것이다.

외교 현장에서의 역사 논쟁은 실익이 없다. 핑계 없는 무덤은 없으며 도적놈에게도 나름의 이유가 있다. 가치기준이 없는 역사 논쟁은 상호 비방에 빠져 불모의 감정 대립만 심화시킬 수 있다. 국가는 과거의 부조리를 극복하는 현실적 존재이며 정치가는 역사적 가치를 논하는 대신 미래의 진로를 제시하는 사람이다. 반면 역사가는 과거의 정확한 실상만 밝힐 뿐, 정치에는 관여할 수 없다. 더욱이 외교 현장에서는 역사 문제에 매여 있는 국제정치 역학의 현실을 무시할 수 없다.

한·중·일 삼국은 멋과 도광양회(빛을 감추고 몰래 힘을 기른다.), 이키의 정신으로 모두가 언사만이라도 조심해야 한다. '정치가 타협의 예술(W. 처칠)'이라고 하듯이 외교는 확실히 타협의 미학이 필요하다. 과거가 아닌 미래를 도모하는 것이 '멋' 외교의 출발점이 되어야 할 것이다.

마지막 5부에서는 우리나라의 지정학적 구조의 한계를 개선하고 바람직한 국제관계를 이룩하기 위해 어떤 노력을 기울여야 하는지에 대해 구체적으로 살펴보도록 하겠다.

05

한반도 평화와 세계

01

동북아 교향곡

토인비는 제1차세계대전 중 독일과 연합국 세력의 대결 구도가 2,400년 전 아테네와 스파르타가 중심이 되어 싸운 펠로폰네소스전쟁의 구도와 같음을 직감했다. 아테네의 입장이 수천 년의 시간 간격을 둔 영국의 처지와 같음을 지적함으로써 역사의 공시성(共時性), 즉 역사는 시간과 시대를 초월해서, 현재도 2,400년 전의 고대와 같이 흘러가며 살아 있다는 것을 실감하고 과거의 몰락 역사에서 현대 문명의 몰락 가능성을 감지했다. 인류사가 시공을 초월해 같은 구조를 되풀이하는 모습은 하나의 모티프를 변조시키면서 전개하는 교향곡의 구도와도 같다.

현재진행 중인 미국과 중국 간의 대립도 당사자들에게는 새로운 국면이지만 한반도인에게는 낯익은 단골 메뉴이다. 이는 한반도를 중심으로 한 대륙 국가와 해상 국가 간의 대립이 또다시 '되풀이'되고 있음을 보여준다. 주변국이 새로운 대립 양식을 모색할 때 한반도인은 그냥 앉아서 보고만 있어서는 안 될 것이다. 그들의 이해득실의 틈새를 이용해 스스로의 위상을 설정해야 할 것이다. 이제 한국은 '동북아 교향곡'의 주제인 '역사의 되풀이'의 지휘봉을 잡아야 한다. 지금까지의 전 과정을 되돌아보고 마지막 악장을 구상해야 하는 것이다.

제1악장은 당과 왜 세력이 개입한 삼국시대의 한반도로 신라, 고구려, 백제의 구도가 얽혀 있던 시기이다. 열도 세력 왜와 백제가 결합해서 일본을 건설하고 신라는 대륙 세력 중국에게 사대하는 구도였다. 제2악장은 신라 통일 후 대륙 세력 중국에 대한 한반도의 1,300년간의 사대(事大)와 해양 세력 일본의 거듭된 침략 그리고 대륙 세력 중국의 반식민지화와 일본에 의해 조선이 식민지화되기까지의 시기이다. 제3악장은 해양 세력 미국과 대륙 세력 러시아의 대립으로 한반도가 분단되고 6·25전쟁으로 이어지면서 중공이 러시아 대신 미국과 대립하고 북한이 핵과 미사일을 제조한 시기이다. 마지막 제4악장은 대륙과 해양 세력의 공존을 위해 '한반도 영세중립안'을 실현하는 홍익인간이 현실화되는 시기이다.

2013년 9월, 미국이 일본의 집단 자위권을 인정했다. 이로써 새로운 중국(대륙 세력)과 미·일(해양 세력)의 대립 구도가 재확인되면서 한국의 입지에 미묘한 영향을 주고 있다. 겉보기에는 '한·중' 대 '미·일'의 대립으로 굳혀졌던 19세기 말과 같은 구도의 재연이다. 역사의 되풀이는 항상 '완전한 일치'는 아니지만 거의 같다. 펠로폰네소스전쟁에서 제2차세계대전까지 패권 다툼은 전쟁으로 판가름 났지만 핵무기의 등장으로 소련과 미국은 일찍이 인류가 경험한 바 없는 냉전을 겪었다. 현재 미국과 중국은 또 한 번의 새로운 방식에 의한 '신형 대국 관계'라는 전쟁(半協半戰)을 시작했다. 국제화와 정보화 사회의 도래로 국가 상호 간 교역을 외면할 수는 없다. 자본주의 국가는 일찍이 I. 칸트가 지적한 바와 같이 무역에 의존하므로 전쟁의 후폭풍을 견디지 못한다. 전쟁이 발생하면 뒤따르는 생산 공장의 가동 중지와 주식시장의 폭락, 외국자본의 이탈로 인한 국가 기반의 와해를 감당하지 못한다(『영원평화론』). 한국 경제는 미국, 중국, 일본 등의 경제와 깊이 얽혀 있어 주변의 어느 나라도 자국의 경제에 불리한 전쟁을 바라지 않는다. 북한 또한 외국자본의 도입이 필요한 것은 마찬가지다.

대국의 논리

냉전 붕괴 후 러시아 정권은 제정러시아 이래의 전통대로 서구(지향)파와 슬라브주의파로 갈렸다. 그러나 고르바초프(서구파)와 옐친(슬라브주의파), 그리고 푸틴(서구파) 등은 한결같이 체첸의 이슬람원리주의를 적으로 삼아왔다. '어떤 악의 권력도 없는 것보다 낫다.'는 말이 있다. 대국은 국제 질서를 유지하는 책임을 지님으로써 스스로의 입지를 지킬 수 있다는 것을 실감하고 있다. 중국은 왕도 정신을 재인식하게 되었고 미국은 카터 정권 이후, 최근 들어 더욱더 강력하게 보편적 가치(인권과 자유)를 국제 외교의 전면에 내세우고 비핵 정책에서 상호 협력하고 있다. 오바마 대통령은 기자회견에서 미국은 더 이상 세세의 경찰관이 아니라며 분쟁 해결의 책임이 없다고 말했다. 특히 육

군사관학교(Westpoint) 졸업식에서 새로 임명된 장교의 생명을 지키겠다고 의지를 밝혔다. 이것은 고전적 전쟁의 포기나 다름없는 중대한 선언이다. 미국과 중국은 서로 패권 경쟁을 벌이면서도 전면 전쟁은 할 수 없다. 비핵 정책에 협력하고 경제적으로도 상호 의존 협력을 해야만 되는 처지이다. 어느 한쪽의 경제 불황은 다른 한쪽에도 금방 영향을 끼친다. 환경오염의 심각성, 자원, 에너지 등 전 지구적인 공통 문제도 함께 안고 있다. 미국과 중국은 앞장서서 지구 환경 보전에 세계와 함께 협력해야 하는 처지이다. 미국은 아베 총리의 야스쿠니 신사참배를 비난했으나, 보다 중요한 것은 자국을 향한 중국의 도전이다. 결국 미국의 속마음은 다시 한 번 일본을 앞장세워 러시아와 중국을 경계하는 것이다.

한·미·일 삼국 외교전의 제1차전은 1905년의 가쓰라(桂)−태프트(Taft)밀약으로 한국은 완전히 무시당했다. 제2차전은 8·15 해방에서 시작되었다. 우리는 가능한 많은 배상을 원했지만, 당연히 일본은 될 수 있는 한 적게 주려 했고 미국은 원칙적으로 독일에 했던 것처럼 배상을 무시했다. 일본 요시다(吉田茂)와 미국 국무 장관 덜레스(J. F. Dulles)는 모의하여, 한국이 샌프란시스코강화조약(1951년)에 참석하면 '배상금과 독도 문제로 말썽을 낸다.'는 이유로 제외시켰고 그에 앞서 애치슨(Acheson) 선언으로 한국의 외교는 완패했다.

애치슨은 1950년 1월 전미국신문기자협회(National Press Club)의 연설에서 한반도와 대만을 미국의 방위 범위에서 제외한다고 선언함으로써 마치 일본과 확고한 동맹을 유지하기 위해 한반도를 희생양으로 삼으려 한 것처럼 보였다. 한국이 외교적으로 불리했던 것은 지정학의 탓만이 아니었다. 해방 직후 거의 외교력을 발휘할 수 없었고, 오직 해방의 고조된 분위기 속에서 일본에 대한 비난만 하고 있었다. 한편 일본은 전통적인 순종 외교술로 동경의 미점령 당국과 워싱턴의 국무성을 녹이며 미국을 달랬다. 현재 한일 간에는 심각한 제3차 한일 외교 전쟁이 벌어지고 있다. 미국은 이미 일본의 집단 자위권을 지지하고 일본과의 유대를 강화하고 있다. 한국의 운신(運身)의 폭은 매우 좁다.

한국의 기본 노선은 자본주의와 민주주의인 친미 노선으로, 불가불 미국과 긴밀한 관계에 있는 일본과 손을 잡아야 한다. 역사 문제, 위안부 문제 등에 관해 중국이 한국에게 이해를 보이는 것은 한국을 미국과 갈라놓기 위한 전략적 의도이다. 중국의 반일 노선은 역사 문제를 표면에 내걸고는 미국의 인권 외교에 맞서고 일본의 친미 정책과 군비 확장을 견제하는 것이다. 중국은 미국과 맞서기 위해 러시아와 공동 보조를 취하지만 중·러의 원형 차이는 미국과의 차이보다 오히려 더 심각하고, 국경 문제 또한 러시아의 시베리아 진출 이래 계속되어 온 불씨이다. 요컨대 국제 역학은 속과 겉이 다르고 수시로 상반된 이익이 표출되는 복잡성의 세계이다.

'동북아 교향곡' 마지막 제4악장은 한국이다. 한국은 주변국 사이의 역학 관계를 안정시키면서 외교력을 펼쳐나가야 할 것이다. 정보화와 국제화는 반도의 해양·대륙 간의 물리적 교량의 의미를 희석시키고 있다. 단군 신화에서 상징되는 곰과 호랑이는 이제 함께 살아가기 위해 타협의 미학을 발휘할 기회를 맞았다. 앞으로 10년, 늦어도 2030년에는 패권 국가가 없어질 것이다. 마케도니아, 로마, 칭기즈칸 이래 여러 나라가 세계 패권 국가를 목표로 삼았으나 아무도 성취하지 못했으며 성취한 것으로 착각할 때는 이미 망하기 직전이었다. 제국의 적정 규모는 정할 수 없고 세계는 불안한 대국보다는 안정된 지역 공동체를 지향해갈 것이다. 궁극적으로 서로 경제적 이익을 중심으로 핵 비확산에 협조하며 상호 안보 구조를 구축할 것이고, 상대의 기득권을 인정하게 될 것이다.

02

북한의 핵

변화하는 중국의 대북한 정책

오늘날 중국의 한반도 정책은 백강전투 이래 구축한 중국의 질서를 21세기형으로 변용했다. 북한의 핵무기를 없애고 남한과 밀접한 관계를 유지하는 것이다.

그 진의를 파악하기 위해 다시 한 번 백강전투를 돌아보자. 당(唐)은 정석대로 신라와 백제, 고구려 구 삼국에 사신을 보내 화해를 권하고 결정적 시기에는 가장 멀리 있는 약소국 신라의 청을 받아들이는 척하면서 백제와 고구려를 치고 당의 질서를 확립하였다. 고구려는 수(隋)를 망하게 한 군사 대국이었고 백제는 요서(遼西)에 분국을 설치하면서 대륙의 동해안을 왕래한 잠재적 적국이었다. 당은 차례로 이들 세력을 멸망시키고 신라를 무력화하는 근공원교(近攻遠交) 정책을 취했다. 당이 백강전투 이후 신라와 싸우고 망한 백제를 부흥시키려한 일을 상기하면 오늘날 중국의 대(對)한반도 노선도 충분히 그릴 수 있다.

천안함 폭침 사건과 연평도 포격 등 명백한 북의 비행에 대해 중국
도 겉으로는 "한반도의 평화를 원하고, 관련 당사국의 냉정한 대응
을 바란다."고 관련된 나라에게 협조를 요청했지만 속으로는 자국의
국제적 위상 향상의 기회로 삼을 수 있어 고소한 마음이었을 것이다.
한반도의 평화를 원한다면서 중국이 남북한 간 대화를 권하는 모양
새를 취한 것도 백강전투 직전의 삼국시대와 크게 다르지 않다. 중국
지도부의 속마음은 궁극적으로 남북이 하나가 되어 자기편에 편입되
기를 바라고, 차선으로는 한반도의 분단 상태가 계속되는 것이다.

1993년, S. 헌팅턴(S. Huntington)이 미국의 국제 전략 중 가장 주의
할 것이 '이슬람과 유교 커넥션'이라고 말하며 그 가능성을 경고했다.
그러나 실상 이슬람과 중국 대신 '북한과 이란 커넥션'이 현실화되었
다. 이란의 미사일은 북한의 '노동 2호' 미사일을 개조한 것으로 밝혀
졌고, 세계는 헌팅턴이 예상한 것보다 빠른 속도로 변하고 있다. 중국
이 대국화되자 북한이 그 뒤를 따라 핵무기를 갖게 되었다. 2012년,
북한의 김영남 최고인민위원회 상임위원장은 이란을 방문하여 과학
기술협정을 맺었다. 핵과 미사일 개발의 협력 관계가 성립된 것이다.

중국은 6·25전쟁에서 마오쩌둥(毛澤東)의 아들을 포함한 18만 명
의 군인을 희생시키면서 멸망 직전의 김일성 체제를 살려낸 후 계속
보호자 역할을 맡아왔다. "북한에 대한 영향력 행사에는 한계가 있
다."면서도 식량과 에너지 등의 일방적 공여가 아니라 니켈, 마그네사
이트, 아연 등 지하자원을 받는 상호 무역 형식으로 충분한 이익을 얻

어왔다. 그러나 중국 또한 미국 못지않게 테러 문제가 심각하다. 중국은 카자흐스탄을 비롯한 중앙아시아 여러 나라에서 석유를 파이프라인으로 대륙의 동해안까지 운반할 계획이 있고, 그것을 방해하는 이슬람 원리주의 테러에 대한 미국의 작전을 고맙게 여긴다.

지금은 오히려 북한 핵을 경계할 입장이 되었다. 호랑이 새끼를 기르고 화를 자초한(養虎遺患) 격이지만 그래도 북한은 여전히 미국을 견제하는 데 유용한 존재이다. 일본은 원자력 발전소를 계획할 때부터 핵 원료의 자급화를 진행해왔기 때문에 결심만 하면 언제라도 핵무기 생산이 가능하다. 중국에게는 청일전쟁과 1931~1945년에 걸친 15년 전쟁의 기억이 있어 일본이 앞으로 북핵을 빌미 삼아 핵무장을 하는 것이 최대의 걱정거리이다. 개인의 경우처럼 국가도 한 번 당한 상대에게는 강한 경계심을 가진다. 북한의 핵실험 이후 중국은 UN 안보리의 북한 제재 결의를 지지하고 동시에 북한무역은행의 계좌도 동결했다. 실제 중국의 오피니언 리더(논객) 중에는 북과의 동맹 관계를 파기하라는 목소리도 있다. 그러나 현실적인 해결책은 중국과 미국이 협력하고 북핵을 국제 질서에 편입시키는 일이 될 것이다. 여기에는 일본이 제공할 배상금이 큰 역할을 하지 않을까 싶다.

또 한 번의 역사 되풀이

1972년, 미국 대통령 닉슨이 중국 총리 저우언라이(周恩來)와 역사적 회담을 했을 때 자신의 부통령 시절, 이승만 대통령과 만난 일을 회상하면서 저우언라이에게 한반도 휴전 협정이 성립된 배경에 대해 말했다.

닉슨이 "당신이 계속 북진 통일을 고집하면 미국은 한반도에서 빠질 수밖에 없다."고 압박하자 이승만이 휴전에 동의했다는 내용이다. 그리고 닉슨은 "우리 미국과 중국은 충동적인 한국인이 하는 일에 말려들어 싸우지 맙시다."라고 말했고 저우언라이는 "아주 좋다(頂好)."로 화답했다. 이 대답으로 그 후 40년간 한반도는 분단이 계속되는 운명에 처해졌고 분단 해결은 더욱 어려워졌다.

2013년 6월, 미국 B. 오바마(B. Obama) 대통령과 중국 시진핑(習近平) 주석이 샌프란시스코에서 역사적으로 만났다. 두 사람은 나무 그늘에서 와이셔츠 바람으로 편히 앉아 허심탄회하게 한반도와 북핵 문제를 첫 화두로 삼았다. 다시 한 번 세계사적인 되풀이가 연출되었다. 시진핑은 다음과 같이 말했을 것이다. "북한의 핵을 반대해왔으나, 기어코 핵과 미사일을 제조했습니다. 하지만 우리 두 나라는 말썽만 일으키는 한반도인에게 말려들지 말고 북한의 비핵화를 위해 노력합시다." 오바마는 "Ok, very good."으로 화답했을 것이다. 미·중 두 정상은 42년 만에 다시 한 번 한반도의 제어 방향을 다짐한 것이다. 지금의 시대적 변화 속도를 참작하면 앞으로 10년 내에 국제 상황은 지난 40년보다 빠른 속도로 변화할 것이며, 그동안 한반도의 상황은 극적으로 달라질 것으로 예상된다. 그러나 인류 생존을 위한 긴급한 과제로서 세계 규모의 비핵화는 진행되어야 한다.

핵보유국은 핵무기 폐지를 공론화하기 시작했고 미국과 러시아는 앞장서서 핵무기 감축에 나섰다. 2013년 4월 보스턴 테러 사건에 대해 양국 정보국이 보인 긴밀한 협력 관계는 일찍이 없었던 일이다. 중국, 미국, 러시아 간에 실질적인 협력은 속된 말로 '부자 몸조심' 격으로, 대국들은 테러에 의한 국제적 무정부 상태를 피하고자 연대한 것이다. 이어서 '보스턴 마라톤 폭발 사건'으로 인한 중국인과 미국인 희생자를 추도하기 위해 5월 25일, 양국 국기를 앞세우고 테러로 완주하지 못한 마지막 1마일을 달리는 행사를 함으로써 미·중의 핵 확산 방지 의지를 상징적으로 보였다. 핵보유국들은 핵 테러 위협 앞에서는 패권 다툼(신형 대국 관계)의 와중에서도 협력의 중요성을 인식했다.

북한 핵의 여파

19세기 말 조선을 방문한 서양인은 녹슨 칼과 창 등 조선군의 빈약한 군 장비에 놀랐다. 한민족은 강력한 군대를 필요로 함에도 불구하고 군비를 경시해왔다. 군사 국가 북한은 스스로의 원형에 반한 엄청난 모험을 강행했다. 핵무기 소유는 의도와는 상관없이 스스로 국제적 위상을 바꾸었으며 전쟁 가능성을 오히려 줄였다. 2013년 4월 북한 당국이 평양에 주재해 있는 외교관을 비롯한 외국인에게 전쟁 발생을 경고하면서 귀국을 권했으나 외국인들의 동요는 거의 없었다. 핵 공격은 즉각 보복으로 이어지는 '타살=자살'의 최종 방정식을 작동시킨다. 한때 아들 부시 대통령은 호전적 전략을 썼다. 대만에 무기를 판매하고 북한을 악의 축으로 매도하며 한반도 주변을 긴장시키는 전략을 취했던 것이다. 아버지 부시는 이 전략이 자신의 오랜 경험에 비추어 너무 지나치다고 충고하며 아들을 말렸다는 설이 있다. 아버지 부시는 핵전쟁이 유발될까 봐 염려한 것이다. 북한의 절벽 외교가 번번이 성공한 이유는 바로 사용 못 하는 핵무기 때문이다.

북한 체제의 모태인 김일성 부대의 초기 조선은 테러식 사고였다.

그 집단의 원형에는 남한과 달리 김일성적 게릴라 사고가 있다. 실제 북한은 해방 이후 수단과 방법을 가리지 않는 테러와 납치를 행해왔으며 게릴라적인 수법으로 천안함 폭침과 연평도 포격 등의 도발을 벌여왔다. 그러나 이제는 통상적 도발도 핵 공격으로 간주되어 본격적 보복을 당할 수 있기 때문에 핵무장이 오히려 정권 유지에는 큰 부담이 되고 스스로 몸조심하지 않을 수 없다.

미국에 대한 원한(怨恨)을 북한과 공유해온 이란과 탈레반 등, G. 부시가 '악의 축'으로 부른 나라는 테러를 통한 국제 질서 파괴를 목표로 삼아 연대를 시도한다. 미·중·러를 중심으로 하는 '핵보유국 대(對) 대국에 원한을 품은 테러국 연합'이 만들어지고 있는 것이다. 종전의 과학기술 상식에서는 핵무기와 미사일 제작을 위해서 거대한 기초과학 연구진과 정밀 기술을 이용하는 공장과 대학, 연구소 등으로 된 원뿔꼴 조직이 있어야만 가능한 것으로 여겼다. 그러나 북한은 거의 수직적 체제로 소수의 과학자와 기술 엘리트 중심으로 부품을 긁어모아 핵무기와 그 운반 수단을 만들어냈다. 이제는 충분한 자금과 설계도만 있으면, 시계나 자동차를 만드는 수준의 공장에서도 얼마든지 핵무기 생산이 가능하게 되었다.

문명 세계에서 자살을 미화하는 집단의 핵무기 소유는 세계를 무정부 상태로 몰고 갈 것이기에 최악의 시나리오가 될 수 있다. 그러므로 미·중 간의 이른바 '신형 대국 관계'의 중요한 의제는 북의 비핵화가 될 수밖에 없다. 북한은 미국의 핵 공격을 막기 위해서 핵무기를 갖는 거라고 내세우지만, 북한도 도저히 미국에 대항할 수는 없다는 것을 잘 알고 있다. 북한은 핵으로 주민의 사기를 일시적으로 고무시킬 수는 있어도 자멸을 의미하는 핵 선제공격은 하지 못 할 것이다.

미국의 J. 슈리퍼(J. Schrieffer) 교수와 같이 북한의 중요 핵 공장과 군사기지에 선제 정밀 공격을 하자는 주장도 있었다. 실제 카우보이적 원형을 갖는 미국은, 중국의 양해를 전제로 테러 조직에 대한 핵기술 이전이 인정된다면 주저 없이 북한에게 선수 공격을 할 태세를 갖추고 있다. 북한은 핵무기와 장거리 미사일을 가짐으로써 다음과 같은 것들을 기대한다.

1. 핵보유국으로서의 지위 확보
2. 핵무기 거래
3. 남한에 대한 절대적 군사력 우위(남한척화)

그러나 위 조건 중 테러 국가와의 핵무기 거래 가능성 이외는 모두 무시당했다. 북한의 핵보유국 인정은 곧바로 일본, 한국, 대만의 핵무기 생산으로 이어질 수 있으므로 미국과 중국은 도저히 이 사실을 용납할 수 없을 것이다. 막상 북한은 김일성 이래의 숙원인 핵무기 소유를 성취했음에도 생활수준은 올라가지 않았고 오히려 세계로부터 더 심한 고립을 당하고 있다.

북한의 선택
이미 남아공, 리비아 등이 스스로 핵을 포기했고 최근에는 이란도 공진의 핵 계획을 새로하는 노선을 백할 가능성이 있어, 북한의 입시는 지극히 제한적일 수밖에 없다. 군사적 쇄국 국가였던 미얀마의 개국은 전 세계로부터 박수를 받았고 국제 사회 참여로 경제 발전의 가능성을 보여주고 있다. 북한은 일본의 식민지 통치에 대한 배상금으로 100억 달러 내지 150억 달러를 받을 것으로 예상되고, 비핵화 후 국제사회로 복귀하면 미국을 비롯한 국제적 원조가 가능해진다. 핵무기와 미사일을 포함한 군사 무기에 관한 과학기술 수준도 높아 남한과의 원만한 협력을 통해 충분히 수년 내에 남한의 경제 수준을 달성할 수 있을 것이다.

한국인의 원형은 먼저 공격하지는 않지만, 위기에 강하다. 한국 원형의 또 하나의 상징인 춘향은 은장도를 품고 무도한 압력에는 죽음으로 맞선다. 중국은 사이(四夷)에 대한 적극적 공격을 부덕(不德)으로 여겼다. 이런 사상은 고구려가 수(隋)에 대해 강력히 저항하면서 정착되었다. 요컨대 고구려가 중국 황제의 체면(面子)에 먹칠을 했기 때문이다. 신라는 당(唐)의 힘을 빌려 백제와 고구려를 멸망시키고 간신히 생존했지만, 당이 계림도독(鷄林都督)을 설치하자 당(唐)군을 공격하고 옛 백제 영토를 차지해 신라의 독립을 확보했다. 한·중·일의 근대화 과정에서 유독 조선만이 미 군함 샤먼호를 대동강에서 소각시켰다. 실제 북한은 그런 식으로 원산 해안에 침입한 미 군함 푸에블로호를 나포했고, 영공을 침범한 미군 정찰기를 격추했다.

우리 속담 중에 '하늘이 무너져도 솟아날 구멍이 있다.'는 말이 있듯이, 한민족 사상의 원형에는 아마겟돈 사상(Armageddon, 세계의 파국이 도래한다는 종말론적인 세계관)이 없다. 따라서 북한은 핵을 생존이

502

아닌 정치적 수단으로 이용하고 있는 것이다. 중국의 북한 공격 역시 현실성은 없지만 정권을 교체시키려는 정치 공작으로 볼 수 있다. 어떤 일이 있어도 북한 문제는 반드시 평화적으로 해결되어야 할 것이다.

〈동은 동, 서는 서〉를 노래한 J. R. 키플링(J. R. Kipling)의 시대는 이미 지나가 버린 지 오래다. 이제는 서로 연동하며 오히려 동서양이 융합하는 시대이다. 세계는 새로운 단계, 포용력 있는 문명 형성을 요청하고 있다. '타살=자살'이 되는 핵전쟁을 피하는 일은 전 세계의 지상과제이다. 비핵화가 열쇠가 되어 지정학의 쇠사슬을 끊을 때가 다가오고 있는 것이다.

미국의 정치학자 G. 케넌(G. Kennan)은 "미국은 화나야 전쟁한다."고 했는데, 나라마다 전쟁을 결행하는 동기는 원형에 따라 다르다. 한

각국이 전쟁을 결행하는 계기

한국(남·북)	외침을 당할 때
중국	구실이 있을 때
일본	오만해질 때
미국	화날 때
러시아	승산이 있을 때

반도와 깊은 관련이 있는 여러 나라의 성격을 도표로 정리하면 위와 같다.

한반도 주변국은 어느 나라도 북핵 문제를 전쟁의 동기로 여기지 않는다. 그러나 미국과 중국이 한반도 비핵화에 대하여 일치된 입장을 보인 이상 북한은 체제 유지만 스스로의 힘으로 가능하다고 판단되면 핵을 포기할 수밖에 없다.

동북아 평화를 위한 황금의 삼각형

역사 이래 세계 정복을 꿈꾼 여러 망상가들은 있었지만 모두 실패했고 앞으로 어느 나라도 이를 꿈꾸지는 않을 것이다. 세계는 공존의 지혜를 내놓아야 하며 구체적으로는 전쟁이 가장 발생하기 쉬운 지역에 전쟁 방지 장치를 만들어야 한다.

조선과 중립화 운동

한반도 중립화 운동은 1880년 유길준(俞吉濬) 등이 중심이 되어 주장한 바 있고, 1898년에 고종은 스위스와 벨기에를 모델로 삼은 영세 중립안을 구상해 미국 대통령에게 친서를 보내 협조를 요청했다. 조선만 모르고 있었을 뿐, 이미 열강은 한반도를 일본의 것으로 정해놓고 있던 시점이었다. W. 매킨리(W. Mckinley) 미 대통령은 한국의 청을 거절하였다. 고종은 계속 같은 제안을 일본에도 청했으나 물론 거절당했다. 1900년, 러시아 재무장관 S. 비테(S. Witte)가 조선 중립안을 일본에 제기했고, 영국과 독일 등도 자국의 이익을 위해 한반도 영세중립안을 제기했다. 그러나 주변국은 자국의 이익을 위해 한반도를 희생시켜야 했고, 국제 역학의 현실 때문에 의견 일치를 얻어내지 못했다. 1904년 러일전쟁 직전에 대한제국은 국외 중립을 선언하지만, 일본은 이를 처음부터 무시했고 오히려 대군을 조선에 주둔시킨 다음 한국의 대일 협력을 강요하는 '한일의정서'의 체결을 요구했다. 다른 나라가 제안한 한반도 중립화는 자신의 이익을 위한 것이므로 한국인에게는 큰 의미가 없는 그림의 떡이다. 조선 말기의 한반도 영세중립안은 침범하는 외국군과 싸울 힘도 주변국의 이해 일치도 없는 비현실적인 것이었다.

1953년 휴전협정으로 또 한 번의 기회가 있었다. 미국의 저명한 정치학자이자 외교 전문가인 라이샤워나 맨스필드, 스칼라피노 등은 모두 한반도 중립안을 지지했고 D. 아이젠하워(D. Eisenhower) 대통령도 긍정적으로 평가했으나 공산국가를 불신하는 미 합참과 이승만 대통령의 반대로 무산되었다. 실질적인 중립화 성립을 위한 최소한의 조건은 다음과 같다.

1. 스스로 중립화를 유지할 수 있는 무력을 갖는 것
2. 주변국 모두가 중립화에 협조하는 것

'북한의 비핵화'에 대한 각국의 일치된 입장과 오늘날 한반도를 둘러싼 국제 조건은 위 1, 2의 조건을 모두 충족시키고 있다. 앞으로 한국의 가장 유리한 점은 미국과 중국 어느 쪽도 패권을 가질 수 없는 데 있다. 이들은 한반도에 대한 영토적 욕심을 낼 수 없고, 주변 어느 국가도 한반도를 침범하지 않는다는 보장이 있으면 언제라도 중립화에 찬성할 것이다.

비핵과 한반도 영세중립안

'어떤 대문명(大文明)도 내부로부터 붕괴하고, 몰락한다.' 기술이 없어서가 아니다. 이집트는 피라미드, 진시황은 만리장성을 만들었으면서도 '교만'과 '매너리즘'으로 혁신을 못 하여 몰락하고 만다. 오늘날의 대국인 미국과 중국도 예외가 아닐 것이다. 예일대학교 역사학 교수 P. 케네디(P. Kennedy)는 『대국의 흥망(The rise and fall of the great powers)』에서 대국은 군비 경쟁으로 인한 경제적 부담으로 몰락할 수 있다고 보았다. 북한 핵은 군비 경쟁의 마지막 단계이다. 군비의 경쟁 코스를 역전시키기 위해서는 한반도의 영세중립화를 통한 남과 북의 공존과 평화가 이루어져야 한다.

공존과 평화의 길은 오늘날의 시대적 요청이다. 중국의 실제 목표는 기존 질서의 유지와 북한의 비핵화이고, 한반도의 안정과 평화는 자국의 이익과 직결되는 것이다. 러시아는 한반도와 일본열도를 잇는 해저터널과 유라시아 철도 연결을 위해 동북아의 평화를 바라고 있다. 미국은 마차가 광야를 달리는 것처럼 일직선으로 가면서도 방향 전환이 빠르며 현실적으로 판단하는 외교 노선을 취해왔다. 당장에는 한반도를 포기할 수 없지만, 미국에게 군사비의 경감과 군사적 충돌 위험 감소는 바람직한 노선이다. 한반도에 영세중립이 성립하고 남북 간의 군비 균형이 보상된다면 미국은 실질적으로 군대를 철수할 것이다.

'한반도 영세중립안'은 미국, 중국을 포함한 주변국의 반대가 있어서는 안 되는데 한반도 비핵화는 미·중뿐만 아니라 러시아, 일본 어느 나라도 반대하지 않는다. 북한의 핵 포기는 평화 보장과 연동되어 남북 간의 긴장 완화에 도움을 주며 전쟁 포기로 이어지는 중립화와도 통한다. 6자 회담은 6차 방정식을 푸는 것과 같은 난제이지만 반드시 관련국을 만족시키는 여섯 개의 답이 나올 것이다. 제2차세계대전 후 패자에 대한 가혹한 배상 요구가 새로운 전쟁의 불씨가 될 것을 깨닫고 연합국들은 배상금을 요구하지 않았고, 민족자결의 원칙에 따라 모든 식민지를 해방하는 지혜를 갖게 됐다. 이런 역사적 사례를 바탕으로 한국이 중심이 되어서 주변 국가의 적극적인 협조를 도출해 비핵화와 중립화를 하나로 묶는 외교 정책이 절실하다.

아시안 공동체(Asian Union)

한반도 비핵화를 계기로 한 한반도 영세중립은 '동북아 공동체 그리고 아시안 공동체(Asian Union, AU)'와 연결되어 황금의 삼각형 구도를 만들어낼 수 있다. 비핵화, 영세중립, AU의 삼위일체이다. 이 중 하나라도 성립하면 나머지 둘과 상호 연동될 수 있다. 즉 한반도 비핵화 문제 해법의 보조선이 '한반도 영세중립안'이고 그 연장선상에 AU가 있다. 이와 관련해서는 EU 성립의 역사가 큰 교훈을 준다.

EU의 구상은 '유럽 내에서 전쟁을 하지 않는다는 바람'을 갖고 출발했다. EU는 '국토와 인구의 크기와는 상관없이 유럽 내의 국가는 동등하다.'는 이념에서 비롯되었다. 이는 약 300년 전 생피에르(Saintpierre)와 I. 칸트(I. Kant)의 『영구평화론』에서 시작되었고 문명론을 중심에 둔 O. 슈펭글러(O. Spengler)의 『서양의 몰락』이 그 흐름을 이었다. 그의 문명론이 유럽공동체 구성에 직접적인 계기가 되었다. 그의 문명에 대한 자각이 유럽 지성인들에게 위기의식을 불어넣은 것이다. 이어 쿠덴호프-칼레르기(Coudenhove-Kalergi)가 주장한 '범(汎)유럽'의 유럽연합 운동이 일어났다. 제2차세계대전 이후 영국 수상을 지낸 W. 처칠 역시 유럽 합중국의 필요성을 강조했다. 프랑스와 독일 모두 지금은 EU의 핵심국이지만 근세 이후에만 해도 여러 숙원(宿怨)에 얽혀 나폴레옹 전쟁, 프러시아 전쟁, 제1·제2차세계대전 등으로 자주 싸웠다. 알자스 로렌(Alsace Lorraine) 지역은 양국 사이에 수백 년간 영토 문제가 되어왔으나 공동 관리가 실현되었다. 다행히 전후 프랑스와 독일의 걸출한 지도자들이 힘을 합하여 EU를 결성했고 최근의 유럽 경제 위기도 극복했다. 유럽공동체 구상을 이루어지지 못할 꿈으로 생각한 사람도 많았으나 결국은 성공한 것이다.

현재 동북아의 조건은 I. 칸트 시대의 유럽보다 훨씬 자연스럽게 AU를 논의할 수 있는 여건이다. 실제 I. 칸트의 『영구평화론』의 사상은 이미 송(宋)의 시인 유영(柳永)의 시에도 반영되어 있다.

'무기를 깨끗이 씻고 전쟁을 그만두면 세금도 줄어든다. 왕은 여유를 갖고 염철(塩鐵)에 세를 부과할 필요가 없다.'

정치는 음식의 소금과 같아서 조화를 이루면 이상적인 하, 상, 주(夏, 商, 周)의 세상으로 돌아갈 수 있다. 이상적 세상에 이르는 길은 의

외로 단순하다. 이런 논리는 P. 케네디도 그의 저서 『강대국의 흥망』에서 펼친 적이 있다. 정치가의 식견과 민족의 낭만만 있으면 가능한 일이다. 앞으로 무기의 고급화는 더욱더 국내 경제를 압박할 것이다.

이대로라면 미국은 군비에 의한 경제 파탄을 우려하지 않을 수 없고, 중국의 군비 확장도 한계가 있다. 한국의 경제 규모는 세계 10위, 중국은 경제 2위이며, 일본은 잃어버린 20년을 겪었으나 여전히 세계 3위의 경제 대국이다. 이들이 합치면 거대한 세계 경제권을 형성하게 된다. 2014년 11월, 한·중은 FTA를 체결했다. 유영의 시처럼 군비에 소모하는 경제력을 황금의 삼각형 형성에 대처하여 사용하는 것이 절실히 요구된다.

독도의 실효 관리 강화

2005년 일본 아사히(朝日)신문 논설 주간 와카미야(若宮啓文)는 '독도 문제로 한일 사이의 갈등이 심해진다면 차라리 그것을 한국에 양보하면 어떤가.'라는 요지의 글을 쓴 적이 있었다. 현재 독도는 한국이 실효 지배를 하고 있으므로 일본이 물리적으로 독도에 올라오지 않는 한 엄연히 한국 땅이다. 당시에는 이 정도의 글이 일본 주요 주간지에 나올 수 있는 분위기였으나 요즘에는 어림도 없다. 그동안 한국과 일본은 무의미하고 비생산적인 응수로 서로의 감정을 악화시켜 왔고 이제는 이성적 해결의 기회마저 남아 있지 않기 때문이다. 원래 국경 문제는 기정사실을 근거로 하고 하루라도 오래 관리하면 그만큼 당사국의 영토임이 확실해진다. 독도는 크림반도처럼 주민이 없으며 주민 투표도 할 수 없다. 그러므로 독도를 실질적으로 한국화하려면 일본이 뭐라고 하든 실효 관리를 강화해야 한다.

외교는 실속이다. 인류 역사 이래 일방적인 외침만으로 영토 문제가 해결된 적은 없다. 그러므로 전략적으로나 외교상 불필요한 자극이나 도발은 삼가는 것이 마땅하다. 영토 문제는 새로운 시야를 열어줄 국제적 공간에서 해결될 수 있다. 따라서 동북아 공동체 형성은 그동안의 국민감정을 순화하고 이성적인 해결의 길을 모색할 수 있는 장을 마련할 수 있을 것이다.

지역공동체는 공동으로 위협에 대처하고 같은 가치관을 공유할 때 성립된다. 중국이 자본주의 체제로 편입하여 한국, 일본과 함께 교류하고 환경과 에너지, 기온 변화에 대처하는 것은 모두에게 공동 이익이 되는 일이다. 북한의 정치 이념은 선군(先軍) 정치였으나, 지금은 양상이 달라졌다. 중국 개혁 개방의 영향을 받아 경제 발전에 대한 관심이 더 크다. 따라서 지역공동체는 한반도인뿐만 아니라 세계적 관심사다.

하토야마(鳩山由起夫) 전 일본 수상은 2012년 1월 와세다대학교의 강연에서 "과거 일본이 아시아 국민들에게 큰 고통을 주었고, 아직도 진실한 화해가 이루어지지 않고 있다."며 "아시아 공동체의 실현을 통해 '역사 인식 문제'의 극복을 도모한다."는 구상을 발표했다. AU가 형성되면 역사 인식과 위안부 문제에 관한 일본의 입장도 바뀔 것으로 기대한다. AU와 역사 인식 문제를 하나의 차원에서 본 것은 한일 문제 해결을 위한 관점을 바꾸는 또 하나의 중요한 보조선이 될 것이다.

한·중·일의 공통인수인 유교

EU가 성공한 중요 요인 가운데 하나는 유럽 지성인들의 지적 자부심에 있었다. 그들은 유럽 문화를 공통의 문화적 재산으로 여겼고, 일반 시민의 교양 수준에 대한 애정과 이해가 국경을 초월할 만큼 높았다. 게다가 EU에는 기독교라는 종교적 공통 요소가 있었다. 그렇다면 AU에는 어떤 공통 사상이 있을까? 한·중·일의 공통인수는 유교일 수밖에 없다. 생활화된 것이 아니라 덕목으로서의 유교다. 앞으로 한국인은 물질적 풍요 못지않게 중요한 자기실현을 위해 노력하는 즐거움을 깨달아야 할 것이다.

동북아의 전통적 사상은 나라마다 중심은 다르지만, 공통적으로 사단(四端, 仁義禮智)의 가치관을 중심에 두고 벼슬을 하는 것이었다. 속물적 출세주의에서 벗어나는 현대적 수신제가치국평천하(修身齊家治國平天下)로 시민 의식을 높이고 이를 현대사회에 적용시키는 것이다. 정치 참여와 가문을 중시했던 개신 유교(주자학, 양명학)와는 달리 시민 사회의식을 강조하는 현대적 유교주의라고 해도 좋다. 한류가 널리 퍼질 수 있었던 것은 유교적 덕목이 그 배경에 깔려 있어 일본과 중국의 시민들이 충분히 이해할 수 있었기 때문이다. 동북아에서 무라카미 하루키(村上春樹) 작품의 인기가 높은 것도 삼국의 현대적 공통 문화 형성의 가능성을 충분히 보여준 본보기이다. 정치적 선동만 없다면 삼국 사이에 내실 있는 문화 교류가 가능하고 서로 이해하는 분위기가 충분히 조성될 수 있다.

중공은 분명히 마르크스·레닌주의에서 출발했으나 자본주의 경제체제를 갖추면서 성공했다. 이미 F. 후쿠야마(F. Fukuyama)가 『역사의 종말』에서 예언했듯이 공산 사회 몰락이 현실화되고 있다. 이제 중국은 새로운 국민 통합적 보편 사상을 선택해야 한다. 최근 중국 사회과학원에서 공자학원(孔子學院)을 설립한 것은 중요한 의미가 있다. 중국은 공자학원을 설립하면서 사상적으로는 동북아 외교 노선까지도 고려하고 있다.

현실적으로 중국 도의 근거는 어디에 있을까? 중국인에게 가장 심한 욕은 '왕바단(忘八蛋)'이다. 왕바단의 팔(八)은 효(孝)와 제(弟), 충(忠), 신(信), 례(礼), 의(儀), 염(廉), 치(恥) 등 여덟 가지 유교적 덕목이다. 이 덕을 잊은 왕바단은 인간이 아닌 짐승이나 마찬가지라는 최상급의 욕인 것이다. 아무리 루쉰이나 마오쩌둥 등 중국의 사상가와 지도자들이 유교를 배격했어도 유교를 대신할 보편 사상은 없다.

이 점은 한국과 일본도 마찬가지다. 한·중·일은 각각의 원형에 따라 유교적 특색은 달랐으나 최소한의 유교적 관념을 서로 공유하고 있다. 따라서 상호 간에 국가이성이 발동될 수 있을 것이다.

4부에서 논한 바와 같이 조선 통신사가 일본을 왕래한 270년간 한·중·일 사이에 평화가 유지된 사실을 재검토할 필요가 있다. 이 기간에 일본은 조선학자 강항(姜沆)으로부터 조선 주자학을 받아들여 도쿠가와(德川) 막부의 관학으로 삼았고 삼국은 유교적 신념을 공통의 가치로 여겼다.

서로가 공동의 목적을 의식함으로써 진정한 화해가 이뤄질 수 있다. 특히 안중근 의사는 동북아 공동체주의자로서 동아은행을 창설하여 공동의 기술 연구와 평화 구도를 이룩할 것을 주장했다. 필자는 한국의 IMF 위기 극복 경험을 바탕으로 아시아 난위의 IMF 구축이 절실함을 느끼고 있다. 이것이 한·중·일의 국가주의적 경향을 막고 서로의 이해와 융합의 길을 가는 데 도움을 줄 것이다. 한국인은 안중근 의사를 숭앙한다면서도 그의 사상은 실천할 의지가 없는 것이 안타깝다.

6·25전쟁을 유발한 애치슨은 1971년에 세상을 떠나면서 "불행한 역사의 나라 한국에 불안한 침묵이 퍼져 있고 아직도 계속되고 있다."는 말을 남겼다. 그러나 우리는 동정을 바라지 않으며, 스스로 침묵을 깨고 황금의 삼위일체를 외친다.

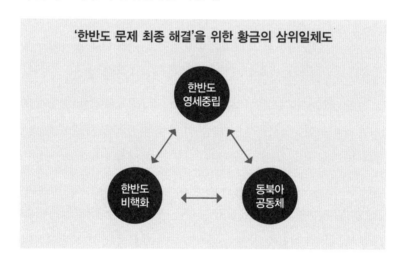

'한반도 문제 최종 해결'을 위한 황금의 삼위일체도

위 표는 한반도 영세중립, 한반도 비핵화, 동북아 공동체, 이 세 가지가 서로 연관되며 그중 어느 하나만이라도 달성되면 곧 다른 것을 유발하는 계기가 될 수 있음을 시사한다. 프랑스와 영국 사이에 도버 해협 해저터널 개설로 EU의 현실감이 더해졌다. 한반도 영세중립으로 한일 해저터널 개설이 가능해지고 더 나아가 유라시아 대륙을 가

514   5부 한반도 평화와 세계

로질러 영국 섬까지 도달하는 철도는 세계를 하나로 묶는 현실적 하드웨어가 될 것이다.

한반도인의 고뇌는 오로지 백강전투로 결정된 체제가 계속 유지되었던 지정학 때문에 발생한 것이다. 그러나 상기한 '황금의 삼위일체도'는 그 의미를 역전시킬 것이다. 한반도의 평화는 열강의 평화를 보장하게 될 것이다. 한민족이 탄생한 이후 그리스 신화 속 역사의 여신 클리오가 미소 짓는 날이 있다면 바로 한반도 영세중립이 성립되는 날일 것이다.

04
중국은 동북아의 중심이 될 수 없다

중국이 왕도를 중시하고 패권을 경계해온 것은 윤리적 이유보다는 현실적으로 국가 안보에 효과적이었기 때문이다. 역사적으로 볼 때 중국의 질서, 즉 책봉체제하의 주변국에 대한 군대 동원은 곧 내부 반란으로 이어졌다. 10세기의 송에서부터 원, 명, 청에 이르기까지 중국은 주변국에 대한 군대 동원을 경계해왔다. 베트남 왕조에 내분이 발생해도 중국은 거의 간섭하지 않았고, 18세기에는 베트남 왕조가 청에게 양광(광동, 광서) 지역의 할양을 요구하기까지 했다. 유교가 나라마다 다른 것처럼 같은 시대도 원형에 따라 다른 양상을 보인다.

아시아 공동체의 구상에는 거대한 중국의 영토와 책봉체제의 사상적 유산이 불안 요소가 될 수 있다. 중국은 결코 하나의 바윗덩어리가 아니다. 수많은 민족 갈등과 온갖 모순을 안고 있으며, 앞으로 중국의 안정은 오히려 주변국과의 협조적 관계, 즉 AU를 통해 유지될 수 있을 것이다.

청(淸)의 몽골 통치

중국이 대국이긴 하지만 동북아 공동체의 중심이 될 수 없는 것은 주변국들이 중국의 원형인 중화사상을 두려워하기 때문이다. 몽골고원의 평탄한 부분은 외몽골로 현재의 몽골인민공화국의 땅이다. 그곳에 흉노(匈奴) 이래 여러 유목 제국이 수립되어왔다. 그 남쪽의 완만한 경사진 부분이 내몽골로 중국의 몽골 자치구이다. 북녘 사면을 내려가면 중앙 시베리아로 이어지고 가까이에 바이칼 호가 있다. 몽골인이 대제국을 수립한 것은 야만스럽기는 하지만 기력이 대단했고 용감했기 때문이다. 그런 몽골인이 기백이 없는 족속으로 몰락했다. 몽골고원을 헤매는 거지도 많아졌다. 왜 그럴까?

청(淸)은 여진족으로 몽골과 같은 오랑캐이다. '구렁이의 길은 뱀이 안다.'는 격으로 청 또한 부분적으로는 유목민으로 몽골의 원형을 속속들이 알고 있었으며 그 야성을 없애는 데 종교를 악 이용했다. 라마교 승려는 초야권(初夜權)을 갖고 있어 서민이 결혼할 때에 신랑보다 먼저 신부와 같이 하룻밤을 보낸 후 축복하고 결혼시켰다. 초야권은 고대사회에서 흔했던 일이다. 일본에서도 10월에 결혼하는 것은 피하는데, 10월에는 신이 본산 모임에 참석하느라 자리에 없으므로 축복할 수 없기 때문이라고 한다(神無月, 산나스키).

밀교

이는 당시 그 지역의 신(부족장)이 초야권을 가지고 있었음을 시사한다.

몽골의 라마교는 인도 밀교의 일파이다. 일부 인도 사원에는 남녀가 포옹한 석상을 흔히 목격할 수 있고 성적 욕망의 구현을 종교적 법열(法悅)로 여긴다. 몽골인은 승려의 초야권과 함께 귀한 손님이 오면 자기 아내와 하룻밤 자게 하는 것을 최고의 대접으로 여기는 풍습이 있었다. 승려는 1년에 한 번씩 총회를 위해 본산에 모이는데 청(淸) 당국은 매독에 걸린 아름다운 창녀를 본산에 배치하여 이들을 접대하게 했다. 그녀들과 지낸 승려가 회의를 마치고 돌아가는 도중, 마을 주민의 안주인으로부터 접대를 받으면서 전 몽골에 성병이 퍼지고 말았다.

유목민 제국이 지구에서 사라진 것은 17세기 말, 청이 외몽골을 손아귀에 넣으면서부터다. 문명적인 문물에는 관심이 없고 오로지 피정복민을 착취하고 기마 전술에만 의지한 제국은 새로 등장한 총포 앞에 허망하게 무너졌고 더 이상 지구상에 존재할 수 없게 되었다. 흉노 이래 몽골 지역 주민은 빈번하게 중원을 침략해왔으나 청(淸)의 지배 아래서 유목민은 생활 터전을 잃었다. 악랄한 세금 정책과 화폐 경제에 의해 전통적 물물교환 경제가 붕괴되었기 때문이다. 차를 찧어서 덩어리처럼 만든 전차는 비타민 C가 많이 함유되어 유목민들의 필수품이다. 교활한 한(漢)족 상인은 몽골인에게 전차를 비싸게 판매하여 착취하고 결국 거지로 만들어버렸다. 몽골인은 경제(차)와 세균전(매독)으로 완전히 몰락하여 결국 기력이 없어지고 다시는 대제국의 건설을 꿈도 꾸지 못하게 되었다. 모두 그야말로 옛날 얘기다. 오늘날 몽골은 매독을 완전히 추방하여 건강한 사회를 조성했다.

청은 오랑캐 출신이면서도 같은 오랑캐 몽골에 대해서는 역대 중국 왕조 가운데 가장 혹독했다. 청이 유교화되면 될수록 유목민적인 성격의 몽골이 견딜 수 없는 정책을 실행했던 것이다. 우리 속담의 '상놈이 벼슬하면 양반보다 상놈 무시가 심하다.'는 격일까?

1730년대 약 4천 명의 몽골인이 러시아 쪽으로 도망간 것은 청보다는 러시아 치하에서 살기가 더 좋아서였다. 1911년 몽골고원은 러시아의 후원으로 독립을 선언했고 혁명 이후 그대로 몽골인민공화국이 되었다. 제2차세계대전의 결과인 얄타협정으로 외몽골은 완전히 러시아에 편입되었다. 하지만 중국인은 여전히 외몽골을 중국 영토로 생각하고 있어, 중국과 러시아의 영토 문제는 전바오(珍寶, 다만스키) 섬의 국경 문제를 비롯해 외몽골의 귀속 문제로 뿌리가 깊다. 몽골인이 중국인을 싫어하는 이유는 청대의 학정 때문이었다. 5·4혁명 뒤 오족공화(五族協和, 한(漢)족, 만주, 몽고, 위구르, 티베트)의 구호가 등장했으나 여전히 적대 감정은 그대로 남아 있다. 소수 민족들은 아직도 독립을 주장하며 저항하고 있다.

제국주의에 대한 해석은 다양하지만 S. 하우(S. Howe)의 정의가 가장 설득력이 있다. "제국주의는 원래 국경선 밖에 있던 영토를 지배하는 거대한 정치 체제이며 피지배 지역은 대부분 정복으로 얻어낸 것이다(『제국』)." 중국은 신장(新疆) 위구르, 티베트, 몽골 등을 해방시켰다고 주장하지만 이 정의에 따르면 중국은 분명히 제국이다.

불안한 소수 민족 문제

신중국은 청(淸) 본관의 땅인 동북 삼성과 청이 영토화한 티베트, 위구르 몽골지구를 그대로 인수했다. 그러나 몽골과 티베트, 위구르 지역 주민이 중국 통치에 만족한 것은 아니다. 특히 위구르 주민의 데모와 테러 등이 1995년에서 2010년에 걸쳐 15년간 약 200건 발생했고 최근에는 더욱 증가하는 추세다. 중국 정부가 노골적으로 소수 민족에게 강압적인 태도를 보이면서도 해방시켜 줬다고 하는 것은 냉전 붕괴 이전부터 공산국가들이 쓴 상투적인 표현이다.

중국 정부가 '3·1 중대 폭력 테러'로 명명한 사건이 있는데, 윈난 성(雲南省) 쿤밍(昆明) 기차역에서 검은 옷을 입은 무장 괴한 8명이 칼을 휘둘러 29명을 죽이고 143명에게 중경상을 입힌 일이다. 이에 시진핑 주석은 경찰을 격려하고 철저하게 분열 분자를 단속할 것을 당부했다. 그러나 불과 몇 달 후에 그의 위구르 지역 방문 직후에도 강력한 테러가 발생해 당국을 무색하게 했다. 종전에는 신장(新疆) 위구르 분열주의자(위구르 독립파)들이 주로 경찰을 대상으로 계획적인 테러를 가했는데, 결국 자신들만 사살당할 뿐 별 반응이 없었다. 그러자 전술을 바꾸어 군중에게 무차별 테러를 감행하기 시작한 것이다. 천안문 사건 이후 위구르 독립파는 계속 민족 충돌을 일으키고 있는데 일부 전문가는 이를 돌이킬 수 없는 단계라고 평한다.

여기에 티베트 또한 만만치 않은 기미를 보인다. 티베트의 달라이 라마는 전 세계를 돌며 중국을 계속 비난하고 있고 중국은 외국 원수가 달라이라마를 만나는 것조차 중국 정부에 대한 적극적 반대로 간주하며 경계하고 있다. 중국 정부는 종교적 탄압에 대한 집단적 항의

520

또한 전통적 역성혁명의 수단으로 생각하기 때문에 긴장을 늦출 수 없는 일이다. 행정관 선출을 둘러싼 홍콩 시위 문제 또한 심상치 않다.

중국 대성공의 모순

중국 근대화는 제국주의 침략에 대한 응전에서 출발했으나 그 과정에서 봉건주의를 청산했고 유사 이래 최대의 영토로 통일하는 데 성공했다. 그러나 항공모함을 갖는 등 신종 무기를 증강해가며 패권주의적인 군사 대국화 노선을 보이고 있다. 소수의 공산 엘리트가 수시로 변화하는 다양한 정보화 시대에 수많은 소수 민족을 끌고 가는 데는 한계가 있다. 내부의 결속을 위해서는 외부에 적을 만들어야 한다. 중국 또한 미국과의 패권 다툼에서부터 일본, 베트남, 필리핀 등과의 영토 분쟁을 계속하고 있다. 그러나 결속보다는 오히려 역풍을 맞고 있는 형국이다.

청(淸) 왕조나 인도의 무굴(Mughul) 왕조, 오스만튀르크, 합스부르크 제국은 거의 같은 시기에 해체되었다. 긴 식민지 전쟁과 내란을 겪었어도 유독 중국만은 청 제국의 유산을 고스란히 이어받았다. 특히 청이 무력으로 편입시킨 위구르와 티베트, 내몽골은 그대로 영토에 포함되었다. 소련 제국의 해체에 따른 보스니아와 체첸, 중앙아시아 등지에서 발생한 분쟁 사태와는 전혀 다른 양상이다. 최근 세계적으로 소수 민족과의 '원형 충돌'이 빈발하는 상황에서 중앙정부의 정책과 무력 탄압만으로 안정을 유지할 수 있을까 걱정이다.

중국 역사에서 역내 왕소의 교체는 늘 변경의 농민바란에서 시작되었다. 굶주린 농민이 부패한 관리를 공격하는 사이에 새로운 왕조가 수립되는 구조였다. 공산당은 중국 5,000년 역사 이래 처음으로 굶어 죽은 사람이 없는 세상을 만들었다고 장담한다. 그러나 경제 발전과 더불어 나타나는 심한 빈부 격차, 관리의 부패, 인구 문제 등이 과거의 배고픔 이상으로 심각한 문제를 일으킬 수도 있다. 국력(군사, 경제, 인구)만으로 동북아 공동체의 중심이 될 수 있는 것이 아니라 세계를 안심시켜야 중심국이 된다는 것은 자명한 이치다.

1974년에는 군사력으로 남베트남 파라셀 제도(서사군도, 西沙群島)를 제압했고 1988년에는 스프래틀리 군도(남사군도, 南沙群島)에서 베트남 수송선을 격침시켰다.

중국에 굴기(崛起)라는 말이 나온 것은 2004년이었다. 처음에는 평화 굴기였다. 그러나 주변국이 중국에 반발하면서 굴기가 군사주의의 패권(覇權)이 되어 평화를 위협한다는 중국 위험론을 제기했다. 따라서 중국의 체면은 형편없이 구겨졌다. 현실적으로 18, 19세기 중국과 주변국의 관계를 보면, 조선을 제외한 베트남과 중앙아시아는 중국의 간섭을 받지 않고 있었다. 이런 이유에서 중국이 중심이 되는 동북아 공동체 구상은 책봉 체제의 전통을 상기시켜 주변국의 의심을 불러일으킬 수 있다. 앞으로도 중국은 계속 공산당 일당 독재 체제로 갈 것이 분명하므로 동북아 전체의 평화를 맡기기에는 불안 요소가 너무 많다.

한민족의
자기실현

홍익인간 철학의 부활

한국은 선진화를 위해 다소의 갈등을 감수하면서 여성부를 만들어 적극적으로 여성 인력을 발굴하고 있고, 국민 참여 재판을 도입하고, 사형 제도 폐지와 농산물 개방 등을 실시하고 있다. 특히 최근에는 적극적인 규제 완화를 내세우며 동북아 최고의 인권 국가, 개방 국가를 목표로 나아가고 있다. 중국과 일본이 제국을 체험한 것과는 다르게 한국은 역사적으로 제국화는커녕 단 한 번의 외침도 시도한 바 없는 나라이다. 따라서 한국이 한반도 비핵화를 주도하면 국제적 위상이 높아지고, 또 동북아의 평화와 미래 방향을 제시함으로써 AU의 중심적 역할을 맡게 될 가장 적합한 나라가 될 것이다.

철학과 사상성이 빈약하고 대동아 공영권의 악몽이 남아 있는 일본에는 이러한 역할을 기대힐 수 없다. 대한민국은 통일 에너지로 지도력을 발휘해야 할 것이다. 동북아 공동체는 한민족이 초기 조건으로 회귀함으로써 실현 가능하다고 본다. '홍익인간' 철학의 부활을 의미하는 것이다. EU가 그렇듯이 지역공동체는 국민국가적 개념을 희석시키고, 국경과 자기중심적 사고의 탈피를 목적으로 한다. 패권주의는 더더욱 있을 수 없는 일이다.

한국이 동북아의 중심이 되는 것은 벨기에가 소국이라는 이유로 EU의 중심 국가가 된 것과는 다르다. 일찍이 한국은 지정학의 중심에 있었다. 따라서 한국이 전쟁의 원인을 제공한 땅이었던 만큼 이곳의 평화가 이뤄져야 '동북아의 평화 실현'이 가능하기 때문이다. 지금 광대무변의 우주 공간에서는 국적과 상관없이 지구인 모두 하나가 되어 창조적 작업을 진행 중이다. 이렇듯 동북아 공동체도 '한국, 중국, 일본'이라는 국적이 없는 창조 공간이 되어야 할 것이다.

기독교 사상의 근본은 십자가에서 죽은 그리스도의 부활로 하나님의 나라가 된다는 믿음이지만, 그동안 아무리 기다려도 신은 오지 않았다. A.D. 1000년, 그리스도의 재림을 믿는 많은 기독교도가 예루살렘에 모였으나 나타난 것은 자기들 땅이 빼앗기는 것을 두려워한 이슬람교도였다. 불과 10여 년 전인 A.D. 2000년 밀레니엄의 기억이 아직도 생생하다. 세계 여러 곳에서 그리스도의 재림을 기대한 모임이 있었으나 신은 아직도 어디에도 나타나지 않았다. 19세기 말, F. 니체(F. Nietzsche)의 "신은 죽었다."는 말이 실감나게 다가온다. 니체는 '신의 죽음'을 선언하고 희망이 없는 세상에 구토(嘔吐)하였다.

"지금까지 수없이 살아온 삶을 또 한 번, 아니 여러 번 살아야 한다. 반복되는 삶은 아무런 새로움이 없으며 모든 고뇌, 즐거움, 한숨까지 크고 작은 구별 없이 같은 하나의 계열, 순서에 따라 이뤄진다. 영원회귀(永遠回歸)의 단순한 회귀는 구토일 수밖에 없다. 구토, 구토⋯."(『자라투스트라는 이렇게 말했다(Also sprach zarathustra)』)

| 니체

그는 기독교 사상을 로마인에게 당한 패자 유대인의 '르상티망(ressentiment)'으로 보았다. 르상티망이란 약자 계급의 마음속에 강자 계층에 대한 원한 증오 질투 따위의 감정이 되풀이 되어 쌓이는 것을 말한다. 니체는 르상티망을 극복하는 일은 스스로 초인(超人)이 되어 "다시 한 번 살고 싶은 마음을 갖게 하는 것."이라고 외쳤다.

초인으로 대처한다

한반도는 근원적으로 부조리의 지정학을 벗어날 수 없었다. 그래서 아무리 기다려도 천년왕국은 오지 않았고, 대륙과 바다로부터의 침략자 역시 끊이지 않았다.

한국인에게 『자라투스트라는 이렇게 말했다』는 한국 지정학의 패러디이며 한국의 르상티망은 '한'이 되었다. 한·중·일 삼국 가운데 유별나게 한국에만 기독교가 성공적으로 보급된 이유는 한민족의 한이 지정학의 저주가 풀리는 날을 바라고 있기 때문이다. 중국인의 현실적 인본(人本)주의와 일본의 애니미즘적 가외(可畏) 사상은 일신교 신앙에 반발한다. 민족 시인 한용운(韓龍雲)은 천년왕국을 기다리는 마음을 〈해당화〉에서 노래했다.

> 당신은 해당화 피기 전에 오신다고 하였습니다
> 봄은 벌써 늦었습니다
> 봄이 오기 전에는 어서 오기를 바랐더니
> 봄이 오고 나니 너무 일찍 왔나 두려워합니다
> 철 모르는 아이들은 뒷동산에 해당화가 피었다고, 다투어 말하기로
> 듣고도 못 들은 체하였더니
> 야속한 봄바람은 나는 꽃을 불어서 경대 위에 놓입니다그려
> 시름없는 꽃을 주워 입술에 대고, '너는 언제 피었니' 하고 물었습니다
> 꽃은 말도 없이 나의 눈물에 비쳐서 둘도 되고 셋도 됩니다

우리는 더 이상 지정학의 구도가 해체되는 날을 앉아서 기대할 수만은 없다. 더 이상의 기다림에 구토가 난다. 인간은 순간마다 선택해야 한다. 아무것도 하지 않는 것 또한 하나의 선택(파스칼, 『팡세』)이라지만, 한국인의 선택은 못난이의 기다림이었다. 후백제인은 미륵(彌勒)에 기대하면서 백제의 재건을 기다렸고, 동학은 인민 왕국을 '인내천(사람이 곧 하늘이다.)'에 기대하였으며, 우리 조부의 세대는 해당화 필 날을 기다리듯이 일제로부터 해방되기만을 기다렸다. 오늘날 한

국인은 무엇에 기대어 통일을 기다리고 있는 것일까? 오늘날의 시대 상황은 한국인에게 또 한 번의 중요한 선택을 요청하고 있다.

지정학의 주술에 시달리면서도 스스로 되풀이의 근원을 끊을 수 없었던 기다림에는 허무주의와 자학, 구토만 남아 있다.

니체가 영원회귀를 벗어난 초인을 외쳤을 때 또 다른 민족 시인 이육사(李陸史)는 〈광야〉에서 기다림을 극복하는 한국 초인의 등장을 예언했다. 초인은 기다림을 거부하고 자신의 길을 선택하려는 의지를 갖춘 사람이다.

까마득한 날에/하늘이 처음 열리고/어데 닭 우는 소리 들렸으랴

모든 산맥들이/바다를 연모해 휘달릴 때도/

차마 이 곳을 범하던 못하였으리라

끊임없는 광음(光陰)을/부지런한 계절이 피어선 지고

큰 강물이 비로소 길을 열었다

지금 눈 내리고/매화 향기 홀로 아득하니

내 여기 가난한 노래의 씨를 뿌려라

다시 천고(千古)의 뒤에/백마 타고 오는 초인(超人)이 있어

이 광야에서 목 놓아 부르게 하리라.

기다림과 신세타령, 한에서 벗어나야 초인이 될 수 있고 창조적인 삶이 가능하다. 통일은 갈라진 남북이 하나의 원형으로 승화될 때 가능하고, 한국의 한반도 영세중립에 대한 바람도 '한과 기다림'을 버리고 초인의 사세를 가실 때 맞이할 수 있는 것이다.

기백(thymos)

한국의 풍류 세계는 멋과 자연스러움에서 미를 찾는 자유의 세계이며 예술을 자연보다 더 자연스럽게 구현한다. 천재지변(天災地變)이 없는 풍토는 멋스럽고 순리적이다. 굳이 인위(人爲)적으로 개입되지 않아도 절로 아름다움과 질서는 어우러지는 것으로 여겼다. 그러나 부조리의 역사는 스스로 의지를 발휘할 기회를 주지 않았고 될 대로 되라는 자학에 빠지게 만들었다.

지정학이 계속 부조리를 낳고 고식(姑息)적인 생활을 강요하자 생명체로서의 민족은 스스로의 정기(正氣)를 보호하기 위해 예민한 양심에 외피를 입힌다.

이런들 어떠하며 저런들 어떠하리
만수산 드렁칡이 얽어진들 어떠하리
우리도 이같이 얽어져서 백 년까지 누리리라
―이방원

정몽주는 유혹을 물리치고 죽음으로써 선을 택하고 민족신의 제단에 피를 뿌렸다.

이 몸이 죽고 죽어 일백 번 고쳐 죽어
백골이 진토 되어 넋이라도 있고 없고
님 향한 일편단심이야 가실 줄이 있으랴
―정몽주

5부 한반도 평화와 세계

민족 정기를 유지할 수 있게 한 것은 위기 때마다 나타나는 민족의 예언자들이었다. 이들은 선을 택하고 멋의 세계에 충실한 인물들이었다. 마치 A. 스미스의 '보이지 않는 신의 손'처럼 이런 기백 있는 선비가 배출되어 기적적으로 국토와 스스로의 정체성을 지켜낼 수 있었던 것이다. 선천적인 능력을 환경과 교육으로 다듬어 나가는 일이 인생이라면 민족의 미래는 지정학과 역사 체험으로 다듬은 강한 생명력으로 미래의 길을 열어갈 때 열린다. 민족적 기백이 원형을 긍정적으로 발현시키기 때문이다.

물리적인 지정학뿐만이 아니다. 한국은 강한 흡수력을 지닌 중국의 중화사상과 정복적인 일본의 팔굉일우 사상 사이에서 놀랍게도 '홍익인간' 정신 하나로 언어와 정체성을 지키며 생존해왔다. 한글 창조의 기적이 없었다면 한국 문명은 어떻게 되었을까? 생각하면 등에서 식은땀이 날 만큼 위험한 상황이었다. 일본의 식민지가 되어 팔굉일우의 강제적 민족성 말소 정책으로 다시 위기를 겪었으나 해방으로 아슬아슬하게 위기를 벗어날 수 있었다. 이것은 기적이 아니라 민족의 기백 덕분이다. 한민족은 기백만으로 불사조와 같이 정체성 유지의 기적을 이룬 것이다.

시대 원형은 시대적 조건과 민족 의지가 결합하여 변해간다. 신라는 당(唐)에 대한 사대로 무사적 가치관 즉 충절, 용기, 화랑의 과단성이 사라지고 당으로부터 과거제도와 명문가 여성과의 결혼, 사관(史官)의 머슬에 오르는 등의 속물적 가치관을 받아들였다. 사관은 여러 관직 중 최고의 자리였다. 고려 '무신의 난'은 율령제의 가치관에 대한 반발로 일어났으나 무신 정권은 윤리성보다 정권에 관심을 두었다. 조선 시대의 가치관은 당의 그것과 크게 다르지 않았고 오늘날까지도 거의 그대로 이어져 왔다. 즉 사법 고시 합격, 돈 많은 집안의 여성을 부인으로 삼고 벼슬에 오르는 것을 이상적 코스로 생각하는 가치관이다. 그러나 국제화와 정보화 사회의 도래로 가치가 다양화되면서 최근 한국의 시대 원형은 달라지고 있다. 무엇보다도 민족적 자긍심이 높아졌다.

민족사의 원동력은 무한히 팽창하는 인간의 욕망이나 자연과학도 아니며 '남들로부터 인정받으려는 노력', '주인이냐 노예냐'의 투쟁에서 시작되는 플라톤의 '기백(thymos)'에 가까운 개념이다. 선비와 노비의 차이는 오직 기백의 유무에 달려 있다.

조선의 자존심, 동방예의지국

동방예의지국에 관한 기록은 『조선왕조실록』이나 중국의 정사에도 없다. 그러나 '예'만 지키면 어디나 문명국이 될 수 있다는 중화사상을 조선화한 것만은 확실하다.

우리는 바다 옆 변방에 자리하고 있다. 국토는 협소하지만 예교(禮敎), 음악, 법률, 제도, 의관(신분 질서), 문물(문화적 산물) 등 모두 중국식으로 문명화되어 있다. 인심도 좋고 예의 정신은 아랫사람들에게도 보급되어 있다. 아름다운 풍속은 중국에 맞먹는다. 그래서 화인(중국인)은 우리를 소중화로 불렀다(『동몽선습(童蒙先習)』 초론, 숙종왕서 송시

열 발문(肅宗王序 宋時烈跋文)).

동방예의지국을 내세운 조선 선비의 무의식에는 청(淸)에 대해 만만치 않은 적개심도 있었다. 청은 여진족 오랑캐 출신이지만 중원에 제국을 수립하고 명군을 배출했으며, 특히 강희(康熙), 건륭(乾隆)은 중국 사상 최고의 황제로서 중화 문화 진흥에 최대의 업적을 남겼다. 『강희자전(康熙字典)』, 『사고전서(四庫全書)』, 『고금도서집성(古今圖書集成)』을 통하여 중화 문명의 주인이 인종 아닌 문명에 있음을 온 천하에 알리며 중화 문명의 보편성을 실감시켰다. 조선 지식인은 오랑캐가 해낸 그 위업을 보며 조선인도 충분히 문명국이 될 수 있다고 실감한다. 이 심정엔 삼전도(三田渡)의 굴욕에 대한 보복심도 있었고, 문명으로써는 조선이 청에 결코 뒤처지지 않는다는 기백(氣魄)이 있었다. 이 기백이 중국에 질 수 없다는 동방예의지국 사상을 형성했다.

오랑캐 청이 명을 멸망시키자 조선은 명의 정통성 계승을 자처하였고, 중국인도 놀라워할 만큼 문명에 대한 강한 자긍심을 가져 이를 '동방예의지국' 사상으로 상징화했다. 조선은 예절을 중하게 여기고 자랑하면서 주자의 예법(朱子家禮)을 꼬박꼬박 실천했으므로 청의 한문을 받아들일 필요가 없다고까지 생각했다. 조선은 청에 사대하면서도 멸시하는 모순을 품으며 자국이 세계 제일의 문명국임을 자부했다.

종주국은 조공국의 반역을 경계하면서도 일방적인 굴종(屈從)에 대해서는 경시하려 든다. 조공국이 오히려 경쟁의식을 갖고 기회만 있으면 자존심을 과시하거나 반발할 때 미묘한 신상 관세가 성립되는 것이다. 가령, 베트남(월남, 越南)은 중국과 육지로 이어진 소국으로 조선과 같이 중국 책봉체제하에 있었다. 그러나 그 원형은 다르다. 『삼국지』에서 제갈량이 베트남의 장군 맹획(孟獲)을 일곱 번 잡고, 일곱 번 놓아줌으로써 마음으로부터의 항복을 받았다는 칠종칠금(七縱七擒)의 고사가 있는 것처럼 상무적 정신이 있어 종주국을 긴장시킨다. 베트남은 같은 조공국이면서도 기회만 있으면 중국에게 무력을 과시했고 조선은 이에 문명적으로 대항했다. 베트남 원형에는 홍익인간 정신에 대응할 만한 것이 없었다. 이처럼 베트남과 조선의 대외 정책은 원형에 따라 근본적으로 달랐다. 다음 통계는 한국인의 문명 의식이 베트남보다 훨씬 높고, 동방예의지국 사상이 매우 투철함을 보여주고 있다. 아시아의 보편 문명 의식에 대한 매우 흥미로운 통계이다.

한국은 3.6으로 중국의 0.13, 일본의 1.5에 비해 압도적으로 보편 문명 의식이 강함을 여실히 보여주고 있다. '동방예의지국 사상'은 외부의 보편 사상을 자국화시킨다는 뜻이다. 이는 AU와 같은 조직 형성에는 유리하다. 반면 중국인은 자국 문화가 곧 보편이라고 여기며 타 문화에 대한 이해가 적다.

한국은 세계 문명을 의식하고 있으며 이는 베트남과 대조적이다. 한반도 지정학은 대륙의 대제국을 의식하지 않을 수 없는 구조이며 맞서 싸울 만큼의 힘을 축적할 수 없는 영토이기 때문에 숙명적으로 사대로 평화를 유지할 수밖에 없었다. 상대를 대국으로 여기는 데 굴욕감이 따르는 것은 당연했으나 한반도인은 중국식 문명관을 받아들이면서 오히려 중국과 맞설 수 있는 정신적 지주인 '동방예의지국

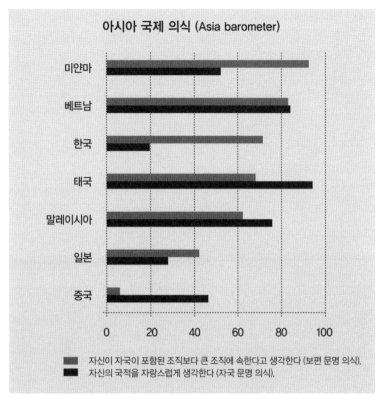

아시아 국제 의식 (Asia barometer)

자신이 자국이 포함된 조직보다 큰 조직에 속한다고 생각한다 (보편 문명 의식).
자신의 국적을 자랑스럽게 생각한다 (자국 문명 의식).

▌출처 : 신도 에이이치(進藤 榮一), 『東アジア共同体をどうつくるか』, 筑摩書房, 2007

보편 문명과 자국 문명 비율(보편 지수)

한국　71 : 19.7 = 3.6
중국　6.1 : 45.7 = 0.13
일본　41.8 : 27.3 = 1.5
베트남　83.6 : 84.6 = 0.98

의 사상'을 형성했다. 처음 그것을 자각한 조선인은 화랑도의 희생정
신과 용기, 염치 등의 상무(尚武)적 비약을 일신하고, 중국보다 분명석

으로 우수하다는 자긍심으로 문명을 자랑했고 일제에 대한 자긍심의 근거로 삼았다. 해방 직후에는 한문책 좀 읽었다는 기성세대가 무례한 젊은이를 질책할 때, 예(禮)가 없는 왜놈은 결국 망했다는 의미를 담아 "우리는 동방예의지국."이라고 말하는 모습을 흔히 볼 수 있었다.

작가 김훈은 『남한산성』에서 조선 조정의 지정학적 비극을 사실적으로 묘사하고 있다. 조선은 망해가는 명에 사대함으로써 고통이 가중되는 처지였다. 실제 조선은 좀 더 유연하게 처신하고 피해를 최소화시킬 수도 있었지만 민족적 기백이 그 외의 선택을 허용하지 않았다. 청은 자신의 정체성 유지를 걱정하면서도 중원의 권력을 보전하기 위해 모범적인 유교 국가를 구축하고, 조선에 대해서는 명에게 하던 것과 같은 사대를 요구했다. 이때 조선 지식인은 "결국 청도 화이(華夷)의 질서를 내세워야 하는데 조선은 이전부터 그 노선을 실시해왔다."며 긍지를 갖고 동방예의지국이라는 것을 자랑했다. 지정학상 별 수 없이 당해야 할 물리적 압박을 긍지로 이겨내기 위한 선택이었다.

조선 왕이 청(淸) 태종에게 엎드린 지 4세기에 가까운 세월이 지났으나 오늘날의 한국인은 『남한산성』을 읽고 웃지도 울지도 못하고 자학적인 웃음을 짓는다. 당시 조선인의 모범 답안은 "몸은 엎드려도 마음만은 너를 멸시한다."였다. 그렇기에 청이 멸망하고, 고려를 짓밟은 몽골제국이 사라졌어도 한민족은 기백(氣魄)을 지니며 살아남았다. 신라가 당(唐)에 사대하면서 사(士)를 '싸울아비'에서 '선비'로 바꾸어 새겼으나 긍지를 지키는 기백만은 그대로 이어져 왔다.

언어 정화는 민족의 기백을 세우는 일

남한산성에서 허망하게 당하면서 사대해야만 하는 굴욕감을 자존심으로 보상받고 현실을 마음 하나에 의지하는 연금술이 아닌 연심술(鍊心術), 이것이 조선적 '오기'였을까? 아니다. 원시 원형 홍익인간 사상은 무력으로 자긍심을 표현할 생각은 못 했지만 평화적인 수단인 '예(禮)'를 택했고, 또 문명을 자부하기에 스스로 의병에도 나서는 기백을 유지했다. '밥만 먹고는 못 산다.'는 투박한 말 속에서 한국인의 기백을 감지할 수 있다. 생리적 욕망에만 얽매이지 않고 자신의 존재 의미를 스스로 묻고 철학적 의지를 세우는 것이다.

우리에게 종교나 교육자, 정치가 등 지도자는 참 많았다. 그들 모두가 좋은 말로 한민족의 앞길을 제시해왔다. 하지만 우리 모두의 마음에 신바람을 일으켜 하나로 뭉치게 하지는 못했다. 한국인은 백의민족이 상징하듯 일색(一色)적이며, 산양(山羊)이 없는 양 무리와도 같은 집단 성격이다. 따라서 인내천, 즉 자신을 '천(天)'으로 여기기에 현실에 참여하지 못하면 신바람을 내지 않는다. 온 민족의 참여로 신바람을 일으키게 하고, 우리의 미래 가치를 높일 수 있는 방안은 먼저 언어의 격을 높이는 것이라고 생각한다.

언어와 사유의 상보성(相補性)

언어가 곧 원형임은 2부에서 이미 논한 바 있다. 원형을 승화하는 길은 언어를 정화하는 것이다.

'처음에 말씀이 있었다(『성서』).'며 『성서』에서 말의 가치를 강조한 것처럼 말은 곧 신이자 원형이라고 할 수 있다. 민족마다 언어가 나른 반

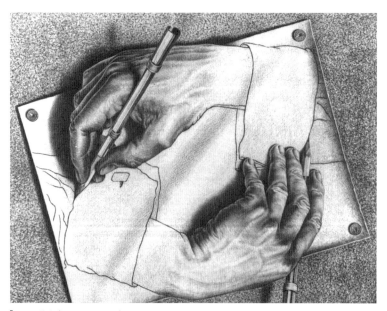

▌M. C. 에셔, 〈Drawing hands〉

큼 생각도 달라진다. 『구약』의 '바벨탑' 이야기는 다양한 언어를 갖고 있는 인류가 영원히 협력하지 못할 것을 예언하고 있다. 이는 언어에 따른 원형의 차이가 불화를 일으킨다는 뜻, 즉 '원형 충돌'을 의미하며 이것이 '문명 충돌'을 야기한다는 것이다.

B. 스피노자(B. Spinoza)는 "자연은 민족을 만들지 않고 개개인의 인간을 만들었을 뿐이나 언어·법률·풍습의 차이가 민족을 구별하게 한다."고 말했다(『신학 정치론(Tractatus theologico–politicus)』). 원형론은 언어 특성이 개성적 원형을 만들고 그것이 법률·풍습의 차이를 조성해 고유의 민족문화를 만들어내는 것으로 본다.

언어와 원형의 관계는 전자가 의사를 전달하는 음성 수단이고 후자는 가치관이므로 엄격한 의미에서는 다르지만 서로 영향을 주고

5부 한반도 평화와 세계

받는 상보(相補)적인 관계다. M. C. 에셔(M. C. Escher)의 그림처럼 마치 좌우 양손이 서로 마주 보고 그리는 구도인 것이다. 언어의 변화는 곧 사고에 영향을 주고 또한 역으로 사고가 변할 때 언어도 달라져 원형과 언어는 상호 가변성(可變性)을 지닌다. 시대 원형은 늘 달라져가고 시대마다 언어 상황이 곧 시대 원형의 현주소임을 나타낸다. 언어의 기원은 철학의 문제로서 언어학의 영역이 아니다. 프랑스 언어학회지는 한동안 이에 관한 논문의 심사를 거부한다는 글을 표지에 명시했을 정도이다. 언어와 원형은 상보적으로 변하면서 시대마다 문화를 창조해낸다. 인류적 차원이 아닌 민족어의 차원에서는 민족 형성 시기에 벌레 소리와 같은 초기 조건에서 출발하여 원형과 함께 언어가 형성되어 왔음을 인지할 수 있다.

플라톤은 인간의 종류에는 금, 은, 철, 납이 있고 종류에 따라 고유의 언어가 있다고 했는데, 그중 욕이 많은 언어를 쓰는 집단은 물론 납일 것이다. 현재 우리 사회는 욕의 홍수이다. '욕 대회'도 열리고 심지어 선거 연설에 욕을 쓰면 박수가 나오는 언어 풍토가 되었다. 외국인에게도 왜놈, 되놈, 양놈 등으로 부르는 것이 일상적이다. 외교적 언사는 정중하고 상대에 호감을 불러일으키는 것이 상식이지만, 지정학상 가장 외교에 의존해야 할 한국인은 언어부터가 세계에서 가장 비외교적인 국민이 되었다. 욕, 막말이 국가적 품위에 먹칠을 하고 자신의 사고를 비이성화시켰다.

한국어에 욕이 많은 이유는 근원적으로 부조리의 지정학 때문이지만 스스로의 탓도 있다. '우리와 남'을 가르는 풍속이 이에 한몫했고,

3년에 한 번씩 외침을 당하면서 적을 놈으로 부르는 습관이 일반화되었다. 의도적으로 남을 '상놈'으로 보는 일도 많았다. 욕은 현실의 욕구불만이 오기로 분출될 때 나오는 자학 행위이다. 한국의 역사엔 외침과 권력의 부패 등 스스로의 힘으로 배제할 수 없는 상황이 많았다. '안 보는 데서는 임금님에게도 욕한다.'는 속담이 생기고 식민지 백성이 무슨 인격이냐고 묻는 시인마저 있었다. 자학적인 욕으로 현실의 부조리를 분출시킬 때가 다반사였다. "아이고, 빌어먹을 내 팔자야, 망하거나 벼락 맞거나." 이런 언어 습관은 심지어 친자식에게도 빌어먹을 자식, 망할 자식, 벼락 맞은 놈 등으로 일상화시키고 있다. 6·25전쟁은 한국인끼리 서로 부조리한 상황을 만들고 욕을 격화시켰다.

M. C. 에셔의 그림에서 보이는 것처럼 한국인의 원형은 욕하면서 더욱더 오염되어 갔다. 영국이 과거에는 해적의 나라였으나 현재 신사의 대명사가 된 것은 오대양에 유니온 잭을 휘날리며 정복한 사실과 무관하지 않다. 정복자는 오만하지만 체면을 지켜야 하기에 언어를 다듬었고, 피정복자는 욕으로써 카타르시스를 느낀다.

조선은 중국에 대한 오랜 사대로 휘어진 원형에 일제 식민지 정책이 가져온 민족 차별, 타산성, 권위주의, 비인권 등 부조리한 요소들이 더해져 몰가치적이고 무책임하며 찰나적인 사고를 갖게 되었다. 한국의 원형이 오염되어 욕이 일상화된 것이다.

국민적 자존심이 곧 맹목적인 자국 중심주의는 아니다. 냉철하게 타 국민과 비교해서 자국의 우수한 점에 자신을 갖는 일이 앞서야 한다. 막말과 무책임한 태도가 세월호 사고를 일으키고, 욕하는 습관이 속물주의나 관민 유착, 편들기, 눈치 보기를 빚어낸다. 불행한 역사의 원형은 민족의 집단 무의식을 이루고 이는 민족 구성원 모두의 것이 되고 만다. 개인의 이성적 활동이 대부분 무의식 속에서 진행되듯이 민족의 이성도 평소의 언어생활을 통해 만들어지고 집단 무의식을 형성한다. '언어 정화(淨化)'는 민족의 기백을 세우는 일이다. 스스로의 인격, 더 나아가 국격을 높이는 유일한 방법이기도 하다. 남을 존중하는 '인내천' 사상을 실천함으로써 기백을 모아 민족적 시련에 대한 응전을 성취할 수 있다.

원형 승화 운동으로 국격을 높인다

김구 선생은 "눈 속을 걸을 때는 뒤에 오는 사람이 흔들리지 않게 반듯하게 가라(雪中不須胡亂行)."고 했다. 어지러운 세상에서 반듯하게 살아가는 방법을 보인 것이다. 이 말은 나의 말 한마디가 곧 국민의 언어 습관이 될 수 있음을 자각하게 한다. 언어 정화 운동은 격을 높이는 말을 사회에 퍼트리는 '일즉다 다즉일(一卽多 多卽一)'의 세계이다. 헤겔의 '이성의 간계'에 맞서는 '언어의 슬기'가 발동되기를 소망하고 있다.

초인의 길은 언어의 오염을 씻어내는 작업이고 모두가 참여하기를 바라는 마음이 간절하다. 문화의 각 분야는 고립적이지 않고 서로 연동한다. 사회현상도 마찬가지로 욕을 많이 하는 한국인의 언어 습관과 학교 왕따와 군대의 폭행, 세월호 사건, 국회의 폭력 사태와 과격 시위 모두 하나의 뿌리에서 나왔다. 거꾸로 이들 중 한 영역만 정화되어도 연동되어 모두가 청산되는 일즉다(一卽多) 현상이 가능해질 것이다.

새마을운동을 하듯이 학교와 종교 단체가 앞장서서 상소리와 서수어, 성적 욕설 등 언어폭력을 없앨 것을 제안한다. 진정한 행복은 돈을 벌거나 출세하는 것이 아니라 잠재력을 발휘함으로써 누릴 수 있는 것이다. 민족 차원에서 경제 대국, 군사 대국보다는 문화 대국, 즉 품위 있는 나라를 목표로 삼아야 한다. 그것이 모든 한반도인이 당장 시작할 수 있는 자기실현의 길이다. 국격이 높아지고 남북한이 서로 욕을 절제할 때 평화를 실현하는 마음, 즉 홍익인간이 되어 황금의 삼위일체인 '한반도의 비핵화와 영세중립화, 아시아 공동체(AU)'가 현실화될 것이다.

부조리의 원인을 남의 탓으로 돌릴 수 없듯이 이를 승화시키는 것도 우리의 일이다. 그리고 그 중심에 민초(民草)가 있어야 한다. 개개의 한국인이 원형 승화 운동에 참여하는 데서 미래가 열리는 것이다. 초인은 스스로의 원형, 즉 언어를 자각함으로써 세계 속 한국의 위상을 구현하고 지난날 지정학의 저주로 겪은 부조리의 소산을 청산할 수 있게 된다. 국격(國格) 향상을 위해 언어를 되돌아볼 때 국제사회의 존경을 받게 될 것이다.

지정학의 종언

한국이 지정학의 주술에 매여 '마(魔)의 되풀이'로 시련을 겪을 때마다 원형은 휘어져 부정적 사고와 비타협성을 증폭시켰다. 원형은 우열이 없으나 먹는 약과도 같아 상황에 따라 적절하게 발휘된다. 대중 성토(聲討)로 유괴당한 수로 부인을 구해낸 것(『삼국유사』 중 '수로부인'), 또는 의병이 나서서 침략자를 몰아낸 것 등은 한국 원형이 적절하게 발휘된 본보기다. 그러나 조선의 문명을 수호한다는 의지로 출발한 만인소는 개화의 기회를 망치고 망국의 길을 독촉했다. 또한 광우병 파동으로 일어난 촛불 시위에서 대통령의 퇴진을 요구하는 등 결과적으로 선거 결과를 부정하는 행위들은 기백의 선순환에 저해 요소가 될 수 있다.

더러운 언어를 사용하는 감정적 집단행동은 이성을 마비시키고 부정적인 행위를 양산시킨다. 민족 지성은 정화된 언어생활에서만이 얻을 수 있다.

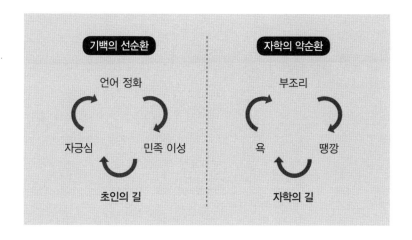

중립화는 한반도의 비극을 막는 길

평화와 영세중립은 말처럼 쉽게 찾아오지는 않는다. 더욱이 국내외적으로 이해가 복잡하게 얽혀 있는 한반도에서 그것을 실현하기에는 험난한 고비가 많다.

10여 년 전, 필자는 스위스 루체른에서 스위스 용병 786명의 처참한 죽음을 기리는 〈빈사의 사자상〉 조각과 마주했을 때의 감동을 지

빈사의 사자상 (Lion of Lucerne)

금까지도 생생하게 기억하고 있다. 18세기 말엽까지 스위스의 경제 수준은 매우 낮아 가장 좋은 돈벌이가 용병이었다. 용병들은 충성심이 높아 세력자들에게 인기가 있었는데, 때로는 부자, 형제가 다른 세력에 팔려 가서 서로 싸우는 경우도 있었다. 루이 16세에 고용된 이들 용병들은 마지막까지 싸우다 모두 전사했다.

이 조각은 창에 심장이 찔려 죽어가는 사자가 고용주 부르봉왕가의 백합 문양이 있는 방패를 지키는 형상이다. 스위스 국민은 이후 당시의 비극을 가슴에 새겨 어느 나라의 상황에도 가담하지 않기로 결심하고, 전쟁터에 임하는 것 이상의 굳은 마음으로 자국의 영세중립을 고수했다. 평화 유지는 전쟁 이상으로 긴장과 의지가 요청된다.

피카소가 그린 한국에서의 학살(Massacre en Corée)

P. 피카소는(P. Picasso) 동족상잔하는 한국인의 운명을 동정하여 그림 〈게르니카〉에 이어 전쟁과 평화 2부작을 완성했다. 〈한국에서의 학살〉이다. 지정학의 저주를 받은 한반도의 여인과 살인 기계가 된 군인을 주제로 한 이 그림은 6·25전쟁이 한창이었던 1951년 1월 18일에 완성되었다. 전쟁은 모든 여성을 유린한다. 처형당하는 아이를 보듬은 어머니, 임신한 여성 그리고 공포에 질려 도망가는 아이가 그려져 있다. 이 그림을 보며 울지 않는 한국인은 없을 것이다. 중립화는 한반도의 이러한 비극을 막는 유일한 길이다.

오늘날 세계는 일찍이 없던 대변환기를 맞고 있다. 그 틈새를 이용하는 슬기와 중립의 굳은 의지가 있어야 하고 주변국의 지지가 필요하다.

국가 전략을 세우기 위해 엄청난 준비를 해야 하고, 또 군사력이나 경제력 못지않게 중요한 힘인 Soft Power(문화의 힘)을 강화하고 승화

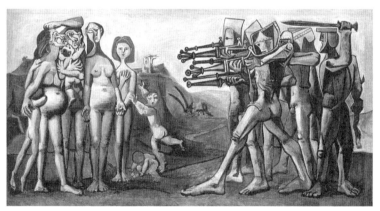

▌피카소, 〈한국에서의 학살(Massacre en Corée)〉, 1951
스페인 내전의 학살을 그린 〈게르니카〉에 이어서 같은 발상으로 한국전쟁의 비극을 표현했다.

시켜야 한다. 필자는 한반도의 영세중립을 위해 다음과 같이 몇가지 안을 제시한다.

첫째, 중·미·일·러 주변 모든 나라와 협력 관계를 가져야 한다. 한 나라의 사소한 악의가 방해로 이어지기 쉽기 때문이다. 호사다마(好事多魔)라고 잡다한 방해 요인은 수시로 발생할 수 있다. 이웃 나라에 대한 비방 등으로 상대국에 악감정을 갖게 할 필요는 없다. 운동경기나 정치 실수를 비아냥거리는 언론의 풍조는 지양(止揚)돼야 한다.

둘째, AU의 중심국이 되는 첫걸음은 주변국에 필요한 나라가 되는 것이다. 교통의 중심, UN 기구를 비롯한 국제기관의 유치, 의료(국제적 병원), 국제 수준의 대학 설치에 적극적이어야 한다.

셋째, 동방예의지국 사상의 현대화, 예의 바르고, 치안이 좋고, 도덕교육의 강화로 국격 높은 나라로 존경을 받아야 한다. 경제 제일, 속물적 출세주의에서 탈피하고 생활의 질을 높여야 한다.

넷째, 문화 대국화를 통해 각 분야에서 최상급의 인재를 양성한다.

진보를 바라는 민족에겐 축복이 있다. 한민족은 어느 민족 못지않은 우수한 자질을 지녔으며 세계 제일의 풍토를 가졌다. 심술궂은 이웃 나라의 침략만 없었다면 멋스러운 문화를 닦고 전 세계가 부러워할 나라가 될 수 있었다. 그러나 샘 많은 지정학은 되풀이해서 역사에 멍을 남겼고 그럴 때마다 원형은 상처를 받고 언어는 오염되어 또 하나의 새로운 시련을 몰고 왔다. 백강전투 이후 한국 역사의 되풀이는 시시포스(Sisyphos) 신화 그대로였다. 하늘은 우리를 도와주지 않았고 우리는 한때 진보를 외면했으며 자학으로 상처를 확대시켜 왔다.

불모의 되풀이 연쇄를 끊어야만 지정학의 주술도 끝난다.

그리스어 텔로스(telos)의 뜻은 '끝이자, 목적'이다. 한반도 지정학의 끝은 소련의 '역사의 종언'에 이어지는 세계사적 도약이 될 것이다. 이는 한반도의 목적만 이루는 것이 아니라 전 아시아의 평화의 길이 된다. F. 후쿠야마가 이데올로기의 종언을 역사의 종언으로 말했다면, 지정학의 해소는 지리학의 종언을 의미한다. 주변국 모두에게 필요한 나라가 되는 영세중립으로 지리학의 종언은 완수될 것이다.

▌**시시포스** 시시포스는 그리스 신화에 나오는 코린트의 왕이다. 제우스를 속인 죄로 바위를 산 위로 밀어 올리는 벌을 받았다. 그가 밀어 올린 바위는 산꼭대기에 이르면 다시 아래로 굴러떨어지기 때문에 그는 영원히 이 일을 되풀이하였다고 한다.

원고를 마친 날 밤 와인 한잔 기울이면서 W. R. 바그너(W. R. Wagner)의 악극 〈방황하는 네덜란드인(Der fliegende Holländer)〉으로 그동안의 긴장을 풀었다. 이 곡은 신의 저주를 받은 네덜란드 유령선의 선장이 희망봉 근처 바다에서 폭풍우와 싸우며 방황하는 전설을 소재로 하고 있다. 최후 심판의 그날까지 영원히 고된 항해를 계속하는 운명이 주어진 선장은 순수한 소녀의 사랑으로 구원을 받을 수 있었다.

유령선은 17세기 외교 실패로 비참한 상태에 놓인 네덜란드를 상징한다. 당시의 네덜란드는 프랑스의 침략을 받아 스스로 제방을 무너뜨리고 전국토를 물바다로 만드는 홍수 전술 이외 다른 방법이 없는 처지가 되었다. 번영의 절정에서 멸망의 일보 직전까지 전락한 것이다. 그러나 마지막으로 영국과의 외교 협상에 성공하면서 안정을 되찾았다.

필자는 일제 식민지 시대에 태어나, A. 샤미소(A. Chamiso)의 조국을 버린 자의 고뇌를 주제로 한 『그림자를 판 사나이』에 가슴을 친 세대다. 해방, 6·25전쟁, 군사 독재, 민주화 과정 등 가치관이 변할 때마다 통일의 가능성과 바른 세계관을 묻고 헤맸다.

민족은 언제 시작하고 어디를 향하는 것일까. 끝없는 시간의 바다에 떠 있는 '한국호'가 가라앉는 것을 겨우 면하려고 바람 따라 이리 저리 흘러가는 것은 아닐 것이다.

민족 실존의 이유를 역사에서 찾았고, 드디어 원형사관에 도달하여 방황에서 벗어날 마음이 되었다. 현시점에서 과거의 의미를 묻고, 미래의 목표를 감지하면서 민족사의 줄기를 의식할 수 있었다. 백강 전투를 돌아보고 한반도 영세중립을 떠올릴 때 역사의 방향성을 의식하게 되고 오늘날 한국인의 역할을 실감할 수 있었다.

역사는 연대와 고유명사만을 외우는 것이 아니라 그것을 움직이는 혼을 파악하는 것이라고 믿는다. 누구도 미래를 걱정할 필요는 없고 애국자가 될 의무도 없다. 거창한 사명감은 못 가져도 자신의 자식 손자들이 이 땅에 태어났음에 보람을 느끼고 자랑할 수 있게 해주고 싶다. 행여나 그들이 불행한 국제 환경에 시달리면서 못난 선대를 탓하는 일만은 없기를 바란다.

摩比邏矩都能俱例豆例於能幣陀乎邏賦俱能理歌
理鵝美和陀騰能理歌美鳥能陸陀鳥邏賦俱能理歌
理鵝甲子騰和與騰美鳥能陸陀鳥邏賦俱能理歌理鵝

『니혼쇼키』에는 전부 24수의 '와자우타(정치 등을 비꼬아 비평한 작가 불명의 가요)'가 있다. 특히 전쟁에 떠날 때 읊었다는 한 수는 의미가 애매하여 최근까지도 수수께끼로 남아 있었다. 정치적 목적으로 쓰인 이 시의 배경에 관해서는 본문에서 육하원칙에 따라 설명했다.

이 반전시는 사이메이(齊明)에 대한 것으로 천황의 전쟁 선언을 비꼬는 은유적인 시다. 정사에 실린 이유는 『니혼쇼키』의 편집을 명령한 덴무(天武) 천황의 의도를 반영하고자 한 것이다. 그는 백강전쟁의 주도자 덴지(天智) 천황계의 정권을 쿠데타로 타도하고 조카를 죽여 정권을 탈취했으므로 반전파를 옹호할 목적으로 이 시를 실은 것으로 보인다. 이 시기에는 일본 고유의 음표문자 가나(かな)가 없었으므로 이두(만엽 한자)로 표현했다.

『니혼쇼키』에 주석을 단 내로라하는 학자들의 설은 모두 애매하지만 공통으로 백제 부흥군이 성공하지 못한다는 것을 분명히 암시하고 있다. 특히 저명한 일본 역사가 우지타니 다카시(宇治谷孟)는 『니혼쇼키』에 대해 다음과 같이 풀이한다.

"등이 납작한 사내가 만든 산에 기러기가 날아와서 이 싹을 먹어 치
운다. 천황의 정치가 제대로 되어 있지 않아서 기러기가(나락을) 먹은
것이다."

『니혼쇼키』가 편집된 지 약 500년 지난 가마쿠라(鎌倉) 시대의 저명
한 학자 우라베 가네가타(卜部兼方)의 해석도 다음과 같다.

"사이메이는 천하를 손에 넣은 여왕으로서 그녀가 경작한 농사로 비
유된다. 기러기가 나락을 먹어 치운 것과 같이 불길한 내용을 암시하며
백제에 보낸 군대가 괴멸당한 노래이다."

지금까지 거의 1,000년 동안 이 시에 관한 해석은 대부분 이 정도
수준에 그쳤다. 이 시는 분명히 7세기 중엽의 일본어로 쓰인 것이지만
당시 일본어는 통일되지 않았고, 한반도의 여러 방언이 범람하던 시
기였다. 이 시의 해석이 난해한 것은 바로 일본어(백제어)에 '甲子(コシ)
꼬시다', 'トワ 도우다' 등 백제계 야마토어가 아닌 신라계의 낱말이 섞
여 있기 때문이다.
먼저, 단어를 하나씩 풀이한다.

(1) 摩比邏矩都能倶例豆例 まひらく/つ/の/ぐれつれ
・「まひらく」 '그게 벌리다'라는 뜻이다. 「まひらく」의 「ま」는 한국

어에서 '막바로, 막일'의 'ㄱ'에 모음을 붙이고 구가 되어 「真開く
(완전히 막 벌리다) 真平(완전히 평평함)」, 真っすぐ(똑바르게, 막바로)」
등 '마'의 접두어다.

- 「ひら(く)hira – hara– boru 벌(리다)」
- 「ひら」와 '벌'은 어원이 같다.
- 「つ」는 「도(都)」가 모음변화로 tsu(일)–tu–to, teo(한)로 변한 것이
  다. 도쿄 북녘 우츠노미야(宇都宮) 시의 '츠(つ)'는 원래 '토(と)'로
  「うとのみや」였다. 가라어 나루터의 터는 일본어 야마토의 쓰(津)

港 ┌ 나루터 (가라어)
　 └ みなと (야마토어)

보기 : 지금 오오사카(大阪)에 있는 難波津는 항구를 뜻하는 가라어
나루터의 '터'와 야마토어 みなと의 「と」의 발음이 변하여 같은 뜻의 야
마토어 「津(진·つ)」가 되었다.

　나부리 naburi – namba(難波) – naniwa(なにわ)

- 「ぐれ」: 굴(穴, 口)–くちkuchi(口)–くれkure
- 「つれ」「づれ–つれ–또래–들
  (連, 達 앞에 있는 명사의 복수를 나타냄)」

들 ┌ turu–tachi たち 達
duru └ domo–ども 共

보기 : 아이들 - 어린 子供, 들 - 어린 子供 같이 두 가지로 말하는 데 뜻은 같다. 즉, 「くれどれ-口達」로 '구달 kudal - kuldul 굴들 - kuredore くれどれ(입 들)'와 같이 변화했다(일본어에는 받침이 없으므로 한국어 낱말의 받침은 탈락).

－ まびらくつのくれぐ －

한자를 곁들여 일본어로 표기하면 '真開け津の口々'

크게 모든 항구의 입을 열어라 : 大きく港の口々を開け

(2) 於能幣陀乎 を/の/へたを

- '을'는 '己(おのれ)' 또는 '各'을 뜻하며,

  'へた'는 '물가의 좁은 땅'이다.

  가 ka … he へ, 토(土) … ta た

  　　　　　k - h

  즉 '물가의 좁은 터'이다.

  へた - へと heto - kato 가더

  　　　　　h - k

  각자가 모두 편히 쉴 수 있는 작은 터 : 己のへたを

(3) 邏賦倶能理歌理鵝 らふく/のり/かりが

- 「らふく」

  한·일어에서는 공통적으로 어두의 '라(ら)'는 '나(な)'로 변하고 ら ふく - なふく - なびく로 변화한다. 「ら+ふく」의 「ら」는 「羅」이며 얇은 비단천을 뜻한다. 얇은 천이 바람에 날려서 흐드러진 깃.

이것은 가라어 '나부끼다'와 같은 말이다.

「나부끼(다) ㅡ なふく」ㅡ 바람에 날리다

불(다) buru ㅡ huku ふく(吹く)

        b ㅡ h

「のり(乗り) nori−nari−nala 날아」

바람에 나부끼며 나는 기러기에게 : 風に吹かれとぶ雁に

「なびくとび ㅡ なびきとび」 ㅡ 나부끼며 나는

- かり(雁) kari ㅡ kiro 기러(기), 패잔병의 비유
- 鵞…계, か는 조사.

  'なびく雁に' : 나부끼는 기러기에게 ㅡ '기러기'는 '고향으로 돌아

  간다'는 뜻으로 '갈'과 동의어다.

바람에 날려 돌아오는 기러기(패잔병)들에게 : 風に吹かれとぶ雁に

(4) 美和陀騰能理歌美 み/わど/のり/がみ

- 「み mi ㅡ bi 비」雨

        m ㅡ b

- 「わど wado ㅡ わた(海) wata ㅡ bada 바다」

  み+わど ㅡ 雨の海 : 비바다

- のりー乗り : 날아, 여기에서는 '건너'로 해석

- がみ gami ㅡ かみ kami ㅡ こみ komi ㅡkoe こえ(越え) : 넘어

  비 바다도 건너 : 雨の海ものりこえ

(5) 甲子騰和與騰美 甲子/とわ/よとみ

- (甲子)こし kosi − kusi くし(奇し)

  일본어 'くし奇し'는 신의(神意)가 깃든 것을 나타낸다. 오늘날 한
  국어에도 '굿'이 있다. '굿'은 '고시−꼬시(다)'로 '신을 어르다'라는
  뜻이다.

- 가라어 도우다와 동의어 とわ towa − とは toha − たす tasu −
  tasuke たすけ(助け)

  한국에서는 1+1=2를 '1 더하(기)1=2'이라고 하며 일본에서는
  '1たす1=2' 즉, '더하(다)'는 일본어 'たす足す− たすけ(助け)'로 변
  해 '돕다'라는 뜻이다.

  더하(다) toha − tasa − tasi たし

  $$h \rightarrow s$$

- 「よとみ」=「淀」는 '물에 휩쓸리지 않고 간신히 살아남음'을 의미
  한다.

  「よとみ yodomi − nodomi − nokori のこり(残り)」

  $$y \rightarrow n \qquad\qquad |$$

  $$namumi \ 나무미$$

  신의 도움으로 살아남아 : 奇しのたすけにとどまり神のたすけで
  生残り

한국어 풀이

모든 항구의 입을 크게 열어놓아라

비람에 날려 들어오는 패잔병들에게 서바나의 쉼터를

비 바다 넘어 바람에 날려 돌아오는 패잔병들에게 저마다의 쉼터를,

신의 도움으로 살아남아

바람에 날려 돌아오는 패잔병들에게 저마다의 쉼터를

일본어 풀이

大きく全ての港の入り口を開いておけ

乱れとびかえるかり　各各に安息所を

雨の海乗り越え帰　乱れ飛びかえるかりに　各各に安息所を

奇しきたすけに生き残り　乱れ飛びかえるかり各各に安息所を

필자는 이 노래의 해석을 처음으로 성공하면서 천 년이 지나도록 일본 학자들이 해석하지 못한 게 놀라웠다. 기라성과도 같은 학자들이 두 손 든 수수께끼를 어떻게 내가 풀 수 있었을까? 지금까지 많은 학자가 해석에 실패한 원인은 일본어의 범위에서만 시도하였기 때문이다. 일본 교수들이 한일의 관계를 솔직하게 인정하지 않는 한 앞으로도 해석하지 못할 것이다. 필자가 해석에 성공한 것은 처음부터 한·일어를 하나의 언어로 보았기 때문이다. 특히 신라어계와 백제어계의 낱말에 주목했기에 가능했다.

이것을 풀이하면서 제2차세계대전 후 전장에서 겨우겨우 목숨을 건져 돌아오는 여윈 병사들의 모습이 떠올랐다. 백제의 땅에서 나당연합군에 패하고 돌아오는 병사들의 모습도 그에 못지않게 비참했을 것이다.

제2차세계대전 후 열도 각 항구에서 본 광경은 이미 1,300년 전에
도 벌어졌던 모습이다. 일본 원형이 변치 않기에 '역사는 되풀이'된 것
이다.

|참고 문헌|

역사학

『韓國史新論』이기백, 一朝閣

『韓國史年表』진단학회, 乙酉文化社

『朝鮮史年表』정진화, 雄山閣

『한국 문화 분석』김병모, 통천문화사

『중북진출백제인의 해상활동 천오백년 (1),(2)』김성호, 맑은소리

『沸流百濟와 日本의 國家起源』김성호, 知文社

『三國史記』金富式 / 金鐘權 譯, 관조출판사

『三國遺事』一然 저 / 崔虎 역, 홍신출판

『천황은 백제어로 말한다』김용운, 한얼사

『騎馬民族說』江上波夫 外, 德間書店

『騎馬民族征服國家』江上波夫, 中央公論社

『東洋史辭典』京大東洋史編纂會, 東京創元社

『日本書紀, 全現代語 (上,下)』宇治谷孟, 講談社

『日本書紀 全5卷』坂本太郎 他四名, 岩波書店

『續日本記』新日本古典文學大系 全五卷 青木知夫 校註, 岩波書店

『新訂 古事記』武田祐吉 譯注, 角川書店

『古事記』倉野憲司 校註, 岩波書店

『古事記 全譯註』次田眞幸, 講談社

『歷史とは何か』清水幾太郎訳, 岩波書店

『西洋の沒落』村松正俊訳, 五月書房

『東アジア民族史 1. 正史東夷傳』井上秀雄 他 譯註, 平凡社

『古代再發見』上田正昭, 角川書店

『日本神話』上田正昭, 岩波新書

『大和朝廷』上田正昭, 講談社

『東亞細亞海上の道』上田正昭, 明石書店

『倭, 倭人, 倭國』井上秀雄, 人文書院

『日鮮神話傳說の 研究』三品彰夫, 平凡社

556   풍수화

『中國から見た日本古代』沈日安 / 藤田友治外譯, ミネルバ書房

『古代史の 迷』佐伯有淸, 讀賣新聞社

『古代王朝99の 迷(日本語)』水野裕, 三五館

『古代朝日關係史』金錫亨 朝鮮史硏究會譯, 經草書房

언어학

『吏讀硏究』洪起文, 과학출판사

『韓國語의 發音硏究』李廣祐, 일조각

『한국민족문화대백과사전 전 27권』한국정신문화연구원, 한국학중앙연구원

『한국어 어원 연구 전 4권』이남덕, 이화여자대학교 출판부

『アイヌ古代日本』江上波夫 外, 小學館

『鄕歌及び吏讀の硏究』小倉新平, 亞細亞文化社

『はじめての言語学』黑田龍之助, 講談社

『言語学』ジャン・ベロ 저 / 高塚松太郎 역, 白水社

『言語の脳科学』酒井邦嘉, 中央公論社

『言語学の誕生』風間喜代三, 岩波書店

『方言と共通語』藤本義一 外, 河出書房

『言葉と無意識』丸山圭三郎, 講談社

『新訂 万葉集 上下』左々木信綱偏, 岩波書店

『万葉集全訳注原文付 全4巻』中西進, 講談社

『万葉集 本文篇』佐竹昭 외, 塙書房

『古今和歌集』左伯梅友 校注, 岩波書店

『新訂魏志倭人伝・後漢書倭伝・宋書倭国伝・隋書倭国伝中国史日本伝 (1)』石原道傳編
역, 岩波書店

『古代地名語辞典』楠原佑介 외 편저, 東京堂出版

『吏讀と万葉假名の硏究』姜斗興, 和泉書院

『大漢和辞典』諸橋轍次 외 편, 大修館書店

『古語辞典』大野晋 외 편, 岩波書店

『広辞苑』新村出, 岩波書店

『全國方言辞典』東條操 외 편, 東京堂出版

『日本語の起源と語源』村山七郎, 三一書房

『韓國語と日本語の間』宋敏 저 / 菅野裕臣 외 역, 草風館

『韓國語の系統』金芳漢 저 / 大森直樹, 三一書房

『日本語の歴史 全6巻』亀井孝 외 편, 平凡社

『향가의 새풀이』김선기, 보성문화사

『日本語はいかに成立したか』大野晋, 中央公論社

『日本語の起源』大野晋, 岩波書店

『日本語の年輪』大野晋, 新潮書店

『日本古代と朝鮮語』大野晋, 毎日新聞社

『古代朝鮮語と日本古』金思燁, 明石書店

『記紀万葉の朝鮮語』金思燁, 六興書店

『日鮮同祖論』金澤庄三郎, 成甲書房

『日鮮古地名の研究』金澤庄三郎, 草風館

『漢字と日本人』高島俊男, 文藝春秋

『漢字百話』白川静, 中央公論社

『日本の漢字』笹原宏之, 岩波書店

『日本の古代朝を探る』西郷信綱, 集英社

『日本語とアイヌ語』片山龍峯, すずさわ書店

『韓國語 変遷史』金東昭, 明石書店

심리학

『無意識の形成 上·下』J. Lacan 저 / 佐々木孝次 訳, 岩波書店

『無意識の人間學』林道義, 紀伊国屋書店

『Jungとキリスト教』湯浅泰雄, 人文書院

『Jung 著作物 (1) (4)』C. G. Jung 저 / 高橋義孝 訳, 教文社

『佛敎と精神分析』岸田秀, 第三文明社

철학

『韓國は一箇の哲學である』小倉紀三, 講談社

『朝鮮儒敎二千年史』姜在彦, 朝日新聞

『ギリシヤ 哲學 列傳 上·中·下』L. Diogenes 著 / 加味彰信 訳, 岩波書店

『歴史の終わり 上·下』渡部昇一, 三笠書房

『プロテスタンチズムの倫理と資本主義の精神』M. Weber 著 / 大塚久雄 訳, 岩波書店

『西洋哲學史』B. Russel 著 / 市井三郎 訳, みすず書房

수학

『Chaos』J. Gleick, Penguin Books

『Complexity』M. Mitchel, Sterling Lord Literistic, Inc.

『數學史大全』김용운, 京文社

『한국수학사』김용운, 살림MATH

『The Clash of Civilizations and the Remaking of World Order』S. Huntington, Georges Borchardt, Inc.

풍수화

| 사진 출처 |

국립공주박물관

38쪽 환두대도 216쪽 곰상

두피디아

54쪽 고마 신사 100쪽 지석묘 135쪽 악비, 진회 165쪽 낙동강 194쪽 임신서기석 69쪽 쇼인 신사

셔터스톡

67쪽 모모타로상 96쪽 도요토미 히데요시 101쪽 만리장성 121쪽 로렌츠의 끌개, 프랙탈 169쪽 일본화산 186쪽 갑골문자 260쪽 일본의 성 276쪽 함무라비 법전 278쪽 사막을 지나가는 대상 296쪽 아틸라와 교황 레오 1세의 회견 310쪽 이즈모 신사 312쪽 노르만 정복 왕조 318쪽 성바실리 사원 372쪽 루쉰 545쪽 시시포스

위키피디아

66쪽 니혼쇼키 93쪽 진시황 111쪽 사마천 115쪽 프로이트, 융 121쪽 시에르핀스키 트라이앵글 123쪽 헤겔, 마르크스 145쪽 사이고 다카모리 194쪽 스다하치만 궁 인물화상경 264쪽 후쿠자와 유키치 295쪽 한무제 371쪽 5·4운동 376쪽 안중근, 이토 히로부미, 쑨원 413쪽 비스마르크 425쪽 대동아 회의 428쪽 로쿠메이칸 무도회 451쪽 세키가하라 전투도 459쪽 해동제국기 469쪽 잔 다르크 525쪽 니체 542쪽 빈사의 사자상

286쪽 은의 대묘 ⓒ 이든의 배낭기

536쪽 M. C. 에셔, 〈Drawing Hands〉 M. C. Escher's Drawing Hands ⓒ 2014 The M. C. Escher Company—The Netherlands. All rights reserved.

543쪽 피카소, 〈한국에서의 학살〉 ⓒ 2014–Succession Pablo Picasso–SACK(Korea)

풍수화

*이 책에 사용된 사진은 저작권자의 허락을 받아 실었습니다. 저작권자를 찾지 못하여 게재 허락을 받지 못한 일부 사진은 저작권자가 확인되는 대로 게재 허락을 받고 재쇄에 저작권을 표기하겠습니다.

사진 출처

풍수화

원형사관으로 본 한·중·일 갈등의 돌파구

글 | 김용운

초판 1쇄 발행 | 2014년 12월 11일
　　2쇄 발행 | 2015년 2월 2일

펴낸이 | 신난향
편집위원 | 박영배
펴낸곳 | (주)맥스교육(맥스미디어)
출판등록 | 2011년 08월 17일(제 321-2011-000157호)
주소 | 서울특별시 서초구 논현로 83 삼호물산빌딩 A동 4층
전화 | 02-589-5133(대표전화)　　팩스 | 02-589-5088
홈페이지 | www.maksmedia.co.kr

편집이사 | 이성주
기획 · 편집 | 이수연 김경애
디자인 | 이경미 이수현 김세은
영업 · 마케팅 | 이일권 김찬우 박해수
경영지원팀 | 장주열
인쇄 | 삼보아트

ISBN 979-11-5571-270-2 03300
정가 25,000원

* 이 책의 내용을 일부 또는 전부를 재사용하려면 반드시 (주)맥스교육(맥스미디어)의
  동의를 얻어야 합니다.
* 이 도서의 국립중앙도서관 출판시도서목록(CIP)은 e-CIP홈페이지(http://www.nl.go.kr/ecip)와
  국가자료공동목록시스템(http://www.nl.go.kr/kolisner)에서 이용하실 수 있습니다.
  (CIP제어번호 : CIP 2014034561)
* 잘못된 책은 바꾸어 드립니다.